Ontdek

Ierland

anwb

Onderweg in Ierland

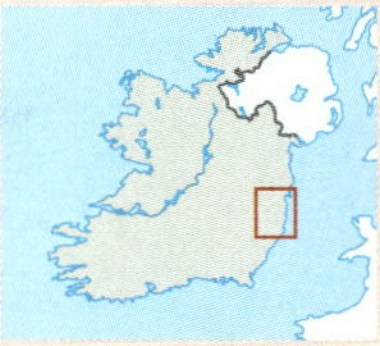

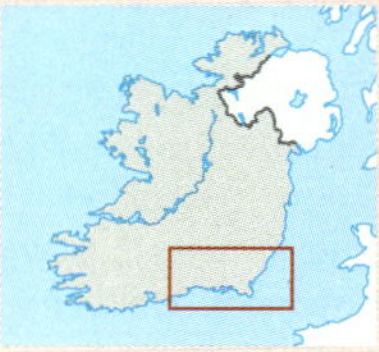

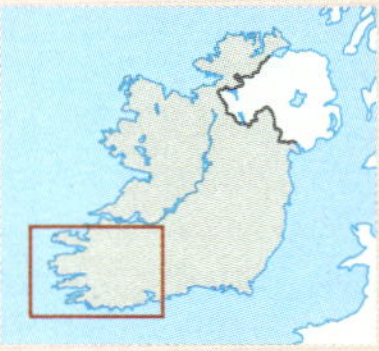

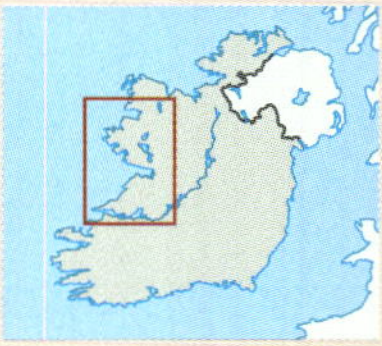

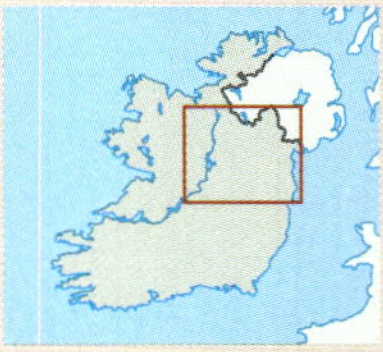

Op ontdekkingsreis

Kustlandschap bij Allihies op het schiereiland Beara

Kaarten en plattegronden

Stadsplattegronden

Route- en detailkaarten

▶ Dit symbool verwijst naar de uitneembare kaart

Bergen, venen en veel water – Ierland is groen en geheimzinnig

Ierland – veelgestelde vragen

Weinig tijd? Dan eerst naar ...?

Wie **Dublin** uitkiest als verblijfplaats maakt kennis met een kleine maar uiterst kosmopolitische stad. Een groot voordeel van deze standplaats is bovendien dat u vlak naast de deur natuurparadijzen kunt vinden in de vorm van het maritieme schiereiland **Howth** en de **Wicklow Mountains**. En met de kloosternederzetting **Glendalough** en het megalietgraf **Newgrange** zijn ook twee toeristische mega-attracties binnen handbereik. Wie daarentegen meer opheeft met natuur, bevindt zich in **Killarney** of **Kenmare**, in het zuidwesten, in het hart van een van de adembenemendste landschappen van Ierland: **Killarney National Park, Ring of Kerry** en het schiereiland **Dingle**.

Wat mag ik op cultuurhistorisch gebied niet missen?

Trek zeker twee dagen uit voor **Dublin** – het National Museum met het goud uit de bronstijd en de *Tara Brooch*, Trinity College met het *Book of Kells*, het multimediale spektakel van het Guinness Storehouse, bij de brouwerij van het beroemde bier, en de uitgaans- en cultuurwijk Temple Bar. Uit de georgiaanse tijd verdienen, naast de

De belangrijkste culturele hoogtepunten

De mooiste natuurbestemmingen

nog volledig intacte 18e-eeuwse straten in Dublin, drie prachtige adellijke huizen vermelding: **Bantry House** in het zuidwesten met zijn schitterende tuinen, het georgiaanse **Westport House**, ook in het westen en omgeven door een statig park, en het in de nabijheid van Dublin in de Wicklow Mountains gelegen **Powerscourt House & Gardens.**

Welke oude monumenten zijn het bezienswaardigst?

Vlak bij Dublin verdient het uit de steentijd stammende graf **Newgrange**

Steden en verblijfplaatsen

een bezoek. En van de voor Ierland zo typerende vroegchristelijke kloostercomplexen met hun hoogkruisen zou u die van **Glendalough** en **Clonmacnoise** gezien moeten hebben. Een absolute must zijn de koningsberg **Rock of Cashel** met de romaanse Cormac's Chapel en de eveneens in het zuidoosten gelegen laatmiddeleeuwse **Jerpoint Abbey** met prachtig beeldhouwwerk in de kruisgang.

Wat mag ik landschappelijk gezien niet missen?

Afgezien van de tot Wicklow National Park uitgeroepen **Wicklow Mountains** ten zuiden van Dublin, zijn de landschappelijke hoogtepunten geconcentreerd in het bergachtige westen van het eiland. **Killarney National Park** in het zuidwesten biedt wandel- en excursiemogelijkheden; de panoramaweg **Ring of Kerry** voert met grandioze uitzichten rond het gelijknamige schiereiland. Het ongerepte schiereiland **Dingle** biedt een combinatie van kliffenpanorama's en prehistorische en vroegchristelijke monumenten. Nog verder naar het noorden liggen de wereldberoemde **Cliffs of Moher,** die vanuit het bezoekerscentrum gemakkelijk of tijdens wandelingen met iets meer inspanning kunnen worden verkend. Het fascinerende karstlandschap van de **Burren** biedt een subarctische flora en prehistorische bezienswaardigheden zoals de veel gefotografeerde Poulnabrone Dolmen. Nog verlatener is het berg- en heidelandschap van **Connemara National Park.** De stenige **Araneilanden** zijn nog sterk beïnvloed door de oude Gaelische cultuur. Wie opziet tegen de inspannende beklimming van Ierlands heilige berg **Croagh Patrick,** zou deze perfect kegelvormige reus minstens een keer vanuit Westport moeten bekijken. De panoramaroute **Wild Atlantic Way,** met 2600 km een van de langste kustroutes ter wereld, bundelt alle attracties van het landschappelijk spectaculaire Ierse westen. De route is onderverdeeld in veertien etappes van West Cork in het zuiden tot aan het schiereiland Inishowen in het noorden (www.wildatlanticway.com).

Wat zijn de opwindendste steden?

Dublin is de onbetwiste hoofdstad van het land, ook in toeristisch opzicht. Hier vindt u de levendigste cultuurscene en trekken clubs en pubs feestgangers uit de hele wereld aan. In de winkelstraten kunt u uw geld laten rollen, en de belangrijkste musea concentreren zich in de binnenstad. De dynamisch groeiende studentenstad **Galway** en het sterk in opkomst zijnde **Cork**, in 2005 culturele hoofdstad van Europa, zijn op cultureel gebied Dublins geduchtste rivalen.

Voor wie houdt van het onalledaagse – sightseeing maar dan anders

Trefwoord: onthaasten. Ierland biedt twee interessante mogelijkheden om land en volk op een ontspannen manier te leren kennen: met een **woonaak** over kanalen en meren varen en de kloosterstad **Clonmacnoise** (zie blz. 277) en het landelijke Ierland verkennen. Of rondtrekken met een door paarden voortgetrokken **woonwagen** (zie blz. 28). Verstand van boten of paarden hoeft u voor deze manieren van rondreizen niet te hebben, voor vertrek worden ter plekke de belangrijkste zaken uitgelegd. En aangezien u bed en keuken bij u hebt, blijven de vakantie-uitgaven relatief laag.

Wat is een goede standplaats?

Goed, over Dublin hoeven we hier verder niets meer te zeggen. Voor de verkenning van het zuidwesten liggen **Killarney** of **Kenmare** voor de hand. Voor degenen die vooral zijn geïnteresseerd in de Gaelische cultuur is het schiereiland **Dingle** een waar paradijs: zowel voor muziekfans en adepten van het Gaelisch als voor liefhebbers van de vroegchristelijk-Keltische cultuur. En om het authentieke westen met zijn natuurlandschappen zoals Connemara te leren kennen, is **Galway** een geschikte verblijfplaats.

Waar is het mooi buiten de toeristenoorden?

Aan de zonnige zuidoostkust rond **Wexford**, bijvoorbeeld op Hook Peninsula, is het ook in de zomer niet echt druk. Mooi voor een verblijf in het westen zijn **Mizen** en **Sheep's Head**, de landtongen ten zuiden van het geliefde schiereiland Kerry: volop wandelmogelijkheden, pittoreske kustplaatsjes, en

De cisterciënzerabdij Jerpoint Abbey

De beste wandelgebieden

het schilderachtige Bantry is niet ver. En voor wie het graag nog eenzamer ziet, zijn **Connemara** en het graafschap **Donegal** met het schiereiland **Inishowen** in respectievelijk het noordwesten en noorden aanbevelenswaardige regio's. Ook het midden van het eiland biedt met het centrale merenplateau cultuurhistorische hoogtepunten.

Temple Bar Pub in Dublin

Wat zijn de beste wandelgebieden?

Eigenlijk is het hele eiland een groot wandelparadijs. Ierlands klassieke wandelgebieden zijn de twee nationale parken **Wicklow** en **Killarney**. Maar ook in de andere nationale parken is een netwerk van goed bewegwijzerde paden in alle moeilijkheidsgraden voorhanden.

De twee beroemdste langeafstandspaden zijn de **Ring of Kerry** en de iets minder druk belopen **Ring of Beara** in het zuidwesten. De **Glen of Aherlow** is wat de Duitsers een *Geheimtipp* noemen. Aantrekkelijk zijn ook de vele wandelpaden langs de kust, of het nu gaat om die aan de zuidkust van **West Cork** of die in de ruige **Connemara**. De plaatselijke Tourist Information Offices zijn hier de aangewezen infobalies voor tips en wandelkaarten.

Waar vind ik de levendigste muziekscene?

Ook hier moet als eerste **Dublin** worden genoemd: of het nu gaat om traditionele *singing pubs* als Brazen Head of om megapopconcerten, in Dublin draait alles om muziek. Al jaren bekend is het kleine **Doolin** aan de westkust, dat in verhouding tot het aantal inwoners de grootste dichtheid aan muziekpubs van heel Ierland kent. Bedevaartsoorden voor jonge folkies zijn beslist ook Matt Molloy's in **Westport** en Leo's Tavern bij **Gweedore**.

De beste tip blijft echter een bezoek 's avonds aan de pub in het dorp waar u logeert om uzelf daar te laten verrassen: *music nightly* begint in de regel vanaf 21 of 21.30 uur.

Waar kan ik het best Ierse specialiteiten kopen?

Een garantie voor smaakvolle en beslist eigentijdse Ierse kunstnijverheid bieden de winkels van Avoca, onder andere in **Dublin**. Typerend voor de

Killarney National Park is niet alleen een fraai wandelgebied maar ook ideaal om te joggen

schilderachtige havenplaatsjes langs de hele kust van **West Cork** is het grote aantal ateliers en kunst- en kunstnijverheidswinkeltjes. Op de Farmer's Markets in het zuidwesten verkopen de producenten specialiteiten en biologische producten uit de regio.

Wat is er gaande in Ierland?

De laatste jaren zijn multimediale, interactieve bezoekerscentra als paddenstoelen uit de Ierse grond geschoten. De tentoonstelling over de emigratie, **EPIC Ireland**, en het **Irish Rock´n´Roll Museum** in Dublin, de **Cliffs of Moher**, ja zelfs de **Glasnevin Cemetery** in Dublin hebben alle state-of-the-art tentoonstellingen ingericht. Bezoekerscentra van bedrijven zoals het **Guinness Storehouse** of **Old Jameson Distillery** proberen publiek te trekken met allerlei evenementen. De opwindendste en grootste stedenbouwkundige ontwikkeling in de Ierse republiek, de havenwijk **Docklands** in Dublin, gaat echter gebukt onder de recessie. Menige ambitieuze torenflat kwam niet verder dan de tekentafel. Maar er is een voorzichtige kentering zichtbaar: in 2014 werd **Limerick** verkozen tot City of Culture, wat aanleiding was tot een dynamisch cultureel programma. Met de in 2015 in bedrijf genomen **Teeling Distillery** bezit Dublin nu een eigen whiskeydistilleerderij annex bezoekerscentrum, een getuige van de whiskeyrenaissance in Ierland (zie blz. 101). De internationale trend voor craft beer huldigen brouwerijen als Carlow Brewing, respectievelijk O´Hara´s (www.carlowbrewing.com), White Gypsy Brewery (www.whitegypsy.ie) en Metalman Brewery (www.metalmanbrewing.com).

Ter afsluiting nog een persoonlijke tip!

Titels als *Angela's Ashes*, *Ondine*, *Michael Collins* of *The Wind That Shakes the Barley* en misschien ook de serie *Game of Thrones* zullen de harten van filmfans sneller doen slaan. Draailocaties van en informatie over tal van films zijn te vinden op madeinireland.irishfilmboard.ie.

Uitstapje naar zee – aan de haven van Howth. Zie blz. 111.

Picknicken bij een ruïne – op de Rock of Dunamase. Zie blz. 124.

Favorieten

De reisgidsen uit de ANWB-serie Ontdek worden geschreven door auteurs die hun boek voortdurend actualiseren en daarvoor steeds weer dezelfde plaatsen opzoeken. Iedere schrijver ontdekt daarbij op een gegeven moment zijn of haar favoriete plekken. Dorpen die buiten de platgetreden toeristische paden vallen, een bijzonder strand, een uitnodigend plein waar terrasjes lonken, een stuk ongerepte natuur – gewoon plekken waar ze zich lekker voelen en waar ze steeds weer naar terugkeren.

De natuur ontdekken aan het strand van Ballyconneely. Zie blz. 226.

Megalietbegraafplaats in de overtreffende trap – Carrowkeel. Zie blz. 251.

Zonder poespas – O'Connnell's Pub in County Meath. Zie blz. 272.

Trendy cottage – Ard Bia bij Nimmo's in Galway. Zie blz. 217.

Een droomplek – Three Castles Head. Zie blz. 168.

Geschiedenis beleven in Strokestown House. Zie blz. 278.

In vogelvlucht

Het noordwesten
De ongenaakbare schoonheid van de graafschappen Sligo en Donegal zal verstokte individualisten aanspreken: verlaten bergen, venen, meren, een ruige kust die de golven van de Atlantische Oceaan trotseert, maar ook zeldzame en sfeervolle archeologische sites die het waard zijn ontdekt te worden. Zie blz. 242.

Het westen
Het weidse natuurlandschap van de regio Connaught vormt, niet alleen met de Cliffs of Moher en de verlaten Connemara, voor velen het ideaalbeeld van Ierland. Het westen is een bolwerk van de Gaelische cultuur en taal en een eldorado voor outdooractiviteiten. Het kleurrijke en dynamische Galway is de grootste stad in dit deel van Ierland. Zie blz. 192.

Het zuidwesten
West Cork met zijn aantrekkelijke vissersplaatsjes is een betrouwbare tip voor liefhebbers van de goede keuken en kwalitatief hoogstaand kunsthandwerk. De panoramische wegen van de Ring of Kerry en de Ring of Beara én het grandioze berg- en merenlandschap van Killarney National Park behoeven nauwelijks introductie. Op het schiereiland Dingle kunt u oeroude artistieke monumenten bekijken en kennismaken met Gaelische tradities. Zie blz. 150.

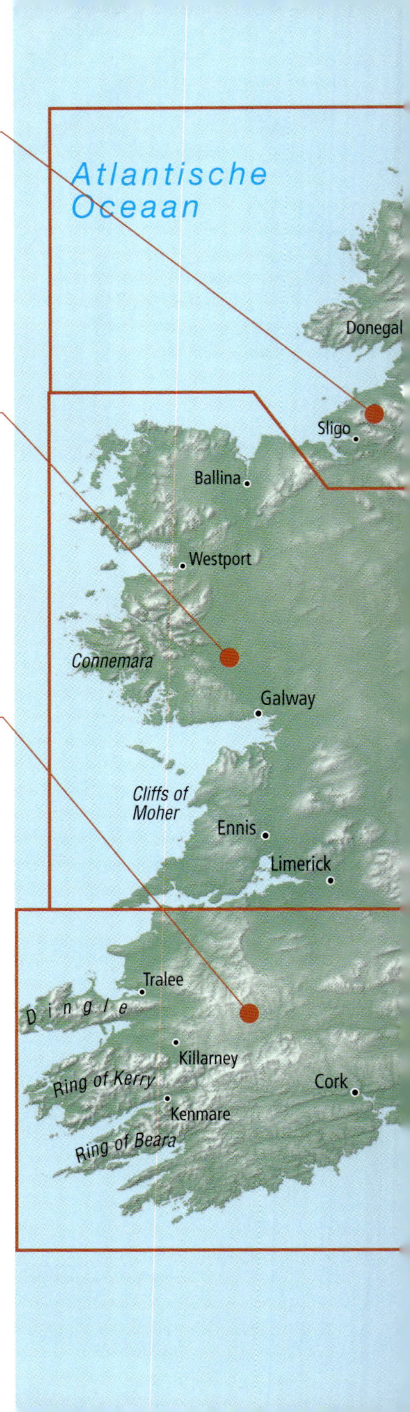

County Meath en het centrale merenplateau
Klinkende namen hebben de monumenten in het vlakke, veenachtige maar ook zachtglooiende, in ieder geval weinig opzienbarende hart van Ierland. Newgrange: een spectaculaire grafheuvel uit de jonge steentijd; Tara: de legendarische zetel van de hoge koningen van Ierland; of Clonmacnoise: ooit het religieuze en intellectuele centrum van het eiland. Voor vissers en vrijetijdskapiteins zijn de Lakelands een prima bestemming. Zie blz. 262.

Dublin en de Wicklow Mountains
In de nationale musea in de Ierse hoofdstad worden de grootste kostbaarheden uit de Ierse cultuur bewaard. Of het nu gaat om het Book of Kells, de legendarische pubs, de sporen van James Joyce of hippe boetieks en bistro's, in deze 'wereldstad op dorpsformaat' kunt u alles te voet verkennen. En wie even genoeg heeft van het stadsrumoer maakt een uitstapje naar zee of een wandeling in de Wicklow Mountains. Zie blz. 74.

Het zuidoosten
Zandstranden en een breed scala aan watersportmogelijkheden bepalen de aantrekkingskracht van deze zonovergoten, niet overdreven drukbezochte regio. Het overwegend agrarische binnenland lokt met culturele hoogtepunten als de Rock of Cashel en het pittoreske Kilkenny. Zie blz. 120.

Reisinformatie, adressen, websites

Ruwe schoonheid: gestapelde muurtjes maken van de Araneilanden een soort labyrint

Informatie

Internet

www.ireland.com/nl-nl

Website van Tourism Ireland in het Nederlands met alle relevante informatie, van heenreis, accommodatie, regio's, activiteiten en het weer tot online reserveren. Op deze website kunnen tal van gratis brochures worden gedownload of besteld.

www.ierland.startpagina.nl

Handige site met links naar allerlei onderwerpen die van pas kunnen komen bij de voorbereiding van uw reis naar Ierland.

www.discoverireland.ie

De website van Fáilte Ireland, het Ierse overheidsorgaan ter bevordering van het toerisme, bevat veel informatie over bezienswaardigheden, activiteiten, accommodatie en evenementen.

https://entertainment.ie

Uitvoerige evenementensite met tips voor feesten, uitgaansleven, concerten enzovoort.

www.heritageireland.ie

Historisch erfgoed per regio, zoals kastelen, landhuizen, kloosters en tuinen met foto's, openingstijden en alle overige informatie.

www.irishtimes.com

Website van de Irish Times met actuele artikelen en onder andere cultuurtips.

www.irishtrails.ie

Op de website van de National Trails Office staan honderden wandelingen met precieze routebeschrijvingen, kaarten en reviews. Een schat aan informatie voor actieve vakantiegangers.

www.met.ie

Website van het Ierse KNMI met uitvoerige weersvoorspellingen.

Verkeersbureaus

... in Nederland

Ierland Toerisme
Spuistraat 104
1012 VA Amsterdam
tel. 020 504 06 89
www.ireland.com/nl-nl

... in België

Tourism Ireland
Louizalaan 66
1050 Brussel
tel. 02 643 21 21
www.ireland.com/nl-be

De verkeersbureaus kunnen helpen bij het plannen van uw vakantie, onder andere door het sturen van de gratis brochures over bijvoorbeeld accommodatie, autoroutes, wandelen of sport die op de website te vinden zijn.

... in Ierland

Elke wat grotere of toeristisch belangrijke plaats heeft een Tourist Office en in het seizoen worden er op veel plaatsen die door toeristen worden bezocht ook nog filialen geopend. U kunt er terecht voor stadsplattegronden, folders met bezienswaardigheden of accommodatie, wandel- en sporttips en het reserveren van accommodatie of een huurauto of voor een evenement of stadswandeling. Openingstijden in het algemeen ma.-vr. 9-17/18, za. 9-13 uur, tussen de middag vaak gesloten. Informatie over de afzonderlijke regio's is te vinden op www.discoverireland.ie/places-to-go.

Leestips

Van de klassieke werken van de Ierse winnaars van de Nobelprijs voor de Literatuur **George Bernard Shaw, William Butler Yeats, Samuel Beckett** en **Seamus Heaney** en van **James Joyce, Sean O'Casey** en **Brendan Behan,** zijn in de boekhandel tal van titels te vinden, soms vertaald in het Nederlands.

Banville, John: van deze Ierse auteur verschenen in het Nederlands onder andere *De Zee* (2007), dat in 2005 werd bekroond met de Booker Prize, *Onsterfelijken* (2013) en *De blauwe gitaar* (2016).

Brennan, Maire: *The other side of the rainbow* (2000). Autobiografie van de zangeres van Clannad.

Doyle, Roddy: *Barrytown trilogie* (2001). Bundeling van de eerder afzonderlijk verschenen en met succes verfilmde romans over het tragikomische gezin Rabbitte uit Barrytown, een (fictieve) voorstad van Dublin.

Hamilton, Hugo: *Sproetenkoppen* (2006). Autobiografische roman waarin Hamilton zijn jeugd in Dublin beschrijft als kind van een nationalistische Ierse vader en een Duitse moeder.

Hawks, Tony: *Door Ierland met een koelkast* (2002). In een dronken bui sluit Hawks een idiote weddenschap af: hij zal binnen een maand alle uithoeken van Ierland aandoen, liftend met een koelkast.

Lappert, Rolf: *Naar huis zwemmen* (2011). Roman over de kleine Wilbur, die na de dood van zijn moeder en het verdwijnen van zijn vader in Amerika in een weeshuis belandt, maar door zijn grootouders naar Ierland wordt gehaald.

McCarthy, Pete: *McCarthy's Bar* (2002). Verslag van een reis door Ierland van deze Engelse komiek, presentator en reisschrijver.

McCourt, Frank: *De as van mijn moeder* (2000). Autobiografische roman over de jeugd van de auteur in de *slums* van Limerick. In 1999 verfilmd onder de titel *Angela's Ashes*.

McCrum, Mark: *The Craic* (1999). *Craic* is een onvertaalbaar Iers woord dat het beste omschreven kan worden als 'uitbundig plezier', in het bijzonder tijdens muziekavonden en feesten. Verslag van de rondreis door Ierland die deze Britse journalist in 1997 maakte op zoek naar de Ierse identiteit.

O'Brien, Edna: *Een meisje van buiten* (2013). Memoires van deze vooraanstaande Ierse auteur (1930), die na de publicatie van haar geruchtmakende debuut *De buitenmeisjes* (1960) uit haar thuisland werd verdreven.

O'Crohan, Tomás: *Island Cross-Talk* (1986). In dagboekfragmenten uit de jaren 1919-1925 beschrijft O'Crohan het archaïsche leven op de Blasket Islands.

O´Sullivan, Mark: *Crocodile tears* (2014). In de winter van 2010, met Ierland stevig in de greep van de recessie, wordt vastgoedmagnaat Dermot Brennan dood gevonden in zijn huis in Dublin. Goed ontvangen eerste thriller van deze kinderboekenschrijver.

Parsons, Julie: van deze Ierse thrillerschrijfster (1951) verschenen tal van titels in Nederlandse vertaling, onder andere *Ik zag jou* (2008), *Gevallen engel* (2006), *Het laatste vonnis* (2004) en *De minnegift* (2003).

Swann, Leonie: *De schapen van Glennkill* (2009). Op een ochtend vinden de schapen van Glennkill hun herder George dood in het gras. Onder leiding van Miss Maple, het slimste schaap, gaat de kudde op zoek naar de moordenaar.

Kaarten

Voor een autovakantie zijn gedetailleerde kaarten onontbeerlijk, bijvoorbeeld de Ordnance Survey Road Atlas of Ireland (1 : 210.000) of de ANWB Wegenkaart Ierland (1 : 300.000).

Weer en reisseizoen

Klimaat

Invloeden van de Atlantische Oceaan en de Golfstroom verzachten het in Ierland overheersende koelgematigde klimaat. In het algemeen is het weer wisselvallig – alle vier de seizoenen op een dag, zeggen de Ieren. Sneeuw en vorst komen even zelden voor als zomerhitte.

De hoeveelheid neerslag neemt van het westen, dat direct blootstaat aan de uitlopers van Atlantische depressies, naar het oosten duidelijk af. Wat overigens niet zeggen wil dat het hier niet regent: Dublin is berucht om zijn vrijwel continue motregen, *Irish drizzle*. Het broeikaseffect – de opwarming van de aarde die vooral het gevolg is van toegenomen CO_2-uitstoot door onder andere het gebruik van fossiele brandstoffen – heeft Ierland geen mediterrane temperaturen bezorgd. De laatste jaren zijn er bovengemiddeld veel verregende zomers en zware herfststormen geweest.

Klimaattabel Dublin

	J	F	M	A	M	J	J	A	S	O	N	D
Dagtemperatuur in °C	8	7	9	11	14	17	19	19	17	14	10	8
Nachttemperatuur in °C	2	2	3	4	7	10	11	11	10	8	4	3
Watertemperatuur in °C	9	8	7	8	9	11	13	14	14	13	12	10
Aantal zonuren per dag	2	3	4	5	6	6	5	5	4	3	2	2
Aantal dagen regen per maand	12	10	10	10	11	10	10	11	11	11	11	13

Reisseizoen

De zonnigste en droogste maanden zijn mei en juni. Voeg daar september aan toe en u hebt de aangenaamste reisperiode te pakken. Wie geen rekening hoeft te houden met schoolvakanties, zou de mogelijkheid moeten aangrijpen in deze maanden een bezoek aan Ierland te brengen.

In het hoogseizoen, juli en augustus, zijn de temperaturen het hoogst: gemiddeld maar liefst 20°C, maar het is dan ook op zijn drukst. Vooraf reserveren is altijd aan te raden, en is een absolute must voor juli en augustus, voor bank-holidayweekenden en sowieso voor Dublin. In de Ierse hoofdstad, enorm populair voor een stedentrip, is het doorlopend hoogseizoen. Elders in het land begint het toeristenseizoen ongeveer half april en loopt door tot in oktober. Vooral in de westelijke regio's, waar landschappelijke hoogtepunten en de mogelijkheid voor outdooractiviteiten de hoofdattracties zijn, zijn veel accommodaties, restaurants en ook bezienswaardigheden in de wintermaanden gesloten. De zomervakantie duurt in heel Ierland van eind juni tot eind augustus.

Kleding

Regenkleding à la Gore-Tex is geen overbodige luxe. Het best is sportieve 'laagjeskleding', dus meerdere lagen over elkaar die als het nodig is kunnen worden uit- of aangetrokken. Ook 's zomers is het slim iets warms mee te nemen. Wie in de stad een avondje uit of lekker uit eten wil gaan, verwisselt jeans en sneakers voor eigentijdse city chic.

Reizen naar Ierland

Douane

Nederlanders en Belgen die naar Ierland reizen, moeten zich indien nodig kunnen legitimeren met een paspoort of een Europese identiteitskaart, die geldig is tot de laatste dag van het verblijf. Kinderen moeten in het bezit zijn van een eigen reisdocument. Wie met de auto reist moet zijn rij- en kentekenbewijs meenemen. Hoewel niet meer verplicht, is het toch aan te raden de groene kaart (internationaal verzekeringsbewijs) bij u te hebben.

Douanebepalingen

Binnen de EU gelden geen beperkingen op de in- en uitvoer van goederen voor eigen gebruik. 'Eigen gebruik' komt overeen met de volgende maximumhoeveelheden: 110 liter bier, 90 liter wijn (waarvan maximaal 60 liter mousserende wijn), 20 liter likeurwijn (zoals sherry of port), 10 liter gedistilleerde drank (zoals whisky, cognac of jenever), 800 sigaretten, 400 cigarillo's (sigaren met een maximum gewicht van 3 gram per stuk), 200 sigaren, 1 kilo rooktabak.

Huisdieren

Als u uw hond of kat meeneemt, dient u te beschikken over een geldig EU-dierenpaspoort met daarin een door de dierenarts gemaakte aantekening van vaccinatie tegen rabiës (hondsdolheid). Het dier moet bovendien zijn voorzien van een chip, waarvan het registratienummer in het dierenpaspoort is vermeld.

Reizen naar Ierland

Met het vliegtuig

De Ierse prijsvechter Ryanair (www.ryanair.com) vliegt van Amsterdam, Eindhoven, Brussel en Charleroi naar Dublin. Het Ierse Aer Lingus (www.aerlingus.com) biedt lijnvluchten aan van Amsterdam en Brussel naar Dublin en van Amsterdam naar Cork.

Met de auto en de boot

Rechtstreekse veerboten vanuit Frankrijk: Irish Ferries (www.irishferries.com) vaart meerdere keren per week van Roscoff (Bretagne) en Cherbourg naar Rosslare (circa 20 uur), Brittany Ferries (www.brittanyferries.co.uk) in apr.-okt. een keer per week van Roscoff naar Cork (circa 17 uur).
Landbridge (via England/Wales): de 'landbrug' loopt via Groot-Brittannië. De snelste verbinding (75-90 min.) voert eens in de drie kwartier van Calais naar Dover, bijvoorbeeld met P&O (www.poferries.com), of met Le Shuttle van Calais naar Folkestone in 35 min. door de Eurotunnel. Een andere optie: met een luxenachtboot van P&O van Rotterdam of Zeebrugge naar Hull en vervolgens enkele uren rijden over Engelse *motorways*. De oversteek naar het Ierse **Rosslare** kan worden gemaakt vanuit **Fishguard** (Stena Line, www.stenaline.nl) of **Pembroke** (Irish Ferries of Stena Line) of met Irish Ferries of Stena Line van **Holyhead** naar Dublin (diverse keren per dag).

Met de trein

Wie vanuit Nederland of België met de trein naar Dublin wil reizen, moet overstappen in Londen. U reist bijvoorbeeld met de Eurostar naar Londen (station St. Pancras), stapt dan op het nabijgelegen station Euston op de trein van Virgin Trains naar Holyhead en steekt vervolgens met Irish Ferries of Stena Line over naar Dublin (www.virgintrains.co.uk).

Reizen in Ierland

Trein en bus

Trein- en busvervoer zijn in handen van het staatsbedrijf CIE (Coras lompair Éireann). Noordelijk van Sligo loopt geen spoor meer. Dublin vormt het hart van de spoor- en snelbusverbindingen naar alle grote steden. Daarnaast zijn er regionale buslijnen en hebben de steden een fijnmazig busnet. Op zondag rijden er maar weinig bussen, sommige bezienswaardigheden, plaatsen of afgelegen stranden zijn dan alleen met eigen vervoer te bereiken. Trein: Irish Rail (Iarnrod Éireann), www.irishrail.ie. Bus: Irish Bus (Bus Éireann), www.buseireann.ie. Wie veel met het openbaar vervoer reist, kan een Tourist Ticket overwegen, bijvoorbeeld Explorer Rail: 5 dagen (binnen 15 dagen) onbeperkt gebruik van de trein € 160 (www.irishrail.ie); of Open-Road: 3 dagen (binnen 6 dagen) gebruik van de bus voor € 60 (www.buseireann.ie).

Vliegtuig

Binnenlandse vluchten tussen Dublin en Kerry en tussen Dublin en Donegal (Stobart Air, in samenwerking met Aer Lingus Regional (www.airlingus.com).

Huurauto

Autoverhuurbedrijven vindt u op vliegvelden, bij veerboothavens en in de steden. De minimumleeftijd voor autohuur is 21 of 25 jaar en u mag niet ouder zijn dan 75 jaar. Het is altijd goedkoper vooraf via internet een huurauto te boeken dan pas ter plekke te huren (bijvoorbeeld op www.sunnycars.nl of www.sunnycars.be).

Taxi

In alle grotere plaatsen rijden taxi's. Het starttarief bedraagt € 4,15, daarna kost een rit vanaf € 1,30 per km of vanaf € 0,39 per minuut.

Autorijden in Ierland

In Ierland rijdt men links (rechts inhalen, maar verkeer van rechts heeft voorrang!). Autosnelwegen (aangeduid met M; deels met bescheiden tolheffing) voeren vanuit Dublin het land in, maar gaan altijd in het binnenland over in N(ationale)-wegen. Enkele ervan zijn driebaans, de middelste rijstrook dient voor verkeer uit beide richtingen als inhaalstrook – het is hier enorm oppassen geblazen. Langzaam verkeer verplaatst zich over de vluchtstrook. Secundaire wegen (D, R, L) zijn in Ierland vaak erg smal, de Ieren rijden er hard en soms ook gevaarlijk. Wees voorzichtig bij onoverzichtelijke situaties door hekken of muren, bij bruggen – hier worden wegen abrupt smaller – en bij langs de weg grazende schapen. Op eenbaansweggetjes wijkt diegene uit naar een *passing place* die er het dichtstbij is.

Verkeersregels

De **maximumsnelheid** binnen de bebouwde kom is 50 km/h, op secundaire wegen 80 km/h, op National Roads (N) 100 km/h en op autosnelwegen 120 km/h. De alcohollimiet ligt net als in Nederland en België op 0,5 promille. Het dragen van veiligheidsgordels is voorin verplicht; kinderen onder de 12 jaar moeten achterin plaatsnemen. Bestuurders mogen in de auto alleen handsfree bellen. Voor motorrijders is een valhelm verplicht. Enkele en dubbele gele strepen langs de weg of straat geven een parkeerverbod aan.

Brandstof: Regular unleaded of Premium unleaded = Euro 95 (loodvrij), Super plus unleaded of Super unleaded = Superplus 98 (loodvrij), Diesel = Diesel, Lpg = Lpg. Het laatste is redelijk verkrijgbaar, Bio-ethanol vrijwel niet.

Pechservice: Automobile Association (AA), tel. 0800 88 77 66, vanaf mobiel 0844 873 00 87, www.theaa.com.

Overnachten

Voor vertrek thuis via internet accommodatie boeken is tegenwoordig een makkie door de enorme hoeveelheid boekingssites. En: vooraf reserveren is vaak goedkoper.

Hotels en guesthouses

Ierland biedt een breed scala aan overnachtingsmogelijkheden, van luxehotels tot eenvoudige guesthouses. Het Ierse bureau voor toerisme heeft de hotels geclassificeerd van een tot vijf en de guesthouses van een tot vier sterren. Sommige accommodaties hebben zich aaneengesloten tot ketens om gezamenlijk hun marketing te bedrijven: Manor House Hotels (landhuishotels), www.manorhousehotels.com, http://irishcountryhotels.com; Ireland's Blue Book (luxueuze landhuishotels en -restaurants), www.irelands-blue-book.ie; Premier Guest Houses (kwalitatief hoogstaande pensions), www.premierguesthouses.com.

B&B's

Bed & Breakfast is de voor de Britse eilanden karakteristieke overnachtingsvorm. Prijs per persoon vanaf € 28, uiteraard inclusief ontbijt. Naast slapen en ontbijten is er bijna altijd sprake van persoonlijk contact met de eigenaar. Hetzelfde geldt voor farmhouses (accommodatie op het platteland), die vaak ook voor een kort verblijf centraal genoeg liggen. B&B's en guesthouses zijn meestal langs de uitvalswegen van

Ierse boekingssites

www.irelandhotels.com: boekingssite van de Irish Hotels Federation;
www.bandbireland.com en **www.irishfarmholidays.com:** boekingssites voor B&B's – in de stad, op het platteland en in farmhouses;
www.camping-ireland.ie: boekingssite van Caravan & Camping Ireland, met links naar de campings.

Beestachtig goed – Bed & Breakfast op het Ierse platteland

plaatsen geconcentreerd. De Tourist Offices maken tegen een kleine vergoeding een reservering voor u, wat vooral in het hoogseizoen of in grote steden als Dublin aan te raden is.

Enigszins betaalbare accommodatie in nog bewoonde historische herenhuizen met die typische Country-Houseflair biedt de organisatie Hidden Ireland (2 pk incl. ontbijt vanaf € 140, www.hiddenireland.com).

Campings

Er zijn meer dan 130 door het Ierse bureau voor toerisme geïnspecteerde en met een tot vier sterren bekroonde campings. Ze zijn meestal geopend van april tot oktober. Kosten voor twee personen en een tent circa € 20. Wildkamperen is buiten de natuurparken niet verboden, maar vraag altijd de grondeigenaar vooraf om toestemming.

Vakantiehuizen

Voor een langer verblijf zijn de door de Ierse organisatie voor toerisme Fáilte Ireland met een tot vier sterren geclassificeerde vakantiehuizen vooral voor gezinnen een goed alternatief. Zie de website van de Irish Self Catering Federation, www.iscf.ie. Wie het graag wat luxueuzer heeft, kan een vakantiekasteeltje huren, bijvoorbeeld via het al genoemde Hidden Ireland, www.hiddenireland.com. Een van de grootste verhuurders van vakantiewoningen is Dream Ireland, www.dreamireland.com. Verblijven waar land en zee elkaar ontmoeten: ook in enkele Ierse vuurtorens kunt u vakantie vieren (www.greatlighthouses.com).

Jeugdherbergen en hostels

Voor reizigers met een beperkt budget, maar ook voor gezinnen zijn de Ierse hostels een aanrader. Ze bieden naast de traditionele slaapzaal *(dorm)* bijna allemaal tweepersoons- en gezinskamers met eigen badkamer en doen niet onder voor een eenvoudig B&B. Zeker de nieuwere hostels beschikken over faciliteiten als internet, een keuken, restaurant, kluisjes, wasmachine, tv enzovoort.

De Ierse jeugdherbergcentrale An Óige (Irish Youth Hostel Association, http://anoige.ie) presenteert op haar website iedere herberg in woord en beeld. Voor het hoogseizoen is vooraf reserveren vereist, er zijn geen beperkingen wat betreft leeftijd en verblijfsduur. De Independent Holiday Hostels of Ireland (www.hostels-ireland.com) en Celtic Budget Accommodation (www.celticgrouphostels.com) zijn samenwerkingsverbanden van privéhostels. Het wordt aangeraden een slaapzak mee te brengen.

Vocabulaire bij het zoeken naar accommodatie

Ensuite is de Engelse aanduiding voor een kamer met een eigen badkamer met douche of ligbad en toilet. Het wordt ook in hostels gebruikt als een slaapzaal is voorzien van een eigen badkamer met toilet.

B&B per person sharing: vaak wordt in Ierland logies en ontbijt per persoon aangegeven bij het delen van een tweepersoonskamer. Eenpersoonskamers zijn iets duurder dan de helft van de prijs van een tweepersoonskamer. Hotels vermelden vaak alleen de kamerprijs *(room rate)*, dus exclusief ontbijt.

Eten en drinken

In fijnproeversland

In Ierland kunt u vandaag de dag geweldig goed eten. *Fusion cooking* is de trend in de hedendaagse Ierse keuken, waarbij ingrediënten en bereidingswijzen uit de Aziatische en mediterrane keuken op vernieuwende wijze worden gecombineerd met de heerlijke verse Ierse producten van het land en uit de zee: gerookte zalm, kruidig lamsvlees, krab en zeeduivel, Ierse aardbeien, oude aardappelsoorten, huisgemaakt *brown bread* en op traditionele wijze gemaakte boerenkaas. De keus aan eetgelegenheden is groot, zowel qua stijl als qua prijs. U vindt hier de veeleer traditionele country-housekeuken in georgiaans-luxueuze maar ook in rustiek-eenvoudige zaken. Daarnaast zijn er informeel-artistieke bistro's, gourmet-lunchcafés, supertrendy fijnproeverstempels, maar ook *tourist traps*. Biologische ingrediënten – in het Ierse spraakgebruik *organic* – zijn in de fijnproeverssector wijd verbreid, vaak ook *locally sources*, of streekproducten (zie ook Op ontdekkingsreis blz. 160). Vooral Dublin en de zuidwestkust zijn fijnproeversparadijzen.

Pub grub

Maar dit is er ook nog: een groot deel van de hedendaagse Ierse gastronomie huldigt nog steeds de vette, vlezige geest van de oude Britse keuken met haar zoutfobie en niet doorbakken, vanbinnen nog bloederige runderlappen. De Ierse auteur Hugo Hamilton verwijt zijn landgenoten gebrek aan goede smaak wanneer hij beweert dat de Ieren alles zouden eten mits het dood is en wordt geserveerd met frites. Spaghetti met frites, pizza met frites, steak met frites – *pub grub* of *bar food* wordt 's middags of vroeg in de avond geserveerd. Het ontziet de portemonnee en vult de maag.

Niet altijd, maar toch steeds vaker stuit u op pubs die de hedendaagse globalisering ook in de keuken doorvoeren. Thaise kip, hamburgers of pittig gekruide visfrikadellen zijn inmiddels op veel menukaarten te vinden.

Nog goedkoper zijn de alom aanwezige *takeaways* met Chinese, Indiase en Turkse afhaalgerechten en de traditionele *chippers*, fish-and-chipszaken, waar de frites en de vis, meestal kabeljauw, sissend uit het frituurvet komen en overgoten met azijn worden geserveerd.

Full Irish breakfast

De Engelse erfenis leeft ook voort in het overvloedige *cooked* of *full Irish breakfast*. De meestal bij de overnachtingsprijs inbegrepen standaardversie ziet er zo uit: na het vruchtensap en ontbijtgranen met melk komt het warme gedeelte met spiegelei, worstjes, spek, paddenstoelen, tomaten, lever- en bloedworst. Daarna volgt nog toast met gezouten boter en sinaasappelmarmelade, met daarbij thee of koffie.

Budgettip: vroeg dineren

Geld besparen is mogelijk bij de zogeheten *early-bird-* of *pre-theatre-menus,* die meestal zo tussen 17.30 en 18.30 uur worden geserveerd. Het menu is eenvoudiger dan bij een uitgebreid diner en de gerechten worden sneller na elkaar opgediend – tenslotte moet u erna toch naar het theater.

Eerst iets drinken in de bar

In de betere restaurants wordt u voor het eten vaak in een afgescheiden bargedeelte uitgenodigd, waar u onder het genot van een aperitief alvast de menukaart kunt bestuderen.

In de hoger geclassificeerde hotels en B&B's is intussen sprake van een ongekende uitbreiding van het ontbijtmenu: vers fruit, kaaspannenkoeken, gerookte zalm met roerei en zelfs gebakken zeeduivel of steaks maken hier deel uit van het mogelijke aanbod.

Pubs en dranken

Ierland is wereldberoemd om zijn gezellige pubs. Veel ervan zijn *singing pubs*, dat wil zeggen dat er 's avonds vanaf ongeveer 21.30 uur livemuziek te beluisteren valt. Dat hoeft niet de bij de meeste bezoekers favoriete *trad* (folkmuziek) te zijn, het kan ook gaan om country, rock, pop of jazz. Een pint hoort daarbij: een stout (donker bier), uiteraard Guinness, lager (ondergistend bier met een laag alcoholpercentage), ale of bitter (beide bovengistende amberkleurige bieren).

De gevestigde brouwerijen ondervinden al een tijd behoorlijke concurrentie van *microbreweries* als Porterhouse in Dublin die een heel assortiment speciale stouts, ales en lagers op de markt brengen.

In tegenstelling tot in Schotland wordt in Ierland whiskey met een 'e' geschreven. Hij wordt drie keer gedistilleerd en heeft in vergelijking met de door de toevoeging van turf rokerig smakende Schotse whisky een mildere smaak. Van de renaissance van de Ierse whiskey getuigt bijvoorbeeld de in 2007 weer in bedrijf gestelde Kilbeg-gan Distillery (www.kilbeggan distillery.com). Op de informatieve website www.irelandwhiskeytrail.com vindt u te bezichtigen distilleerderijen, whiskeyshops en -pubs.

Seafood – een van de sterke punten van de hedendaagse Ierse keuken

Actieve vakantie, sport en wellness

Fietsen

Regenkleding is een must en een helm, hoewel niet verplicht, verstandig. Luchtvaartmaatschappijen, rederijen, treinen en bussen vervoeren fietsen als toegestane bagage (max. 20 kg) of tegen betaling. Een huurfiets komt op € 15 à 20 per dag, een E-bike op € 30 per dag – in juli en augustus absoluut vooraf reserveren. Hostels en campings lenen vaak fietsen uit.

Golf

Voor sommige golfers is Ierland golfland nummer een. Golf is hier een volkssport, kan het hele jaar door worden gespeeld en is met greenfees vanaf € 20 (op de wat bescheidener *municipal golf courses* die bijna in iedere stad te vinden zijn) aanzienlijk goedkoper dan elders. De meer dan vierhonderd golfterreinen omvatten ook wedstrijdbanen (*championship courses*) en bieden vaak lessen (*tuitions*) aan. Op alle terreinen kan ook door niet-leden worden gespeeld. In het zuidwesten, een traditioneel golfgebied, maar ook in het als golfbestemming minder bekende westen en noordwesten liggen de golfterreinen meestal in de duinen (zogeheten linksbanen), die in het binnenland liggen in parklandschappen. Ze hebben bijna altijd 18 holes, zie www.golfersguide.ie. Op www.ireland.com/nl-nl kunt u gratis de *Ireland Golf Guide* downloaden, kijk onder 'Hulp en advies'.

Paardrijden

Ierland is een paardenland, of het nu gaat om de volbloeden in de National Stud in Kildare (zie blz. 122) of om de connemarapony's (www.cpbs.ie is de website van de vereniging van fokkers van deze kleine paarden). De door het hele land verspreide maneges organiseren vaak ook paardrijexcursies voor beginners en voor kinderen.

Strand

Hoewel Ierland geen klassieke bestemming voor een strandvakantie is, zijn er toch badplaatsen die qua klimaat kunnen worden vergeleken met plaatsen aan de Noord- of Oostzeekust, met name langs de Ierse oost- en zuidkust met hun Britse flair. De Ierse stranden behoren tot de schoonste van Europa en slepen jaarlijks van alle Europese landen de meeste Blauwe Vlaggen in de wacht (www.blueflag.global). Het ook in de zomer koude water van de Atlantische Oceaan gaan de Ieren te lijf met neopreenpakken. Naakt zonnen en -zwemmen is niet toegestaan.

Vakantie met een huifkar

Met een voor maximaal vier personen uitgeruste, door een paard

Actieve vakantie

Op de websites van Tourism Ireland (www.ireland.com/nl-nl) en Fáilte Ireland (www.discoverireland.ie) is onder respectievelijk 'Dingen om te doen' en 'Things To Do' een massa informatie te vinden (tips, suggesties, routes) over onder andere wandelen, fietsen, paardrijden, golfen, vissen, watersport en wellness.

Kaarten voor fietsers en wandelaars

Een aanrader voor fietsers en wandelaars zijn de Ordnance-Surveykaarten uit de Discovery Series met een schaal van 1 : 50.000. Verkrijgbaar bij Ordnance Survey (www.osi.ie), in de boekhandel en bij Tourist Offices.

voortgetrokken huifkar met kookgelegenheid hobbelt u in een sukkeldrafje (zo'n 15 km per dag) over rustige wegen – een relaxte manier van rondreizen voor gezinnen en natuurliefhebbers. Verhuurders, zie blz. 119 (Wicklow); Kilvahan, Coolrain, Co. Laois, www.horsedrawncaravans.com.

Vakantie op het water

Iedereen van 21 jaar of ouder kan ook zonder vaarbewijs of nautische voorkennis een huisboot huren en als vrijetijdskapitein over het 750 km lange waterwegennet van met elkaar verbonden rivieren en meren varen: Shannon, Grand Canal, Lough Key, Lough Ree, Lough Derg, Barrow. De met een dieselmotor uitgeruste boten voor twee tot acht personen, met keuken en sanitair, bereiken een snelheid van zo'n 10 km per uur. Voor twee personen is overigens een vierpersoonsboot aan te raden.

Recreatiegebieden

Op de website van de bos- en landschapsbeheersorganisatie Coillte (www.coillteoutdoors.ie) is informatie te vinden over meer dan honderd bosgebieden die zijn voorzien van gemarkeerde wandelpaden, speel- en picknickplaatsen en parkoersen voor fietsers en mountaibikers.

Zie **www.iwai.ie** en **www.waterwaysireland.org** voor informatie over Ierlands binnenwateren en **www.boatholidaysireland.com** voor bootverhuurders.

Vissen

Vissen, een van Ierlands grootste toeristische attracties, is aanmerkelijk goedkoper dan elders. Zeevissen, bijvoorbeeld op zeebaars of blauwe haai, wordt vooral gedaan langs de zuidwest- en westkust. Wat het zoetwater betreft staan vissers 14.000 kilometer rivieren en duizenden meren met karpers, zalm en forellen ter beschikking.

Voor vissen op zalm en forel is een vergunning *(permit)* vereist, die u ter plekke kunt kopen (vanaf € 8). Informatie en vergunningen: Central Fisheries Board, www.fishinginireland.info.

Wandelen

Ongeveer dertig met gele pijl en wandelaarsicoontje gemarkeerde langeafstandspaden, Waymarked Ways of Ireland, voeren door de mooiste streken van het eiland. Een klassieker is Ierlands oudste officiële langeafstandspad, de 132 km lange Wicklow Way van Dublin naar Clonegal. Op www.ire land.com/nl-nl kan gratis de brochure *Top Walks in Ireland* worden gedownload met 25 wandelingen van maximaal een halve dag en verspreid over het hele land.

Erg populair en dus ook goed gemarkeerd zijn de wandelpaden in de nationale parken (www.npws.ie). Informatie over een twaalftal pelgrimstochten, zoals de Turas in Glencolumbkille, geeft de website www.pilgrimpath.ie. Een betrouwbare informatiebron zijn ook de plaatselijke Tourist Offices, die beschikken over overvloedig materiaal voor korte en lange wandelingen in hun omgeving. Op www.irishtrails.ie en www.discoverireland.ie (kijk onder 'Things To Do') vindt u tal van wandelsuggesties met kaarten en routebeschrijvingen.

Het Ierse klimaat maakt regenkleding, warme kleding en waterafstotende wandelschoenen met antislipzool beslist noodzakelijk. De gevaren van de verlaten Ierse bergwereld, waar u vaak urenlang geen mens tegenkomt, de plotselinge weersveranderingen, gladde puinhellingen en (met uitzondering van de langeafstandspaden) meestal ontbrekende markeringen moeten niet worden onderschat – ook al zijn er nauwelijks bergen van boven de 1000 m. Gaat u een lange wandeltocht maken, meld dit dan bij uw overnachtingsadres, zodat iemand u gaat zoeken als u ondanks kompas en kaart bent verdwaald of gewond bent geraakt.

Wellness

Op de websites van Tourism Ireland (www.ireland.com/nl-nl) en Fáilte Ireland (www.discoverireland.ie) is volop informatie te vinden over wellness en spa's, onder andere adressen. Een heel aparte Ierse vorm van wellness zijn de zeewierbaden in Inishcrone (zie Op ontdekkingsreis blz. 240) en in Strandhill bij Sligo (zie blz. 244).

Feesten en evenementen

Muziekfestivals

Comhaltas Ceoltóirí Éireann (zie blz. 59) organiseert sinds 1951 ieder jaar wedstrijden voor Gaelische muziek, harp, *set dancing*, doedelzak enzovoort. **Fleadhanna Cheoil** beginnen in april op graafschapniveau en bereiken hun hoogtepunt tijdens de landelijke **Fleadh Cheoil na hÉireann**, die afwisselend in verschillende steden wordt gehouden (www.fleadhcheoil.ie).

Een enorm succes is het **Wexford Festival Opera:** jonge en gedreven artiesten voeren drie vergeten of nog nooit uitgevoerde opera's en drie kortere stukken op in het fraaie nieuwe Opera House, www.wexfordopera.com.

Het **Dublin Theatre Festival** heeft zich ontwikkeld tot een van Europa's belangrijkste theaterfestivals. De podia in Dublins vele theaters bieden plaats aan Ierse klassiekers, eigentijds drama en buitenlandse ensembles en voorstellingen. Het gelijktijdig georganiseerde **Fringe Festival** vormt met comedy, performance en jonge experimentele groepen de 'aparte' aanvulling, www.dublintheatrefestival.com, www.fringefest.com.

Rond paard en hond

Aangezien de Ieren gek op paarden en verzot op wedden zijn, vormen

Cultuurherfst

Half september kunt u tijdens de landelijke Culture Night bezienswaardigheden, musea en performances gratis bezoeken. Om Ieren te ontmoeten en plezier te hebben, moet u hier beslist heengaan. Tijdens het Open House Dublin, in een weekend begin oktober, zijn normaal niet voor publiek toegankelijke gebouwen geopend (http://openhousedublin.com).

festiviteiten waarbij het paard centraal staat de societyhoogtepunten van het jaar voor de Ierse middenklasse, die er zich graag vertoont.

Tijdens de **Dublin Horse Show** op het terrein van de Royal Dublin Society (RDS) worden springconcoursen gehouden, van ponyspringen voor kinderen tot de wereldberoemde Aga Khan Trophy. Op de soms bizar aandoende evenementen van het volksfeestachtige omlijstingsprogramma worden prijzen uitgereikt voor onder andere de grootste kool en de extravagantste dameshoofdbedekking, zie www.dublinhorseshow.com. Behalve paarden zijn ook windhonden het object van de Ierse goklust. Bijna iedere wat grotere plaats heeft een hondenrenbaan (www.igb.ie).

Uitgaan

Vrijdag, zaterdag en, als er een *bank holiday* op volgt, ook zondag zijn de uitgaansavonden. In de populairste partymetropolen Dublin, Galway, Cork en Kilkenny kan het dan ook in rustige accommodaties lawaaierig worden, vooral als er een stag-and-hen-gezelschap heeft ingecheckt – te herkennen aan bunnyoren en andere grappige accessoires – om het afscheid van het vrijgezellenbestaan te vieren.

Feestagenda

Maart

St. Patrick's Festival: vier dagen rond 17 mrt. in Dublin, elders op 17 mrt., zie blz. 54, 109.

Mei

Fleadh Nua: eind mei, folkmuziekfestival in Ennis, zie blz. 204.

Juni

Bloomsday: altijd op 16 juni in Dublin, zie blz. 109.

Juli

West Cork Chamber Music Festival: www.westcorkmusic.ie, 1e week van juli
Dublin Horse Show: half juli in Dublin, zie blz. 109.
Galway Arts Festival: tweede helft van juli, zie blz. 218.
Reek Sunday: laatste zo. van juli, pelgrimstocht naar de top van Croagh Patrick, zie blz. 230.

Augustus

Ballyshannon Folk Festival: eind juli/aug. in Ballyshannon, zie blz. 253.
Puck Fair: 10-12 aug., volksfeest in Killorglin, zie blz. 183.
Fleadh Cheoil na hÉireann: half aug., in 2016 in Ennis, zie blz. 29.
Rose of Tralee: eind aug., zie blz. 191.

September

All Ireland Hurling Finals: eerste zo. van sept., zie blz. 60 en 109.
All Ireland Gaelic Football Finals: derde zo. van sept., zie blz. 109.
Galway International Oyster Festival: eind sept., zie blz. 219.
Dublin Theatre Festival: drie weken eind sept./begin okt., zie blz. 29 en 109.

Oktober/november

Jazz Festival Cork: eind okt., zie blz. 158.
Wexford Festival Opera: eind okt./begin nov. in het National Opera House in Wexford, zie blz. 127.

Praktische informatie van A tot Z

Ambassades

Nederlandse ambassade

160 Merrion Road, Dublin 4
tel. 01 269 34 44
www.nederlandwereldwijd.nl/landen/ierland

Belgische ambassade

1 Elgin Road, Ballsbridge, Dublin 4
tel. 01 631 52 84
www.diplomatie.belgium.be/ireland

Apotheken

De *pharmacies* of *medical halls* hanteren de normale winkelopeningstijden. Op zondag zijn ze van 11 tot 13 uur geopend, op woensdagmiddag meestal gesloten.

Elektriciteit

Voor het gebruik van de Ierse stopcontacten is een verloopstekker van het type G of een wereldstekker nodig.

Feestdagen

Nationale feestdagen: 1 januari, 17 maart (St. Patrick's Day, zie blz. 54), Goede Vrijdag, paasmaandag, eerste maandag in mei (jaarlijkse herdenkingsdag van het eerste vakbondscongres). Bank holidays: eerste maandag van juni en augustus, laatste maandag van oktober, 25 en 26 december.

Geld en fooien

Ierland behoort tot de eurozone. In hotels, restaurants en taxi's wordt een *tip* van ongeveer 10% verwacht. In pubs geeft men geen fooien.

Kinderen

De Ieren zijn over het algemeen heel kindvriendelijk. Toch zijn er nog behoorlijk wat restaurants waar kinderen (soms alleen tot 12 jaar of alleen na 20 uur) niet welkom zijn. Luierverschoonmogelijkheden (*nappy changing facilities*) zijn eigenlijk overal voorhanden.

Veel hotels en ook B&B's beschikken over gezinskamers en in de meeste accommodaties kan tegen een geringe meerprijs een extra bed of een kinderbed (cot) besteld worden. Veel Country Country-Househotels, bijvoorbeeld Ballymaloe (zie blz. 160), serveren het avondeten voor kinderen vroeg, zodat de ouders daarna samen kunnen dineren. Ook onder begeleiding van een volwassene mogen jongeren onder de 18 jaar zich na 21.30 uur niet meer in een pub ophouden.

Bij veel attracties krijgen kinderen korting of zijn voordelige gezinstickets te koop.

Maateenheden

Een pint of Guinness is nog steeds 0,5694 l, sommige oude wegwijzers geven nog mijlen (circa 1,6 km) aan.

Media

Televisie

De meeste hotelkamers zijn voorzien van een tv waarop gasten ook naar internationale zenders kunnen kijken.

Kranten

Nederlandse en Belgische kranten zijn (meestal met een dag vertraging) in steden en toeristencentra te krijgen. De serieuze landelijke dagbladen zijn de *Irish Times* en de *Irish Independent*. De *Irish Sun*, de *Star* en de 's avonds verschijnende *Evening Herald* zijn boulevardbladen.

Medische verzorging

Via de verplichte basisverzekering bent u verzekerd voor medisch noodzakelijke zorg in het buitenland. Zorg wel dat u in het bezit bent van de European Health Insurance Card (EHIC, ook wel Europese gezondheidspas of Europese ziekteverzekeringskaart genoemd). Hiermee kunt u aantonen dat u verzekerd bent voor ziektekosten en recht hebt op zorg. De kosten worden meestal vergoed volgens het in uw eigen land geldende tarief. Als de kosten voor de behandeling hoger zijn dan de vergoeding vanuit de basisverzekering, kan de rest van het bedrag geclaimd worden bij een aanvullende verzekering of een reisverzekering (meestal wel aan te raden omdat de kosten hoger kunnen uitvallen dan in eigen land).

Noodgevallen

Ambulance, brandweer, politie tel. 112 of 999
Blokkeren van bankpas of creditcard: tel. +31 30 283 53 72 (Nederland) of tel. +32 70 34 43 44 (België)
ANWB Alarmcentrale tel. +31 70 314 14 14

Noord-Ierland

Voor het bezoeken van Noord-Ierland vanuit de Ierse republiek zijn een geldig paspoort of een geldige Europese identiteitskaart voldoende.

Omgangsvormen

Het hoort erbij: even een praatje maken met de B&B-gastvrouw, aan de gemeenschappelijke ontbijttafel, voor de open haard in het landhuis of in de whiskeysalon van het kasteelhotel. Het onderwerp is bijna altijd hetzelfde: het weer. De basisregel: in Ierland is het weer nooit slecht, en als het dan een keer slecht is, gaat het gesprek erover dat het morgen beter zal worden.

Openingstijden

Banken: ma.-vr. 10-12.30, 13.30-16, do. tot 17 uur, grote banken blijven meestal tussen de middag open.
Winkels: ma.-za. 10-18 uur; omdat Ierland geen winkeltijdenwet kent, zijn veel winkels, ook supermarkten, tot laat in de avond geopend en, met name in Dublin, ook op zondag. In de grotere plaatsen is het op donderdag koopavond en zijn de winkels tot 20 of 21 uur open.
Postkantoren: ma.-vr. 9-17, za. 9-13 uur, kleine postkantoren sluiten tussen de middag.
Pubs: ma.-wo. 11.30-23.30, do.-za. 11.30-0.30, zo. 12.30-23 uur.

Reizen met een handicap

Op de website van Tourism Ireland is onder de kop Toegankelijkheid veel informatie te vinden voor Ierlandreizigers die gehandicapt of verminderd mobiel zijn (www.ireland.com/nl-nl/about-ireland/once-you-are-here/accessibility). De website van Accessible Ireland (www.accessibleireland.com)

biedt onder andere een lijst van accommodaties met voorzieningen voor gehandicapten.

Roken

Roken is in alle pubs, restaurants, openbaar vervoer enzovoort verboden. Voor pubs zijn op het trottoir rookhoekjes ingericht, soms met terrasverwarmers.

Souvenirs

De klassieke souvenirs uit Ierland zijn afkomstig van schapen: Aransweaters, tweed uit Donegal of de producten van de wevers uit de Wicklow Mountains zijn niet alleen ter plekke, maar in het hele land te koop. Daarnaast hebt u de keus uit Waterfordkristal, keramiek, kantwerk en zilveren sieraden, waarbij het aanbod loopt van kitscherige massaproducten tot esthetisch hoogstaande kunstvoorwerpen. Op de luchthaven van Dublin kunt u voor uw vertrek nog even prima Ierse delicatessen inslaan: gerookte zalm, farmhousekaas, marmelades, chutneys, *shortbread* (roomboterkoekjes) en whiskey.

Telefoon

Telefoneren in Ierland: het netnummer kan worden weggelaten als u vanuit hetzelfde district belt. Voor openbare telefoons kunt u in tijdschriftenwinkels en op postkantoren telefoonkaarten kopen. Inlichtingen: 11811, nummers die beginnen met 1800 zijn gratis. Mobiel bellen: Nederlanders en Belgen kunnen in Ierland probleemloos bellen met hun mobiele telefoon of smartphone. Informeer wel bij uw provider naar de roamingkosten.

Landnummers

Nederland: 00 31
België: 00 32
Ierland: 00 353
Als u vanuit het buitenland belt, vervalt na het landnummer de 0 van het netnummer.

Tijdsverschil

Ierland ligt in de tijdzone van Greenwich Mean Time ofwel GMT. Dat wil zeggen dat het er een uur vroeger is dan in Nederland en België, die in de Midden-Europese tijdzone liggen.

Veiligheid

Laat nooit dingen zichtbaar in de auto achter, vooral niet op parkeerplaatsen bij bezienswaardigheden en in steden. Met name in Dublin worden incidenteel auto's opengebroken. Tasjesroof komt vooral voor in Dublin en op plekken waar veel toeristen komen.

Besparen op uw vakantiebudget

De financiële crisis heeft de hoteltarieven in Ierland doen kelderen, zodat het nu een van de goedkoopste landen van Europa is: B&B per persoon vanaf € 28, een tweepersoonskamer in een hotel gemiddeld € 90. Voor een driegangenmenu betaalt u vanaf € 30, een pint bier kost vanaf ongeveer € 4,80 en in Dublin, waar de prijzen wat hoger liggen dan in de rest van het land, circa € 6.
De National Heritage Card biedt een jaar lang gratis toegang tot alle door de staat geëxploiteerde monumenten en bezienswaardigheden en is bij de kassa te koop (€ 25, voor kinderen € 10, www.heritageireland.ie).

Kennismaking – Feiten en cijfers, achtergronden

Ierlands zuidwesten laat zijn ruige kant zien: wilde oceaan bij het schiereiland Dingle

De Republiek Ierland in het kort

Cijfers en feiten

Hoofdstad: Dublin, 525.000 inwoners
Grootste steden: Dublin, Cork, Galway
Oppervlakte: 70.285 km^2, ongeveer zo groot als Nederland en België samen
Inwoners: 4,48 miljoen waarvan 10% buitenlanders
Taal: officiële taal Iers-Gaelisch, voertaal Engels
Munteenheid: euro
Tijdzone: Greenwich Mean Time (GMT = Midden-Europese Tijd minus 1 uur)

Geografie en natuur

Ierland is de meest westelijke voorpost van Europa. Het eiland wordt vaak vergeleken met een reusachtige schotel, waarvan de bodem, de centrale kalksteenlaagvlakte met zijn rivieren en ontelbare meren en venen – ongeveer een zevende deel van het oppervlak bestaat uit water – bijna volledig wordt omsloten door een krans van bergketens. De sterk gelede kust is 3172 km lang. Het landschap van vandaag werd vooral gevormd tijdens de ijstijd: door enorme gletsjers afgesleten bergen als de machtige kwartsietkegel Errigal Mountain, tal van kleine gletsjermeren zoals in het Killarney National Park, uitgeschuurde dalen zoals bij Glendalough en puin- en zandafzettingen in de centrale laagvlakte.
Hoogste berg: Carrauntoohill, 1041 m
Langste rivier (van de Britse eilanden): Shannon, 368 km
Grootste veen: Bog of Allen, 958 km^2
Grootste meer: Lough Corrib, 200 km^2

Geschiedenis en cultuur

Ierland is zeer rijk aan prehistorische monumenten, zoals graven uit de steentijd, steenkringen en heuvelforten. De Kelten, die zich hier vanaf ongeveer 300 v.Chr. vestigden, drukten een onuitwisbaar stempel op Ierlands cultuur.

Een andere bloeiperiode kende het eiland in de vroege middeleeuwen, toen monniken zich in hun kloosters bezighielden met het kopiëren en illustreren van boeken en de smeed- en steenhouwerskunst. Door de groeiende onderdrukking tijdens de Engelse bezetting werden de Ieren vanaf de late middeleeuwen in hun eigen land tweederangs burgers, die politiek, religieus en economisch werden achtergesteld en vervolgd. Deze periode van vervolging en de Grote Hongersnood in de 19e eeuw, die miljoenen Ieren het leven kostte en leidde tot een ongekende uittocht, zijn nog steeds als nationale trauma's voelbaar.

Staat en politiek

Ierland is een parlementaire democratische republiek. De president (Uachtarán na hÉireann) wordt om de zeven jaar rechtstreeks door het volk gekozen. Het parlement (Oireachtas) bestaat uit de Kamer van Afgevaardigden (Dáil Éireann) en de Senaat (Seanad Éireann). De premier heeft de titel Taoiseach (letterlijk: Aanvoerder). Er bestaat geen dienstplicht, Ierland is geen lid van de NAVO maar draagt wel bij aan VN-vredesmissies.

De twee grote partijen Fine Gael (Stam der Ieren) en Fianna Fáil (Soldaten van het Lot) zijn conservatieve volkspartijen. Daarnaast treden onder andere de Labour Party, Progressive Democrats, Sinn Féin en de Green

Party op. De Republiek Ierland is onderverdeeld in 26 *counties*, graafschappen, het Britse Noord-Ierland telt er nog zes.

Economie en toerisme

Na een enorme economische opleving in de jaren 90 van de vorige eeuw – bijgenaamd 'Keltische tijger' – kent de economie van de republiek sinds het uitbreken van de financiële crisis nog maar een richting: omlaag. Sinds 2007 is zij met een kwart gekrompen.

In 2010 zag Ierland zich als eerste EU-lidstaat genoodzaakt een beroep te doen op het Europees noodfonds. Eind 2013 kon deze steun worden beëindigd. Sindsdien geldt Ierland in Europa als kampioen bezuinigen. De rigide bezuinigingskoers van de regering vergt veel van de Ieren. Het toerisme, een belangrijke economische tak, trok de afgelopen jaren gelukkig weer aan. Ierland is nog een van de EU-lidstaten met de hoogste schuldenlasten, de werkloosheid daalde echter tot 8,4%.

Bevolking

De bevolkingsdichtheid van gemiddeld 52 inwoners per km² beweegt zich tussen 20 inwoners per km² in het dunbevolkte graafschap Mayo en 4588 inwoners per km² in Dublin. 62% van de Ieren woont in de stad, 40% alleen al in de welvarende agglomeratie Dublin. Door de aanhoudende leegloop van het platteland blijft de bevolking van de steden groeien. 41% van de Ieren is jonger dan 25 jaar, 24% zelfs jonger dan 15 jaar.

Wat gelijke rechten voor de vrouw aangaat, bevindt Ierland zich binnen de EU in de onderste regionen. De universiteiten zijn bijvoorbeeld nog mannenbolwerken. Het inkomensverschil tussen mannen en vrouwen behoort echter met 13,9% tot de kleinste in Europa: het EU-gemiddelde is 16,2% en in Nederland verdienen vrouwen gemiddeld 18,5% minder dan mannen. 11% van de Ieren heeft rood haar, meer dan in enig ander land ter wereld.

Taal en religie

Meer dan 1,6 miljoen Ieren (41%) beheersen het Gaelisch, maar slechts 1,8% spreekt het ook daadwerkelijk dagelijks. Omdat zelfs in de Gaeltacht-gebieden slechts een kwart van de jongeren het Gaelisch als dagelijkse omgangstaal gebruikt, moet rekening worden gehouden met het binnen twee decennia uitsterven van de Ierse taal.

Ongeveer 88% van de Ieren is katholiek. De anglicaanse Church of Ireland is met 3% van de gelovigen inmiddels ingehaald door de ongeveer 3,2% moslims. Vooral in het onderwijs speelt de katholieke kerk nog een belangrijke rol. Maar schandalen zoals niet erkende kinderen van priesters en gevallen van seksueel misbruik hebben de geloofwaardigheid van de kerk aangetast. Fel maar zonder succes strijdt de kerk tegen een lossere seksuele moraal – tegen anticonceptie, abortus, echtscheiding en homoseksualiteit. Overigens stemden de Ieren in mei 2015 in een referendum met een ruime meerderheid (62,1%) voor het homohuwelijk.

Geschiedenis

Prehistorie

rond 7000 v.Chr.	De eerste mensen, jagers en verzamelaars uit de steentijd, bereiken Ierland vanuit Noord-Engeland
4000-3000 v.Chr.	Een nieuwe immigratiegolf in de jonge steentijd brengt de landbouw en de megalietcultuur mee naar Ierland.
2500 v.Chr.	Nog meer immigranten van het continent brengen de koperbewerking mee; er wordt goud geëxporteerd.
ca. 300 v.Chr.	De ook van het continent afkomstige Kelten brengen de La-Tène-cultuur en het ijzer naar Ierland; het land wordt onderverdeeld in vijf provincies (Leinster, Munster, Connaught, Ulster und Meath).

Middeleeuwen

rond 450	Kerstening door de heilige Patricius (St. Patrick).
vanaf de 6e eeuw	Bloei van het Ierse kloosterleven.
vanaf 800	Invallen van de Vikingen bevorderen de totstandkoming van het hoogkoningschap; de Vikingen stichten onder andere Dublin, Waterford en Wexford en voeren de geldeconomie in.
1014	Slag bij Clontarf; de hoge koning Brian Boru verslaat de Vikingen.
1152	De synode van Kells-Mellifont maakt een eind aan de Ierse monnikenkerk; reorganisatie van de nu aan Rome ondergeschikte bisdommen.

Glendalough – in de middeleeuwen bloeide hier het Ierse kloosterleven

1169	Na een hulpverzoek van de Ierse koning Dermot Mac Murrough aan Hendrik II van Engeland wordt Ierland bezet door Anglo-Normandische troepen; hun aanvoerder is Gilbert FitzRichard, bijgenaamd Strongbow.
ca. 1250	Twee derde van het land komt in het bezit van de Normandiërs. De nieuwe heren passen zich verregaand aan de Ierse cultuur aan (Anglo-Ieren).
1366	De Statuten van Kilkenny proberen met een soort rassenwetten de 'veriersing' van de Anglo-Ierse bovenlaag tegen te gaan – tevergeefs.
15e eeuw	Een onderkoning neemt de Engelse belangen waar.

Engelse overheersing

vanaf 1534	Hendrik VIII begint zijn macht over het hele eiland uit te breiden. De Reformatie treft een desolate Ierse kerk aan. In het kader van de secularisatie worden rond vierhonderd kloosters verwoest.
1595	Opstand van Red Hugh O'Donnell en Hugh O'Neill.
1601	Om hen te ondersteunen landt een Spaanse vloot met vierduizend manschappen in Kinsale, maar de Engelsen verslaan deze Spaans-Ierse alliantie.
1603	De Ierse leiders moeten zich onderwerpen aan Jacobus I van Engeland; het sociale en politieke bestel van het Gaelische Ierland met zijn oude cultuur, clanleiders en *Brehon Laws* wordt opgeheven.
1607	'Vlucht van de Graven' en Plantations (Volksplantingen) in Ulster.
1641	In Ulster begint een opstand tegen de onderdrukkers met een slachting onder Engelse kolonisten.
1649/50	Cromwell gaat woest tekeer in Ierland en neemt wraak met de slachting van tweehonderd katholieken na de verovering van Drogheda.
1690	De katholieke Jacobus II, tijdens de Glorious Revolution van 1688 afgezet door zijn protestantse schoonzoon Willem III van Oranje, probeert vanuit Ierland, dat hem trouw is gebleven, de troon te heroveren; hij delft het onderspit in de slag aan de Boyne. Het betekent een beslissende wending in de Ierse geschiedenis: de Ascendancy (de overheersing door een protestantse minderheid) is nu een feit.
1691	Verbreken van het Verdrag van Limerick tussen Engeland en de jakobieten, de aanhangers van Jacobus II: strafwetten, Penal Laws, sluiten

de katholieken uit van grondbezit; Engelse protestanten trekken het grootste deel van het land en de politieke macht naar zich toe.

1798 Mislukte opstanden van de United Irishmen, een door Theobald Wolfe Tone gestichte, revolutionair republikeinse organisatie.

1801 Act of Union: het Ierse parlement ontbindt zichzelf; Ierland stuurt honderd afgevaardigden naar Westminster.

De weg naar de onafhankelijkheid

1803 Robert Emmet wordt na het mislukken van een door hem geleide opstand terechtgesteld.

1823 Daniel O'Connell sticht de Catholic Association. O'Connell, bijgenaamd 'The Liberator', weet voor het eerst in de Ierse geschiedenis een goed functionerende massabeweging op poten te zetten.

1829 Opheffing van de anti-katholieke strafwetten.

1846-1851 De Grote Hongersnood: door de aardappelziekte mislukt diverse jaren de aardappeloogst, met voedselschaarste tot gevolg (aardappels waren het hoofdvoedsel van de Ierse bevolking). Naar schatting een miljoen Ieren komt om, nog meer emigreren op *coffin ships* ('varende doodskisten') naar de Nieuwe Wereld.

1858 De nieuwe Irish Republican Brotherhood, een geheime broederschap, streeft de Ierse onafhankelijkheid na.

1870 Opkomst van de Home-Rulebeweging, die Iers zelfbestuur eist.

1879 Oprichting van de Land League door Michael Davitt met als doel de pachters te beschermen tegen woekerrente, verdrijving en willekeur van de landeigenaar. De strijd om het grondbezit wordt een speerpunt in het Ierse onafhankelijkheidsstreven.

1885 Hoogtepunt van de politieke macht van Charles Stewart Parnell; met zijn 86 Ierse afgevaardigden steunt 'de ongekroonde koning van Ierland' de Britse premier Gladstone in ruil voor de belofte van Home Rule, die echter niet wordt ingelost.

1916 De Paasopstand: op paasmaandag komen Ierse republikeinen onder leiding van Pádraig Pearse en James Connolly in opstand tegen de Britten. Pearse, door de opstandelingen gekozen tot eerste president van de op paasmaandag uitgeroepen Ierse Republiek, leest de onafhankelijkheidsverklaring voor. De opstand wordt neergeslagen en vijftien opstandelingen worden geëxecuteerd.

1918 Sinn Féin ('Wij Zelf') behaalt een overweldigende verkiezingszege.

1919-1921 Onafhankelijkheidsoorlog tegen de Britten, die eindigt met de opname van de Ierse Vrijstaat als zelfstandig lid in de Commonwealth; Noord-Ierland blijft op eigen verzoek bij Groot-Brittannië.

1921-1923 De deling van Ierland leidt tot een bittere burgeroorlog tussen de Vrijstaatregering onder leiding van Michael Collins en de rebellen rond Éamon de Valera. Hij eist vierduizend levens.

Een eigen staat

1932-1948 De in 1926 gestichte Fianna Fáil ('Soldaten van het Lot') maakt in haar eerste regeringsperiode de banden met Groot-Brittannië losser. Onder president Éamon de Valera wordt een zeer conservatieve koers gevaren.

1937-1945 Grondwet van de Republic Éire; neutraliteit in de Tweede Wereldoorlog.

1973 Ierland wordt lid van de EG; 83% van de Ieren stemt voor.

1990 De juriste Mary Robinson wordt verrassend Ierlands eerste vrouwelijke president. Velen beschouwen dit als een historische ommezwaai naar een pluralistisch, modern en post-katholiek Ierland.

1998 Het Goede-Vrijdagakkoord, ofwel het akkoord van Belfast, met Noord-Ierland kan rekenen op brede instemming. Het levert John Hume en David Trimble de Nobelprijs voor de Vrede op.

2002 De Ieren begroeten enthousiast de euro.

2007 Historische omwenteling in Noord-Ierland: katholieken en protestanten vormen samen een regering en na 38 jaar vertrekken de Britten.

2010 Ierland moet vanwege de hoogste staatsschuld in de EU een beroep doen op het Europees noodfonds om te voorkomen dat zijn banken omvallen.

2011 De parlementsverkiezingen worden gewonnen door Fine Gael.

2015 Na een referendum voert Ierland het homohuwelijk in.

2016 De parlementsverkiezingen worden gewonnen door Fine Gael (Enda Kerry wordt weer minister-president van een door Fianna Fáil getolereerde minderheidsregering).

Ongerept is Ierlands natuur zeker niet. De mens heeft zelfs de woestenij van Connemara en de Burren actief vormgegeven. Weids en grandioos is Ierlands natuur zeker wel, en vol zeldzame dieren en planten, of het nu gaat over de vogelkliffen aan de kust of over de meren en venen in het binnenland.

aan beweiding door schapen kunnen ontkomen. Vandaag de dag is dankzij herbebossingsprogramma's van de overheid weer zo'n 5% van het land met bos bedekt, in de meeste gevallen met met nuttige dennenbomen gevulde staatsbossen. De weinige oude eikenwouden, knoestig en verveend, zijn te vinden rond Glendalough en Killarney.

Groen eiland? Blauw eiland? – Ierlands natuur

Tienduizend jaar geleden was heel Ierland bedekt met oerbossen van eiken, hulst en berken. Ze zijn in de loop der eeuwen ten prooi gevallen aan rooiing en extensieve veeteelt. Alleen 'weerbare' struiken als gaspeldoorn of jeneverbes bezitten eigenschappen waardoor ze

Rijk aan kusten

Op meer dan 3000 km hebben ze volop de ruimte: honderdduizenden zeevogels bevolken Ierlands langgerekte en veelvormige kusten. Little Skellig herbergt een van de grootste jan-van-

Als de hemel 's avonds openbarst, exploderen de kleuren – in County Cork

gentenkolonies ter wereld. Papegaaiduikers, aalscholvers, stormvogels, alken en meeuwen transformeren de kusten en eilanden iedere zomer in een groot en lawaaierig broedgebied. Voor de westkust kunt u met een beetje geluk in zee dolfijnen, grote blauwe haaien en soms zelfs walvissen waarnemen. Otters zijn schuwe, enkel met veel geduld te spotten bewoners van de vloedlijn langs de kust. Robben zijn daarentegen zo nieuwsgierig, dat ze zelfs als u aan het zwemmen bent vlakbij kunnen opduiken.

Vooral voor kinderen zijn de getijdenpoelen langs de rotskust machtig interessant. Hier leven zee-egels, Noordzeekrabben, mosselen, zeeslakken en een groot aantal zeeanemonen. De wijnrode tot lilakleurige zeeroos of paardenanemoon vangt met haar tentakels kleine visjes en glasachtige garnaaltjes. Als ze bij eb op het droge terechtkomt, trekt ze haar tentakels in en kleeft als een geleiachtig klompje vast aan de rots.

Groen-, bruin- en roodwieren wiegen op de deining van de golven – ze kunnen tot wel 100 m lang worden. Een hechtorgaan verankert ze aan de bodem, met lucht gevulde blaasjes houden ze aan de oppervlakte, want net als alle planten hebben algen zonlicht nodig voor de fotosynthese. Vroeger werd gedroogd wier als brandstof gebruikt en als mest op de akkers uitgestrooid. En van de geneeskrachtige werking ervan wordt de laatste jaren weer intensief gebruikgemaakt (zie blz. 240).

Groen eiland? Blauw eiland?

Een aanzienlijk deel van het eiland wordt in beslag genomen door wateren, vooral die van het grote merenplateau in de centrale laagvlakte. Hier komen sportvissers uit de hele wereld naartoe om zich tegoed te doen aan de rijkdom aan zoetwatervissen – zalm, beekforel, marene, paling. De talrijke draslanden langs de rivieren, meren en riviermondingen zijn ware broedparadijzen voor vogels. In de winter stromen ze vol met gasten uit het hoge noorden – de baai van Waterford is 's werelds grootste overwinteringsplek voor wilde ganzen uit Groenland. Wel 250 soorten houden hier halt en maken Ierland tot een waar mekka voor *birdwatching.* Steeds meer wateren worden geclassificeerd als belangrijk voor de bescherming van bedreigde soorten.

Weinig bos, geen slangen

Door de scheiding van Ierland van het Europese vasteland, rond 6000 v.Chr., zijn de flora en fauna relatief soortarm. Veel dieren en planten werden pas door de Engelsen geïntroduceerd, bijvoorbeeld konijnen in de 13e en rododendrons in de 18e eeuw. Ook de karakteristieke fuchsiahagen, aalbessenstruiken, sleedoorn, witte meidoorn en vlierbes zijn, net als de machtige boomreuzen in de parken bij de landhuizen, geïmporteerd door de Britse landeigenaren.

Omstreeks 1850 brachten plantenliefhebbers de *Rhododendron ponticum* vanuit Turkije naar Ierland. Helaas voor de inheemse biotopen – eikenbos, veen en heide – vond deze altijdgroene, boomhoge struik in Ierland de ideale omstandigheden om te kunnen groeien. Dit aantrekkelijk ogende onkruid, dat in mei en juni prachtig lila kleurt, verstikt de gevoelige inheemse plantensoorten. Alleen al in Ierlands natuurparken is 30.000 ha door rododendrons 'geïnfiltreerd', en onder leiding van de National Trust for Ireland trekken daarom ieder jaar vrijwilligers ten strijde tegen deze opdringerige soort.

De soortenarmoede biedt ook voordelen, want in Ierland komen geen mollen voor en afgezien van de berghagedis zijn er geen inheemse reptielen. Sinds Saint Patrick volgens de legende slangen, draken en monsters van het eiland verdreef, zijn ze er niet meer gezien. Er komen slechts 28 soorten zoogdieren voor, waaronder zeldzame die zich in het isolement van het eiland konden ontwikkelen, zoals de strijdlustige Ierse hermelijn, bruin met een witte buik, en de Ierse haas, die zich onderscheidt door zijn chocoladebruine vel en korte oren.

Ierland behoort tot de Atlantische florazone, maar er komen ook arctisch-alpiene planten voor en door het milde klimaat in het zuidwesten zelfs mediterrane flora, zoals in de Burren en bij Killarney. In veen en heide gedijen heide-, varen- en zeggesoorten, en zelfs wilde orchideeën en vleesetende planten.

De nationale parken in het kort

De zes Ierse nationale parken moeten flora, fauna en biodiversiteit beschermen, maar ook nauw met de natuur verbonden toeristische activiteiten en ontspanning voor bezoekers mogelijk maken. In alle parken vindt u een informatiecentrum, een ranger service voor excursies en dierobservatie met een gids, en cursussen voor kinderen. De parken worden doorkruist door een uitstekend gemarkeerd netwerk van wegen en paden. Op de website van de National Parks and Wildlife Service vindt u links naar alle zes parken: www.npws.ie.

Ballycroy: het jongste, in 1998 ingestelde park, 11.000 ha, verlaten berglandschap van de Nephin Range en het laatste intacte laagveengebied van West-Europa, www.ballycroynationalpark.ie.

Burren: 1500 ha, bezoekerscentrum, zie blz. 207, karstlandschap, www.burrennationalpark.ie.

Connemara: een kleine 3000 ha, bezoekerscentrum, zie blz. 228, de bergen van de Twelve Bens, heide, veen, bos, www.connemaranationalpark.ie.

Glenveagh: 14.000 ha, wild en verlaten berglandschap, veen, heide, bezoekerscentrum, zie blz. 257, www.glenveaghnationalpark.ie.

Killarney: 10.000 ha, bezoekercentrum, zie blz. 176, bos, meren, Ierlands hoogste bergen, McGillycuddy's Reeks, www.killarneynationalpark.ie.

Wicklow: 17.000 ha, bergen, meren, veen, bos, bezoekerscentrum, zie blz. 117, www.wicklowmountainsnationalpark.ie.

Brú na Bóinne – de dodenpaleizen uit de steentijd

Brú na Bóinne, het 'Paleis aan de Boyne', verbergt wonderen – Newgrange van binnen

Ierland is zeer rijk aan monumenten uit de steentijd. De megalietbegraafplaats in de vallei van de Boyne, Brú na Bóinne, staat in zijn geheel op de Werelderfgoedlijst van de UNESCO. Vooral het wereldberoemde graf van Newgrange trekt jaar in jaar uit duizenden bezoekers, die proberen het raadsel van de grafheuvel en haar bouwers te doorgronden.

De mensen die vijfduizend jaar geleden de Boyne opvoeren om met de machtige clan hier handel te drijven of huwelijksonderhandelingen te voeren, zagen als eerste de stralend witte, uit Wicklow-kwartsiet en graniet opgebouwde façade van de geweldige grafheuvel van Newgrange opdoemen aan de rand van het lage rivierplateau: een indrukwekkend, in de wijde omtrek zichtbaar machtssymbool. Dat bezoekers nu nog steeds van dit uitzicht kunnen genieten, is te danken aan de archeoloog professor Michael O'Kelly, die de opgravingen en de in de jaren 70 van de vorige eeuw voltooide reconstructie van het graf leidde. Voor die tijd graasden duizenden jaren lang koeien op een onopvallende, ingezakte heuvel.

Ouder dan de piramides

In de nu weer 13 m hoge heuvel van aarde en keien, die een doorsnede heeft van 80 m, bevindt zich een van de opzienbarendste ganggraven *(passage graves)* ter wereld, een kunstige constructie van grote stenen ofwel megalieten. Ganggraven zijn de spectaculairste overblijfselen uit de jonge steentijd, die in Ierland duurde van circa 4000 tot 2500 v. Chr.

Een 19 m lange, uit 43 tot 2 m hoge stenen opgebouwde gang voert naar de grafkamer. Als u onder het ruim 6 m hoge kraaggewelf staat, dat bestaat uit zonder cement en nagenoeg zonder voegen op elkaar gestapelde stenen, kunt u nauwelijks geloven dat dit kunstige bouwwerk ouder is dan de piramides in Egypte. Drie kleinere zijkamers flankeren de hoofdkamer, zodat een klaverbladvormig grondplan is ontstaan. In de kamers staan grote, uit steen gehouwen schalen, waarin mogelijk materialen werden gemengd en vermalen die van belang waren voor de begrafenisrituelen.

Dood en ritueel

De voorouderverering moet een centrale plaats hebben ingenomen in de religie en het leven van de akkerbouwers en veetelers uit de jonge steentijd. Deze clans moeten een goed georganiseerde maatschappelijke strucuur hebben gehad, misschien met specialisten als priesters of bouwmeesters. In ieder geval waren zulke enorme bouwprojecten alleen met een gemeenschappelijke arbeidsverdeling uit te voeren, waarbij voor de qua landbouw onproductieve bouwperiode voedselvoorraden moesten worden aangelegd.

Prehistorische begraafplaatsen

Naast de uit ongeveer veertig graven bestaande necropool van Brú na Bóinne zijn er nog drie andere megalietbegraafplaatsen *(megalithic cemeteries)*: Loughcrew of Slieve na Caillighe in County Meath (meer dan dertig graven, zie blz. 271), Carrowmore in County Sligo (zie Op ontdekkingsreis blz. 246) en Carrowkeel, ook in County Sligo (veertien graven, zie blz. 251).

Het past bij deze geest van gelijkheid dat de megalietgraven gemeenschapsgraven waren, niet bedoeld voor een enkele belangrijke personlijkheid maar voor talrijke leden van de clan. Maar wie nu precies een plek kreeg in het voorouderhuis – een heersersfamilie, priesters, krijgers, wijze vrouwen? – en met welke regelmaat de beenderen werden geruimd, blijft onduidelijk. Vaststaat, dat er slechts enkele, en nooit complete lichamen in de grafkamers zijn aangetroffen en dat de lijken, voordat ze in het graf werden gedeponeerd, eerst ontvleesd werden door ze in de openlucht te laten vergaan.

Groei, bloei en vruchtbaarheid, de voor de boerenarbeid zo belangrijke opeenvolging van de seizoenen en de beweging van de hemellichamen aan het hemelgewelf moeten voor de mensen uit de jonge steentijd, net als voor alle pre-industriële samenlevingen, van fundamentele betekenis zijn geweest. Wat ligt dan meer voor de hand dan het idee dat de voorouders in het graf de continuïteit van de onverbrekelijke band van de clan met het land belichaamden?

Zonnemagie

De gids maakt het pikdonker in het graf. Dan kruipt een lichtstraal door de gang omhoog om uiteindelijk de nis tegen de achterwand van de grafkamer te verlichten, een imponerend en emotioneel moment. Hoeveel indruk moet dit fenomeen vijfduizend jaar geleden wel niet op de mensen hebben gemaakt! Waarom zouden, speculeert de gids, de doden niet in het graf zijn gelegd tot de winterzon hun zielen bevrijdde? Zodat daarna de nabestaanden de nu waardeloos geworden beenderen konden afvoeren.

Het spectaculairste kenmerk van Newgrange is een rechthoekige opening boven de ingang, die O'Kelly tijdens de opgravingen ontdekte. Doordat de gang onmerkbaar omhoogloopt, bevindt de opening zich op gelijke hoogte met de grafkamer. Daardoor is het mogelijk dat er in het donkerste jaargetijde, rond de winterzonnewende tussen 14 en 28 december, tot zeventien minuten lang een zonnestraal in de grafkamer valt.

Verder lezen

Michael J. O'Kelly, *Newgrange: Archaeology, Art and Legend*, Thames & Hudson 1995 (ISBN 978-05-00-27371-5).

Kunstraadsel

Aanleiding tot speculaties biedt ook de abstracte megalithische kunst die, ingekrast of in reliëf uitgehakt, Newgrange en alle andere Boynegraven siert. Veel van de 97 ongeveer 1,20 m hoge en 3 tot 4 m brede stenen die de grafheuvel aan de buitenkant omgeven, vertonen concentrische cirkels, spiralen, driehoeken, golflijnen, zigzagpatronen, komvormige figuren *(cup marks)* of ruiten. Vreemd genoeg zijn veel stenen aan de binnenkant versierd, zodat de figuren pas bij de opgravingen aan het licht kwamen. Was het de wens van hun makers dat ze niet door profane ogen werden gezien? Een spiraal in de grafkamer is alleen zichtbaar voor wie in de achterste nis hurkt en in de richting van de gang kijkt, een privilege dat ongetwijfeld maar voor enkele uitverkorenen was weggelegd.

Op sommige afbeeldingen, bijvoorbeeld op een steen in de gang van Knowth, menen sommigen menselijke gezichten te herkennen. Een op het moment populaire theorie stelt dat de geometrische figuren de artistieke uitdrukking zouden zijn van veranderende bewustzijnsniveaus, die de priesters door middel van verdovende middelen of dans opriepen. Stellen de driehoeken en halve cirkels met streep of punt misschien de vulva voor en moeten ze worden opgevat als symbool van een grote moedergodin? De dodenstad aan de Boyne telt meer dan zeshonderd stenen met afbeeldingen. Dat is een kwart van alle tot op heden bekende megalithische kunst in Europa!

Niet alleen van steen

Ten tijde van het ontstaan van Newgrange, tussen ongeveer 3300 en 2900 v. Chr., werden ook rond de twee andere grote ganggraven, Knowth (zie blz. 267) en Dowth (niet toegankelijk), satellietgraven gegroepeerd. We kunnen er dus van uitgaan dat ook zij onderdeel uitmaakten van belangrijke machts- en economische centra.

Maar de mensen uit de late jonge steentijd bouwden niet uitsluitend in steen: tussen 2800 en 2500 v. Chr. richtte het klokbekervolk – dat zijn naam dankt aan de kenmerkende vorm van zijn keramiek – een niet meer bestaande, maar door archeologen aan de hand van paalgaten gereconstrueerde kring van houten palen op bij Newgrange.

Omstreeks 2500 v. Chr. was ook dat niet langer modern en werden de ganggraven niet meer gebruikt. In plaats daarvan bouwden de mensen nu rituele monumenten zoals *cursus*, honderden meters lange aarden wallen, en *henges*, min of meer cirkelvormige aarden wallen. Het houden van processies en bijeenkomsten schijnt bepalend te zijn geweest voor de rituele activiteiten van deze bewoners uit de late jonge steentijd.

In het gouden tijdperk van Ierlands monnikenkerk, van de 7e tot in de 12e eeuw, schiepen ambachtelijk geschoolde monniken kunstwerken waarvoor mensen nu nog naar Ierland reizen, zoals het Book of Kells, de Ardaghkelk en de Tarabroche. Ze tonen ons kunstige ranken en krullen, die zeer herkenbaar zijn en teruggaan tot de Keltische La-Tènestijl.

met hun naar buiten gerichte houding knappe koppen uit heel Europa aantrokken. De ambachtslieden van deze tijd waren meestal monniken. Ze beitelden hoogkruisen uit blokken steen (zie blz. 268), illustreerden perkamenten handschriften en maakten broches, miskelken en bisschopsstaven van edele metalen. Hoe nauw al deze kunstvormen stilistisch aan elkaar en aan de Keltische La-Tènestijl verwant zijn, maakt

Horror vacui – de Keltische erfenis in boekverluchting en metaalkunst

'Hoe de Ieren de beschaving redden' – deze enigszins provocerende titel van een boek van de Amerikaan Thomas Cahill wil duidelijk maken dat Ierland, in een tijd waarin de cultuur van de Romeinse oudheid op het Europese vasteland ten onder ging in het tumult van de Grote Volksverhuizing, een waar bolwerk van cultuur werd. In de vanaf de 6e eeuw ontstaande kloostersteden als Glendalough, Kells en Clonmacnoise werden de werken van schrijvers uit de oudheid gekopieerd, Keltische mondelinge overleveringen schriftelijk vastgelegd (zie blz. 58) – en een nieuwe vroegmiddeleeuwse kunststijl geschapen.

Ierse kloosters als bolwerken van cultuur

De kloosters stonden open voor iedereen en groeiden al snel uit tot centra van geleerdheid en kunstproductie, die

The Book of Kells, begin van het Lucasevangelie

een blik op de ineengestrengelde patronen van het *Book of Kells* of de *Tara Brooch* onmiddellijk duidelijk. De *horror vacui*, de angst voor lege vlakken, lijkt zowel in de vroegchristelijke als in de Keltische periode het leidende esthetische principe te zijn geweest.

Heilige boeken

De periode van de 7e tot de 9e eeuw was in de kloosters de bloeitijd van het vervaardigen van handschriften. Voor het perkament van een bijbel waren de huiden van ongeveer honderdvijftig kalveren nodig. Alleen al een dergelijk detail geeft een indruk van de economische macht die zo'n klooster vertegenwoordigde.

Die Ieren kenden in de beste Keltische traditie aan boeken magische krachten toe: het Cathach (Strijders)Psalter bijvoorbeeld begeleidde de O'Donnells in iedere slag als talisman. Voor boeken als het *Stowe Missale* en het *Book of Dimma* werden kostbare schrijnen gemaakt alsof het om relikwieën ging. Boeken zouden runderen kunnen genezen, als middel tegen slangengif werken of, zoals de Cathach of St. Colomba, zorgen voor de overwinning in de strijd.

Voor zulke heilige relikwieën was het beste nog niet goed genoeg. Blauw moest lapis lazuli zijn, een mineraal dat in die tijd even duur was als goud, en rood het karmijn dat in het Middellandse Zeegebied werd gewonnen uit kermesschildluizen. De kanttekeningen van de schrijvers in de oude codices gunnen ons een blik in een langvervlogen tijd. Tekstcommentaren, Ierse dichtregels, stekeligheden en grappen zijn te vinden in de kantlijn. Een grote dierenvriend schreef in de 9e eeuw dit lofgedicht op zijn huistijger: 'I and Pangur Bán my cat,/'Tis a like task we are at:/Hunting mice is his delight,/ Hunting words I sit all night'.

Mooiste boek ter wereld

Aan het *Book of Kells*, dat de Latijnse tekst van de vier evangeliën bevat, werd omstreeks 800 in het Schotse klooster Iona begonnen, waarna het in het Ierse Kells werd voltooid. In de abstracte en diervormige gevlochten patronen en de overvloedige ineengestrengelde ornamentiek van de volledig met figuren gevulde illustratiepagina's wordt de Keltische horror vacui tot het uiterste doorgevoerd. Naast de nogal stijve religieuze afbeeldingen trekken vooral de schalkse tekeningen in de kantlijn – katten, pauwen, otters, vogels, honden, krijgers – de aandacht van de kijker van vandaag.

Meesterwerken van metaalkunst

De Tarabroche of -speld werd in de 8e eeuw uit zilver gegoten, verguld en met filigraan, kunstig vlechtwerk van gouddraad, en barnsteen en gekleurd glas versierd – technieken, die invloeden van het Europese continent verraden. Ze werden gecombineerd met de late La-Tènestijl, wat vooral zichtbaar is aan de achterkant van de speld: dierornamenten, ineengestrengelde patronen van zilverdraad en gegoten dierenkoppen en mensenhoofden vormen een labyrint in het klein dat geen begin en einde lijkt te hebben.

De zilveren Ardaghkelk, die eveneens in de 8e eeuw werd vervaardigd, en die bedoeld was om tijdens de Heilige Mis de te zegenen miswijn in te doen, is terecht wel een stalenboek van de edelsmidsvaardigheden genoemd. Gouden filigraanwerk, ineengestrengelde dierenlichamen, knoppen van glas, gegraveerde ornamenten, barnsteen en kristal vormen bij elkaar een topprestatie qua virtuositeit en verfijning, die in later eeuwen nooit meer werd overtroffen.

Ierse kunst in het museum en in een boek

Te zien: het *Book of Kells* wordt tentoongesteld in Trinity College in Dublin (www.tcd.ie), de Tarabroche en de Ardaghkelk, met nog meer vroegmiddeleeuwse kunstwerken, in de Treasury, de 'schatkamer' van het National Museum of Antiquities, ook in Dublin.
Literatuur: Peter Harbison, *The Golden Age of Irish Art: The Medieval Achievement 600-1200*, Thames & Hudson 1999 (ISBN 978-05-00-01927-6).

Het georgiaanse tijdperk in Dublin

Merrion Square, Dublin

Van 1714 tot 1830 bekleedden achtereenvolgens vier Georges de Britse koningstroon. Ze hebben hun naam gegeven aan de bouwstijl die wordt gekenmerkt door harmonie en maat, rationaliteit en symmetrie. Dublins elegante stadswoningen zijn er de perfecte architectonische uitdrukking van. Ze weerspiegelen een adellijke leefwereld die vandaag de dag een tikje bizar aandoet.

In de 18e eeuw groeide Dublin op het gebied van stadsplanning uit tot een van de leidende hoofdsteden van Europa. Drijvende kracht daarbij waren de eerzucht en het nationaal bewustzijn onder de anglicaanse Ierse bovenlaag – de protestantse Ascendancy wilde meer zijn dan een Britse kolonie.

In 1757 nam het parlement een wet aan waarmee de Wide Streets Commission in het leven werd geroepen. Deze commissie, Europa's eerste autoriteit op het gebied van moderne stadsplanning, liet vervallen bouwwerken afbreken en brede doorgaande wegen, representatieve pleinen en uniforme straten aanleggen. Ze zag erop toe, dat de nieuwe 'geplande stad' schoon en vooral als een eenheid overkwam.

Iedereen die in Ierland iets voorstelde, wilde nu in Dublin een stadswoning hebben. Als paddenstoelen schoten de georgiaanse straten uit de grond. Paleizen in de vorm van rijtjeshuizen, *terraced houses*, klassieker kan een understatement niet zijn.

Op het eerste gezicht maken de uit drie tot vier verdiepingen bestaande huizen – niet verwonderlijk door de bouwvoorschriften – een echt gestandaardiseerde indruk: opgetrokken uit baksteen, waarvan de grijze of roodachtige kleur een apart contrast vormt met wit- of zwartgeverfde roedenvensters, deuren en balkons, en een met dakleien bedekt puntdak met tal van schoorsteenpijpen. Een granieten trap voert naar de voordeur, die nooit in het midden van de façade ligt.

Individualiteit in de uniformiteit

Pas bij beter kijken vallen de kleine verschillen op: in de waaiervormige bovenlichten boven de voordeuren, de deurkloppers, lantaarnhouders – elk vijfde huis was verplicht voor straatverlichting te zorgen –, balustrades boven het souterrain of voor de vensters, deurmatten en de *coal covers*, de ronde deksels van de kolenkelders. Al deze versieringen waren gemaakt van gelakt staal – alle tierelantijnen van messing, ook de populaire deurkloppers, zijn niet origineel.

Als de avond valt en de lichten aangaan, is het moment aangebroken voor een interieurspeurtocht – een avondlijk tijdverdrijf dat bij de liefhebbers bekendstaat als *plaster spotting*. Vooral de naar de straat gerichte vestibule en salon zijn met stuc, pastelkleurige wanden, schilderijen en antieke *eyecatchers* gedecoreerd, wat maar eens bewijst dat bewoners de afgunst van de straat bewust inplanden. De kleurstelling is misschien wel het fascinerendste aspect van de georgiaanse binnenhuisarchitectuur. Ieder vertrek zwelgt in een andere kleur: in pasteltinten als zacht abrikoosgeel, fris mintgroen, koel felblauw, tot felle, volle kleuren als zonnegeel en ossenbloedrood.

De architectuur op het spoor

Tijdens een *plaster spotting tour* (zie boven) kunt u met een beetje geluk een blik werpen op wat interieurs; een aanrader is ook een bezoek aan Number Twenty Nine in Dublin (zie blz. 59).
www.igs.ie: de website van de Irish Georgian Society, die zich bezighoudt met het onder de aandacht brengen en het behoud van het georgiaanse cultuurgoed.
http://archiseek.com: dit online magazine is vooral gewijd aan de Ierse architectuur door de eeuwen heen. Kijk onder 'Buildings of Ireland', waar de gebouwen per graafschap zijn geordend.

Kunst in stuc

Vanaf 1730 was het onder modebewuste huizenbezitters *bon ton* de stadswoning of het landhuis te laten decoreren door de stukadoors uit de Dubliner school. De gebroeders Lanfranchini, de innovatiefste stuckunstenaars van hun tijd, verrijkten de iconografie met allegorische voorstellingen en thema's uit de klassieke oudheid en voegden marmerpoeder toe aan het stuc. Dat werd daardoor zo stevig, dat stucadoors bijna volplastische putti, vruchten of muziekinstrumenten tegen plafonds en wanden kon aanbrengen.

Rond 1760 kwam er weer iets nieuws in de mode. Nu moest het Michael Stapleton zijn die, onder invloed van de neoklassieke binnenhuisarchitectuur van de Schotse gebroeders Adam, de huizen van de Dubliner elite voorzag van sierlijke guirlandes, cameeën, geometrische meanders en bas-reliëf.

In het souterrain ...

... werkten en woonden, liefst onzichtbaar voor de voorname lieden, de vele dienstboden. Licht bereikte de benedenverdieping alleen via een smal plaatsje ervoor. Aan de hand van deze souterrains, tegenwoordig populair bij restaurants en kunstenaars, kunt u georgiaanse van victoriaanse huizen (uit de periode tussen ongeveer 1820 en 1890) onderscheiden.

Met argusogen waakte de kokkin, in het souterrain de vertegenwoordigster van de voorname lieden, ervoor dat de zwaar onderbetaalde keukenmeiden en koetsiers geen eten voor hun honger lijdende verwanten meenamen. Alles dat waardevols bevatte kon worden afgesloten, zoals de theekist en de kisten met wijn – gevreesd werd dat het huispersoneel wel eens wat theeblaadjes zou kunnen ontvreemden of zich tegoed zou doen aan een slokje sherry in plaats van het zilver te poetsen.

Boven bij de voorname lieden

Boven de keuken bevond zich op de bel-etage de eetkamer. Het personeel stond vaak met de rug naar de gasten en kon dan in een spiegel boven het buffet zien, wanneer iemand iets nodig had. Op die manier werden oogcontact en onbetamelijk geachte verbroedering tussen gasten en personeel vermeden.

Het overdadig met stuc gedecoreerde trappenhuis voerde van hieruit naar de eerste verdieping. Gasten die voor de avond waren uitgenodigd, hielden zich hier en in de eetkamer en ontvangstruimte op. De gehele eerste verdieping werd in beslag genomen door de *drawing room*, die bestemd was voor grote samenkomsten zoals bals. Wanneer de leden van de elite hier bij het licht van honderden door spiegels gereflecteerde kaarsen dansten, staarde het gewone volk vanaf de straat omhoog. Een populaire en gratis *public viewing*.

Loodvergiftiging

Voor elke open haard op de bewonersetage stond een haardscherm, niet zozeer als decoratie maar meer om te overleven: ook de dames en heren van de elite hadden vaak pokdalige gezichten, waarvan de putten met was werden opgevuld. Daaroverheen kwam een dikke laag poeder, in die tijd helaas loodhoudend. Door de warmte trok het giftige zware metaal in de huid en dat veroorzaakte duizeligheid, migraine en ergere kwalen. Haardschermen moesten de hitte tegenhouden.

Op de tweede verdieping bevonden zich de minder representatieve slaapvertrekken van de heer en vrouw des huizes. Hier kwamen geen gasten, en daarom waren hier geen stuc of hoge plafonds nodig om op te kunnen scheppen. Een belangrijk gebruiksvoorwerp in dit privédomein was de krabber waarmee men de jeuk onder de vol luizen zittende pruiken te lijf werd gegaan.

Onder het dak ...

... bevond zich het rijk van de kinderen, die hun dagen niet met hun ouders, maar met een gouvernante doorbrachten. Deze beklagenswaardige schepsels uit verarmde middenstandsfamilies brachten de kleintjes rekenen, schrijven en borduren bij. Als een kind acht was, ging het naar kostschool, en als het als kleine volwassene daarvandaan terugkeerde, mocht het aan het societyleven op de bel-etage en in de *drawing room* deelnemen. Kinderjaren, moederliefde en gezinsleven zijn uitvindingen uit de 'burgerlijke' 19e eeuw. De adellijke 18e eeuw zag daar helemaal niets in.

The Drowning of the Shamrock – St. Patrick en zijn feestdag

Ierlands nationale heilige, St. Patrick, wordt door de Ieren op bijzondere wijze geëerd. Waar ook ter wereld meer dan twee Ieren bij elkaar in de buurt wonen, wordt St. Patrick's Day gevierd en is 17 maart een vaste afspraak op de Ierse feestkalender.

Een vier dagend durend festival rond St. Patrick's Day verandert Dublin in een groot bruisend straatcarnaval. Dansfeesten, concerten, evenementen voor de kids, speciale exposities en vuurwerk zijn vaste onderdelen van het gigantische programma.

De heilige

Rond het jaar 400 verscheepten Ierse piraten de ongeveer zestienjarige Phádraig vanuit het Romeinse Brittannia als slaaf naar Ierland. Voordat hij er na ongeveer zes jaar in slaagde te vluchten, had hem niet alleen de roeping van de Heer, maar ook de roep van Ierland bereikt, want verbazingwekkend genoeg zou hij later terugkeren naar het eiland van zijn gevangenschap. Na jaren van reizen, onder andere naar Gallië, waar hij in Auxerre een priesteropleiding volgde, kwam hij in 431 als bisschop terug naar Ierland.

Phádraig concentreerde zich op Ierlands noorden en westen, waar hij waarschijnlijk een bisschopszetel vestigde in Armagh in het huidige Noord-Ierland. Zijn missieactiviteit richtte hij doelbewust op de heidense clanleiders en koningen. Een aantal van hen wist hij te overtuigen van de voordelen van de nieuwe religie. In zijn autobiografische, in enigszins krom Latijn geschreven *Confessio* (Bekentenis) bestrijdt Phádraig zijn critici en legt hij rekenschap af over zijn missiewerk. In de *Epistola ad Coroticum* eist hij de excommunicatie van de machtige Britse legeraanvoeder Coroticus, die dopelingen van Phádraig gevangengenomen en als slaven afgevoerd had.

Ierlands apostel schrok er blijkbaar niet voor terug invloedrijke tijdgenoten tot vijanden te maken. De druïden, zijn religieuze aartsrivalen, waren begrijpelijkerwijs totaal niet over hem te spreken. Toch is Patrick niet als martelaar gestorven, maar in 461 vredig heengegaan.

De legenden

Sinds de 7e eeuw werden rond Ierlands succesvolste missionaris tal van legenden geweven. In Cashel zou de vindingrijke heilige aan de hand van een klaverblad *(shamrock)* de verbaasde hoge koning het mysterie van de Heilige Drievuldigheid hebben uitgelegd. En op de berg Croagh Patrick zou hij in 440 na veertig dagen vasten alle slangen, draken en andere reptielachtige monsters voorgoed uit Ierland hebben verdreven.

Onder invloed van de Engelse veroveraars werd de Keltische naam Phádraig veranderd in Patrick, en waarschijnlijk werd in Ierland al voor de 17e eeuw op 17 maart St. Patricks Day gevierd. De Engelse reiziger Thomas Dinely noteerde, dat alle Ieren op deze feestdag kruisen, groene sjerpen en klaverbladen droegen en dat ze 's avonds allemaal dronken voor pampus lagen: *drowning the shamrock.*

De dag

Vandaag de dag dragen de Ieren op 17 maart een groene of, in de nationale kleuren, groen-wit-oranje kokarde, een of ander groen kledingstuk of een groene Ierse hoed. De jongeren verven hun haar groen of groen-wit-oranje en lopen rond met vlaggetjes en ratels. Revers worden gesierd door een bosje klavertjes.

In de goede oude 20e eeuw bestond St. Patrick's Day in Dublin hoofdzakelijk uit de parade. Nog steeds vertrekt tegen 12 uur van St. Stephen's Green de reuzenprocessie. Ze bestaat uit muziek- en dansgroepen uit de hele wereld, praalwagens en stoeten van bedrijven uit Dublin, groepen scholieren met blaaskapellen, theater- en pantomimegroepen en als St. Patrick verklede figuren. Bijna een miljoen toeschouwers vullen Dublins stratens, vooral langs het voornaamste stuk van de route van Christ Church Cathedral naar O'Connell Street. Vlijtig geven de feestvierders zich ook in de 21e eeuw over aan de vrolijkste activiteit, het 'verdrinken van de shamrock'.

De pub – het verlengstuk van de Ierse huiskamer

Pubs horen bij Ierland zoals kilts bij de Schotten. Ze zijn een mythe, maar ook de levendige realiteit van alledag en zonder twijfel de beste plek om als bezoeker met de Ieren in contact te komen.

Public Houses is in Ierland de officiële naam voor deze horecagelegenheden, omdat ze van staatswege een vergunning hebben om in het openbaar alcoholische dranken aan volwassenen te verkopen. Hun namen – zoals Slattery's of McDaid's – herinneren aan de oprichters en aan het feit dat ook vandaag nog de pubs overwegend privé-eigendom zijn.

Trefpunt voor alle lagen van de bevolking

In de regel bestaan ze uit een bargedeelte en een – daarvan afgescheiden – zitgedeelte, de *lounge*, met tafels, hockers zonder leuning en met pluche beklede banken. Uit een batterij tapkranen tapt de *barman* Guinness, Murphy's, Harp of Smithwick's. Met uitzondering van Guinness worden alle biersoorten getapt tot het glas overloopt, waarna het teveel aan schuim met een afschuimer wordt afgeschuimd.

De achterwand van de bar wordt in beslag genomen door schappen met

In de pub kunt u op uw gemak een blik op het wereldgebeuren werpen

Ierse whiskeys als Powers, Paddy of Jameson en andere soorten sterkedrank.

De authentieke historische pubs hebben een krullerige inrichting met veel houtsnijwerk, die niet toevallig aan kerkinterieurs doet denken: de ambachtslieden die de pubs decoreerden werkten ook in kerken. Donker, gepolijst mahonie, zachtglimmend messing, gedempt licht, spiegels met drankreclame, de hoge bar en lage hockers, de met pluche beklede zitbanken – dit alles draagt bij aan dat speciale pubgevoel, waardoor u zich meteen thuisvoelt. Bier- en whiskeydampen zorgen voor een egalitaire sfeer waarin iedereen met elkaar optrekt, arbeiders met academici, en Ieren met buitenlanders.

Ieren gaan naar de pub om de krant te lezen, om naar de *telly* te kijken, om een praatje te maken met vrienden of vreemden, om te drinken op een geslaagde zakelijke transactie, om vermoeide toeristenbenen wat rust te gunnen, om in de lunchpauze snel een portie *pub grub* naar binnen te werken of simpelweg om iets te drinken.

Laatste ronde!

U bestelt een biertje aan de bar, neemt het zelf mee en rekent meteen af, een fooi geven is niet gebruikelijk. En er worden rondjes gegeven. Wie als eerste zijn glas leeg heeft, bestelt een nieuwe ronde, wat het drinktempo behoorlijk kan opvoeren. Kort voor sluitingstijd, als de barman 'Last order, please!' brult, bestellen insiders snel nog twee of drie pints, want ze hebben dan nog een halfuur om de glazen leeg te drinken. Maar eigenlijk komt iedereen in de pub vooral maar voor een ding: *craic* (spreek uit: krak), wat zoveel betekent als 'lol hebben'.

In de loop van de tijd

Vanaf hun ontstaan halverwege de 19e eeuw tot ver in de jaren 60 van de vorige eeuw waren de pubs een mannendomein. Vrouwen, maar ook geestelijken, waren aangewezen op de *snug,* een houten scheidingswand tegen de bar, om daarachter hun sociaal niet geaccepteerde dorst te lessen. Ook vandaag nog zitten de *girls* veeleer in de lounge, maar ze schromen niet om net als de mannen aan de bar hun drankjes te gaan halen.

Op het platteland hadden veel pubs – zeker vroeger – diverse functies. Vaak waren ze tevens kruidenier en niet zelden ook plaatselijke begrafenisondernemers. Desondanks legden in de jaren 50 van de vorige eeuw vooral in de steden veel pubs het loodje omdat hun inrichting ouderwets werd gevonden. Plastic interieurs vervingen het oude houtsnijwerk. De traditionele pubs die dit overleefden, kregen met meer onheil te maken door een moderniseringsgolf in de jaren 80 en 90 van de vorige eeuw, de neo-pubstijl. Nagemaakte traditionele pubs in messingmahoniestijl oogden authentieker dan authentiek.

De laatste jaren is vooral de financiele crisis een bedreiging voor de pubs. De krap bij kas zittende Ieren kopen hun drank steeds vaker bij de discounter. De huidige trend in Ierland is sparen, en daardoor wordt de gang naar de pub minder gemaakt. Het gevolg: vooral door families uitgebate pubs op het platteland kunnen het hoofd niet langer boven water houden. Daarnaast nam de afgelopen jaren ook nog de alcoholconsumptie onder de Ieren af. Het is te hopen dat deze zo diep in het Ierse dagelijks leven en in de Ierse samenleving gewortelde traditie ook deze crisis zal overleven.

Hoewel het Iers-Gaelisch sinds 2007 een van de officiële talen van de Europese Unie is, is het een bedreigde taal. De grote werken uit de Gaelische literatuur stammen uit de vroege middeleeuwen. De *Táin Bó Cúailnge* (De Runderroof van Cooley) is een van de grote mythologische epen uit de Europese cultuur.

We hebben het aan de middeleeuwse monniken te danken dat de grootse Gaelische dichtkunst, waarvan de vroegste mondelinge overleveringen teruggaan tot de 4e eeuw, voor ons bewaard is gebleven. De christelijke kloosterlingen behandelden de oeroude heidense vertellingen zonder vooringenomenheid en tekenden ze op voor het nageslacht.

Vier literaire cycli

De vier grote cycli in de Oudierse literatuur zijn de Ulstercyclus (waaronder de *Táin*), de Mythologische Cyclus (over de Keltische goden en hun tegenstanders, de slechte Fomoriërs), de Historische of Koningscyclus en de Feniancyclus met de verhalen over Finn en zijn volgelingen, de Fianna.

Fantasie en onwerkelijkheid, een genuanceerd gevoel voor kleur en veel aandacht voor de natuur en het bovennatuurlijke zijn kenmerkend voor deze epen. De neiging tot overdrijving is legendarisch: zo ontsteekt de held uit de *Táin*, Cuchullainn, in de strijd dusdanig in heilige razernij, dat de sneeuw om hem heen smelt. Desondanks ge-

Oeroude tradities – de Gaelische taal, literatuur en muziek

Tijdens livesessies in pubs zijn de oude Gaelische melodieën nog springlevend

ven de epen een weliswaar geïdealiseerde, maar toch betrouwbare voorstelling van het leven van de Keltische bovenlaag tussen ongeveer 200 en 400. Ze vormen op die wijze een waardevolle bron voor deze verder schriftloze periode. En ze zijn met hun kleurrijke schilderingen van heldenmoed en bloedvergieten, van magie, liefde en verraad te beschouwen als het Keltische Nibelungenlied.

Mythische veediefstal

Het thema van de *Táin Bó Cúailnge* is de roof van de stier Donn Cúailnge (De Bruine uit Cooley), die de Connaughter onder hun koningin Medbh (Maeve) uit Ulster ontvoeren. Het 'hoofdkussengesprek' tussen Maeve en haar gemaal Ailill heeft haar duidelijk gemaakt dat ze geen prestigeobject bezit dat gelijkwaardig is aan zijn stier Finnbennach (De Withoornige), en daarom wil ze de stier uit Ulster hebben. Omdat de helden uit Ulster zich juist in een van hun geheimzinnige periodieke toestanden van zwakte bevinden, rust de verdediging alleen op de schouders van de zeventienjarige Cuchullainn. Uitvoerig worden zijn heldendaden beschreven in de strijd die hij in zijn voordeel weet te beslechten. Donn Cúailnge wordt echter toch ontvoerd, maar doodt Finnbennach en sterft vervolgens van uitputting na een tocht door Ierland. De hier voorgestelde, of beter geprezen, samenleving is door en door oorlogszuchtig; roem vergaren is het hoogste doel.

Barden vroeger en nu

Barden stonden hoog aangeschreven in de Gaelische samenleving: het doden van een zanger kostte de dader 120 stuks grootvee, een koninklijk vermogen. Ook vandaag de dag geniet de traditionele Ierse muziek nog steeds grote populariteit onder de Ieren en bezoekers van Ierland. Deze muziek – dansen als de *jig*, de *reel* en de *hornpipe*, de oude Keltische harpmuziek, de a-capellazang Sean-nós – ontstond over een periode van vele eeuwen uit heel oude melodieën.

In de fameuze *singing pubs* met avond aan avond livesessies, tijdens de muziekwedstrijden van de Fleadhanna Cheoil (zie blz. 29) of tijdens manifestaties van de vereniging van Ierse musici, Comhaltas Ceoltóirí Éireann, kan naar traditionele Ierse muziek worden geluisterd. De belangrijkste instrumenten zijn de elleboogdoedelzak *(uilleann pipes)*, de blikken fluit *(tin whistle)*, viool, tweerijige accordeon, banjo en *bodhrán*, een met geitenvel bespannen lijsttrommel. In de Gaeltachtgebieden kan een *céilí* worden bezocht, een gezellige avond met traditionele dans en zang, vroeger op het platteland het enige vrijetijdsuitje.

Het Iers-Gaelisch vandaag

In het hart, niet op de tong droegen ze hun taal, zeggen veel Ieren. Een derde van hen spreekt incidenteel Iers-Gaelisch – het is een verplicht vak op school –, maar van slechts 25.000 Ieren uit de Gaeltachtgebieden is het echt de in de dagelijkse omgang gebruikte moedertaal. Ondanks royale subsidies behoren deze regio's tot op de dag van vandaag tot de economisch meest achtergebleven en armste van het eiland. 'Gaelisch is het lijk dat overeind komt en begint te spreken', schrijft de hedendaagse, Iers-Gaelischtalige dichteres Nuala Ní Dhomhnaill.

Info: www.udaras.ie, ook in het Engels; https://comhaltas.ie, website van de Comhaltas Ceoltóirí Éireann.

Sporten van en voor vechtersbazen – hurling en Gaelic football

Toen Michael Cusack in 1884 in Thurles de Gaelic Athletic Association (GAA) oprichtte, werden met het promoten van de Oudierse balsporten hurling (zie foto) en Gaelic football vooral politieke en nationalistische doelen nagestreefd. Ook vandaag de dag zijn deze 'sporten van en voor vechtersbazen' nog enorm populair.

Public viewing op een zondagmiddag in Dublins Davy Byrne's: alles kijkt naar de tv, waarop in felgekleurde shirts geklede sporters met kortgeknipte kapsels of een van tralies voorziene helm en een houten stick om een bal vechten. Waar is de bal nu? Het gaat allemaal ontzettend snel, veel te snel.

Vlakbij, bij Kehoe's, hetzelfde beeld. Een pint in de hand, ogen gericht op het flatscreen boven in de hoek. Daar staat een man in een witte slagersjas achter een doel dat eruitziet als een kruising tussen een voetbal- en een rugbygoal. Ook hier jagen in felgekleurde shirts geklede spelers met korte kapsels achter een bal aan, dit keer zonder sticks – maar wacht eens even, dat was toch hands, duidelijk hands! En de scheids fluit niet! Zeker bang dat hij klappen krijgt van die bomen van kerels?

Gaelische sport op internet

www.gaa.ie: geschiedenis, archief, laatste nieuws en agenda; links naar alle clubs, bijvoorbeeld www.kilkenny gaa.ie.

Sport met traditie

De pubgasten keken naar de play-offs van de Ierse kampioenschappen hurling (met stick) en Gaelic football (met voeten én handen). Hoe dichter de selectiewedstrijden het hoogtepunt van de finale in september naderen, des te hoger lopen de emoties op. Bijna ieder Iers dorp heeft zijn hurling- en Gaelic-footballclub. Zelfs de spelers van de graafschappenverenigingen – alle 32 counties, ook de Noord-Ierse – zijn amateurs. Tot 2007 weigerde de Gaelic Athletic Association (GAA) Dublins Croke Park Stadium beschikbaar te stellen voor *soccer*, voetbal, dat barbaarse spel uit het land van de vroegere onderdrukker. Tegenwoordig mogen ook belangrijke voetbal- en rugbymatches op het heilige Gaelische gras worden gespeeld.

Ingewikkelde spelregels

Hurling, de regels: Twee teams van vijftien spelers proberen een harde, met leer beklede tennisbal in het 'doel' te slaan. Vliegt de bal over de lat maar tussen de palen, dan levert dat één punt op, wordt de bal onder de lat in het net geslagen, dan is dat goed voor drie punten. De bal wordt van de grond of in de lucht geslagen met de *hurley*, een ongeveer 1 m lange, platte stick van essenhout met een breed en plat blad aan de onderkant. Qua vorm lijkt hij nog het meest op een langgerekte sok.

Veel balgevoel, training en een dikke huid zijn vereist voor dit snelle en harde balspel. De in geel en zwart geklede Kilkenny Cats zijn de absolute recordhouders onder de Gaelische vechtersbazen.

Bij Gaelic Football zijn de teams en het veld op dezelfde wijze georganiseerd als bij hurling. Vier keer twintig minuten proberen beide teams de bal met de voet of de hand het doel in te werken, waarbij de bal principieel na vier stappen weggetrapt, weggegooid of onder het lopen op de eigen voet of op de grond moet worden gestuit en meteen weer moet worden opgevangen. Het klinkt ingewikkeld en dat is het ook.

Nationale gebeurtenis

De finales van de All-Ireland Championships worden in september gehouden in het Dubliner Croke Park Stadion, op de eerste zondag hurling, op de derde Gaelic football. Wie er niet in slaagt een felbegeerd kaartje voor een van deze eersterangs nationale gebeurtenissen te bemachtigen, gaat in de pub kijken.

De Ierse tv zendt alles live uit, vanaf 14 uur zijn de straten uitgestorven. De hurling- en Gaelic-footballfinales zijn ondanks bierconsumptie en hoog oplopende emoties over het geheel genomen vredige volksfeesten voor het hele gezin met jengelende luidsprekers, een zee van snackkramen, levendige straathandel en vooral vrolijke mensenmassa's.

Het met de geniale slogan 'Guinness is good for you' aan de man gebrachte biermerk wordt vandaag de dag door het Diageoconcern in ongeveer 140 landen verkocht en is – naast het botermerk Kerry Gold – waarschijnlijk het beste voorbeeld van Ierlands florerende exporteconomie in de voedings- en genotmiddelensector.

Wanneer Leopold Bloom, de hoofdpersoon in James Joyces in 1922 gepubliceerde roman *Ulysses*, zijn gedachten de vrije loop laat, komt hij, Dubliner in hart en nieren, natuurlijk ook uit bij Guinness. Hij zwijmelt bij de gedachte aan vaten vol met het donkere bier – en herinnert zich het gerucht dat ook ratten de inhoud van de fusten konden waarderen.

Een ware 'global player'

Ratten in Ierlands nationale drank? In het ondoorzichtige, pittige bier met zijn romige witte schuimkraag? Nauwelijks voorstelbaar, inderdaad. Per slot van rekening hebben investeringen van honderden miljoenen ponden in de jaren 80 van de vorige eeuw de moederbrouwerij bij St. James' Gate in Dublin voorzien van bierbrouw-hightech, zodat Guinness tegenwoordig in roestvrijstalen kuipen en aluminium tanks

Guinness: de 'moedermelk van de Ieren'

Guinness lijkt zwart, maar is in het juiste licht gezien eigenlijk *ruby red*.

rijpt, buiten bereik van de plaatselijke fauna. Maar dat kon Joyce nog niet weten natuurlijk.

Toen grondlegger Arthur Guinness in 1770 besloot het uit Londen afkomstige porter (een donker bier) te gaan namaken, kon hij niet vermoeden dat hij daarmee de basis legde voor een van de grootste bierimperia uit de geschiedenis. Vol trots wijst Guinness erop dat het bier nog steeds wordt gebrouwen met dezelfde vier ingrediënten als toentertijd: water, gerst, hop en gist.

En zo luidt het recept

Om te beginnen wordt de gerst gemout, dat wil zeggen in water geweekt, tot ontkiemen gebracht en vervolgens gedroogd. Aan deze mout wordt een beetje ongemoute, geroosterde gerst toegevoegd, waardoor het brouwsel zijn donkere kleur krijgt. De mout wordt dan overgebracht naar het brouwhuis, waar hij eerst wordt gemalen en dan in grote ketels, de *kieves,* in warm water wordt opgelost. Deze breiige maisch wordt vervolgens gefilterd. De geklaarde vloeistof die dan overblijft, de wort, wordt na het toevoegen van hop enkele uren gekookt, waarbij de hop aan het mengsel zijn aangename smaak geeft. Sommigen noemen hem bitter, anderen kruidig en weer anderen doet hij denken aan lavas (maggiplant).

Na dit proces wordt gist aan de verkregen vloeistof toegevoegd. Zo komt de gisting op gang. De gistbacteriën zetten de suikers uit het hop-moutmengsel om in alcohol. Het Ierse Guinness bevat 4%, het Guinness dat in Afrikaanse landen wordt gebrouwen meer dan het dubbele: Guinness past zich overal aan de heersende drinkgewoonten aan. En aan de laatste trends: om te concurreren met de hippe ambachtelijke microbrouwerijen werden nieuwe bieren ontwikkeld zoals *The 1759* of *Guinness Golden Ale.* Het bier is tegenwoordig ook geschikt voor veganisten: bij het filteren wordt sinds 2016 afgezien van het gebruik van visblazen.

De dynastie

In Dublin is Guinness alomtegenwoordig, niet alleen dankzij de zoetige geur uit de brouwerij bij St. James Gate, die zich bij oostenwind over heel de stad verspreidt. De 'Heren van het Vat' (James Joyce) traden in de 19e eeuw ook op als grote sponsoren. Uit de hoorn des overvloeds van de in de adelstand verheven brouwersfamilie werd de restauratie van St. Patrick's Cathedral betaald, het St. Stephen's Green Park, Iveagh Gardens en de huurkazernes van de Iveagh Trust. Een erfgenaam, de kunsthistoricus en strijder voor homorechten Desmond Guinness, maakt zich sterk voor het behoud van Dublins georgiaanse erfgoed.

Hoe het ook zij: de wereld drinkt Guinness, ongeveer tien miljoen glazen per dag. Daarbij bevat de 'moedermelk van de Ieren' per pint minder calorieën dan dezelfde hoeveelheid melk, zo beweert Guinness. Een Ierse traditie die inspeelt op de hedendaagse slankheidswaan – als dat maar goed gaat.

Het Guinness Book of Records

Het is na de Bijbel en de Koran het meestgelezen boek ter wereld. In 1955 gaf Hugh Beaver, de bedrijfsleider van de brouwerij, opdracht voor de eerste editie. Dit om met een betrouwbaar naslagwerk tegenwicht te bieden aan de in de Ierse pubs gedebiteerde halve waarheden. Mensen doen echt de mafste dingen om erin vermeld te worden, zie www.guinnessworldrecords.com.

De Keltische tijger is uitgebruld – Ierlands economie

Vanaf het midden van de jaren 90 van de vorige eeuw was er in Ierland sprake van een economische boom en groeide het achtergebleven agrarische land uit tot een voorbeeld voor de jonge Oost-Europese industrielanden. Het Ierse Wirtschaftswunder kreeg de naam 'Keltische tijger'. Maar sinds het uitbreken van de financiële crisis in 2008 staat vast, dat ook in Ierland de groei niet eindeloos kon doorgaan.

Er waren eens: ongelofelijke groeicijfers van tot wel 9%, een lage rente, een lage inflatie, duidelijk onder het EU-gemiddelde liggende werkloosheidscijfers, het op een na hoogste inkomen per hoofd van de bevolking in de EU. Bij het aanbreken van het nieuwe millennium was het voormalige armenhuis van Europa een voorloper geworden. Dat deze successtory zonder circa veertig miljard euro aan EU-subsidies niet mogelijk was geweest, geven zelfs vooraanstaande Ierse politici toe.

Lage belastingen

De Ierse regeringen en het semioverheidsorgaan voor economische ontwikkeling IDA opereerden slim door te investeren in infrastructuur en ontwikkeling, zodat tegenwoordig een grote groep goed opgeleide, jonge En-

De sierlijke Samuel Beckettbrug bij het financiële centrum van Dublin

gelstalige werknemers buitenlandse bedrijven naar Ierland lokt. De kers op de taart voor bedrijven vormt echter de binnen de EU ongeëvenaard lage vennootschapsbelasting. Eurocommissaris voor Mededinging Margrethe Vestager ontdekte dat Apple zelfs geen 12,5%, maar slechts 0,005% vennootschapsbelasting betaalde. Pikant genoeg met toestemming van de Ierse belastingdienst, die de misgelopen belasting, dertien miljard euro plus rente, zelfs helemaal niet terug wil hebben.

Het Ierse Silicon Valley

Geen wonder dat Ierland in de economische pers regelmatig de lijstjes aanvoert van beste landen om in te investeren. Amerikaanse bedrijven als Google, Facebook, IBM en dus ook Apple – in totaal meer dan duizend bedrijven – hebben hun hoofdkantoren naar Dublin verplaatst en gebruiken het land als springplank voor de Europese markt. In de wereld van de bits en bytes kon Ierland uitgroeien tot 's werelds grootste exporteur van computerprogramma's. Omdat de Industriële Revolutie aan Ierland was voorbijgegaan en doordat het land door de heersende Britten in de 19e en vroege 20e eeuw bewust tot een achtergebleven agrarisch gebied werd gehouden, zit het nu ook niet opgescheept met de lasten van een verouderde zware en lichte industrie.

Andere kant van de medaille

Echter, de snelle IT-wereld beperkt zich vrijwel uitsluitend tot Dublin. In de onderontwikkelde regio's in het westen en in de Midlands hebben maar weinigen de Keltische tijger horen brullen. En de kloof tussen arm en rijk is alleen maar groter geworden. U hoeft maar door de straten van Dublin te lopen om het verschil te zien tussen chique jonge werknemers in pak en stropdas en de sjofel uitziende *losers* van het Wirtschaftswunder.

Op veel plaatsen registreren en beklagen Ieren zich over de sociale kilte. Aartsbisschop Sean Brady ziet Ierland van 'Land van heiligen en geleerden' verkommeren tot 'Land van aandelen en beurzen'. 'Minder priesters, meer bluf', zo brengt de schrijver Hugo Hamilton het onder woorden. De vijandigheid ten opzichte van buitenlandse arbeidskrachten neemt toe.

Na de financiële crisis

Ierlands extreme afhankelijkheid van buitenlands kapitaal deed parallel aan de Amerikaanse hypotheekcrisis van 2007 de Ierse zeepbel uiteenspatten: de waarde van huizen werd tot de helft gereduceerd, honderden *ghost estates*, leegstaande nieuwbouwcomplexen, staan weg te rotten, in Dublin zijn de kranen bij half afgebouwde appartementen- en kantoorgebouwen buiten bedrijf. De regering Kenny kwam met rigoureuze bezuinigingen – die neerkomen op het inleveren van € 100 per huishouden per jaar. Overal wordt op gekort en wordt staatseigendom geprivatiseerd.

De prijs moet worden betaald door de Ierse bevolking, die wordt opgescheept met werkloosheid, inflatie, stijgende prijzen en afbraak van het sociale stelsel en de gezondheidszorg.

Aan de andere kant hadden de Ieren al in 2003 geen Europese noodfondsen meer nodig en gelden ze sindsdien als kampioenen wat betreft besparen. En ook de economische groei is weer aangetrokken en haalt wereldwijd jaloersmakende waarden van 3-4 %.

Heidens, heilig Ierland – bronnen en bedevaarten

Er is nauwelijks een land dat zoveel heilige bronnen bezit als Ierland en bijna nergens ondernemen pelgrims zulke fanatieke bedevaarten. Het volksgeloof is hier nog zeer levendig, en er zijn nog veel elementen in te herkennen die voortkomen uit oude, heidens-magische tradities.

De kerstening van Ierland voltrok zich vanaf de 5e eeuw en moet relatief vreedzaam zijn verlopen. Een bewijs: er zijn uit deze periode geen Ierse martelaren bekend. De christelijke monniken brachten volk en heersers de nieuwe religie, terwijl ze de oude heidense cultus een christelijke inhoud gaven. Zo werd bijvoorbeeld Christus voorgesteld als een belichaming van de mythische held Cuchullainn en de heilige Brigida als opvolgster van een gelijknamige Keltische vruchtbaarheids- en moedergodin. Veel kerken werden gebouwd over of naast bronnen die al bij de voorchristelijke Kelten heilig waren. In hun met de aarde verbonden spiritualiteit stond water voor de verbinding met de Andere Wereld en opende het een mogelijkheid tot het verwerven van wijsheid.

Met de zon mee

Ierland zou rond drieduizend heilige bronnen tellen. Het Gaelische *tobar* of *tubber* is in tal van plaatsnamen terug te vinden. Het kunnen opwellende bronnen zijn onder een eenvoudige steen of een archaïsch aandoend kerkje. Maar er bestaan ook moderne betonnen kapellen met kunststof vloer en plastic stoelen. Er zijn complete heiligdommen met een boom, een altaar, rechtopstaande stenen, beelden in houten schrijnen – of het is slechts een heuveltje te midden van varens en mos. Sommige zijn allang vergeten, andere trekken op de feestdag van de heilige honderden mensen. Het ritueel van een *pattern* schrijft voor, dat de pelgrims onder voortdurend bidden staties omcirkelen, meestal grote of gestapelde stenen, en wel met de wijzers van de klok mee. Achter het omcirkelen van deze staties *(turas)* gaat het oude heidense volgen van de zonneloop schuil – tegen de beweging van de zon ingaan zou gelijkstaan aan het afroepen van een vloek.

De gelovigen drinken uit bronnen die zouden helpen tegen bepaalde kwalen. En laten kleine giften achter: een schelp, een plastic armband, een

Nog altijd bezoeken pelgrims de heilige bron St. Brigid's Well in Kildare

Verder lezen

Elizabeth Healy: *In Search of Ireland's Holy Wells*, Wolfhound Press 2002 (ISBN 978-08-63-27865-5). Dit boek geeft op persoonlijke en emotionele wijze inzicht in de heilige bronnen en de ermee verbonden, nog zeer levendige religiebeleving door middel van magische rituelen.

Jezusbeeldje, een munt. Een Mariabeeldje met een blauwe mantel ligt naast een kopie van een Venusfiguur uit de oude steentijd.

Aan de wensbomen, vaak meidoorns, essen of vlieren, die al bij de Kelten heilig waren, hangen repen stof en plastic naast haarlinten. Deze *clooties* vertegenwoordigen wensen of worden gebruikt om een kwaal met heilig water weg te wassen: als ze vergaan, vergaat ook de ziekte. Deze indrukwekkende, archaisch aandoende *rag trees* zijn pure magie.

Aanraking is belangrijk: zo gaan vrouwen met een kinderwens op *beds*, grote stenen met een uitholling, liggen. Of ze wrijven langs prehistorische menhirs *(standing stones)*. Bij de bron waar de heilige Brandaan zou zijn gedoopt, bij Ardfert, kussen bezoekers de stenen hoofden van drie heiligen en krassen er kruisen in om *sláinte*, gezondheid, af te smeken.

Bidden met de knieën – The Reek

Door jongeren wordt vooral de nationale bedevaart naar de top van Croagh Patrick (zie blz. 229) drukbezocht.
Bij de *turas* (het omcirkelen van stenen) en de archaïsche gebeden komen nog veel heidens-Keltische gebruiken om de hoek kijken. De *turas* wordt gehouden op de laatste zondag van juli; vóór de tijd van St. Patrick werd rond deze tijd een feest voor de zonnegod Lugh gevierd.

Duizenden pelgrims, deels op bloedende blote voeten en met geschaafde knieën – bidden met de knieën wordt dat genoemd – slepen zich de stenige, steile helling van The Reek omhoog. Zeven keer omcirkelen ze de stenen met de wijzers van de klok mee, volgens de loop van de zon van de Keltische Lugh. 'Christus voor mij, Christus over mij, Christus naast mij', mompelen ze als een mantra voor zich uit.

Het heilige eiland in het meer

Sinds de 12e eeuw wordt er melding gemaakt van de pelgrimage naar St. Patrick's Purgatory op Station Island in Lough Derg, maar hoogstwaarschijnlijk is ze nog vijfhonderd jaar ouder. Daar, waar de heilige blijkbaar na een lange periode van vasten tegen de duivel streed, vindt van begin juni tot half augustus Europa's zwaarste bedevaart plaats.

Ongeveer vijftienduizend pelgrims geven zich in de weekenden over aan drie dagen van vasten, gebed en nachtwake. Een spirituele time-out nemen, een beproeving doorstaan, de genezing van een dierbare afsmeken, het geloof terugvinden – de beweegredenen om eraan mee te doen zijn net zo divers als de mensen zelf.

Heilige bronnen in Ierland

Veel *holy wells* zijn bewegwijzerd. Volg eenvoudig de meestal provisorische, vaak met de hand geschilderde borden. Tot de grotere heiligdommen behoren Tobernalt aan Lough Gill (zie blz. 245), St. Brigid's Well in Kildare (zie blz. 122), St. Declan's Well in Ardmore (zie blz. 135), St. Patrick's Well in Ballintubber (zie blz. 235), St. Brigid's Well in Liscannor (zie blz. 205) en St. Colmkille's Well in Glencolumbkille (zie blz. 254).

Na de tientallen jaren woedende burgeroorlog tussen protestantse en katholieke milities is datgene gebeurd wat nauwelijks iemand voor mogelijk hield. Sinds 1998 is in Noord-Ierland de vrede weergekeerd. Het conflict, dat meer dan 3600 mensen het leven kostte, heeft diepe wortels in de geschiedenis.

Net zoals Cyprus is het Ierse eiland bestuurlijk in tweeën gedeeld: in de republiek Ierland en het tot het Verenigd Koninkrijk behorende Noord-Ierland, dat de zes graafschappen Fermanagh, Tyrone, Derry, Armagh, Down en Antrim omvat. De redenen voor deze deling liggen in een ver verleden. Het noodlotsjaar 1607 was het jaar van de 'Vlucht der Graven'. De katholieke leiders van de twee machtigste clans uit het Noord-Ierse Ulster, Red Hugh O'Donnell en Hugh O'Neill, hadden de strijd tegen de Engelsen verloren en kozen nu voor een vrijwillige ballingschap in Spanje. De Britten konden vervolgens ongehinderd beginnen met grootschalige volksplantingen, de Plantations. Vooral presbyterianen uit de Schotse Lowlands verwierven de beste landerijen, terwijl de katholieke pachters en grondbezitters werden verdreven en afgescheept met onvruchtbare grond in het schrale westen.

Noord-Ierland – vrede is mogelijk

In de katholieke wijk van Belfast

Een eiland, twee staten

Toen in 1921 na de onafhankelijkheidsoorlog tegen Groot-Brittannië de Ierse Vrijstaat tot stand kwam, stemde het noorden, dat er economisch beter voorstond dan het zuiden en dat allang een protestantse bevolkingsmeerderheid bezat, ervoor om bij Groot-Brittannië te blijven. Het kreeg een eigen parlement in Belfast en verregaand zelfbestuur in binnenlandse aangelegenheden. In de Ireland Act van 1949 verplichtte Groot-Brittannië zich ertoe, Noord-Ierland binnen Groot-Brittannië te houden zo lang als een meerderheid van de Noord-Ieren dat wilde.

De krachtige katholieke minderheid – op het moment 40% tegenover 49% protestanten – in Noord-Ierland werd intussen van meet af aan ver weggehouden van de politieke macht en in economisch opzicht sterk achtergesteld.

Bloody Sunday

Tegen deze achterstelling vormde zich in 1968 een vreedzame burgerrechtenbeweging. Paradoxaal genoeg markeerde zij ook het begin van de burgeroorlog: controverses tussen militante protestanten en de voor hun geloofsgenoten opkomende RUC (Royal Ulster Constabulary – de politie van Ulster) en de zich opnieuw formerende, pro-katholieke IRA (Irish Republican Army) leidden in 1969 tot een gewapende interventie van Groot-Brittannië. In 1972 plaatste Londen de 'onrustprovincie' direct onder Brits bestuur.

Zeker sinds de 'Bloedige Zondag van Derry', 30 januari 1972, toen veertien ongewapende burgerrechtenactivisten door militairen werden doodgeschoten, kon het Britse leger echter nauwelijks meer doen dan optreden als onpartijdige beschermingsmacht. Deze dag was voor veel katholieke Noord-Ieren een sleutelgebeurtenis. De IRA, die vooral in de katholieke arbeiderswijken van Derry en Belfast grote steun genoot, probeerde met terreuraanslagen de aansluiting van Noord-Ierland bij de republiek te bereiken. Protestantse terreurorganisaties deden er in gewelddadigheid niet voor onder.

Het Goede-Vrijdagakkoord

In deze situatie, die voor de eeuwigheid muurvast leek te zitten, begonnen John Hume, de voorzitter van de katholieke sociaaldemocratische arbeiderspartij SDLP, en Gerry Adams, de leider van Sinn Féin, de politieke tak van de IRA, in 1993 een vredesinitiatief uit te werken. Op Goede Vrijdag 1998 kwam het historische akkoord van Belfast tot stand. Voor het eerst zaten alle politieke groeperingen, ook Sinn Féin, aan één tafel.

Ondanks vreselijke tegenslagen, zoals de bomaanslag in Omagh in 1998 waarbij 29 mensen omkwamen, en ondanks allerlei kleingeestige ruzies en jaloezie ging het vredesproces door. Gestimuleerd werd het ook door de toekenning in 1999 van de Nobelprijs voor de Vrede aan John Hume en zijn onderhandelingspartner David Trimble van de toenmalige protestantse meerderheidspartij Ulster Unionists.

Regionaal parlement met hindernissen

Na verkiezingen in Noord-Ierland droeg Groot-Brittannië aan het einde van 1999 het bestuur over aan de 108 afgevaardigden van het Belfaster Stormontparlement en een regering onder leiding van David Trimble. Tot twee keer toe schortte de Britse premier Tony Blair het door onenigheid gekenmerkte Noord-Ierse zelfbestuur weer op. De ontwapening van de IRA en de vraag hoe de huidige volkspartij Sinn Féin daartegenover stond, was een belangrijke oorzaak van de partijtwisten.

'Voor alles is er een tijd. En voor Noord-Ierland is nu de tijd van vrede gekomen.' Het is nauwelijks te geloven, maar deze woorden sprak in maart 2007 niemand anders dan Ian 'Dr. No' Paisley, de onverbiddelijke voorvechter van protestantse hegemonie en de unie met Groot-Brittannië. Wat had deze hardliner zo verzoenend gestemd?

Kort ervoor had Tony Blair, die zich verzekerd had van de steun van de regeringen in Dublin en Washington, de Noord-Ierse partijen een ultimatum gesteld. En ziedaar: Paisley, als voorzitter van de Democratic Unionist Party (DUP), en Martin McGuinness van Sinn Féin namen plaats aan de onderhandelingstafel. Samen vormden ze een meerpartijenregering van protestantse loyalisten en katholieke republikeinen, een ware historische gebeurtenis. De *chuckle brothers*, de gebroeders grinnik, noemden de media beide politici, die van nu af aan alleen nog maar goedgehumeurd samen optraden. In 2008 trok Paisley zich vanwege zijn leeftijd terug uit de politiek. Hij droeg het voorzitterschap van de DUP en de post van First Minister over aan de jongere Peter Robinson.

De eenmakende macht van het geld

Hugo Hamilton, een knappe kop uit Dublin, stelde zich niet als enige de vraag of de eenwordingswens van het noorden niet beïnvloed was door de toenmalige economische opleving in de Ierse republiek. Inderdaad is een van de belangrijkste projecten van Belfast en Dublin een op elkaar afgestemd programma voor economische en industriële ontwikkeling. De twee organisaties die het toerisme promoten hebben het al voorgedaan en vermarkten Ierland als *package deal*.

Muur tussen de oren

Maar in de hoofden van de Noord-Ieren moet nog heel wat veranderen. De Oranjeorde houdt nog steeds haar provocerende marsen, waarmee deze naar Willem III van Oranje genoemde protestantse vereniging als enige doel lijkt te hebben de katholieken, op de dag waarop de Slag aan de Boyne wordt herdacht, te ergeren. Volgens een enquete durft 88% van de Noord-Ieren zich 's nachts niet in een door het andere geloof gecontroleerde wijk te begeven. Gemengde huwelijken zijn net zo zeldzaam als interconfessioneel onderwijs. De confessionele apartheid in de arbeidersvoorsteden van Belfast of Derry is onaangetast en wordt door zo'n zestig zogenoemde 'vredesmuren' in de ware zin van het woord staande gehouden. Jongeren uit Belfast gaan het contact met 'andersgelovigen' uit de weg, het komt tot relletjes, vechtpartijen en bloedvergieten. Op de muren verschijnen nog steeds oorlogszuchtige tekeningen die de 'martelaren' uit het eigen kamp, wapengeweld en haat verheerlijken.

Hoewel de IRA in 2005 de gewapende strijd afzwoer, zou het naïef zijn om te denken dat zo'n machtige organisatie zich zomaar zou opheffen. In de katholieke getto's heeft zij als maffioze club de macht nog steeds in handen. Het vredesproces als zodanig lijkt onomkeerbaar, het gevaar voor een terugkeer naar geweld lijkt geweken. Maar naar de ware innerlijke vrede is er nog een lange weg te gaan.

Onderweg in Ierland

Vriendelijk Ierland: fleurige plattelandswoning bij Mooncoin/Kilkenny

57

IN EEN OOGOPSLAG

Dublin en de Wicklow Mountains

Hoogtepunten ✸

Dublin: de Ierse hoofdstad is gewoon een must, of dat nu in het kader is van een driedaagse citytrip of als onderdeel van een rondreis door Ierland. *Book of Kells* of James-Joycepub, georgiaanse B&B of designrestaurant – Dublin biedt een opwindende mix van cultuur en vermaak en van oud en nieuw. Zie blz. 77.

Powerscourt House & Gardens: dit georgiaanse herenhuis, waarin tegenwoordig ambachtslieden en koks de plaats van de adel hebben ingenomen, troont uit boven een van Ierlands mooiste tuinen. En dan nog het uitzicht op de ruige Wicklow Mountains! Zie blz. 115.

Op ontdekkingsreis

James Joyce en Dublin – een speurtocht: de topografie van zijn geboortestad Dublin was bepalend voor Joyce's werk. Een rondwandeling voert u langs plekken waar leven en werk van een van de groten uit de literatuurgeschiedenis nog naspeurbaar is. Zie blz. 84.

Graftonia – langs de pubs van de drinkende dichters: 'Graftonia' noemden de literaire bohemiens vanaf de jaren 50 van de vorige eeuw het biertapgebied rond Dublins winkelhoofdstraat Grafton Street. Ierse auteurs als Brendan Behan, Patrick Kavanagh en Brian O'Nolan schreven, discussieerden en dronken hier. Zie blz. 104.

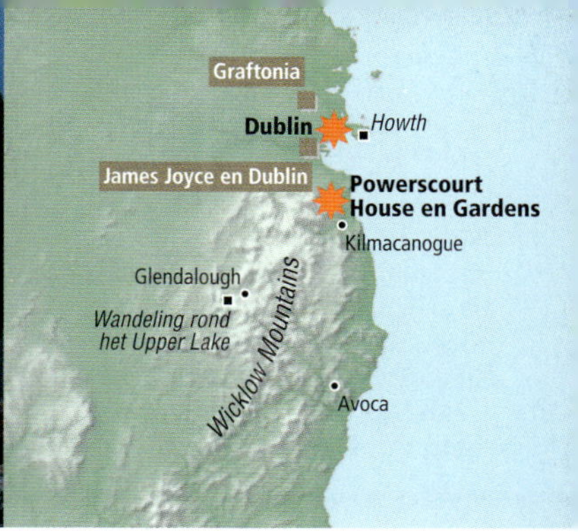

Bezienswaardigheden

National Museum: prehistorisch goud en Keltisch brons, vroegchristelijke kelken met decoraties in Keltische stijl en voorwerpen van de Vikingen – de essentie van de Ierse cultuur, te bewonderen in Dublin. Zie blz. 88.

Glendalough: kloosterstad in een afgelegen gletsjerdal in de Wicklow Mountains vol vroegchristelijke kerken, kruisen en sfeer. Zie blz. 116.

Actief

Georgiaanse wandeling: op zoek naar met stuc gedecoreerde en in pasteltinten uitgevoerde georgiaanse stadswoningen in Dublin. Zie blz. 91.

Wandeling rond Howth: natuur beleven op het schiereiland even buiten de grote stad. Zie blz. 109.

Wandeling rond het Upper Lake: steile klimmen en afdalingen leiden naar het meer. Zie blz. 117.

Sfeervol genieten

Guinness Storehouse: genieten van een schuimende donkere pint in de glazen Dubliner Sky Bar. Zie blz. 95.

Avoca Handweavers: in filialen in onder andere Dublin, Kilmacanogue en Powerscourt vindt u mode, kunstnijverheid en delicatessen. U kunt er ook terecht voor koffie of een fijnproeverslunch. Zie blz. 100, 114 en 115.

Uitgaan

Café en Seine: decadent-weelderig gedecoreerd, hip Dubliner trefpunt waar zich overdag ook gezinnen thuisvoelen. Zie blz. 103.

Music pubs: folkfans komen alleen al voor de livemuziek 's avonds naar Dublin. De klassiekers: Brazen Head, Cobblestone en O'Donoghue's. Zie blz. 103.

Dicey's Garden/Krystle: bekende Dublinner club/disco met cool design en dakterras. Chart-, r&b- en funky housemuziek. Zie blz. 107.

565.000 inwoners, in de agglomeratie Dublin 1,8 miljoen. En de tendens is stijgend wat betreft wonen in de stad aan de Liffey, die in 1991 culturele hoofdstad van Europa en in 2012 European City of Science was, terwijl ze in 2010 werd uitgeroepen tot UNESCO City of Literature. Dublin is onbetwist het hart en het hoofd van de republiek Ierland. Hier komt alles samen: het verkeersnet, twee aartsbisschoppen, drie universiteiten, overheidsinstanties en hooggerechtshoven, culturele instituten, industrie, dienstverleners en financiële instellingen – en niet in de laatste plaats de toeristen. Voor hen is hoofdzakelijk de binnenstad van belang. Die wordt door het Royal Canal in het noorden en het Grand Canal in het zuiden bijna eivormig omsloten en doorstroomd door de rivier de Liffey. Overdreven gesteld is Dublin een 'wereldstad op dorpsformaat'. Het kan in ieder geval prima te voet worden verkend.

De Dubliner pubs en het hier gebrouwen Guinness zijn legendarisch, evenals literaire reuzen als Swift, Yeats, Joyce of Behan. Partygangers uit heel Europa struinen de hippe shops, clubs, bars en restaurants in de Ierse hoofdstad af.

'Waarom trouwt een vrouw uit de Southside met een man uit de Northside? Om haar handtas terug te krijgen.' Een oeroude mop, die echter wel veel prijsgeeft over de sociale verschillen tussen de twee stadsdelen. Want het zuiden met zijn musea en georgiaanse straten is nu eenmaal deftiger dan het 'proletarische' noorden. Er wordt echter zo veel gesaneerd en gebouwd in Dublin dat het onderscheid aan het vervagen is.

Wie de grotestadsdrukte teveel wordt, vindt vlak naast Dublins voordeur natuurfenomenen die de moeite waard zijn. Langs de kust rijgen zich van Howth via Dun Laoghaire tot Bray bad- en havenplaatsjes aaneen die uitnodigen tot strandwandelingen, bootexcursies en zwemmen. De Wicklow Mountains bieden met het nationaal park en de kloosternederzetting Glendalough een excellent wandelgebied,

INFO

Dublin Discover Ireland Centre

25 Suffolk St., in de neogotische St. Andrew's Church, tel. 01 850 23 03 30, www.visitdublin.com, ma.-za. 9-17.30, zo. 10.30-15 uur. Reserveren van onderdak, en huurauto's, informatie over evenementen, stadsrondleidingen, plattegronden, brochures met bewegwijzerde stadswandelingen en de Dublin Pass (zie onder). U moet een nummertje trekken, in het hoogseizoen lange wachttijden. Er is ook een café.

Internet

www.visitdublin.com: bezienswaardigheden, uitgaansgelegenheden, accommodatie, speciale aanbiedingen voor kort verblijf, luxewellness enzovoort.
http://visitwicklow.ie: alles over County Wicklow.

Dublin Pass

Gratis toegang tot vijfentwintig attracties, luchthavenbus, korting op bepaalde stadsrondleidingen, één dag € 49, twee dagen € 69, drie dagen € 79, www.dublin-pass.ie. Probeer te berekenen hoeveel de musea kosten die u op een dag denkt te bezoeken – enkele, zoals bijvoorbeeld de nationale musea, zijn sowieso gratis toegankelijk. Goedkope online aanbiedingen.

dat wordt doorkruist door een netwerk van gemarkeerde paden.

Dublin ✸ ▶ G 5/6

Rond O'Connell Street

Dublins hoofdverkeersader, **O'Connell Street**, wordt geflankeerd door warenhuizen, fastfoodketens en bushaltes. De zich op en neer bewegende mensenstroom verleent haar een dynamisch, soms hectisch karakter. Vroeger denigrerend aangeduid als 'fritesboulevard', onderging ze een geslaagde facelift: een met uitzondering van tal van gedenktekens voor voetgangers vrijgemaakte middenberm en minder rijstroken voor het gemotoriseerde verkeer geven haar een modern uiterlijk.

In de zijstraten Abbey Street en Henry Street geven de Dubliners hun geld uit in megawarenhuizen als Ilac Centre, Dunnes Store en Jervis Centre, die er net zo uitzien als overal elders in Europa. Deze wijk, Northern Quarter, is al enkele jaren het object van een groot saneringsproject dat moet leiden tot een mix van winkels, horeca, appartementen en een luxehotel.

Monument voor Daniel O'Connell 1

De uit drie bogen bestaande stenen **O'Connell Bridge** (1876) doet met haar breedte van 46 m aan als een plein. Het voortdurend door toeristen en schoolmeisjes omringde bronzen monument voor Daniel O'Connell is een creatie van John Foley uit 1854.

Abbey Theatre 2

26 Lower Abbey St., www.abbeytheatre.ie (zie ook blz. 107)

Het in 1966 gebouwde nationaal theater is een niet erg opwindend, functioneel bouwwerk. In zijn voorganger werd aan het begin van de 20e eeuw theatergeschiedenis geschreven: in 1898 stichtten Augusta Lady Gregory, William Butler Yeats en Edward Martyn de Abbey Theatre Company, die vanaf 1904 in het oude Abbey Theatre de stukken van onder anderen Yeats zelf, John Millington Synge en Sean O'Casey opvoerde. In 1907 braken tijdens de première van Synges tragikomedie *The Playboy of the Western World* de beroemde Playboy Riots uit. Aanleiding voor de burgerlijke verontwaardiging was het gebruik van het woord *shift* (damesonderhemd). Yeats liet met hulp van de politie verder spelen.

General Post Office 3

11 O'Connell St. Lower, www.anpost.ie, ma.-za. 8-18 uur

Het hoofdpostkantoor was in 1916 het hoofdkwartier van de leiders van de Paasopstand en werd bijna volledig verwoest. Vanaf de trappen onder aan de machtige zuilenfaçade las Patrick Pearse de onafhankelijkheidsverklaring voor. Het bronzen beeld van de stervende Cuchullainn in een van de nissen symboliseert de opofferingsgezindheid van de opstandelingen. In een hoek binnen informeert het bescheiden postmuseum over de geschiedenis van de Ierse posterijen en over die beroemde paasmaandag. Het belangrijkste stuk is een originele kopie van de proclamatie van de Ierse republiek.

Spire 4

Bijna onvoorstelbaar, deze glimmende, 120 m(!) hoge hightech metalen naald van de Londense architect Ian Ritchie. Het 'lichtmonument' versmalt van een doorsnede van 3 m aan de basis tot een van 15 cm aan de top, kostte vijf miljoen euro en is het niet over het hoofd te ziene symbool van het nieuwe Dublin. De Dubliners noemen het stadsbeeldbepalende kunstwerk *needle* of *spike*.

St. Mary's Pro-Cathedral 5

Marlborough St., ma.-vr. 7.30-18.45, za. 7.30-19.15, zo. 9-13.45, 17.30-19.45 uur, toegang gratis

De belangrijkste kerk van de Ierse katholieken werd in 1825 na protesten van protestantse zijde niet gebouwd op de oorspronkelijk geplande plek aan O'Connell Street, maar op deze locatie achter de hoofdstraat, waar de kolossale zuilenfaçade een buitensporig grote indruk maakt. Het koele classicistische interieur lijkt de devotie van de gelovige bezoekers niet te temperen, er worden dagelijks diverse missen opgedragen.

Parnellmonument 6

Aan het eind van O'Connell Street en het begin van Parnell Square, waarvoor in 2015 een grote opknapbeurt werd aangekondigd, staat het standbeeld van Charles Stewart Parnell, naast Daniel O´Connell de tweede grote politieke leider van de Ierse emancipatie.

Dublin City Gallery The Hugh Lane 7

Parnell Sq. North, www.hughlane.ie, di.-do 9.45-18, vr. 9.45-17, za. 10-17, zo. 11-17 uur, toegang gratis

In degelijke georgiaanse zalen vindt u naast Franse impressionisten als Renoir, Degas en Monet Ierse schilder- en beeldhouwkunst uit de 19e en 20e eeuw, bijvoorbeeld de meesterlijke expressionistische werken van Jack B. Yeats, waarschijnlijk de belangrijkste Ierse schilder en broer van de winnaar van de Nobelprijs voor de Literatuur William Butler Yeats. De crème de la crème van de Ierse landschapsschilders zoals William Orpen, Walter Osborne, John Lavery en Nathaniel Hone is hier bijeengebracht. Voor velen is Francis Bacons atelier, dat hier in zijn originele vorm uit 7500 onderdelen opnieuw werd opgebouwd, het hoogtepunt. Eerste indruk: een van de belangrijkste figuratieve schilders van de 20e eeuw was een grote chaoot.

Dublin Writers' Museum 8

18 Parnell Sq. North, www.writersmuseum.com, ma.-za. 10-17, zo. 11-17 uur, € 7,50

In dit aan alle Ierse schrijvers gewijde museum zijn devotionalia, autografen en eerste drukken te zien, evenals een perskaart en schrijfmachine van Brendan Behan. De georgiaanse zaal op de bovenverdieping bevat portretten en borstbeelden van de literatoren. Zie over Joyce ook Op ontdekkingsreis blz. 84.

James Joyce Centre 9

35 North Great George's St., di.-za. 10-17, zo. 12-17 uur, apr.-sept. ook ma.,€ 5, www.jamesjoyce.ie, rondlei-

dingen in de voetsporen van Joyce: in voorjaar/zomer 3 x per week, in herfst/winter alleen op za., € 8-10, voor tijden zie de website
U bevindt zich nu midden in de 'wijk' van James Joyce. Logischerwijs is in de fraaie, georgiaanse voormalige stadswoning van de graaf van Kenmare *zijn* literaire museum ondergebracht (zie Op ontdekkingsreis blz. 84).

Docklands

Waar vroeger een hopeloos vervallen havenkwartier lag, schittert nu ten noorden en ten zuiden van de Liffey op een oppervlak van 520 ha Dublins jongste wijk met chique kantoorcomplexen als het International Financial Services Centre IFSC, postmoderne appartementenblokken van edelstaal en glas en stijlvol minimalistische hotels en restaurants. Sinds het uitbreken van de financiële crisis staan veel bouwkranen echter stil.

Custom House 10

Custom House Quay, bezoekerscentrum half mrt.-nov. ma.–vr., dec.–half mrt. wo.-vr. 10–12.30, 14–17 uur, € 1,50
Een van de belangrijkste gebouwen van het georgiaanse Dublin is dit hoofddouanekantoor, dat in 1781-1791 werd gebouwd naar ontwerp van James Gandon, de belangrijkste Ierse vertegenwoordiger van het palladianisme. De allegorische beeldhouwversieringen zijn van Edward Smyth (1749-1812).

▷ blz. 82

Facelift geslaagd – O'Connell Street ter hoogte van de O'Connell Bridge

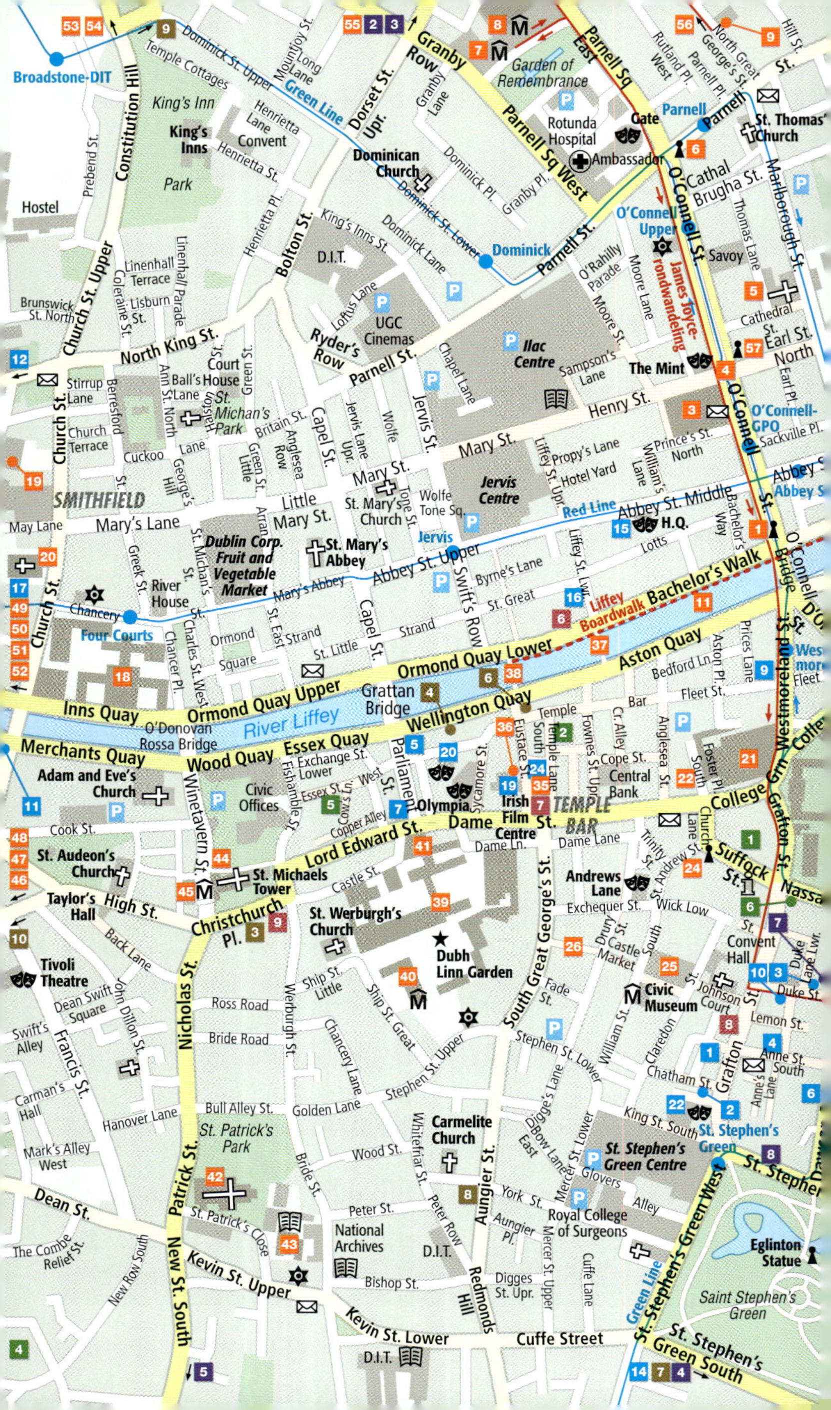
Broadstone-DIT
Dominick St. Upper
Temple Cottages
Green Line
Constitution Hill
King's Inn
King's Inns
Park
Henrietta Lane
Convent
Henrietta St.
Mountjoy St.
Long Lane
Dorset St. Upr.
Granby Row
Granby Lane
Garden of Remembrance
Parnell Sq East
Parnell Sq West
Rutland Pl. West
North Great George's St.
Parnell Pl.
Hill St.
Rotunda Hospital
Gate
Ambassador
Parnell
St. Thomas' Church
Dominican Church
Dominick St. Lower
Dominick Pl.
Granby Pl.
Cathal Brugha St.
Marlborough St.
O'Connell Upper
O'Connell St.
Thomas Lane
Savoy
James Joyce-rondwandeling
Dominick
Parnell St.
O'Rahilly Parade
Moore Lane
Moore St.
Cathedral St.
Earl St. North
The Mint
Hostel
Prebend St.
Henrietta Pl.
Bolton St.
King's Inns St.
Dominick Lane
D.I.T.
Church St. Upper
Linenhall Terrace
Linenhall Parade
Coleraine St.
Lisburn St.
Brunswick St. North
Loftus Lane
UGC Cinemas
Ryder's Row
Ilac Centre
Sampson's Lane
North King St.
Court House
Green St.
Ball's Lane
Chapel Lane
Henry St.
O'Connell-GPO
Sackville Pl.
Earl Pl.
Stirrup Lane
Berresford
Ann St. North
Halston St.
St. Michan's Park
Britain St.
Capel St.
Jervis Lane Upr.
Wolfe
Jervis St.
Mary St.
Liffey St. Upr.
Propy's Lane
Hotel Yard
William's Lane
Prince's St. North
Abbey St.
Church Terrace
Church St.
Cuckoo Lane
George's Hill
Green St. Little
Anglesea Row
Mary St.
St. Mary's Church
Wolfe Tone Sq.
Jervis Centre
Tone St.
SMITHFIELD
May Lane
Mary's Lane
Arran
Little Mary St.
Red Line
Abbey St. Middle
H.Q.
Bachelor's Way
Greek St.
St. Michan's St.
Dublin Corp. Fruit and Vegetable Market
St. Mary's Abbey
Jervis
Abbey St. Upper
Liffey St. Lwr.
Lotts
O'Connell Bridge
River House
Chancery
Mary's Abbey
Swift's Row
Byrne's Lane
St. Great Strand
Liffey Boardwalk
Bachelor's Walk
D'Olier St.
Four Courts
Chancery Pl.
Charles St. West
Ormond Square
St. East Strand
St. Little Strand
Capel St.
Ormond Quay Lower
Aston Quay
Westmoreland St.
Westmoreland
Fleet
Bedford Ln
Aston Pl.
Prices Lane
Inns Quay
Ormond Quay Upper
Grattan Bridge
Wellington Quay
Temple Bar
Fleet St.
O'Donovan Rossa Bridge
River Liffey
Temple Lane South
Eustace St.
Fownes St. Upr.
Cr. Alley
Anglesea St.
Foster Pl. South
Merchants Quay
Wood Quay
Essex Quay
Exchange St. Lower
Parliament St.
Sycamore St.
Cope St.
Central Bank
College Grn
Grafton St.
Adam and Eve's Church
Winetavern St.
Civic Offices
Fishamble St.
Essex St. West
Cow's Ln.
Olympia
Irish Film Centre
TEMPLE BAR
Cook St.
Copper Alley
Dame St.
Dame Lane
Dame Ln.
Trinity St.
Church Lane
Suffock St.
Nassau
St. Audeon's Church
Lord Edward St.
Castle St.
St. Andrew St.
Andrews Lane
South Great George's St.
Taylor's Hall
High St.
St. Michaels Tower
Christchurch Pl.
St. Werburgh's Church
Exchequer St.
Wick Low
Convent Hall
Duke Lane Lwr.
Duke St.
Dubh Linn Garden
Drury St.
Castle Market
South William St.
Civic Museum
Johnson Court
Tivoli Theatre
Back Lane
Nicholas St.
Ship St. Little
Ship St. Great
Fade St.
Dean Swift Square
John Dillon St.
Ross Road
Werburgh St.
Lemon St.
Swift's Alley
Francis St.
Bride Road
Chancery Lane
Stephen St. Upper
Stephen St. Lower
Clarendon St.
Grafton St.
Anne St. South
Anne's Lane
Chatham St.
Carman's Hall
Bull Alley St.
Golden Lane
Digges Lane
King St. South
St. Stephen's Green
Hanover Lane
St. Patrick's Park
Carmelite Church
Bow Lane East
Mercer St. Lower
St. Stephen's Green Centre
Mark's Alley West
Wood St.
Whitefriar St.
Aungier St.
Glovers Alley
Patrick St.
Bride St.
Peter Row
York St.
Royal College of Surgeons
Dean St.
Peter St.
Aungier Pl.
St. Patrick's Close
National Archives
D.I.T.
Mercer St. Upper
Cuffe Lane
Eglinton Statue
The Combe Relief St.
New Row South
Kevin St. Upper
New St. South
Bishop St.
Digges St. Upr.
St. Stephen's Green West
Saint Stephen's Green
Green Line
Redmonds Hill
Kevin St. Lower
Cuffe Street
D.I.T.
St. Stephen's Green South

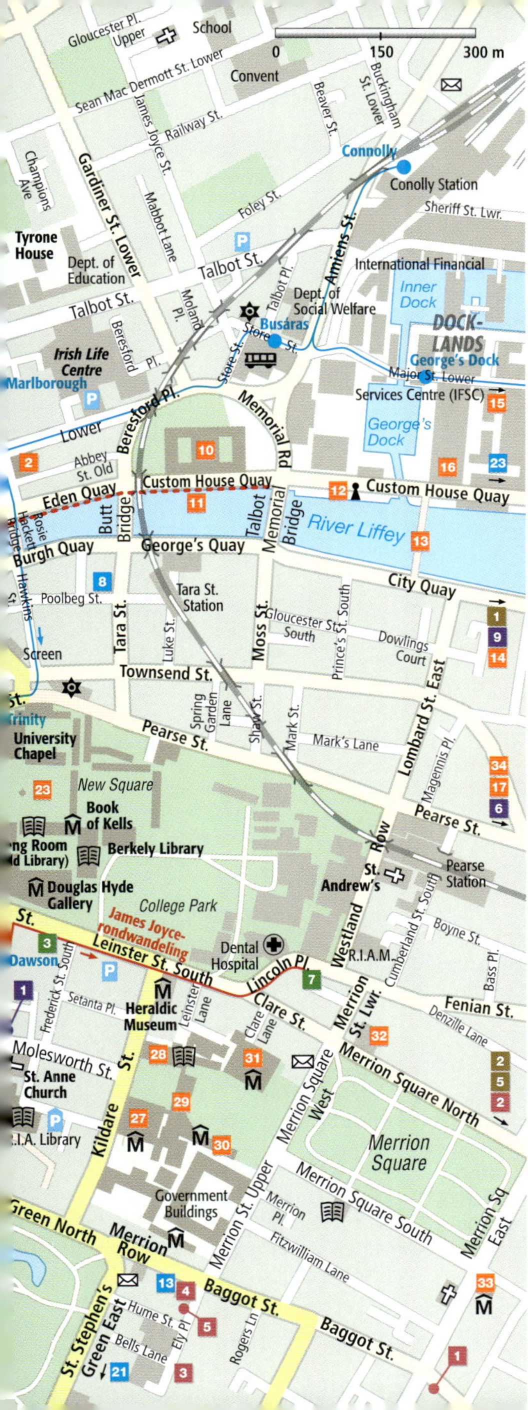

Dublin

Bezienswaardigheden

1 Monument voor Daniel O'Connell
2 Abbey Theatre
3 General Post Office
4 Spire
5 St. Mary's Pro-Cathedral
6 Parnellmonument
7 Dublin City Gallery The Hugh Lane
8 Dublin Writers' Museum
9 James Joyce Centre
10 Custom House
11 Liffey Boardwalk
12 Famine Memorial
13 Sean O´Casey Footbridge
14 Samuel Beckett Bridge
15 Spencer Dock Bridge
16 EPIC Ireland
17 Grand Canal Dock
18 Four Courts
19 The Old Jameson Distillery
20 St. Michan's Church
21 Bank of Ireland
22 National Wax Museum
23 Trinity College
24 Standbeeld van Molly Malone
25 Powerscourt Townhouse Centre
26 George's Street Arcade
27 National Museum of Ireland – Archaeology
28 National Library
29 Leinster House
30 National Museum of Ireland – Natural History
31 National Gallery of Ireland
32 Merrion Square Number One
33 Number Twenty Nine
34 Grand Canal
35 Irish Rock'n' Roll Museum ▷ blz. 82

Dublin (vervolg legenda van blz. 81)

36 Gallery of Photography
37 Halfpenny Bridge
38 Millennium Footbridge
39 Dublin Castle
40 Chester Beatty Library
41 City Hall
42 St. Patrick's Cathedral
43 Marsh's Library
44 Christ Church Cathedral
45 Dublinia
46 Guinness Storehouse
47 Irish Mus. of Modern Art
48 Kilmainham Gaol
49 Dublin Zoo
50 Phoenix Park Visitor Centre
51 Áras an Uachtaráin
52 National Museum of Ireland – Decorative Arts & History
53 Glasnevin/Prospect Cemetery
54 National Botanic Gardens
55 GAA Museum
56 Belvedere College
57 Standbeeld James Joyce

Overnachten

1 Clayton Hotel Cardiff Lane
2 Aberdeen Lodge
3 Jury's Christchurch Inn
4 The Clarence
5 Clayton Hotel Ballsbridge
6 Eliza Lodge
7 Leeson Inn Downtown
8 Avalon House
9 Dublin International Youth Hostel
10 Camac Valley Tourist Caravan & Camping Park

Eten en drinken

1 L'Ecrivain
2 Roly's Bistro
3 O'Connell's
4 Etto
5 The Wooden Mills
6 Ely Wine Bar
7 Monty's of Kathmandu
8 Bewley's Oriental Café
9 Leo Burdock's

Winkelen

1 Avoca Handweavers
2 Claddagh Records
3 Kilkenny Shop
4 Teeling Distillery
5 Cow's Lane Market
6 Designyard
7 Sweny's

Actief

1 Dublin Bikes
2 GAA
3 Corballis Golf Links
4 Leopardstown Racecourse
5 Harold's Cross
6 Shelbourne Park
7 Literary Pub Crawl
8 Viking Splash Tours
9 Sea Safari

Uitgaan

1 McDaid's
2 Neary's
3 The Duke
4 Kehoe's
5 Porterhouse
6 Café en Seine
7 Front Lounge
8 Mulligan's
9 Palace Bar
10 Davy Byrne's Pub
11 Brazen Head
12 The Cobblestone
13 O'Donoghue's
14 Dicey´s Garden/Krystle
15 The Academy
16 The Grand Social
17 Dice Bar
18 The Abbey/The Peacock
19 The Ark
20 Project
21 Cultúrlann na hÉireann
22 Gaiety Theatre
23 3Arena
24 Button Factory

——— James Joye rondwandeling, zie blz. 84

Liffey Boardwalk 11

Een ander project van de nieuwe 'chique stad van het derde millennium', zoals Dublin zich graag noemt, hangt samen met de ondanks haventunnel en rondweg nog steeds hopeloos verstopte Liffeykades. De Liffey Boardwalk loopt tussen de Matt Talbot Bridge en de Millennium Footbridge (zie de plattegrond op blz. 81). Het architectenbureau McGarry Ni Eanaigh bedacht een hardhouten voetpad dat met banken en een café uitnodigt tot flaneren en vertoeven.

Famine Memorial 12

Custom House Quay

Aan het sfeervolle George's Dock en Inner Dock vindt u een georgiaanse triomfboog en het gerestaureerde havenmeesterskantoor met een bekende pub.

Het ontroerende monument aan de Liffey werd opgericht door de uit Dublin afkomstige beeldhouwer Rowan Gillespie ter nagedachtenis aan de meer dan een miljoen slachtoffers van de Grote Hongersnood. Het is in deze chique omgeving zonder meer een sterk gedenkteken voor dit nationale Ierse trauma.

Bruggen

Diverse bruggen verhelpen een eeuwenoud infrastructureel gebrek van Dublin: nu kan men vanaf George's Dock in slechts enkele minuten Merrion Square in Zuid-Dublin bereiken, iets dat vroeger alleen kon met grote omwegen.

Voor voetgangers is er de door Cyrill O´Neill ontworpen **Sean O´Casey Footbridge** 13, die is genoemd naar de Dubliner toneelschrijver en maatschappijcriticus Sean O'Casey (1880-1964). De op een harp lijkende hangbrug van sterarchitect Santiago Calatrava verbindt de noordelijke en zuidelijke Docklands. Vanaf de witte brug ziet u in de verte het rode Poolbeg Lighthouse voor de haven in de Dublin Bay. De naamgever van de **Samuel Beckett Bridge** 14 (▶ kaart 2, H 4/5) is de in Dublin geboren toneelschrijver (1906-1989) die in 1969 als derde Ier de Nobelprijs voor de Literatuur won. De sierlijke vleugels van de reuzenmanta inspireerden Future Systems bij het ontwerpen van de 's nachts effectvol verlichte **Spencer Dock Bridge** 15 (▶ kaart 2, H 4).

EPIC Ireland/chq Building 16

▶ kaart 2, H 4

Custom House Quay, http://epicirelandchq.com, dag. 9–18 uur (laatste toegang), € 16

Het jongste interactieve vlaggenschip in de wereld van de high-tech bezoekerscentra is gewijd aan de Ierse emigratie. Het bevindt zich in de gewelven van het CHQ-gebouw, een rond 1820 gebouwde constructie van glas en staal, een van de laatste bewaard gebleven pakhuizen van de Docklands. Het is geheel gerenoveerd en huisvest tegenwoordig een winkelcentrum met restaurants en cafés, waaronder de Ely Bar.

Grand Canal Dock 17

▶ kaart 2, H 5

http://bordgaisenergytheatre.ie

Het hart van de zuidelijke Docklands strekt zich uit rond het Grand Canal Dock. Ook al gaat u niet naar een opera-, ballet- of muziekvoorstelling in het **Bord Gáis Energy Theatre**, het bekijken van het spectaculaire gebouw is – vooral 's avonds – de moeite waard. De typerende geometrische openingen en scherpe hoeken laten er geen twijfel over bestaan dat de architectenlegende Daniel Libeskind zijn geestelijke vader is. Het plein voor het theater werd ontworpen door de landschapsarchitect Martha Schwartz. De rode palen, groene lichtstrepen in het plaveisel en driehoekige perken en fonteinen borduren voort op Libeskinds vormgeving en maken de verbinding met het water.

Smithfield

De oude volksbuurt werd in de jaren 90 van de 20e eeuw ingrijpend gerenoveerd. Het hart van deze stedenbouwkundige vernieuwing is **Smithfield Plaza**, een met kinderkopjes geplaveid reuzenplein met hoge gaslantaarns. Iedere eerste zondagochtend van de maand ontmoeten de ruige Northsidejongens en hun vaders elkaar hier, om op de Smithfield Horse Market de zwart-wit gevlekte pony's en koudbloedpaarden te bewonderen en misschien te kopen. De stadsbestuurders zagen hen en de paardenvijgen liever niet meer op het schone nieuwe plein, maar ze lieten zich tot nu toe niet verdrijven. ▷ blz. 86

James Joyce en Dublin – een speurtocht

James Joyce (1882-1941) verlegde samen met Marcel Proust en Robert Musil de grenzen van de moderne roman. De topografie van zijn geboortestad Dublin was daarbij bepalend voor zijn werk, eerst en vooral voor zijn *Ulysses*. Deze rondwandeling brengt u op plekken waar het leven en werk van een van de groten uit de literatuurgeschiedenis nog naspeurbaar is.

Plattegrond: zie blz. 81
Voor wie: geïnteresserden in literatuur
Duur: 3 uur

Praktisch: James Joyce Centre, zie blz. 78; Dublin Writers' Museum, zie blz. 78; Davy Byrne's: 21 Duke St., www.davybyrnes.com, ma.-wo. 11-23.30, do., vr. 11-0.30, za. 10.30-0.30, zo. 12.30-23 uur; Sweny's: 1 Lincoln Pl., http://sweny.ie, ma.-za. 11-17 uur, donderdagavond lezingen.
Begin: James Joyce Centre

James Joyce werd in Dublin geboren en studeerde er literatuur en talen. In 1914 verscheen *Dubliners*, zijn eerste verzameling korte verhalen.

Het **James Joyce Centre** 9 is *de* plek voor Joyceadepten of zij die dat willen worden. Het huis op nummer 35 in de nog overwegend georgiaanse North Great George Street was toen Joyce jong was het onderkomen van professor Maginni's dansschool, die opduikt in Joyce's meesterwerk *Ulysses*. Een filigraanwerk van guirlandes in stuc en kostbare originele stukken uit de 18e eeuw sieren de mintgroene en abrikoosgele vertrekken. Want toen Joyce in 1912 Dublin verliet om in zelfgekozen ballingschap te gaan leven, was zijn geboorteplaats nog grotendeels een georgiaanse stad, zij het niet zo keurig gerenoveerd als nu. Op de bovenverdieping biedt een expositie een sterk visueel gericht inkijkje in Joyce's universum.

Beroemdste adres uit de wereldliteratuur

Ze staat in het museumcafé, de originele deur van 7 Eccles Street. Het hielp het georgiaanse huis niet, dat het het beroemdste adres uit de wereldliteratuur was: het werd in de jaren 70 van de vorige eeuw gesloopt. Hier liet Joyce de hoofdpersoon uit *Ulysses* wonen, Leopold Bloom, een ouwelijke, goedmoedige advertentieverkoper van joodse afkomst met liberaal-humanistisch ideeën, een voorliefde voor gebakken niertjes en gehuwd met een ontrouwe echtgenote genaamd Molly (tot zover de feiten). De roman bestaat uit achttien episoden, waarin de lezer de hoofdpersoon een dag lang door Dublin begeleidt.

Op de kop van North Great George's Street staat het eveneens georgiaanse **Belvedere College** 56 (▶ kaart 2, F/G 4), waar de jonge James bij de jezuïeten naar school ging. Het is nog steeds een school en daarom niet te bezichtigen.

Het **Dublin Writers' Museum** 8 is gewijd aan alle Ierse schrijvers. Op de benedenverdieping wordt onder andere een eerste druk van *Ulysses* tentoongesteld en een kopie van het expressionistische portret dat werd geschilderd door Jacques-Emile Blanche en dat wel de bekendste afbeelding van Joyce is geworden. Minder bekend en misschien daarom meer indruk makend is het schilderij van de radeloos ogende schrijver dat Basil Blackshaw in 1962 maakte. De bookshop van het museum biedt veruit de beste keus aan boeken van en over Joyce.

Bloomsday – literair wandelen

Voor het Kylemore Café aan O'Connell Street staat Marjorie Fitzgibbons een tikje zonderlinge **standbeeld** 57, dat Joyce toont met hoed en wandelstok.

Uw rondwandeling is minder lang dan de 'Odyssee' die Bloom op 16 juni 1904 maakte. Dertien kilometer te voet en nog eens zestien varend legde hij op deze 'langste dag uit de literatuurgeschiedenis' af. Deze Bloomsday wordt in Dublin jaarlijks door duizenden Joycefans nagelopen.

Maar ook u zult de Liffey moeten oversteken om **Davy Byrne's Pub** 10 te bereiken, de plek waar Bloom lunchte. Sinds de tijd van Joyce is de zaak diverse keren veranderd. U kunt hier niet alleen de gebruikelijke *pub grub* met vettige frites bestellen, maar ook dat wat de romanfiguur Bloom consumeerde. Voor € 5,95 krijgt u een gorgonzolasandwich met mosterd en voor € 7,95 een glas bourgogne.

Citroenzeep met historie

Net als Bloom kunt u een paar stappen verderop in de voormalige drogisterij **Sweny's** 7 een stuk *lemon soap* kopen.

Twee Joyce-enthousiastelingen bestieren tegenwoordig deze nog helemaal originele en heerlijk volgepropte winkel, waar nu ook tweedehands boeken en oude rommel verkocht worden. Ze organiseren bovendien lezingen en performances rond het thema Joyce, kijk op http://sweny.ie voor meer informatie.

Four Courts 18

Inns Quay
Het prachtige georgiaanse gerechtsgebouw, waarin nog steeds Ierlands hoogste rechtscolleges zetelen, verrees tussen 1796 en 1802 naar ontwerp van James Gandon. Het mooiste zicht op de classicistische façade met haar centrale zuilenpartij hebt u vanaf de andere oever van de Liffey.

The Old Jameson Distillery 19

Bow St., www.jamesonwhiskey.com, ma.-za. 9-18, zo. 10-18 uur, € 16
Dit audiovisuele spektakel in de voormalige distilleerhallen van Jameson is een van die typische nieuwe bezoekerscentra in Ierland. Natuurlijk wordt er reclame gemaakt voor de bekende Ierse whiskey. Aan het eind mag u hem uiteindelijk proberen en kunt u een whiskeyproeversdiploma halen.

St. Michan's Church 20

Church St., mrt.-okt. ma.-vr. 10-12.45, 14-16.45, za. 10-12.45, nov.-feb. ma.-vr. 12.30-15.30, za. 10-12.45 uur, € 6
De oudste nog in gebruik zijnde parochiekerk noordelijk van de Liffey stamt in haar huidige vorm uit 1685. In de gewelven kunt u een aantal mummies bewonderen die door de droge lucht, en misschien ook door de aanwezigheid van moerasgas, zijn geconserveerd.

Van College Green naar St. Stephen's Green

Shop til you drop is een mogelijkheid die in deze zuidelijke wijk op de loer ligt, tenzij u zich beperkt tot cultureel genieten in Trinity College.

Bank of Ireland 21

College Green, ma.-vr. 10-16, do. tot 17 uur, toegang gratis
Tot 1801 kwam in de huidige Bank of Ireland het Ierse parlement bijeen, tot het zichzelf, uniek in de geschiedenis, ophief. Het classicistische gebouw, gebouwd tussen 1729 en 1739, is met zijn gebogen zuilengaanderijen en machtige ingangspartijen de in steen uitgedrukte belichaming van de macht. De architect Edward Lovett Pearce introduceerde met dit gebouw het palladianisme in Ierland, dat spoedig zou uitgroeien tot de overheersende bouwstijl. In de pronkerige lokettenhal en het met hout betimmerde voormalige Hogerhuis kunt u als de loketten geopend zijn een kijkje nemen.

National Wax Museum 22

4 Foster Pl., www.waxmuseumplus.ie, dag. 10-19 uur, toegang € 14
Dit wassenbeeldenmuseum balanceert tussen kitsch, griezelen, informatie en moderne multimediale presentatie. Ierlands beroemde schrijvers zitten gebroederlijk bij elkaar in een bibliotheek, er zijn internationale sterren en filmpersonages te zien als U2 en Darth Vader en er zijn gebeurtenissen uit de Ierse geschiedenis in scène gezet.

Trinity College 23

College St., www.tcd.ie, universiteit tot 's avonds laat geopend, bibliotheek met Book of Kells ma.-za. 9.30-17, zo. okt.-apr. 12.30-16.30, mei-sept. vanaf 9.30 uur, € 11
Als een bolwerk van het Engelse protestantisme stichtte Elizabeth I in 1592 Trinity College. Katholieken werden voor het eerst toegelaten in 1873, vrouwen pas in 1904. Van haar kant verbood de katholieke kerk haar leden tot in de jaren 60 van de vorige eeuw het bezoeken van de als liberaal bekendstaande universiteit. Beroemde afgestudeerden zijn Jonathan Swift, Henry Grattan, Theobald Wolfe Tone, Samuel Beckett en Mary Robinson, van 1990 tot 1997 de eerste vrouwelijke president van

Ierland. De huidige gebouwen stammen grotendeels uit de georgiaanse periode of uit de 19e eeuw. Met zijn vele groen vormt Trinity College in de hectische *city* een oase van rust, die door veel Dubliners wordt benut om even bij te komen.

In de in 1712-1732 gebouwde bibliotheek doet de enorme, met eikenhout betimmmerde **Long Room** met zijn 200.000 in varkensleer gebonden boeken de harten van bibliofielen sneller slaan. Het wonder van boekverluchting, het *Book of Kells*, heeft een eigen expositieruimte onder de Long Room. Samen met het *Book of Durrow* en het *Book of Armagh* wordt het hier in de context geplaatst van de toenmalige goudsmeed-, emailleer- en beeldhouwkunst (zie blz. 49).

Grafton Street

Dit levendige voetgangers- en winkelgebied verbindt Trinity College met St. Stephen's Green.

Op elk uur van de dag wordt het bronzen **standbeeld van Molly Malone** 24 omringd door toeristen. De inwoners van Dublin noemen de vastberaden visverkoopster, die onsterfelijk werd gemaakt door de folkband The Dubliners, minachtend *the tart with the cart*, de snol met de kar.

Voor de filialen van deftige warenhuizen als Brown Thomas en de gebruikelijke internationale kledinglabels van Marks & Spencer tot Zara fiedelt, tokkelt en pantomimet het wat af: Grafton Street is het werkterrein van de *buskers*, straatartiesten. De pubs in de omgeving van de *Graftonia* behoren tot de literair beruchtste van de stad (zie Op ontdekkingsreis blz. 104).

Powerscourt Townhouse Centre 25

59 William St. South, ma.-vr. 10-18, do. tot 20, za. 9-18, zo. 12-18 uur

Tussen 1771 en 1774 liet Lord Powerscourt deze georgiaanse stadswoning bouwen rond een door galerijen omgeven, overdekte binnenplaats. Vandaag de dag biedt het onderdak aan een populair, vrij exclusief winkelcentrum met onder andere restaurants en cafés, veel modeboetieks en het Design Centre, waar creaties worden verkocht van Ierse designers als John Rocha en Synan O´Mahony (www.designcentre.ie). Andere accenten liggen bij sieraden en antiek.

Georges´s Street Arcade 26

George's St. Arcade, ma.-za. 9-18.30, do., vr. tot 19, zo. 12-18 uur

In de overdekte victoriaanse markthal South City Market bieden tig kraampjes tweedehandsspullen, Aziatische kleding met een ethno-touch en lekkere delicatessen aan.

In het netwerk van de omliggende straatjes Clarendon, South William en vooral South Great George's Street ligt Dublins nieuwe hippe winkelbuurt. In de zee van boetieks zullen zowel vlotte meiden als deftige dames iets van hun gading kunnen vinden. En na deze gedane arbeid zijn er ook cafés en restaurants voor ieders smaak. De traditionele pub Long Hall (51 South Great George's St.) heeft een schitterend victoriaans interieur met een prachtig bewerkte bar van mahonie.

St. Stephen's Green

ma.-za. 7.30, zo. 9.30 uur tot de avondschemering

Ondanks het feit dat het wordt omringd door enkele fraaie voorbeelden van georgiaanse stadswoningen zoals Newman House (85/86 St. Stephen's Green South) en met klimop begroeide huizen aan de oostkant, oogt het grootste plein van Europa niet als een logische eenheid: buitenom raast het verkeer en in het binnenste ademt een groene long.

Voor en in het park, dat in 1880 door de biermagnaat Sir Arthur Guinness alias Lord Ardilaun aan de Dubliners werd geschonken, staan tal van monumenten, zoals bijvoorbeeld een William-Butler-Yeats-Memorial van Henry Moore. Van gepensioneerden tot zakenlieden en toeristen, hier ontmoet *tout Dublin* elkaar om te wandelen, de krant te lezen of de eendjes te voeren. Voor de ingang van het park wachten *jaunting cars*, typisch Ierse paardenkoetsen, op klanten voor een ritje.

Museumkwartier en georgiaans Dublin

Geen enkele bezoeker zou de nationale musea aan zich voorbij moeten laten gaan. Flaneren over georgiaanse pleinen en langs georgiaanse huizen loont in deze buurt de moeite.

National Museum of Ireland – Archaeology 27

Kildare St., www.museum.ie, di.-za. 10-17, zo. 14-17 uur, toegang gratis, museumcafé met snacks, boek- en souvenirwinkel

Dit eerbiedwaardige museum uit de victoriaanse tijd bezit de belangrijkste collectie Oudierse kunst. In de entreehal van het prachtige gebouw schittert het Ierse goud uit de prehistorie: *lunulae* (halvemaanvormige halssieraden), *torques* (hals- of armbanden) en andere armsieraden om uzelf aan te vergapen. Eromheen gegroepeerd zijn, misschien wat minder spectaculair maar even kostbaar, bronzen voorwerpen in La-Tènestijl en vondsten uit de jonge steentijd zoals een kleine bijlkop uit het megalietgraf van Knowth.

Wereldberoemd zijn de voorbeelden van metaalbewerking uit de christelijke tijd in de Treasury: de Ardagh Hoard met als topstuk de gelijknamige kelk (8e eeuw), bisschopsstaven, boekbanden en mantelspelden, waaronder eerst en vooral de *Tara Brooch*, een vergulde zilveren speld uit eveneens de 8e eeuw (zie blz. 50). U vindt hier ook het rond 800 geschreven *Faddan More Psalter* (psalmboek), waarvan de turfbruine pagina's getuigen van de vondst in 2006 in een veenmoeras. Bruin zijn ook de decent gepresenteerde veenlijken van de expositie *Kingship & Sacrifice*, die de in de ijzertijd heersende gewoonte van mensenoffers illustreren.

Op de eerste verdieping tonen 'Het Ierland van de Vikingen' en 'Middeleeuws Ierland van 1150 tot 1550' voorwerpen van de Noormannen, kerkschatten, houtsculpturen en meer alledaagse zaken zoals bijvoorbeeld in veenmoerassen aangetroffen kledingstukken. Bovendien zijn er kleine verzamelingen oud-Egyptische, Romeinse en Cypriotische kunst.

Tip

Dubliner icoon

Het in 1927 geopende **Bewley's Oriental Café** 7 is een Dubliner icoon, en het leidde dan ook tot veel ongenoegen toen het aan het begin van het nieuwe millennium gesloten werd. Het is inmiddels met een moderner concept heropend – naast het café is er nu ook een tot middernacht geopende bar. Het is een genot, ook als u er enkel een koffie drinkt, om het prachtige historische interieur met glas-in-loodramen, houtsnijwerk en pluchen stoelen in u op te nemen (78/79 Grafton St., www.bewleys.com, ma.-wo. 8-22, do.-za. 8-23, zo. 9-22 uur).

Hier gaat het hart van bibliofielen sneller slaan – de Long Room in Trinity College

Op dergelijke symmetrie stuit u tijdens een wandeling door georgiaans Dublin

National Library 28

2/3 Kildare St., www.nli.ie, ma.-wo. 9.30-19.45, do., vr. 9.30-16.45, za. 9.30-12.45 uur

De nationale bibliotheek herbergt 10 km boekenrekken en originele manuscripten uit de Ierse literatuur zoals het 'onfatsoenlijke' Circe-hoofdstuk uit James Joyce's *Ulysses*. Als bezoeker kunt u gratis de met stucwerk versierde, fluisterstille koepelhal van de leeszaal bezoeken. Een bezoek aan de nog originele toiletten is ook zonder hoge nood de moeite waard.

Leinster House 29

Kildare St., www.oireachtas.ie, tel. 01 618 32 71, gratis rondleidingen op ma. en vr. om 10.30 en 14.30 uur, als er geen parlementszitting is

Tussen de nationale bibliotheek en het nationaal museum vergadert het Ierse parlement, zowel het Lagerhuis, de Dáil Éireann, als de Senaat. Leinster House was van origine een stadspaleis, gebouwd (1745-1748) in opdracht van de graaf van Kildare naar ontwerp van Richard Cassels, een van de belangrijkste architecten uit de georgiaanse periode.

National Museum of Ireland – Natural History 30

Merrion St., www.museum.ie, di.-za. 10-17, zo. 14-17 uur, toegang gratis

Het natuurhistorisch museum werd in 1857 geopend door de beroemde Schotse ontdekkingsreiziger David Livingstone. De benedenverdieping van dit ook na renovatie nog prachtig ouderwetse vitrinemuseum is gewijd aan de Ierse dierenwereld – de 'dode dierentuin', zoals de afdeling door Dubliner schoolkinderen wordt genoemd.

Bijzonder zijn drie skeletten van de tienduizend jaar geleden uitgestorven Ierse reuzeneland. Op de eerste verdieping vindt u dieren uit de hele wereld.

National Gallery of Ireland 31

Merrion Sq. West, www.national

gallery.ie, ma.-za. 9.15-17.30, do. tot 20.30, zo. 11-17.30 uur, toegang gratis
De National Gallery werd geopend in 1864 en toont in statige victoriaanse zalen en in de lichte, moderne Millennium Wing meesterwerken uit de Europese schilderkunst vanaf de middeleeuwen tot in de 20e eeuw. Fraai zijn de werken uit de Ierse school van onder anderen William Orpen en John Leech, de portrettengalerij, waar de Ierse geschiedenis een gezicht krijgt, en de Yeats Collection met de expressionistische schilderijen van Ierlands belangrijkste schilder, Jack Butler Yeats. Op de bovenverdieping vindt u namen als El Greco, Goya, Rembrandt en Vermeer.

Als u met behulp van een plattegrond uw weg in het prachtige maar een tikje doolhofachtige museum hebt gevonden, kunt u in het café-restaurant heel goedkoop uw maag vullen en rondsnuffelen in de uitstekende kunstboekwinkel.

Merrion Square

Dit langgerekte plein geldt terecht als een juweel van georgiaanse woonarchitectuur. Door middel van de verschillend gekleurde voordeuren, de beroemde *Dublin Doors*, konden de toenmalige bewoners een individueel tintje aan de verder uniforme baksteenarchitectuur toevoegen. Plaquettes geven uitkomst over waar welke beroemdheid in dit voorbeeldig gerestaureerde uithangbord van de stad gewoond heeft, bijvoorbeeld William Butler Yeats op nummer 82.

In het park ligt sinds 1997 Oscar Wilde ongegeneerd op een rots. Het monument van Danny Osborne wordt door de Dubliners wel een beetje respectloos *the fag on the crag*, de flikker op de rots, genoemd. De schrijver heeft een onbelemmerd zicht op zijn geboortehuis, **Merrion Square Number One** 32, dat enkel aan de buitenkant kan worden bezichtigd.

Number Twenty Nine 33

29 Fitzwilliam St., www.numbertwentynine.ie, di.-za. 10-17 uur, € 6
Deze georgiaanse stadswoning geeft bezoekers een inkijkje in het dagelijks leven van een welgestelde Dubliner familie in de 18e eeuw. Van de dienstbodenvertrekken in de kelder via de representatieruimtes tot de zolderkamertjes van de kinderen en hun gouvernante is in dit huis alles getrouw naar het origineel ingericht, zoals tijdens een rondleiding liefdevol wordt toegelicht (zie blz. 51).

Georgiaanse wandeling

Een bijzonder lonend gebied voor het spotten van de met stuc gedecoreerde en in pasteltinten uitgevoerde interieurs van georgiaanse stadswoningen ligt ten zuidoosten van St. Stephen's Green en Merrion Square. Aan Fitzwilliam Square en in Lower Fitzwilliam Street en Lower Baggot Street wordt het beeld bepaald door in het algemeen georgiaanse particuliere woonhuizen. Aan Lower Baggot Street moet u zeker even de overdadig gedecoreerde victoriaanse pubs Toner's (129 Lower Baggot St.) en Doheny and Nesbitt's (5 Lower Baggot St.) binnenstappen (route vervolgt op Herbert Place, zie hierna).

Grand Canal 34 ▶ kaart 2, H 5

Op het tussen 1756 en 1804 aangelegde Grand Canal, waarover tot 1960 nog vrachtschepen met vaten Guinness naar Shannon voeren, tuffen tegenwoordig alleen nog plezierboten.

Een leuke wandeling van ruim een halfuur voert van hieraf langs georgiaanse en victoriaanse huizen, romantische sluizen en elegante 18e-eeuwse bruggen. Op **Herbert Place** flankeren burgerhuizen van twee verdiepingen het kanaal – hoe lager de bewoner op de maatschappelijke ladder stond, des te minder verdiepingen had het huis.

Temple Bar

Tussen Dame Street en de Liffey en Fishamble Street en Westmoreland Street strekt zich het schoolvoorbeeld van geslaagde stadssanering uit, tegenwoordig Dublins levendige uitgaanswijk, een mix van culturele attracties en nimmer droogvallende tapkranen.

The Ark is een populair cultureel centrum voor kinderen (zie blz. 107), in het **Irish Film Centre** komen filmfans aan hun trekken (6 Eustace St., www.ifi.ie, tel. 01 679 57 44), en de **Button Factory** met repetitieruimtes, studio's en een concertzaal is een van de belangrijkste *music venues* in de stad (zie blz. 108).

Temple Bar heeft echter ook een minder aantrekkelijke reputatie, het is de 'hoofdstad' van de *stag and hen parties*, het laatste met veel alcoholische vrolijkheid gepaard gaande vrijgezellenweekend voor de bruiloft. Vanaf de late namiddag trekken steeds luidruchtigere groepen jonge bezoekers door de straten, terwijl klantenlokkers met borden proberen hen bepaalde pubs in te loodsen. De alternatieve sfeer van de jaren 80 van de vorige eeuw, toen kunstenaars en allerlei freaks de achterbuurt nieuw leven inbliezen en haar daarmee redden van de sloop, is sowieso passé. De exorbitante huizenprijzen kunnen jonge kunstenaars zich tegenwoordig niet meer veroorloven.

Leuke pubs met een traditioneel Iers tintje zijn **Oliver St. John Gogarty**, hoek Fleet Street/Anglesey Street, en de minibrouwerij **Porterhouse**, 16 Parliament Street, waar u kunt genieten van een voedzame Irish stew met zicht op de koperen brouwketel.

Irish Rock´n´ Roll Museum 35

Curved St., http://irishrocknroll museum.com, dag. 11–17.30 uur, € 16

De met foto's van Ierse rockstars getooide façade laat al zien dat het museum een eerbetoon vormt aan de Ierse rockmuziek van Thin Lizzy tot Hozier. Het toont gouden platen, de gitaar van Phil Lynott en de pyjama van Michael Jackson (die vaak in Ierland verbleef). De bezoeker mag ook zelf rockstar spelen of een platencontract ondertekenen, wat de hoge entreeprijs rechtvaardigt.

Gallery of Photography 36

Meeting House Sq., www.galleryof photography.ie, di.-za. 11-18, zo. 13-18 uur, toegang gratis

De Gallery of Photography toont wisselende fotoexposities uit het rijke bezit van de National Library. De boekwinkel is een eldorado voor fotografiefans.

Op Meeting House Square, het culturele hart van Temple Bar, worden op zaterdag de Temple Bar Markets en een biologische en boekenmarkt gehouden. Tegenwoordig kan het plein worden overdekt met enorme paraplu's, wat prettig is bij het gratis films kijken op zomeravonden en ook verder geen overbodige luxe in Ierland.

Halfpenny Bridge 37

Versierd met door lantaarns gekroonde gietijzeren krullen overspant deze voetgangersbrug, een in 1815 vervaardigd juweel van victoriaanse techniek, de Liffey – de oversteek kostte vroeger een halve penny, vandaar de naam.

Millennium Footbridge 38

Deze voetgangersbrug, een slanke stalen constructie met een spanwijdte van 41 m, is zo eigentijds elegant dat ze eigenlijk nauwelijks opvalt.

Dublin Castle en de kathedralen

De drukke, door winkels, restaurants en theaters geflankeerde Dame Street

Tip

Stadsrondleiding maar dan anders

Le cool en stadsgids Michael McDermott zijn, het moet gezegd, echt cool. De ongeveer twee uur durende wandeling voert telkens langs andere winkels, pubs, bezienswaardigheden, performances en exposities, al naar gelang wat op dat moment in is. Haltes zijn bijvoorbeeld de **Waldorf Barbour Shop** (13 Westmoreland Street, ma.-vr. 9.30-16.30, za. 8.30-17.30 uur, tel. 01 677 86 08) met zijn originele interieur en authentieke kappersgereedschappen uit de jaren 40 van de vorige eeuw, waar moedige mannen zich een kort kapsel laten aanmeten à la Frank Sinatra. Of **Dublin Ink** in Temple Bar (4 Sauls Court, Cows Lane, dag. 12-19 uur, http://dublininktattoo.com), waar nog moedigere jongemannen vrolijk gekleurde tatoeages laten zetten.

Praktisch: vooraf reserveren via http://lecoolwalkdublin.tumblr.com, het vertrekpunt wisselt, maar ligt altijd in het centrum, prijs rond de € 10.

voert van Trinity College naar de oorsprong van Dublin. Hier bevinden zich de zetels van de hoogste wereldlijke en geestelijke machten. De uit baksteen opgetrokken huurkazernes in de Liberties, Dublins oudste arbeiderswijk rond de beide kathedralen, hebben door toedoen van The Digital Hub, een florerend centrum voor toekomstgerichte ondernemingen, een ongekende opleving doorgemaakt.

Dublin Castle 39

Dame St., tel. 01 645 88 13, www.dublincastle.ie, ma.-za. 10-16.45, zo. 12-16.45 uur, gesl. tijdens staatsbezoeken en conferenties, € 8,50

Met de bouw van Dublin Castle werd al door de Noormannen een begin gemaakt, maar in essentie ontstond de burcht onder de Engelse koning Jan zonder Land (1208-1220), aan wie nog de Record Tower aan de zuidoostkant herinnert. De tegenwoordig te bezichtigen, rond twee binnenplaatsen gegroepeerde gebouwen stammen uit de 18e en 19e eeuw, toen Dublin Castle de zetel was van de gehate Engelse Lord Lieutenant. Nu wordt hier in de St. Patrick's Hall om de zeven jaar de nieuwe Ierse president beëdigd. Toegankelijk voor bezoekers zijn de State Apartments, de laatgotische kapel en The Undercroft, waar fundamenten uit de tijd van de Noormannen zijn blootgelegd.

Chester Beatty Library 40

Dublin Castle, www.cbl.ie, ma.-vr. 10-17, za. 11-17, zo. 13-17 uur, nov.-feb. ma. gesl.; daktuin en restaurant, toegang gratis

De met internationale museumprijzen bekroonde galerie met oosterse kunst in het georgiaanse Clock Tower Building bezit de prachtige handschriften- en kunstverzameling van Sir Alfred Chester Beatty, met het zwaartepunt op de Oriënt en Azië. Op de eerste verdieping wordt de geschiedenis van het boek en de boekdrukkunst geïllustreerd met onder andere middeleeuwse getijdenboeken, gravures van Dürer en Indonesische Batak-wichelboeken van boombast. Op de tweede verdieping ligt het accent op de wereldreligies, die aan de hand van sensationele vroegchristelijke papyri, weelderig versierde korans en Indiase schilderingen worden voorgesteld.

City Hall 41

Dame St., www.dublincity.ie, ma.-za. 10-17.15 uur, € 4

Hoog verheft zich het majestueuze tempelfront van het in 1769 als beurs gebouwde stadhuis. Een bezoekerscentrum schetst de geschiedenis van Dublin.

St. Patrick's Cathedral 42

St. Patrick's Close, www.stpatrickscathedral.ie, mrt.-okt. ma.-vr. 9.30-17, za. 9-18, zo. 9-10.30, 12.30-14.30, 16.30-18 uur, nov.-feb. ma.-vr. 9.30-17, za. 9-15, zo. 9-10.30, 12.30-14.30 uur, € 6

St. Patrick's Cathedral is de hoofdkerk van de protestantse Church of Ireland, terwijl Christ Church de kathedraal van het katholieke aartsbisdom Dublin is. John Comyn liet haar tegen het eind van de 12e eeuw bouwen als driebeukige basiliek, waarna de kathedraal in de 13e eeuw in Early-Englishstijl werd gewijzigd. Na verwoestingen en verbouwingen stelde Sir Benjamin Guinness in de 19e eeuw de middelen voor haar restauratie ter beschikking. Jonathan Swift was van 1713 tot zijn dood in 1745 werkzaam als deken van St. Patrick's – zijn dodenmasker, een kansel en andere relikwieën zijn in een aparte hoek bijeengebracht. De kathedraal is een waar pantheon vol grafmonumenten en gedenkstenen van onder anderen Swift en zijn metgezellin Stella, de laatste Keltische bard Turlough O'Carolan en Ierlands eerste en vierde president Douglas Hyde en Erskine Childers.

Marsh's Library 43

St. Patrick's Close, www.marshlibrary.ie, ma., wo.-vr. 9.30-17, za. vanaf 10 uur, € 3

Nog steeds een fluisterstil bolwerk van geleerdheid met boekenrekken van donker eikenhout en varkensleren boekruggen, 25.000 in totaal: deze in 1701 door aartsbisschop Narcissus Marsh gestichte bibliotheek was de eerste openbare van het land. Drie curieuze houten kooien moesten voorkomen dat boeken werden gestolen. Wie door Francis Street in de richting van de Liffey wandelt, passeert antiekwinkels.

Christ Church Cathedral 44

Christchurch Pl., www.christchurchdublin.ie, mrt, okt. ma.-za. 9-18, zo. 12.30-14.30, 16.30-18, apr.–sept. ma.-za. 9-19, zo. 12.30-14.30, 16.30-19, nov.-feb. ma.-za. 9-17, zo. 12.30-14.30 uur, € 6

De kathedraal werd in 1038 door Dunan, Dublins eerste bisschop, gesticht op een stuk grond dat hij had gekregen van de Vikingkoning Sigtrygg Silkbeard. Uit de eerste bouwfase van de door Richard de Clare (de tweede graaf van Pembroke, bijgenaamd Strongbow) en de aartsbisschop van Dublin, de heilige Lawrence O'Toole, begonnen Normandische kathedraal bleef de voor de Britse eilanden unieke, meer dan 60 m lange crypte behouden. De gemummificeerde lichamen van een rat en een kat in een orgelpijp vertellen een geschiedenis met dubbele dodelijke afloop: de kat joeg de rat in de orgelpijp, beide bleven erin steken en stierven samen. Ieder kind in Dublin kent *the rat and the cat*. Ofschoon Strongbow na zijn dood in 1177 in 'zijn' kathedraal werd bijgezet, is hij niet, zoals de lokale traditie beweert, de op een sarcofaag liggende ridder in wapenrusting in de rechter zijbeuk.

Dublinia 45

St. Michael's Hill, www.dublinia.ie, mrt.-sept. dag. 10-18.30, okt.-feb. dag. 10-17.30 uur, € 8,50

De neogotische Synod Hall, die door een fotogenieke loopbrug met Christ Church Cathedral is verbonden, vormt de stijlvolle ambiance voor Dublins middeleeuwse bezoekerscentrum Dublinia. U slentert hier langs wat kinderlijk vormgegeven, maar intussen toch al heel wat jaren oude episoden uit de stadsgeschiedenis, die met poppen en modellen worden uitgebeeld.

Westend ▶ kaart 2, D/E 5

De Guinnessbrouwerij, de nationale gevangenis van Ierland en het museum voor moderne kunst in de wijk Kilmainham zijn de hoofdattracties van het uitgestrekte en dichtbevolkte Westend.

Guinness Storehouse 46

St. James's Gate, dag. 9.30-17, juli/aug. tot 18 uur (laatste toegang); bus: nr. 123 vanaf O'Connell St., www.guinness-storehouse.com, € 20 (!), goedkoper bij online reserveren, zie blz. 62

De Guinness Brewery, die een terrein beslaat van ruim 240.000 m², was tot 1935 's werelds grootste brouwerij en vormt ook vandaag nog een 'stad in de stad'. De geur van mout verspreidt zich bij bepaalde wind over heel Dublin. Het bedrijfsmuseum, The Guinness Storehouse, is ondanks zijn uitgesproken pr-karakter de moeite waard. Met geluiden, films, oude machines en supermoderne interactieve gadgets wordt het brouwproces toegelicht. Niet alleen kinderen zijn verrukt van de minilocomotieven, de waterval op de benedenverdieping, de grappige Guinnessglazen met zeehonden erop en de adembenemende glas-en-staalconstructie die de enorme ijzeren steunbalken van de vroegere gistingshal op postmoderne wijze omsluit. Het tot slot drinken van zo'n donkere pint Guinness met witte schuimkop in de **Sky Bar** is een verplicht onderdeel van iedere Dublinreis.

Irish Museum of Modern Art 47

Military Rd., www.imma.ie, di.-vr. 11.30-17.30, za. 10-17.30, zo. 12-17.30 uur, leuk café, bus: nr. 79, 79A, 145 vanaf Aston Quay, toegang gratis

Het in 1680 voltooide Royal Hospital Kilmainham is het oudste en grootste classicistische gebouw van Ierland. Als voorbeeld diende het Hôtel des Invalides in Parijs dat ook fungeerde als bejaardenhuis voor veteranen.

Een rondgang door het Guinness Storehouse is een onderhoudende bezigheid

Het voorbeeldig gerestaureerde gebouw biedt nu onderdak aan het Iers museum voor moderne kunst, waar steeds wisselende tentoonstellingen worden gehouden. Hoogtepunten zijn werken van Lucian Freud, Markus Lüpertz, Jack Butler Yeats en de ook in Dublin geboren Sean Scully.

Kilmainham Gaol 48

Inchicore Rd., www.heritageireland.ie, dag. juni-sept. 8.45-16.15, okt.-mei 9.30-16.15 uur (telkens laatste rondleiding); bus: nr. 69, 79 vanaf Aston Quay, € 8

Van 1796 tot 1924 diende het huidige gevangenismuseum voor het opsluiten van politieke gevangenen. Hier zat bijvoorbeeld de latere premier en president Éamon de Valera gevangen, die enkel op grond van zijn Amerikaans staatsburgerschap aan executie ontkwam. Tegenwoordig is in de hal van de gevangenis een expositie te zien over Ierlands mislukte opstanden. De cel waarin Robert Emmet de laatste nacht voor zijn terechtstelling doorbracht, Charles Stewart Parnells gerieflijke 'kamer', een cel voor geesteszieken en een 'spookcel' zijn tijdens een rondleiding te bezichtigen. De kille adem van de geschiedenis is voelbaar bij de gedenkplek op de binnenplaats, waar op 3 mei 1916 de vijftien leiders van de Paasopstand werden geëxecuteerd.

Rond Phoenix Park

▶ kaart 2, B-D 2-4

In Dublins groene long in het Westend ten noorden van de Liffey kunt u makkelijk een hele dag doorbrengen. Joggers, fietsers en skaters recreëren in dit stadspark, dat met 8 km² het grootste van Europa is. Er zijn tal van sportvoorzieningen en bezienswaardigheden (www.phoenixpark.ie).

Dublin Zoo 49

www.dublinzoo.ie, mrt.-sept. dag. 9.30-18, okt. 9.30-17.30, nov.-jan. 9.30-16/16.30, feb. 9.30-17 uur; bus: nr. 69 vanaf Aston Quay, € 17

Een van Europa's oudste dierentuinen werd heel eigentijds uitgebreid met een uitgestrekt Afrikaans savannelandschap. Wie het naar de nijlpaarden, giraffen en zebra's te ver lopen vindt, stapt in het boemeltreintje. De dierentuin is met planten, speelplaatsen, restaurants en kiosken leuk en gezinsvriendelijk aangekleed. Succesnummers zijn het zeehondenbassin, de olifanten en de grote katachtigen, waaronder twee jonge Aziatische leeuwinnen – deze jongedames wachten nu enkel nog op een goed uitziende partner.

Phoenix Park Visitor Centre 50

Apr.-dec. dag. 10-18, jan.-mrt. wo.-zo. 9.30-17.30 uur, bus: nr. 66, 67 vanaf O´Connell St., toegang gratis

Naast Ashtown Castle, een gerestaureerde versterkte woning uit de 17e eeuw, geeft dit bezoekerscentrum voor groot en klein heldere uitleg over de ecologie en de geschiedenis van het park.

Áras an Uachtaráin 51

www.president.ie, rondleidingen alleen op za. ieder uur van 10.30-15.30 uur, gratis tickets af te halen op za. in het Phoenix Park Visitor Centre

De sneeuwwitte, georgiaanse ambtswoning van de Ierse president Michael Higgins is een droom van zacht wollige Donegal Carpets, fonkelende kroonluchters en historische portretten.

National Museum of Ireland – Decorative Arts & History 52

Benburb St., www.museum.ie, di.-za. 10-17, zo. 14-17 uur; LUAS: Red Line, halte Museum; toegang gratis

In Collins Barracks, het reusachtige, in 1704 gebouwde kazernecomplex, staan in ruime, moderne zalen de Ierse en Aziatische schatten van het nationaal museum uitgestald: zilver, munten, meubels, kleding, porselein, keramiek, wetenschappelijke instrumenten, werk van de Ierse ontwerpster Eileen Gray (1878-1976), Tibetaanse thangka's (rolschilderingen), Japanse prenten en Chinees kleinplastiek in de Albert Bender Exhibition – een spannend museum dat garant staat voor ontdekkingen.

De noordelijke stadsrand

Het kanaal aan Dublins Northside, het in 1789 begonnen Royal Canal, beschrijft, als het spiegelbeeld van het Grand Canal, een halve cirkel rond Dublin en is even triest als de omgeving waar het doorheen stroomt. Vriendelijker oogt de wijk Glasnevin met victoriaanse rijtjeswoningen en nette B&B's.

Glasnevin/Prospect Cemetery 53 ▶ kaart 2, E2

Museum Finglas Rd., www.glasnevintrust.ie, dag. 9-18 uur, dag. rondleidingen, zie website, combiticket met museum € 12; bus: nr. 40, 140 vanaf O'Connnell St.

Het museum beschrijft interactief en multimediaal de geschiedenis van de in 1832 gestichte nationale Ierse begraafplaats. Op het enorme terrein liggen zo'n beetje alle Ierse prominenten begraven: Michael Collins, Constance Markievicz, Brendan Behan, Phil Lynott, onder een nagebouwde ronde toren Daniel O'Connell en onder een megalithisch brok graniet Charles Stewart Parnell. Daarenboven is dit de laatste rustplaats van ongeveer anderhalf miljoen meest katholieke Ieren. De zelfs bij zonnig weer triest ogende zee van Keltische grafkruisen, grijze engelen en gapende graven, hoofdzakelijk uit de 19e eeuw, ondergaat op het moment een opknapbeurt. Bij de ingang van de begraafplaats staat nog een van de wachttorens waarmee men vroeger lijkenroof voor de medische wereld in Londen probeerde te voorkomen: *resurrectionists* werden de opgegraven doden genoemd – de lijkenrovers werden aangeduid als 'wederopwekkers'.

National Botanic Gardens 54 ▶ kaart 2, F 2

Ingang Botanic Rd., bus: nr. 4, 9 vanaf O'Connell St., nov.-feb. ma.-vr. 9-16.30, za./zo. 10-16.30, mrt.-okt. ma.-vr. 9-17, za./zo. 10-18 uur, toegang gratis

Het terrein van de begraafplaats gaat in het noorden over in de aan de oever van de Tolka gelegen, in 1795 gestichte National Botanic Gardens. Een rotstuin en een tuin in de stijl van de Burren (zie blz. 207), een arboretum en decoratieve bloemperken strelen ogen en neus. Hoogtepunt zijn de gerestaureerde victoriaanse kassen van Richard Turner, fragiele juwelenkistjes van glas en gietijzer.

GAA Museum 55 ▶ kaart 2, G 3

St. Joseph's Ave., https://crokepark.ie, sept.-mei ma.-za. 9.30-17, zo. 10.30-17, juni-aug. ma.-za. 9.30-18, zo. 10.30-17 uur, bus: nr. 1, 11, 13, 16, 44 vanaf O'Connell St. naar Drumcondra Rd., daarvandaan nog 10 min. lopen, museum en rondleiding € 13

In dit aan de Gaelische sporten hurling en Gaelic football (zie blz. 60) gewijde museum kunt u zich dankzij interactieve technologie voelen als een hurling- of footballspeler en alles te weten komen over de kampioenen uit het verleden. De rondleiding voert niet alleen door het gemoderniseerde Croke Park Stadium, maar ook naar de kleedkamers en het VIP-gedeelte.

Belvedere College 56 **en standbeeld van James Joyce** 57

Zie Op ontdekkingsreis blz. 84

Overnachten

Dublin is weliswaar over het algemeen duurder dan de rest van Ierland, maar onder invloed van de financiële crisis waren de overnachtingsprijzen de afgelopen jaren nogal aan schommelingen onderhevig. Wie kiest voor superchique designhotels als **Morrison** (www.morrisonhotel.ie), **The Dawson Hotel & Spa** (www.thedawson.ie) of het eerbiedwaardige, gerenoveerde **Shelbourne** (www.marriott.co.uk), vindt buiten het hoogseizoen al prijzen van rond € 100 per nacht, tegen de gebruikelijke circa € 250. De goedkope ketens **Jury's Inn** (www.jurysinns.com) en **Clayton** (www.claytonhotels.com) zijn ook voor gezinnen beslist een goede keus. In de georgiaanse en victoriaanse wijken **Ballsbridge, Ranelagh** en **Donnybrook** in het zuiden van Dublin zijn veel aangename B&B's te vinden (bijvoorbeeld Waterloo House, www.waterloohouse.ie; Marble Hall, www.marble hall.net; Oaklodge, www.oaklodge.ie).

Net zakenhotel – **Clayton Hotel Cardiff Lane** 1: ▶ kaart 2, H 5, Sir John Rogerson's Quay, tel. 01 643 95 00, www.claytonhotelcardifflane.com, 2 pk vanaf € 140. Groot nieuw hotel in de Docklands met zwembad en sauna.

Stijlvast – **Aberdeen Lodge** 2: ▶ kaart 2, K 7, 53-55 Park Av., tel. 01 283 81 55, www.aberdeen-lodge.com, 2 pk vanaf € 139. Hotel in victoriaanse stadswoning in Ballsbridge met meubilair uit die periode. De kamers hebben hemelbedden en deftige badkamers. Gebruik van een nabijgelegen wellness centre is mogelijk.

Functioneel – **Jury's Christchurch Inn** 3: Christchurch Pl., tel. 01 454 00 00, www.jurysinns.com, met kerst gesl., kamer zonder ontbijt voor max. drie personen vanaf € 139. Deze reusachtige moderne baksteenbouw heeft comfortabele budgetkamers in vriendelijke kleuren. Twee andere Jury's Inn budgethotels zijn te vinden in Parnell Street en aan Custom House Quay.

Designerluxe – **The Clarence** 4: 6-8 Wellington Quay, tel. 01 407 08 00, www.theclarence.ie, hele jaar geopend behalve met kerst, LUAS-halte Jervis, 2 pk vanaf € 129, suite tot € 2700. Het populairste onder de wat informelere

Tip

Oude baksteenarchitectuur en modern design

Hotel garni **Leeson Inn Downtown** 7 is gevestigd in een uit drie verdiepingen bestaand, historisch bakstenen pand aan een bijna volledig georgiaanse straat. In tien minuten loopt u van hier naar Grafton Street. Aan de georgiaanse periode herinnert de receptie met haar vergulde spiegels en roze barokke fauteuils. De kamers zijn niet al te klein, aangekleed volgens hedendaags design en voorzien van tv, waterkoker en ligbad. Praktisch is de kleine, afsluitbare privéparking. Zeker de kamers aan de achterkant zijn rustig, behalve in het weekend als de nachtclubs tot laat open zijn. Een aanrader, ook voor jongeren, met een goede prijs-kwaliteitverhouding (24 Lower Leeson St., tel. 01 662 20 02, www.leesoninndowntown.com, 2 pk € 45-139 incl. ontbijt, van 22 tot 29 dec. gesl.).

luxehotels is eigendom van U2 en met zijn gedempte tinten een ode aan het modernste topdesign. In de cocktailbar annex bistro The Liquor Rooms kunt u prominenten tegen het lijf lopen.

Gemoedelijk – **Clayton Hotel Ballsbridge** 5: ▶ kaart 2, J 7, Merrion Rd., tel. 01 668 11 11, www.claytonhotel ballsbridge.com, kamer zonder ontbijt voor max. drie personen circa € 120. De ruime gezinskamers in dit grote, net gerenoveerde en bijna sprookjesachtige victoriaanse pand hebben een prima prijs-kwaliteitverhouding. Leopardstown en Newlands Cross zijn twee andere, wat buitenaf gelegen budgethotels van de Clayton-keten.

Zicht op de Liffey – **Eliza Lodge** 6: 23/24 Wellington Quay, tel. 01 671 80 44, http://elizalodge.com, 2 pk incl. ontbijt vanaf € 109. Modern guesthouse van glas en staal aan de oever van de rivier. Hout, orthopedische bedden en beigetinten; de mooiste zijn die in het penthouse met grote vensters en jacuzzi.

Georgiaans slapen – **Leeson Inn Downtown** 7: zie blz. 98.

Populair – **Avalon House** 8: 55 Aungier St., tel. 01 475 00 01, www.avalonhouse.ie, privékamers vanaf € 27 pp, slaapzaal vanaf € 10. Jongerenhotel in victoriaans pand met houten vloeren en hoge plafonds. De meeste van de een-, twee- en vierpersoonskamers zijn en suite.

Jeugdherberg – **Dublin International Youth Hostel** 9: ▶ kaart 2, F 4, 61 Mountjoy St., tel. 01 830 17 66, http://anoige.ie, 2 pk incl. continental breakfast € 48-56, slaapzaal vanaf € 14. Hoofdvestiging van de Ierse jeugdherbergcentrale, groot, schoon, in het voormalige victoriaanse St. Josephsklooster, restaurant in de vroegere kapel.

Camping – **Camac Valley Tourist Caravan & Camping Park** 10: Naas Rd., Clondalkin, tel. 01 464 06 44, www.camacvalley.com, gezinsplaats vanaf € 20. Topcamping nabij Corkagh Regional Park aan de N7 met 163 staanplaatsen, hele jaar geopend, restaurant en sportfaciliteiten.

Eten en drinken

Er is nauwelijks een andere Europese stad waar u zo kunt genieten van de moderne fusionkeuken als in Dublin. De financiële crisis heeft ook hier de prijzen doen kelderen. Zelfs topper Patrick Guilband biedt zijn gasten een lunchmenu aan vanaf € 45 (http://restaurantpatrickguilband.ie). Goedkope ethnische restaurants zijn te vinden in de wijk tussen Grafton en South Great George's Street, ontelbare cafés, bistro's en restaurants in Temple Bar. Een absolute aanrader zijn de museumcafés van de National Gallery, het National Museum, de Hugh Lane Gallery en het Irish Museum of Modern Art, waar naast koffie en gebak 's middags ook goedkope snacks, soepen, salades, quiches en dagschotels te krijgen zijn. Goedkoop uit bent u ook in de pubs (zie blz. 103), en soms eet u er echt goed en is er meer te bestellen dan alleen vette *pub grub*.

Top – **L'Ecrivain** 1: 109 Lower Baggot St., tel. 01 661 19 19, www.lecrivain.com, ma.-za. 18.30-22, do./vr. 12.30-14 uur, diner € 75. Elegante maar ook gezellige zaak met schrijversportretten, mooie zitplaatsen op de galerij. Met Michelinster bekroonde Frans-Ierse keuken, de beste Ierse ingrediënten zoals Galwayoesters met vanille-champagnecrème.

Buurtbistro par excellence – **Roly's Bistro** 2: ▶ kaart 2, H/J 6, 7 Ballsbridge Terrace, tel. 01 668 26 11, www.rolysbistro.ie, dag. 12-15, 17.45-22 uur, diner circa € 45. Fleurige bistro met moderne Ierse keuken zonder franje maar met mediterrane accenten en fantastisch brood. Reserveren!

Een omweg waard naar de stadswijk Donnybrook – **O´Connell´s 3**: 134 Morehampton Rd., tel. 01 269 61 16, http://oconnellsrestaurant.com, ma. 17.30-21.30, di.-za. 12-15.30, 17.30-21.30, zo. 12.30-15.30, 17.30-19.30 uur, hoofdgerecht circa € 22. In de ruime, heldere en vriendelijke brasserie worden producten van Ierse afkomst vakkundig en lekker bereid. Terecht al jaren bekroond.
Casual – **Etto 4**: 18 Merrion Row, tel. 01 678 88 72, www.etto.ie, ma.-vr. 12-22, za. 12.30-22 uur, hoofdgerecht circa € 22. Eenvoudige maar gezellige kleine bistro met een steeds wisselend, aan het seizoen aangepast menu met Italiaanse invloeden. Hapjes tussendoor en een uitgebreid diner vanaf 17 uur.
Woollen Mills 5: 42 Lower Ormond Quay, tel. 01 828 08 35, http://thewool lenmills.com, ma.-wo. 9-22, do., vr. 9-22.30, za. 9-16, 17-22.30, zo. 12-22 uur, hoofdgerecht circa € 20-26. Eating House noemt zich deze pretentieloze plaatselijke Ierse bistro met een onvergelijkbare sfeer bij de Halfpenny Bridge. Het ontbijt, het brood uit eigen bakkerij, de steak en de vis, het is allemaal perfect en niet duur. Vergelijkbaar: **The Winding Stair** ernaast, tel. 01 872 73 20.
Verdeeld over vier heldere etages – **The Ely Wine Bar 6**: 22 Ely Pl., tel. 01 676 89 86, www.elywinebar.ie, ma.-vr. 12 uur tot laat, za. 17 uur tot laat, burgers circa € 15, hoofdgerecht circa € 18. In een elegante georgiaanse setting eet u burgers en geniale trendy gerechten met bijpassende wijnen. Andere filialen van Ely Bar & Brasserie in het IFCS, tel. 01 672 00 10.
Nepalees – **Monty's of Kathmandu 7**: 28 Eustace St., tel. 01 670 49 11, www.montys.ie, ma.-za. 12-14, 17.30-23, zo. 17.30-22.30 uur, hoofdgerecht € 15-19. Bekroond, pretentieloos en erg populair restaurant; authentieke Nepalese gerechten, zoals rauwe, gemarineerde lamsfilet als voorgerecht en met huisgemaakte kruidenmixen pittig gekruid vlees.
Dubliner icoon – **Bewley's Oriental Café 8**: zie Tip blz. 88.
Fish and chips – **Leo Burdock's 9**: 2 Werburgh St., www.leoburdock.com, ma.-za. 12-24, zo. 16-24 uur, fish and chips € 6. In de naar men zegt beste fish-and-chipszaak van Dublin sist de verse gepaneerde vis en drommen 's avonds laat de partygangers samen om nog even een goede bodem te leggen.

Tip

Vliegveldshoppen

In de duty-freezone van Dublin Airport kunnen lekkerbekken Ierse culinaire specialiteiten inslaan, ook aan bederf onderhevige waren als farmhousekaas en gerookte zalm in alle varianten. Diverse filialen van Wrights of Howth verkopen delicatessen, van Butlers chocoladetoffees, chutneys en marmelades tot haverkoeken. De drankwinkel heeft een grote keus aan Ierse whiskeys, ook exclusieve soorten als de rokerige Connemara, en verkoopt natuurlijk ook de roomlikeur Bailey's.

Winkelen

Openingstijden: 10-18 uur, bijna overal donderdag koopavond tot 20/21 uur, warenhuizen zijn altijd tot ongeveer 20 uur geopend. In de omgeving van Grafton Street/South Great George's Street zijn veel winkels ook op zondag van 12 tot 18 uur open.
Verfijnd Iers – **Avoca Handweavers 1**: 11-13 Suffolk St., www.avoca.ie, ma.-wo., za. 9.30-18, do., vr. 9.30-19, zo. 11-18 uur. Drie etages met hedendaagse, niet goedkope dames- en kindermode

Design, kunstnijverheid, meubels en prullaria – in Cow's Lane

en woonaccessoires, van wollen dekens tot tuinschorten; in de kelder Ierse delicatessen, boven een café-restaurant met een voortreffelijke keuken (voor reserveren: tel. 01 672 60 19).

Ierse muziek – **Claddagh Records** 2: 2 Cecilia St., www.claddaghrecords.com, ma.-vr. 11.30–18, za. 12–17.30 uur. Muziek van de Chieftains tot de huidige populaire folkmusici.

Landhuisstijl – **Kilkenny Shop** 3: 6 Nassau St., ma.-wo., za. 8.30-19, do. 8.30-20, vr. 8.30-19, zo. 10-18.30 uur. Breed assortiment aan gebreid goed, tweed, sieraden, porselein, kristal, alles uiterst verfijnd; café/snackrestaurant. Aan Nassau Street zitten meer souvenir- en kledingwinkels in deze landelijke stijl.

Whiskey uit de destilleerderij – **Teeling Distillery** 4: 13–17 Newmarket, dag. 9.30–17.30 uur. Naast tot dertig jaar oude Single Malts als Spirit of Dublin of Poitín kunt u direct vanuit de vaten uw eigen flessen laten vullen; merchandising van glazen tot fietsen.

Voor fashionista's – **Cow's Lane Market** 5: Cow's Lane, za. 10-17 uur. Modeontwerpsters verkopen hier hun voor een deel goedkope, fantasierijke tot maffe creaties, hoofdzakelijk voor kleine maten.

Eigentijdse kunstnijverheid – **Designyard** 6: 25 South Frederick St., di., wo., vr. 10-17.30, do., za. 10-18 uur. Galerie voor sieraden, sculpturen, foto's en woonaccessoires.

Hier kocht Bloom – **Sweny's** 7: 1 Lincoln Place (zie blz. 85).

Actief

Fietsverhuur – **Dublin Bikes** 1: Dublin kent een zelfbedieningssysteem met 44 over de stad verspreide fietsverhuurstations waar toeristen vanaf 14 jaar een fiets kunnen huren. U dient zich hiervoor bij een van de stations met een creditcard voor € 2 aan te melden. Het eerste halfuur is gratis, twee uur fietsen kost € 1,50. De verhuurstations

Vaste prik tijdens een stadswandeling: het victoriaanse juweel Halfpenny Bridge

zijn te vinden op www.dublinbikes.ie.
Gaelische sporten – **GAA** 2: ▶ kaart 2, G 3, Croke Park, www.gaa.ie. Kaartjes voor Gaelic football en hurling (zie blz. 60).
Golf – **Corballis Golf Links** 3: Donabate, tel. 01 843 65 83, www.corballis links.com (online reservering, ook voor het Elmgreen Golf Centre, 18 holes en driving range). Greenfee circa € 25.
Paardenrennen – **Leopardstown Racecourse** 4: Foxrock, tel. 01 289 05 00, www.leopardstown.com. LUAS vanaf St. Stephen's Green naar Sandyford/Brewery Rd., dan shuttlebus; extra bussen op wedstrijddagen vanaf het centraal busstation.
Windhondenrennen – **Harold's Cross** 5: 151 Harold's Cross Rd., tel. 18 90 26 99 69, www.igb.ie, bus: nr. 16, poorten open vanaf 19 uur.
Shelbourne Park 6: ▶ kaart 2, J 5, South Lotts Rd., Ringsend, tel. 18 90 26 99 69, www.igb.ie, bus: nr. 1, vanaf 18.30 uur.
Literaire kroegentocht – **Literary Pub Crawl** 7: trefpunt The Duke, Duke St., tel. 01 670 56 02, www.dublinpubcrawl.com, apr.-okt. dag., nov.-mrt do.-zo. 19.30 uur, € 12. Grappige rondleiding langs literair beroemde pubs met voordrachten en quiz.
Leuke stadsrondleiding – **Viking Splash Tours** 8: start St. Stephen's Green, tel. 01 707 60 00, www.viking splash.com, feb.-nov. ongeveer iedere 30 min., € 22. Met amfibievoertuigen deels door de straten, deels over het water; voor wie wil met vikinghelm.
Bootexcursie – **Sea Safari** 9: ▶ kaart 2, K 5, Poolbeg Marina, tel. 01 668 98 02, www.seasafari.ie, € 40. Door de Dublin Bay stuift u naar Dun Laoghaire en Dalkey; voor 8 jaar en ouder. Met een beetje geluk ziet u zeehonden en dolfijnen. Voor € 20 kunt u een kortere havenrondvaart maken.

Uitgaan

Openingstijden pubs en bars: ma.-do. 10.30-23.30, vr./za. 10.30-0.30, zo. 12.30-23 uur. Veel pubs in het centrum hebben een nachtvergunning tot 1.30 uur of nog later. Vrijdag en zaterdag zijn de traditionele uitgaansavonden, maar in de traditionele pubs of trendy bars is altijd wel wat te doen. De laatste trend zijn de *mixed venues*, dat wil zeggen overdag eten of koffie en 's avonds dj en party. Temple Bar is om te partyen trouwens uit: te veel drank, te veel gebral. De echte uitgaansscene heeft zich verplaatst naar de omgeving van George, Wexford en Camden Street en noordelijk van de Liffey rond Abbey Street.

Om te dansen gaan de bezoekers niet voor 23 of 24 uur naar een club, na 2 uur mag er niet meer geschonken worden en tegen 3 uur sluiten de meeste. De entree bedraagt doordeweeks ongeveer € 8 en in het weekend € 12 tot € 20. De portiers controleren streng en tegen hun 'Not tonight, I'm afraid!' valt niets in te brengen. Trendy kleding en een nuchtere uitstraling helpen. Gedraaid wordt het meest gangbare uit de charts, house en techno.

Pubs en bars

Traditionele pubs – **McDaid's** 1, **Neary's** 2, **The Duke** 3, **Kehoe's** 4: zie Op ontdekkingsreis blz. 104.

Minibrouwerij – **Porterhouse** 5: 16 Parliament St., tel. 01 679 88 47, www.theporterhouse.ie, ma.-wo. 11.30-24, do. tot 1.30, vr., za. tot 2, zo. 12-24 uur, hoofdgerecht circa € 12. Op de drie rustiek en tegelijk modern ingerichte verdiepingen, die zicht bieden op de koperen brouwketel, wordt menige pint achterovergeslagen die ter plekke wordt gebrouwen. Rustiek en eerlijk *bar food*. Dikwijls spelen er vanaf 21.30 uur livebands, de toegang is gratis.

Overdag café, 's avonds bar – **Café en Seine** 6: 40 Dawson St., ma., di. 12-24, wo.-za. 12-3, zo. 12-23 uur. De aankleding is hier bombastisch, geen plekje bleef leeg: goudkleurige plafondmozaïeken in belle-époquestijl, veel houtsnijwerk en gekleurd glas en door palmen gekroonde zuilen. De Egyptisch aandoende kariatiden (gebeeldhouwde vrouwenfiguren die dienstdoen als zuil) steken trots hun borsten vooruit. Overdag komen hier vooral gezinnen om van het moderne *bar food* – salades, zoete en hartige *tartes*, Thaise kip – te genieten, 's avonds voltrekt zich de overgang naar de in LBD geklede *beautiful and rich*.

Homovriendelijk – **Front Lounge** 7: 33 Parliament St., Temple Bar, ma.-vr. 12-24, za. 15-3, zo. 15-23.30 uur. 'Zien en gezien worden' is het motto van veel bezoekers van deze *gay friendly* bar. Behalve een drankje bestellen kunt u hier ook lunchen, brunchen (in het weekend) of dineren. Op vrijdag en zaterdag wordt er gedraaid door dj's.

Authentiek – **Mulligan's** 8: 8 Poolbeg St., ma.-do. 10.30-23.30, vr./za. 10.30-0.30, zo. 12.30-23 uur. Deze victoriaanse pub oogt met zijn sobere interieur nog net zo authentiek als in de tijd van James Joyce. Het schijnt dat hier het lekkerste Guinness van Dublin wordt getapt.

Victoriaans houtsnijwerk – **Palace Bar** 9: 21 Fleet St., ma.-do. 10.30-23.30, vr./za. 10.30-0.30, zo. 12.30-23 uur. Versierde spiegels, een toog met houtsnijwerk; de literaire herinneringen oefenen niet alleen aantrekkingskracht uit op de deelnemers aan de Literary Pub Crawl (zie blz. 102).

Herinnering aan Bloom – **Davy Byrne's Pub** 10: 21 Duke St., www.davybyrnes.com (zie Op ontdekkingsreis blz. 85).

Music pubs

Music pubs zijn een Ierse specialiteit. Vanaf ongeveer 21.30 uur treden bands uit alle muziekgenres live op: veel folk, maar ook country en jazz of muziek die is afgestemd op de smaak van de Amerikaanse toeristen.

▷ blz. 107

Graftonia – langs de pubs van de drinkende dichters

'Graftonia' noemden de leden van de literaire, politieke en artistieke in-crowd vanaf de jaren 50 van de vorige eeuw het biertapgebied rond Dublins winkelhoofdstraat Grafton Street. Sinds die tijd, waarin Ierse auteurs als Brendan Behan, Patrick Kavanagh en Brian O'Nolan hier schreven, discussieerden en dronken, geldt de omgeving als trefpunt voor literaire bohemiens.

Plattegrond: zie blz. 81
Voor wie: literatuur- en pubfans
Duur: 2 uur tot een hele nacht
Praktisch: McDaid's, 3 Harry St., ma.-do. 10.30-23.30, vr./za. tot 0.30, zo 12.30-23 uur; Neary's, 1 Chatham St.; The Duke, 9 Duke St.; Kehoe's, 9 South Anne St.; openingstijden als McDaid's.
Begin: McDaid's

Achter blauw-rode zuilen en twee hoge rondboogvensters tapt de barman in pub **McDaid's** 1 een Guinness voor € 4,95. De toog is met houten pilasters ritmisch opgedeeld in vlakken met gekleurde tegels en spiegels en het hoge, gewelfde plafond is bourgondisch rood geschilderd. Het kerkachtige interieur is geen toeval, want nadat het pand eerst had gediend als stedelijk lijkenhuis werd het later gebedsruimte voor de hernhutters van de Moravian Brethren (evangelische broedergemeente).

De enige concessie aan de moderne tijd: de onvermijdelijke flatscreen-tv boven de deur.

Net als het gebouw had ook de jonge **Brendan Behan** (1923-1964) een verleden achter zich toen hij in de late jaren 40 van de vorige eeuw in McDaid's opdook en met zijn sprankelende humor, zijn bedenkelijke reputatie – hij had als jonge IRA-activist diverse jaren in de gevangenis doorgebracht omdat hij op een politieman had geschoten – en zijn geoefendheid in het drinken al snel het middelpunt werd van een kring bohemiens. Toen Behan in de jaren 60 van de vorige eeuw wereldberoemd werd met de autobiografie *The Borstal Boy* en het toneelstuk *An Giall* (De Gijzelaar), werd de schrijver, wiens gezondheid inmiddels was geruïneerd door overmatig alcoholgebruik, al snel omgeven door een groep *angry young men* die hem bewonderden.

'Wat vindt u van *races* [rassen, rennen]?', wilde ooit een Amerikaanse verslaggever van Behan weten. 'Oh, ik ben gek op de Epsom Derby, de Grand National ...', antwoordde Behan. 'En gemengde huwelijken?', onderbrak de reporter hem ongeduldig. 'Zijn niet alle huwelijken gemengd ... ik bedoel, mannen en vrouwen ...'

In een zithoek onder boeken of tijdens het bestuderen van de oude zwartwitfoto's van Behan en anderen kunt u, onder het genot van een Guinness, zulke gevatheid nog eens de revue laten passeren.

Goed bewaarde atmosfeer

Uit de rode baksteenfaçade naar voren stekende ijzeren armen houden achthoekige lantaarns vast met de naam van deze typisch victoriaanse pub. Omdat de achterdeur van **Neary's** 2 uitkomt bij de achterkant van het Gaiety Theatre, is het een trefpunt voor acteurs en andere theaterdieren. Waar de clientèle van McDaid's en The Dukes erg toeristisch is geworden en Kehoe's vooral 'normale' mensen aantrekt, is Neary's tegenwoordig de meest bohemienachtige van de mythische literaire pubs. Donker mahonie, een lange zitbank en grote spiegels bepalen er de sfeer. In de lounge op de eerste verdieping kunt u in het weekend hoopvolle jonge schrijvers zien die hun grote debuutroman altijd bij zich dragen.

Onspectaculair en sympathiek

In de tijd waarin Behan en de dichter Patrick Kavanagh in **The Duke** 3 rondhingen, heette de zaak Larry Tobin's. Een restyling in de jaren 90 van de vorige eeuw ging met deze onspectaculaire en sympathieke pub met zijn zwarte houten façade barmhartiger om dan met menige andere in neo-pubstijl 'opgeknapte' kroeg. 's Middags kunt u hier voor € 10,50 een Irish stew of dagschotel bestellen.

Op de bovenetage ontmoeten de deelnemers aan de Literary Pub Crawl (zie blz. 102) elkaar op zoek naar sporen van **Patrick Kavanagh** (1904-1967). Deze buiten Ierland tot op heden onderschatte dichter was een door zijn zonderlingheid bekend figuur in het Dubliner geestesleven. Op een Goede Vrijdag, een dag waarop in die tijd de Ierse pubs gesloten waren, haalde hij

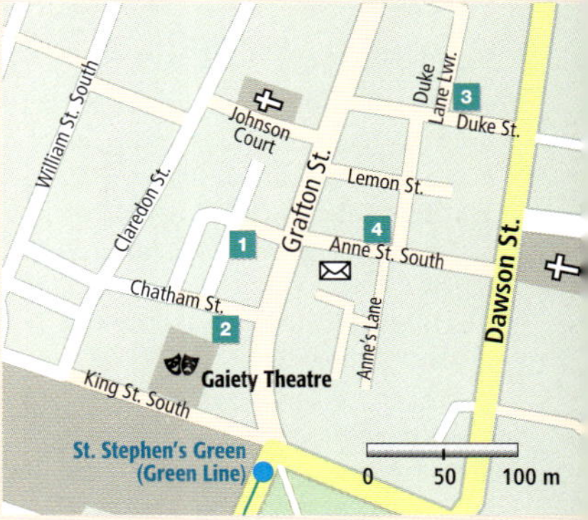

Net als Brian O'Nolan een hymne op het donkere bier aanheffen ...

een vriend over met hem naar de dierentuin te gaan, waar wel alcohol mocht worden geschonken. 'Het verbaast me dat ze hem daar niet hebben gehouden', liet de 'vriend' zich ontvallen. 'Maar ze waren waarschijnlijk bang dat hij de dieren aan het schrikken zou maken.'

Een hymne op het Guinness

Zijn het de houten vloer en het donkere hout van toog en barkrukken die de pub **Kehoe's** 4 zijn unieke sfeer geven? Of zijn het de authentieke oude elementen als de *snug*, een houten scheidingswand tegen de bar waarachter ooit klanten dronken die alleen wilden zijn of niet gezien wilden worden? Op de eerste verdieping zit nog een loungebar met kleine tafeltjes en lage krukjes waaraan al een eeuwigheid niets lijkt te zijn veranderd. **Brian O'Nolan** (1911-1966) zag misschien wel precies hetzelfde interieur voor zich. Om in O'Nolans, alias Myles na Gopaleens alias Flann O'Briens, voetsporen Kehoe's te bezoeken, moet u hier 's ochtends of 's middags komen, want hij haatte mensenmenigten. Ondanks zijn vele pseudoniemen en zijn turbulent-bohemienachtige roman *At Swim-Two-Birds*, die vaak wordt vergeleken met *Ulysses*, is O'Nolan buiten Ierland vrij onbekend. Wel zou iedere pubganger tenminste een strofe uit zijn hymne op Ierlands nationale bier moeten kunnen citeren: 'When money's tight and hard to get / And your horse has also ran. / When all you have is a heap of debt / A pint of plain is your only man!' (vrij vertaald: 'Als je krap bij kas zit / En ook je paard is ervandoor. / Als je alleen maar een berg schulden hebt / dan is een pint Guinness je beste vriend!')

Klassieker – Brazen Head 11: 20 Lower Bridge St., ma.-za. 10.30-0.30, zo. 12.20-23.30 uur. Vermoedelijk de oudste pub van Dublin (1198), waar folkfans uit de hele wereld iedere avond en op zaterdagmiddag naartoe komen voor livesessies.

Typisch Northside – The Cobblestone 12: ▶ kaart 2, F 4, 77 North King St., ma.-do. 16-23.30, vr. 16-0.30, za. 13.30-0.30, zo. 13.30-23 uur. Achter een onaantrekkelijke façade in Smithfield verbergt zich een onopgesmukte pub, waar 's avonds de beste Ierse muziek wordt gespeeld.

Mythe – O'Donoghue's 13: 15 Merrion Row, ma.-do. 10.30-23.30, vr./za. 10.30-0.30, zo. 12.30-23 uur. Achter de zwart-witte façade (met een knipoog naar Guinness) speelden The Dubliners, Christy Moore en andere legenden. Vandaag de dag betreden vooral toeristenschoenen de oneffen houten vloer, om de nog steeds excellente Ierse folk hier in het mekka te beluisteren.

Clubs/disco's

Kent iedereen – Dicey's Garden/ Krystle 14: 21–25 Harcourt St., dag. 12-2.30, Krystle vr., za. 10-4 uur, www.russellcourthotel.ie/diceys-garden, € 10. Grote partyruimte met chart-, r&b en funky housemuziek, cool design, outdoorbar en verwarmd dakterras.

Alternatieve muziek – The Academy 15: 57 Middle Abbey St., www.theacademydublin.com. Door de week live acts, in het weekend dj's en swingen tot in de vroege uurtjes.

Dj's – The Grand Social 16: Lower Liffey St., www.thegrandsocial.ie. Deze bar aan de straat heeft ook een daktuin en twee dansruimtes.

Dj-bar – Dice Bar 17: ▶ kaart 2, E 4, 93/94 Benburb St./hoek Queen St., Smithfield, ma., di. 16-24, wo., do. 13-24, vr., za. 15-1, zo. 15-23.30 uur, LUAS: Smithfield, toegang gratis. Cool, relaxed en sfeervol zijn de donkere wanden en de kerkkaarsen. Als het laat wordt danst iedereen spontaan op eclectische ritmes. Naast Guinness, Becks, Tuborg en Tsjechisch bier wordt er ook een eigen gerstenat getapt met de vlammende naam Revolution Red.

Theater

Nationaal theater – The Abbey/The Peacock 18: 26 Lower Abbey St., tel. 01 878 72 22, www.abbeytheatre.ie, voorstellingen: veel Ierse klassiekers ma.-za. 20, za. 14.30, in het kleinere, wat experimentelere Peacock ma.-za. 20.15, za. 14.45 uur. Tickets ma.-za. 10.30-19 uur. Zie ook blz. 77.

Voor kinderen – The Ark 19: 11A Eustace St., tel. 01 670 77 88, http://ark.ie. Kunst en theater speciaal voor de kids.

Experimenteel – Project 20: 39 Essex St., tel. 01 881 96 13, http://projectartscentre.ie. Moderne en politiek geëngageerde stukken, dans performance.

Concerten

Ierse dans – Cultúrlann na hÉireann 21: 32 Belgrave Sq., Monkstown, tel. 01 280 02 95, http://comhaltas.ie. Avonden met traditionele Ierse folk en *set dancing* (Ierse groepsdans).

Voor de massa – Gaiety Theatre 22: South King St., tel. 0818 71 93 88, www.

Tip

Leap Card

Deze vervoerscreditcard bespaart u het kopen van kaartjes voor het openbaar vervoer in Dublin en biedt kortingen. Vooraf te bestellen op www.leapcard.ie of ter plekke te koop op het vliegveld of bij een van de vierhonderd verkooppunten in de stad. Opladen met het gewenste bedrag en voor de rit bij de automaat de ritprijs laten afschrijven.

gaietytheatre.ie. Shows, musicals en concerten in dit weelderige 19e-eeuwse theater. Beroemd zijn de pantomime-voorstellingen met Kerstmis, een traditie die teruggaat tot 1873.
Mega-events – **3Arena** 23: ▶ kaart 2, J 4, East Link Bridge/North Wall Quay, tel. 01 819 88 88, www.3arena.ie. Tot 13.000 toeschouwers kunnen in dit supermodern verbouwde treindepot, het voormalige Point Depot, de groten uit de muziekscene zien, zoals U2, Lady Gaga, Mumford & Sons en The Prodigy.
Pop, rock, folk – **Button Factory** 24: Curved St., tel. 01 670 91 05, http://buttonfactory.ie. Dé concertzaal in Temple Bar.

Info en evenementen

Dublin Tourism: zie infokader op blz. 76.

Tip

Koel maar vriendelijk

Dit uitzicht vanuit de grote vensters, waardoor u sportieve jollen en patserige motorjachten kunt gadeslaan op de blauwe zee voor Ireland's Eye! Daarbij het interieurdesign van restaurant **Aqua**, terughoudend met zijn beigebruine tinten, minimalistisch en met een open keuken. Dit koele uiterlijk gaat echter gepaard met vriendelijkheid – en de keuken, uiteraard met zeegerechten, is met prijzen bekroond en prijzenswaardig. Fantastisch zacht gegrilde zwaardvis met gember-paprikasaus en een lichte salade met rucola, ui en parmezaan (1 West Pier, Howth, tel 01 832 06 90, ma.-za. 12.30-15.30, 17.30-22, zo. 12-17, 18-20.30 uur, driegangenmenu 's middags € 30, hoofdgerecht 's avonds circa € 27).

Sightseeing: Dublin Bus Tour, hop-on-hop-off bustour langs de belangrijkste bezienswaardigheden, www.dublinsightseeing.ie, dag. 9-17 uur iedere 10-15 min., 48 uur € 22; 3 Day Freedom Ticket: voor € 33 drie dagen reizen met alle bussen in Dublin, incl. luchthavenbus, nachtbussen en de Dublin Bus Tour.

Verkeer

Vliegtuig: Dublin Airport, tel. 01 814 11 11, www.dublinairport.com, ongeveer 13 km ten noorden van het centrum aan de autosnelweg M1. In de aankomsthal autoverhuurbedrijven en toeristische informatie; vanuit de hoofdingang linksaf vertrekken diverse buslijnen, onder andere Airlink, iedere 10-20 min. naar Heuston Station/Busáras. Taxi naar het centrum: circa € 20.
Trein: Travel Centre van de Ierse spoorwegen, 35 Lower Abbey St., tel. 01 703 18 88; centraal station Connolly Station, Amiens St., tel. 01 703 23 58. Er rijden diverse treinen per dag naar Belfast, Wexford/Rosslare, Sligo; Heuston Station, off Victoria Quay, tel. 01 703 21 32. Iedere dag diverse treinen naar Limerick, Galway, Waterford, Cork, Tralee.
Bus: centraal busstation Busáras, Store St., achter Custom House, www.dublinbus.ie, dagelijks diverse bussen in alle richtingen; Dublin Bus, (informatiebureau: 59 Upper O'Connell St., tel. 01 873 42 22, ma.-vr. 8.30-17.30, za. 9-14, zo. 9.30-14 uur).
DART (Dublin Rapid Transit System): www.irishrail.ie. Deze sprinter rijdt iedere 15 à 20 min. en doet alle voorsteden aan langs Dublin Bay, van Malahide en Howth in het noorden tot Greystones in het zuiden.
LUAS: Deze hypermoderne tram heeft twee lijnen: de Red Line van Tallaght/Saggart gedeeltelijk parallel aan de Liffey naar The Point, de Green Line van St. Stephen's Green in het zuiden naar Brides Glen. Vertrek iedere 3 à 15 min.,

kaartjes bij de haltes. Interessant voor toeristen: de Red Line rijdt parallel aan de Liffey van de haltes Connolly tot Museum (www.luas.ie).
Autoverhuur: op het vliegveld zijn alle bekende internationale autoverhuurders vertegenwoordigd. Informatie: www.dublinairport.com/to-from-the-airport/car-rental.

Evenementen

St. Patrick's Festival: vier dagen rond 17 mrt., www.stpatricksfestival.ie (zie blz. 54).
Bloomsday: 16 juni. De dag voor Joycefans: lezingen, concerten, ontbijt. Als Bloom verklede personen trekken in zijn voetspoor door de stad, www.jamesjoyce.ie.
Dublin Horse Show: 20-24 juli, Ballsbridge, www.dublinhorseshow.com (zie blz. 30).
Finales hurling en Gaelic football: resp. eerste en derde zo. van sept., Croke Park Stadion, www.gaa.ie (zie blz. 60).
Dublin Theatre Festival: gedurende drie weken eind sept./begin okt., www.dublintheatrefestival.com. Belangrijk Europees theaterfestival (zie blz. 29).

Aan de kust

Howth ▶ G 5

Er gaat nauwelijks een mooi weekend voorbij zonder dat de Dubliners zich naar dit landschappelijk fraaie, bergachtige schiereiland 12 km ten noordoosten van de stad verplaatsen. Met de DART (zie blz. 108) bereikt u in een halfuur de sfeervolle vissershaven van Howth.

Howth

Vanaf de door de Vikingkoning Sigtrygg Silkbeard in de vroege 11e eeuw gestichte **St. Mary's Church,** die in zijn huidige vorm grotendeels uit de 14e/15e eeuw stamt, zweeft de blik over de jachthaven en de baai erachter.

Achter het overwegend neogotische **Howth Castle** strekt zich het slotpark uit, de beroemdste en oudste rododendrontuin van Ierland met het megalietgraf **Aideen's Dolmen.** Wandelpaden leiden u door het woud van rododendrons, die in mei/juni bloeien.

Wandeling rond Howth

Eenvoudige rondwandeling, lengte circa 10 km, duur circa 3 uur, in totaal 130 m stijging, begin/einde: DART-station, markering: paarse pijlen

Vanaf het **DART-station** in Howth loopt u voorbij de haven, onderlangs de ruïne van **Howth Abbey,** ▷ blz. 112

Wandeling rond Howth

MFV LEMARIN
DUBLIN

Favoriet

Uitstapje naar zee ▶ G 5
Na het stadsgewoel van Dublin is het uiterst plezierig flaneren langs de haven van **Howth** om de zee- en havenlucht op te snuiven. De kinderspeelplaatsen en ligweiden vormen een bont mozaïek van zonaanbidders. Aan de pier links van de haven zitten viswinkels, waar heerlijke gerookte vis voor een picknick te krijgen is. Of gaat u liever naar een van de seafoodrestaurants? Aan het uiteinde van de pier zitten tientallen mensen te vissen voor de kleine georgiaanse vuurtoren.

tot bij de **East Pier**. Hier neemt u Balscadden Road, een smalle weg die u tegen de kliffen omhoogvoert.
Naar links glijdt uw blik over de zee, naar de voor de kust liggende eilandjes Ireland's Eye en Lambay, en met een beetje geluk ziet u misschien ook zonnende zeehonden onder aan de kliffen liggen. Na ongeveer een uur bereikt u het op een landtong staande **Baily Lighthouse**, de als laatste geautomatiseerde vuurtoren van Ierland. Wie het zo ver genoeg vindt, kan vanaf hier via **The Summit** terugkeren naar Howth Village (groene pijlen).

De weg over de klippen voert verder door een tunnelachtig oerbos en dan weer met zicht op rotsachtige baaitjes, waar u aalscholvers en jan-van-genten kunt observeren. Nadat u nog 3 km het pad over de kliffen hebt gevolgd buigt het, kort na de met leuningen beveiligde **Red Rock**, over een met gras begroeide heuvel naar rechts het binnenland in, waarna u na 500 m **Carrickbrack Road** kruist. Door hoge brem, maar goed gemarkeerd met de paarse pijlen, bereikt u de **Howth Golf Course**, waar u de witte stenen markeringen volgt. Vervolgens volgt u een smal voetpad door de moerassige **Bog of Frogs**. Links aanhoudend bereikt u dan door Balkill Park uw vertrekpunt, het DART-station.

Malahide ▶ G 5

Straalsgewijs omgeven de straten van deze felbegeerde residentiële voorstad van Dublin de stadskern. Om zonder stress te genieten van de chique restaurants, cafés en winkels, kunt u ook hiernaartoe het best de DART nemen (zie blz. 108).

Malahide Castle

Dag. 9.30-17.30 uur, www.malahidecastleandgardens.ie, € 12

In een uitgestrekt park verheft zich het enige Ierse kasteel dat doorlopend, en dat maar liefst bijna achthonderd jaar lang, van 1185 tot 1976, door één familie, de Talbots, werd bewoond. De laatste erfgename van Malahide Castle zag zich uiteindelijk door een enorme belastingaanslag gedwongen het bezit aan de staat te verkopen. Indrukwekkend is de enige 'echt' middeleeuwse ridderzaal die in Ierland bewaard is gebleven: veertien mannelijke Talbots zouden hier hun galgenmaal hebben genoten voor de Slag aan de Boyne. Pronkstuk van het kasteel is de Oak Room, met uniek houtsnijwerk en de originele lambriseringen uit de 16e eeuw. Bijzonder zijn ook de door Lord Talbot aangelegde **tuinen**, waaronder een ommuurde tuin, en de compleet opgeknapte binnenplaats met het nieuwe bezoekerscentrum.

Newbridge House and Farm ▶ G 5

Hearse Rd., Donabate, apr.-sept. dag. 10-16, okt.-mrt. di.-zo. 11-15 uur, House € 7, Farm € 5

Dit georgiaanse herenhuis bezit weliswaar prachtige stucdecoraties van Robert West en een origineel laat-18e-eeuws interieur, toch komen de vele gezinnen vooral voor de boerderij en de dieren. De gevlekte reuzenvarkens, kippen en ezels zijn allemaal heel traditionele boerderijdieren. Met de trein vanaf Connolly Station bent u in ruim een halfuur in Donabate, vanaf daar is het nog een korte wandeling.

Dún Laoghaire ▶ G 6

Deze bedrijvige havenstad (waarvan de naam ongeveer wordt uitgesproken als 'doenleerie') met haar degelijke victoriaanse woonwijken ligt zo'n 12 km ten zuidoosten van Dublin aan de zuidkant van Dublin Bay. Tot voor kort was het een veerboothaven voor ferries uit Holyhead in Wales, maar deze door StenaLine onderhouden dienst werd in 2015 geschrapt. De vroegere Mariner's Church biedt onderdak aan het interessante **National Maritime Museum of Ireland** (Haigh Terrace, dag. 11-17 uur, € 5).

James Joyce Tower and Museum

Sandycove Point, Sandycove, http://jamesjoycetower.com, dag. 10-16 uur, toegang gratis, giften welkom

Een wandeling van een halfuur langs het met schelpen bedekte rotsstrand – of de **DART** (zie blz. 108) tot halte Sandycove – brengt u van Dún Laoghaire naar **Sandycove.** Tegen de dreigende invasie door Napoleon bouwden de Britten rond 1804 langs de kust een verdedigingslinie van Martellotorens. In een ervan woonde Joyce met zijn kunstbroeder Oliver St. John Gogarty, die model stond voor Buck Mulligan in *Ulysses* – een kort, maar literatuurhistorisch belangrijk verblijf in 1904. Tegenwoordig is de woning op de eerste verdieping ingericht zoals hij er tijdens het verblijf van Joyce's literaire alter ego Stephen Dedalus – de hoofdpersoon uit *Portrait of the Artist as a Young Man* – zou kunnen hebben uitgezien. Op de benedenverdieping huist een klein museum. Aandoenlijk is het door Joyce's grootmoeder met honden- en hertenkoppen versierde jachtvest.

Forty Foot Bathing Place

In weer en wind lopen mannen, kinderen en sinds een aantal jaren ook vrouwen te rillen tussen de rotsen van het strandje aan de voet van de James Joyce Tower. Ooit was deze plek een enclave van naakte oude mannen, die in de 'snotgroene, scrotumverschrompelende zee' (James Joyce) kwamen zwemmen. Tegenwoordig wordt dit gedaan door beide seksen, naakt of in badkleding.

Eten en drinken

Deli – **Caviston's:** Sandycove, 59 Glasthule Rd., tel. 01 280 92 45, www.cavistons.com, vaste eettijden *(sittings)* di.-za. 12, 13.30, 15, do.-za. ook 18, 20.15 uur, tweegangenmenu € 19. Delicatessenzaak met zeevruchten, 's middags gourmetlunch met veel vis.

Info

Een ontspannen rit langs de kust met de **DART** (zie blz. 108) voert vanuit Dublin City naar de leuke kustplaatsjes Dalkey en Killiney.

County Wicklow

Dit graafschap ten zuiden van Dublin, 'The Garden of Ireland', is beroemd om zijn vele tuinen. Ook enkele privétuinen openen in het vakantieseizoen hun poorten voor liefhebbers, meer informatie vindt u op http://visitwicklow.ie/attractions/wicklow-gardens. De **bergen** van Wicklow met hun diep ingesneden gletsjerdalen, watervallen en hoogveengebieden dienden niet alleen John Boorman als decor voor zijn Arthurverfilming *Excalibur*, ze zijn ook een ideaal wandelgebied.

Bray ▶ G 6

De filmstudio's aan de rand van Bray (25.000 inw.) maken deze nog volledig victoriaanse badplaats met zijn langgerekte zandstrand tot het Hollywood van Ierland. Ook hierheen reist u snel met de **DART** (zie blz. 108).

National Sealife

Strand Rd., www.visitsealife.com/bray, mrt.-okt. dag. 10-18, nov.-feb. 10-17 uur, € 12
Hier kruipt en zwemt een heleboel onderwaterfauna rond, waaronder pijlstaartroggen en rifhaaien. Leuk voor kinderen zijn de kathaaien en zeepaardjes die mogen worden aangeraakt.

Killruddery House

Southern Crocs Rd., www.killruddery.com, apr., okt. za./zo., mei-sept. dag. 9.30-18 uur, € 16
Dit herenhuis aan de zuidrand van Bray stamt oorspronkelijk uit de 17e eeuw maar werd in 1820 in neo-elizabethaanse stijl verbouwd. Het is vooral beroemd om de prachtige barokke tuin uit de 17e eeuw.

Wandeling naar Bray Head en naar Greystones

Vanaf het zuidelijke uiteinde van het strand tilt een vrij steile klim van een uur u 240 m omhoog naar Bray Head. In mei/juni geurt de zee van gele brem naar kokos, de uizichten zijn fantastisch. Vanaf de top daalt u weer wat af over het spectaculaire kliffenpad Cliff Walk, dat over een lengte van 8 km langs de kust naar Greystones voert. Om terug te keren naar Bray kunt u gebruikmaken van de DART (zie blz. 108).

Eten, winkelen

Genuine Irish – **Avoca Handweavers:** Main St., Kilmacanogue (3 km ten zuiden van Bray), tel. 01 274 69 90, www.avoca.ie, dag. 9.30-17.30 uur, café ook do.-za. 18-21.30 uur, hoofdgerecht circa € 14, bus 145 vanaf Heuston Rail Station. De hoofdvestiging van Avoca Handweavers is een grote winkel vol kunstnijverheid, kleding, boeken enzovoort in een oud arboretum; zelfbedieningsrestaurant/café met smakelijke soepen, ovenschotels, taarten – de recepten zijn als kookboek te koop.

Actief

Fietsverhuur – **Everest Cycles:** Castle St., Bray, tel. 01 282 86 60, www.everestcycles.ie, fiets € 10 per dag, apr.-sept.
Paardrijden – **Brennanstown Riding School:** Hollybrook, Kilmacanogue, tel. 01 286 37 78, www.brennanstownrs.ie. Vanaf de manege, die grenst aan Killruddery Estate, wordt in de zomer onder andere de ruim een uur durende Little Sugarloaf Explorer aangeboden, ook voor niet-geoefende ruiters.

Info

Tourist Office: Civic Offices, Main St., tel. 01 286 71 28, www.bray.ie, ma.-vr. 9.30-16.30, za. 10-15 uur, ook klein Heritage Centre.

Wicklow ▶ G 6

Dit bedrijvige, prettige stadje heeft een kilometerslang zandstrand en een haventje. Boven de zuidpier verheft zich de ruïne van het Black Castle uit 1175.

Wicklow's Historic Gaol

Kilmantin Hill, www.wicklowshistoricgaol.com, dag. 10.30-16.30 uur, € 7,90
Deze gevangenis werd omgebouwd tot een boeiende attractie, die volledig is gewijd aan de opstand van 1798. Acteurs en nachtelijke rondleidingen laten bezoekers de afschuwelijke gebeurtenissen van toen herbeleven. De eerste gevangene in de rond 1700 gebouwde gevangenis was een priester die ondanks het verbod een mis had opgedragen.

Stranden in de omgeving

Tussen Wicklow en Arklow strekken zich kilometerslange, door duinen geflankeerde zandstranden uit, zoals **Silver Strand** en **Brittas Bay**. Ze zijn een populaire bestemming voor de Dubliners. De duinen en de heide aan de landzijde ervan vormen een kostbare biotoop.

Info

Tourist Office: Fitzwilliam Sq., tel. 0404 691 17, ma.-vr. 9.20–17.15 uur.

Mount Usher Gardens ▶ G 6

Bij Ashford, www.mountushergardens.ie, mrt.-okt. dag. 10-17.20 uur (sluiting kassa), € 7,50, Avocacafé

Deze tuinen zijn aangelegd in de zogeheten Robinsonian stijl, genoemd naar de Ierse tuinarchitect William Robinson, de invloedrijkste vertegenwoordiger van een natuurlijke tuincultuur in de 19e eeuw. Van lente tot herfst, en zelfs als het regent, zijn het esdoorn-, rododendron-, azalea- en palmenpad langs het riviertje Vantry een bezoek waard. Het café van Avoca Handweavers belooft culinair genieten.

Overnachten

Kookschool – **Ballyknocken House:** Glenealy, Ashford, tel. 0404 446 27, www.ballyknocken.com, 2 pk incl. ontbijt vanaf € 110, vr./za. viergangendiner (vooraf aanmelden) € 45, kookcursus van een halve dag vanaf € 125. De jonge kok Catherine Fulvio biedt verschillende kookcursussen en verblijfspaketten aan.

Eten en drinken

Bio-imperium – **The Happy Pear:** Church Rd., Greystones, tel. 01 287 36 55, café en winkel ma.-za. 9-18, zo. 10-18, restaurant vr./za. 18-22 uur, www.thehappypear.ie. Achter een knaloranje houten façade serveren jonge mensen in hun drukke en gezellige biologische bistro *bolognese, ramen, teriyaki,* glutenvrije soepen, vegane pizza's en salades. Niet alleen gezond maar ook erg lekker. Great!

Powerscourt House & Gardens ✸ ▶ G 6

Enniskerry, www.powerscourt.com, dag. 9.30-17.30 uur, in de winter tot de schemering, gerestaureerde balzaal, zo. 9.30-13.30 uur (mei-sept. ook ma.), € 9,50

De bijzondere charme van Powerscourt Gardens wordt bepaald door de tegenstelling tussen de getemde natuur van de tuinen en het dramatische natuurlijke decor van de **Great Sugar Loaf.** Dit contrast laat zich het best bewonderen vanaf het terras. Het georgiaanse herenhuis werd in 1731 naar ontwerp van Richard Cassels gebouwd en na een verwoestende brand in 1974 gerestaureerd.

Vandaag de dag worden hier, naast een kleine expositie over het gebouw, meubels, gebreid goed, kunsthandwerk, boeken en nog veel meer verkocht. In het ongekend populaire zelfbedieningsrestaurant van **Avoca Handweavers**, met in de zomer een fantastisch zonneterras, kunt u zich laven aan heerlijke soepen, quiches, salades en taarten (dag. 9.30-17 uur).

Bijzondere blikvangers in het 20 ha metende park zijn de geometrische Italiaanse en de Japanse tuin, de te beklimmen peperbustoren, de in de 18e eeuw met versteend veenmos gebouwde grot en de beelden van gevleugelde paarden aan het meer. In het park bevindt zich ook Ierlands enige begraafplaats voor huisdieren. Circa 6 km hiervandaan stort Ierlands hoogste **waterval** (106 m) naar beneden (dag. 10.30/in de zomer 9.30 uur tot de schemering, € 6).

Wandeling naar de Great Sugar Loaf

Ruim een uur heen en terug duurt de beklimming van dit 501 m hoge suikerbrood van de Wicklow Mountains, de kwartsietkegel **Great Sugar Loaf.** Vertrekpunt is de parkeerplaats aan de zuidkant van de berg, waar een van de R755 aftakkend asfaltweggetje naartoe leidt. De wandeling voert grotendeels door groene weiden, alleen de piramideachtige top is steil en stenig. Eenmaal boven hebt u een weids uitzicht over de ruige bergnatuur.

Glendalough ▶ G 6

Over de pas Sally Gap (505 m) tussen de bergen Kippure en Djouce bereikt u de Gleann Dá Locha, het 'Dal van de twee meren'. Bij het bovenste meer stichtte de in 618 gestorven heilige Kevin een klooster. Meer in de richting van het dal werd in de 8e eeuw bij het onderste meer een nieuw klooster gesticht, op een ruim en beschut terras waar de Glendasan en de Glenealo samenvloeien. 'Glendalough vol pracht is het Rome van het westen', schreven tijdgenoten. In het dal, ooit door de heilige Kevin uitgekozen om zijn afgelegenheid, ontstond – ironie van de geschiedenis – een van de grootste kloosternederzettingen van Ierland. In deze 'universiteit van de Ierse vroege middeleeuwen' baden, studeerden en werkten tot wel drieduizend monniken, geleerden, studenten en 'leveranciers'.

De indrukwekkendste monumenten, die te allen tijde kunnen worden

Uitzicht op de Great Sugar Loaf vanaf het terras van Powerscourt House

bezocht, zijn geconcentreerd aan het Lower Lake: de 'kathedraal' uit de 10e-12e eeuw, die met haar schip van 15 bij 9 m een van de grootste vroeg-Ierse kerken is, met in de nabijheid een ronde toren en het priesterhuis uit de 12e eeuw met een interessant reliëf boven de deur. St. Kevin's Kitchen, uit de 11e/12e eeuw, dankt zijn legendarische naam aan de schoorsteenachtige toren boven de westelijke ingang.

Bezoekerscentrum

Half okt.-half mrt. dag. 9.30-17, half mrt.-half okt. dag. 9.30-18 uur, € 4
De tentoonstelling over het Ierse kloosterleven in Glendalough toont een model van het vroegere complex en drie hoogkruisen, waarvan het belangrijkste het 12e-eeuwse Market Cross is. Karakteristiek voor deze late periode zijn de weinige grote, bijna volplastisch van de achtergrond loskomende figuren. Boven een bisschop hangt de gekruisigde, wiens armen de dwarsarmen van het kruis bedekken. De achterzijde wordt volledig bedekt door ineengestrengelde ranken.

Wandeling naar het Upper Lake

Twintig minuten duurt de wandeling door een verveend, knoestig eikenbos naar het Upper Lake, waar u een mooi uitzicht hebt op het zich versmallende gletsjerdal. Hier liggen onder andere de vermoedelijk uit de bronstijd stammende grot **St. Kevin's Bed**, een klein ringfort en de resten van diverse kerken, waaronder de 11e-eeuwse Reefert Church, de grafkerk van de O'Tooles, de plaatselijke clanleiders.

Wicklow Mountains National Park Information Centre

www.wicklowmountainsnationalpark.ie, mei-sept. dag., okt.-apr. alleen za./zo. 10-17.30 uur, gratis
Het informatiecentrum van het Wicklow Mountains National Park, op de parkeerplaats bij het Upper Lake, geeft uitleg over regionale geologie, flora, fauna en mijnbouw en heeft ook suggesties voor wandelingen paraat. In het weekend is het hier druk.

Wandeling rond het Upper Lake ▶ G 6

Pittige wandeling, circa 13,5 km, 4,5 uur, stijging 380 m, begin/einde: Glendalough, parkeerplaats bij het Wicklow Mountains National Park Information Centre
Circa 20 m achter het informatiecentrum gaat u linksaf een beek over naar de **Poulanass Waterfall.** U volgt de gele pijlen om boven de waterval te komen, en vervolgens het langeafstandspad Wicklow Way. De klim, deels over spoorbielzen, is steil en inspannend. Waar de Wicklow Way afbuigt naar links over een riviertje volgt u de witte pijl naar rechts. Bij de tweede splitsing gaat u weer steil bergop door het bos. Eenmaal aangekomen op de top van de berg **Spink** bereikt u een uitzichtspunt met een prachtig zicht op het **Upper Lake.** Vanaf de Spink daalt het plankenpad af naar **Glenealo River.** Die steekt u over via een voetgangersbrug, waarna u rechts houdt. Nu volgt een steile, glibberige afdaling naar het Upper Lake. U passeert de ruïnes van een verlaten **loodmijn** (Miners Village) en komt vervolgens bij het meer. Via het makkelijke pad langs de oever keert u terug naar het informatiecentrum.

Overnachten, uitgaan

Gemoedelijk – **Pinewood Lodge:** Glendalough, tel. 0404 454 37, www.pinewoodlodge.ie, 2 pk incl. ontbijt

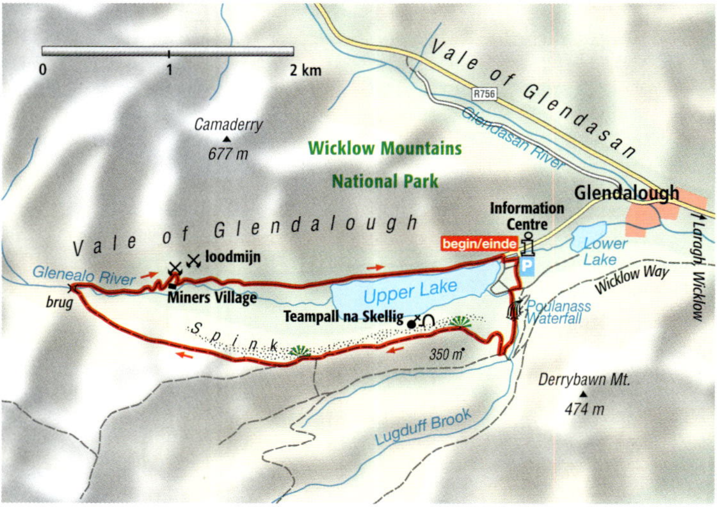

Wandeling rond het Upper Lake

vanaf € 75. Moderne B&B in een bungalow in het groen.

Jeugdherberg – **Glendaloch International Hostel:** The Lodge, tel. 0404 453 42, http://anoige.ie, 2 pk vanaf € 50. Onlangs gerestaureerd victoriaans jachthuis, kamers met eigen badkamer.

Trefpunt voor locals en toeristen – **Lynham's Hotel:** Laragh, bij Glendalough, tel 0404 453 45, www.lynhamsoflaragh.ie, hoofdgerecht ongeveer € 10. Traditionele pub met eten, op zaterdag livemuziek; ook kamers te huur.

Actief

Wandelen – **Gemarkeerde paden:** het langeafstandspad Wicklow Way en diverse routes in het National Park met een duur van 45 min. tot vier uur, www.wicklowway. Nadat u uw wandelschoenen hebt aangetrokken bent u al snel vrijwel alleen in het bos en in het ruige, natte en weidse veenlandschap.

Info

Bus: St. Kevin's Bus, tel. 01 281 81 19, www.glendaloughbus.com, dag. 11.30, 18, zo. in de zomer 19 uur vanuit Dublin, St. Stephen´s Green North, via Bray en Kilmacanogue, retour € 20.

Avondale House & Forest Park ▶ G 7

Rathdrum, www.heritageireland.ie, Pasen, apr.-okt. do.-zo. 11–17 uur, € 7

Avondale House, het in 1777 naar ontwerp van James Wyatt gebouwde geboortehuis van Charles Stewart Parnell, bezit een bezienswaardig interieur en memorabilia van de beroemde voorvechter van de Ierse onafhankelijkheid. Het huis is het vertrekpunt van gemarkeerde wandelingen van een tot vijf uur die u door het Avondale Forest Park met zijn oude bomen voeren.

The Meeting of the Waters

Zo bezong in 1807 de victoriaanse balladedichter Thomas Moore het samenvloeien van de Avonmore en de Avonbeg met de Avoca. Hoewel de plek, waar Moores dichtregels in brons zijn vereeuwigd, niet echt bijzonder is, komen er, getuige de voorzieningen, genoeg toeristen op af. Voor de hongerigen is er een filiaal van **Avoca Handweavers,** waar van 10 tot 17.30 uur taart en lunch te krijgen is.

Actief

Vakantie per huifkar – **Clissmann Horse Drawn Caravans:** Cronybyrne, circa 9 km ten zuidoosten van Glendalough, tel. 0404 469 20, www.clissmannhorsecaravans.com, € 940-1250 per week. Tot vier personen kunnen met een door een paard voortgetrokken huifkar met kookgelegenheid door de Wicklows sukkelen. Er worden ook wandelvakanties van een week met een ezel aangeboden.

Info

Bus: Bus Éireann 133 vanaf Georges Quay, Dublin, via Bray en Kilmacanogue naar Wicklow.

Russborough House ▶ G 6

Russborough, Blessington, www.heritageireland.ie, half mrt.-dec. dag. 10-18 uur, rondleiding € 11

De architect Richard Castle is de schepper van dit palladianistische meesterwerk met zijn representatieve gebogen façade (1741-48). Kenmerkend voor zijn stijl zijn de zwarte schouw in de toegangshal, deuren, lambriseringen en een trap van mahonie en de weelderige, door de gebroeders Lafranchini uitgevoerde stucdecoraties. In het trappenhuis kijkt, verborgen in een halve maan, het gezicht van de welgestelde bouwheer Joseph Leeson de bezoeker aan. In de met zilver en wandtapijten gedecoreerde vertrekken hangen de schilderijen uit de Alfred-Beitcollectie die nog niet gestolen zijn (kostbare doeken van onder anderen Rubens, Vermeer en Van Ruisdael werden beroemd omdat ze diverse keren uit Russborough House werden gestolen en voor een deel ook weer werden teruggevonden).

Ontspannende paden voeren door het uitgestrekte parklandschap rond het huis. Populair is ook het buxuslabyrint.

Eten en drinken

Landelijke herberg par excellence – **The Ballymore Inn:** Main St., Ballymore Eustace, tel. 045 86 45 85, www.ballymoreinn.com, dag. 12.30-21.15 uur, driegangenmenu € 38,95, in de pub hoofdgerecht circa € 14. Herberg met gezellig moderne inrichting met open haarden, leren banken, keramiektegels en kunst aan de muren; de Iers-moderne keuken van Georgina Sullivan heeft diverse prijzen gewonnen en is beslist een omweg waard.

Perfecte eenvoud – **Grangecon Café:** Lake Rd., Blessington, tel. 045 85 78 92, di.-za. 9-16 uur, lunch circa € 13. In een verbouwde school worden heerlijke, met de beste bio-ingrediënten bereide salades, ovenschotels, pasta's en sandwiches geserveerd; ook ontbijt.

Info

Bus: diverse keren per dag bus 65 vanaf Poolbeg St., Dublin, www.dublinbus.ie.

IN EEN OOGOPSLAG

Het zuidoosten

Hoogtepunt ✸

Rock of Cashel: de kalkstenen burchtheuvel verheft zich een halve kilometer ten noorden van het stadje Cashel spectaculair uit een groene weide en wordt gekroond door een complex van grijze oude gebouwen die worden omgeven door een verdedigingsmuur. Vanaf de 4e eeuw was Ierlands dramatische koningsrots de versterkte residentie van de Eóganachta, de koningen van Munster. De associaties met de nationale heilige St. Patrick en Ierlands mooiste romaanse kerk, St. Cormac's Chapel, maken deze door en door historische plek nog interessanter. Zie blz. 138.

Op ontdekkingsreis

Winkelen bij kunstenaars en ambachtslieden in en om Kilkenny: in het graafschap Kilkenny hebben zich buitengewoon veel kunstenaars en ambachtslieden gevestigd. Tijdens deze rondrit door een pastoraal heuvel- en weidelandschap brengt u een bezoek aan kaarsenmakers, pottenbakkers, glasblazers en zilversmeden. Daarbij kunt u de kunstenaars niet alleen in hun ateliers aan het werk zien, maar in de winkels ook koopjes in de wacht slepen. Zie blz. 146.

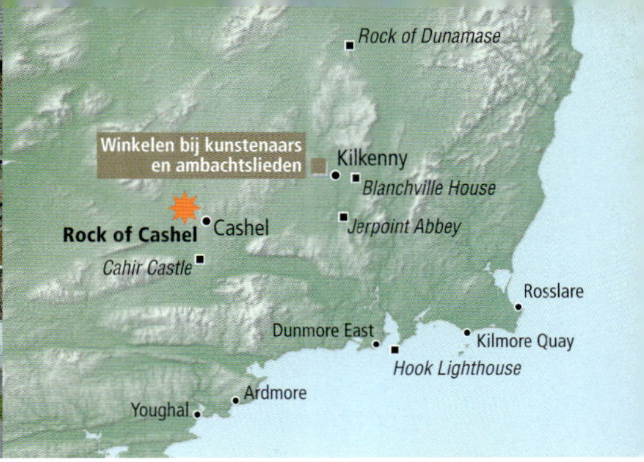

Bezienswaardigheden

Cahir Castle: de inclusief muren, burchttoren en grote zaal volledig behouden residentie van de Butlers uit de 13e tot 15e eeuw is een van Ierlands machtigste burchten. Zie blz. 136.

Jerpoint Abbey: Ierlands mooiste cisterciënzerabdij fascineert vooral door de sculpturen van abten, ridders en fabeldieren in de kruisgang. Zie blz. 149.

Actief

Watersport: de hele zuidoostkust is ideaal, bijvoorbeeld Rosslare, Kilmore Quay, Dunmore East of Youghal. Zie blz. 128, 133 en 135.

Wandelen bij Ardmore: een makkelijke wandeling van ongeveer een uur begint bij de sfeervolle, archaïsche St. Declan's Well en ontsluit de rijkdom van de zachte zuidkust. Zie blz. 135.

Sfeervol genieten

Rock of Dunamase: een mooier uitzicht over het zachte heuvellandschap van de graafschappen in het binnenland is niet denkbaar. Pluspunt: picknicken tegen het decor van een oude burchtruïne. Zie blz. 124.

Hook Lighthouse: het uitzicht over zee vanaf Ierlands oudste vuurtoren is weergaloos. Zie blz. 129.

Blanchville House: logeren en ontbijten als lords en ladies in een georgiaans herenhuis – stijlvol én betaalbaar. Zie blz. 144.

Uitgaan

Brú Ború: Gaelische muziek- en dansavonden krijgen zelfs de grootste sufferd uit zijn stoel. Zie blz. 138.

Kilkenny: deze historische stad is overdag een blikvanger en 's avonds een swingende partybestemming. In het weekend barsten de meer dan honderd pubs en clubs uit hun voegen. Zie blz. 145.

Ierlands zonnigste regio

Aangezien de Golfstroom de kust van dit deel van Ierland omspoelt, is het zuidoosten de zonnigste en droogste regio van het land, die bij uitstek geschikt is voor fiets- en wandeltochten, watersporten, zwemmen en zonnebaden op de zand- en rotsstranden. De in het binnenland gelegen graafschappen Kildare, Laois, Carlow, Tipperary en Kilkenny worden gekenmerkt door een zachtglooiend en tot ontspannen uitnodigend agrarisch landschap. Voor kunstliefhebbers zijn de Rock of Cashel en de met beeldhouwwerk versierde abdij van Jerpoint niet te missen hoogtepunten. Stadsleven bieden de uitgaansmetropolen Kilkenny en vooral Waterford.

Newbridge ▶ F 6

Museum of Style Icons

Athgarven Rd., www.newbridgesilverware.com, ma.-za. 9-18, zo. 11-18 uur

In het bezoekerscentrum van de kleine plaats Newbridge bevindt zich een van Ierlands meestbezochte gratis attracties. In het Museum of Style Icons worden kledingstukken van beroemdheden als prinses Diana, Michael Jackson, The Beatles, Marilyn Monroe en anderen tentoongesteld.

Internet

www.discoverireland.ie/places-to-go: de Engelstalige website van Fáilte Ireland biedt de mogelijkheid online accommodatie te reserveren en een massa informatie over bijvoorbeeld wellness en sport, gezinsvriendelijke attracties, tuinen en bezienswaardigheden.

Kildare ▶ F 6

De ruim achtduizend inwoners van het plattelands- en marktstadje Kildare leiden, aan die indruk kan men zich niet onttrekken, een rustig leventje. In de groene weiden rond Kildare en Newbridge grazen paarden die miljoenen waard zijn en rijgt de ene stoeterij zich aan de andere. Op de paardenrenbaan **The Curragh** kunt u op avonden wanneer er geen races zijn de jockeys zien trainen. Dan laten de fijngebouwde bruine rossen onder de kleine ruiters zien waarom ze over de hele wereld beroemd zijn.

St. Brigid's Cathedral

Kildare Town, mei-sept. ma.-za. 10-13, 14-17, zo. 14-17 uur, toren € 4

Op het kerkhof in het centrum staat Ierlands op een na hoogste ronde toren, die kan worden beklommen. De bijbehorende kathedraal is niet ouder dan de 13e eeuw, ook al zijn er fundamenten te zien waar volgens de overlevering de heilige Brigida het 'heilige vuur' dag en nacht brandend zou hebben gehouden. Brigida is Ierlands belangrijkste heilige na St. Patrick, haar symbool is een van biezen gevlochten kruis. Ze stichtte hier wel, vermoedelijk in de 5e/6e eeuw, een klooster dat door monniken en nonnen gezamenlijk werd bewoond. De figuur van Brigida toont nog kenmerken van de gelijknamige heidense vruchtbaarheids- en moedergodin, wier symbolen ook het eeuwige vuur en een kruis (een zonnesymbool) waren.

Irish National Stud

Tully, Kildare, www.irishnationalstud.ie, dag. 9-18 uur, € 12,50

In het voorstadje Tully, een kleine 2 km ten zuiden van het centrum, ligt het

De paardenrennen op The Curragh zijn niet alleen voor paardenliefhebbers een belevenis

mekka van de Ierse paardenfokkerij. Op het uitgestrekte terrein vindt u diverse attracties. De kleine **Japanse tuin**, aangelegd door Tassa Eida in 1906-1910, symboliseert het menselijk leven en is een van de belangrijkste tuinen van deze soort in Europa. Als u niet met een hele horde tegelijk over het Pad des Levens wilt wandelen, door de Tunnel der Onwetendheid wilt schrijden of de Berg der Eerzucht wilt beklimmen, kunt u beter niet in het weekend komen.

Het **Irish Horse Museum** is gewijd aan de geschiedenis van de Ierse rensport. Te zien zijn onder andere het skelet van Arkle, het beste steeplechaserenpaard aller tijden, en een weegschaal voor jockeys. In de lage witte stallen van de **Irish Stud** kunt u de waardevolle dekhengsten bewonderen, bij goed weer grazen de meestal bruine paarden buiten op de omheinde stukken grasland. Erg de moeite waard is een bezoek in de lente, als de merries en hun veulens buiten lopen.

Uitgestrekt is **St. Fiachra's Garden** met vijvers, watervallen en een nagebouwd kloosterdorp van bijenkorfhutten. De heilige bron **St. Brigid's Well** ligt circa 500 m buiten de stoeterij in de richting van de autosnelweg, direct langs de weg. Bij de vijf stenen aan het kanaaltje bidden de pelgrims, hun wensen hangen ze in de vorm van lapjes stof in de wensboom.

Overnachten, eten

Alles in een – **Silken Thomas:** Market Square, tel. 045 52 22 32, www.silkenthomas.com, 2 pk vanaf € 75, ma.-do. 8-23.30, vr./za. tot 0.30, zo. 9-23 uur. Eenvoudige maar prettige kamers met badkamer, aangrenzend een gezellige pub met goedkope *pub grub* en restaurant Chapter 16 (hoofdgerecht circa € 16).

Info en evenementen

Tourist Information: Market Square, tel. 045 53 06 72, www.kildare.ie, ma.-za. 9.30-13, 14-17 uur. Er is ook een bezoekerscentrum.

Bus/trein: meerdere ▷ blz. 125

Favoriet

Picknicken bij een ruïne – op de Rock of Dunamase ▶ F 6

De Rock of Dunamase is een 258 m hoge rots, die eenzaam en steil boven het vlakke weidelandschap van Laois uitsteekt. Er bovenop lag al minstens sinds de 9e eeuw een *dun*, een Keltisch koningsfort. De huidige burchtruïne stamt uit de 12e eeuw. Langs machtige ringmuren, ronde torens en poorthuizen beklimt u het rotsplateau om eenmaal boven uw blik rond te laten zweven. Tussen brokstukken van muren die zelfs ingestort ontzag inboezemen groeit en bloeit het. Als de zon schijnt is dit een van Ierlands mooiste plekken om te picknicken, in het gras te dommelen en over het verleden te dromen …

keren per dag naar Dublin, bus stopt ook bij The Curragh, extra bussen als er races zijn.
The Irish Derby Festival: eind juni, The Curragh, Newbridge, tel. 045 44 12 05, www.curragh.ie, circa € 20. Belangrijkste paardenrennen van Ierland en een sociaal gebeuren. Ook rennen van mrt.-okt., ongeveer ieder derde weekend van de maand.

Ten zuiden van Kildare

Moone ▶ F 6

Het slanke granieten hoogkruis, het **High Cross,** van Moone staat romantisch midden op een begraafplaats die hoort bij een georgiaans herenhuis met burchtresten uit de tijd van de Noormannen. De stijve en enorm archaïsch aandoende Bijbelse scènes stammen uit de 8e/9e eeuw. De schacht, die zich verheft boven een hoge sokkel, is rondom bedekt met monsters en dieren. Op de sokkelreliëfs ontdekt u de typisch Keltische driehoekige vorm van de hoofden. Tegen de oostkant van de sokkel staan onder andere Daniël en de zeven leeuwen afgebeeld, tegen de westkant de kruisiging en de twaalf apostelen.

Eten en drinken

Old-world charm – **Moone High Cross Inn:** Bolton Hill, circa 5 km ten zuiden van Moone, tel. 059 862 41 12, www.moonehighcrossinn.com, 2 pk incl. ontbijt € 85, diner € 11-20. Deze authentieke, wat sombere 18e-eeuwse herberg serveert de hele dag *pub grub*, erg populair zijn hier bijvoorbeeld de steaks. De waard vertelt graag verhalen over Keltische heelstenen en andere oude vondsten die hij in huis en tuin bewaart.

Castledermot ▶ F 7

Ook de beide hoogkruisen op het kerkhof van Castledermot werden vermoedelijk in de 9e eeuw uitgebeiteld. De oeroud, bijna heidens, aandoende figuren en de grove geometrische patronen komen ook zo onbeholpen over omdat graniet een moeilijk te bewerken materiaal is. In de nabijheid van de kruisen ziet u ook een ronde toren en een romaanse deurstijl.

Browne's Hill Dolmen ▶ F 7

Deze reusachtige, honderd ton wegende deksteen is de zwaarste van alle megalietgraven in Europa. Boerenclans uit de jonge steentijd sjorden hem in het derde millennium v.Chr. op drie keien, om eronder hun doden bij te zetten. De dolmen ligt 3 km ten oosten van Carlow, de hoofdstad van het gelijknamige graafschap.

Portlaoise ▶ F 6

De ongeveer 20.000 inwoners tellende hoofdstad van het graafschap Laois (spreek uit: Liesch) is op zich weinig opmerkelijk, maar biedt een voortreffelijk overnachtingsadres en diverse pubs aan de hoofdstraat die de lokale jeugd Saturday Night Fever bieden.

Overnachten

Victoriaans – **Ivyleigh House:** Bank Pl., tel. 057 862 20 81, www.ivyleigh.com, 2 pk incl. ontbijt vanaf € 115. Zoals de naam al doet vermoeden is deze georgiaanse stadswoning begroeid met klimop. De charmante, framboosrood geschilderde kamers zijn ingericht met antieke meubels. Bij het ontbijt moet u beslist de pannenkoekjes met Cashel Blue proberen.

Excursie naar Emo Court ▶ F 6

Emo, Pasen-sept. www.heritageireland.ie, dag. 10-18 uur, € 4

Een van de fraaiste adellijke residenties van Ierland, het statige, wat somber ogende Emo Court, werd in 1790 in palladianistische stijl ontworpen door de toenmalige Ierse sterarchitect James Gandon. Onderdeel van het park eromheen is een laan met honderdvijftig jaar oude mammoetbomen. Achter de machtige zuilenfaçade maakt vooral de *drawing room* met zijn vier marmeren zuilen indruk. Emo Court kwam in de jaren 60 van de vorige eeuw in bezit van majoor Cholmeley Harrison, die het stijlvol liet restaureren. Hij vermaakte het bezit in 1994 aan de Ierse staat maar bleef er tot zijn dood in 2008 wonen.

Naar de Slieve Bloom Mountains ▶ E 6

www.slievebloom.ie

Door de verlaten, met veen bedekte Slieve Bloom Mountains leidt het 77 km lange gemarkeerde langeafstandspad Slieve Bloom Way. Een uur hebt u nodig voor de wandeling vanaf de parkeerplaats in Glenbarrow langs de River Barrow naar de waterval Clamp Hole en weer terug.

Wexford ▶ G 8

Het door de Vikingen gestichte Wexford, hoofdstad van het gelijknamige graafschap, is een gezellige maar allesbehalve spectaculaire kleine stad met nauwe steegjes, veel pubs en bontgekleurde winkelpuien langs de hoofd- en winkelstraat Main Street. Wexford is een goede standplaats voor of na de veerovertocht naar of van het Verenigd Koninkrijk of Frankrijk. Hier kunt u tijdens een wandeling langs de havenkade frisse zeelucht opsnuiven en huiveren bij de herinnering aan het afschuwelijke jaar 1649. Toen veroverde Oliver Cromwell de stad en werden vijfduizend inwoners afgeslacht, die zich op zoek naar hulp rond het marktkruis hadden verzameld.

Westgate/St. Selskar's Abbey

Alleen van buiten te bezichtigen of tijdens rondleidingen van het Tourist Office

In het centrum van Wexford staat als laatste overblijfsel van de middeleeuwse versterkingen de gerestaureerde verdedigingstoren Westgate. De ruïnes van de 13e-eeuwse St. Selskar's Abbey worden gedomineerd door de massieve westelijke toren. De naam Selskar's zou een verbastering zijn van het Engelse Saint Sepulchre (Heilig Graf), aangezien de abdij werd gesticht door een dame die haar op kruistocht vertrokken gemaal dood waande. Toen de man na lange tijd terugkeerde, trof hij zijn vrouw als non aan, waarop hem niets anders restte dan het stichten van een monnikenklooster om daar zijn heil te zoeken.

Irish National Heritage Park

Vier km ten noordwesten van Ferrycarrig, www.inhp.com, dag. mei-aug. 9.30-18.30, sept.-apr. 9.30-17.30 uur, € 9,50, café/restaurant

Midden in een moeraslandschap werd negenduizend jaar Ierse cultuur liefdevol nagebouwd: van een dorp uit de steentijd tot een vroegmiddeleeuws klooster met bont beschilderd hoogkruis en een gereconstrueerde Noormannenburcht. In de zomer verlevendigen acteurs het openluchtmuseum.

Overnachten

In de burcht – Killiane Castle: 3 km ten zuiden van Drinagh, tel. 053 915 88 85, www.killianecastle.com, 2 pk incl. ontbijt vanaf € 100, appartementen € 375-525 per week. Comfortabele B&B-kamers in dit grote, rond een boerenhoeve ingerichte complex, tevens Noormannenburcht; tennis, natuurpaden, torenbeklimming.
Modern hotel – The Talbot Wexford: On the Quay Wexford, tel. 053 912 25 66, www.talbotwexford.ie, 2 pk incl. ontbijt vanaf € 69,50. Direct aan zee in de binnenstad, met zwembad en fitnessruimte.
Camping – Ferrybank Caravan & Camping Park: Crescent Quay, tel. 053 918 52 56, http://wexfordswimmingpool.ie, staanplaats circa € 20. Mooi zicht op de stad vanaf de rivieroever ertegenover, gerenoveerd overdekt zwembad.

Eten en drinken

Vis aan de kade – La Cote Seafood Restaurant: tel. 053 912 21 22, di.-do. 18-21.30, vr./za. 17.30-21.30 uur, 3 gangen € 32. Verse vis van plaatselijke vissers, modern bereid en alleszins betaalbaar.

Actief

Fietsverhuur – Bike Shop: 9 Selskar St., tel. 053 912 25 14. Circa € 12 per dag.
Strand met duinen – Curracloe: kilometerslang zandstrand ongeveer 10 km ten noorden van Wexford.

Uitgaan

Instituut – Centenary Stores: Charlotte St., ma.-do. 10.30-23.30, vr./za. 10.30-0.30, zo. 12.30-23 uur. Pub/dansclub in voormalig pakhuis, publiek rond de dertig, folkmuziek.

Info en evenementen

Tourist Information: Crescent Quay, tel. 053 912 31 11, www.visitwexford.ie (website voor het hele graafschap), ma.-za. 9-13, 14-18 uur
Bus/trein: Station, Redmond Square, tel. 053 912 25 22, meerdere treinen per dag naar Rosslare en Dublin, bussen ook naar Waterford, Limerick, Galway.
Wexford Festival Opera: tweede helft van okt., National Opera House, High St., tel. 053 912 21 44, www.wexfordopera.com, http://nationaloperahouse.ie. Kenners noemen dit operafestival 'Europa's best bewaarde geheim': jonge en gedreven artiesten voeren drie vergeten opera's op; kaarten zijn vaak al een half jaar van tevoren uitverkocht. 's Avonds napraten in een van de veertig pubs in de stad.

Rosslare ▶ G 8

In Rosslare Harbour leggen de *car ferries* uit het Verenigd Koninkrijk en Frankrijk aan. Het is een eigenaardige opeenhoping van hotels, B&B's en souvenirshops. Brede, door duinen geflankeerde stranden strekken zich uit rond Rosslare, dat 8 km ten noorden van Rosslare Harbour ligt, en ten noorden van het boven Wexford gelegen Curracloe Beach.

Overnachten

All inclusive op zijn Iers – Kelly's Resort Hotel & Spa: Rosslare Strand, tel. 053 913 21 14, www.kellys.ie, 2 pk incl. halfpension circa € 276. Modern gebouw met drie verdiepingen aan het strand, familiehotel met het bekroonde

Beaches Restaurant en bar/bistro La Marine, veel animatie. Geweldige spa met overdekt zwembad, sauna, fitness enzovoort.

Actief

Golf – **St. Helen's Bay Golf & Country Club:** Kilrane, Rosslare Harbour, tel. 053 913 32 34, www.sthelensbay.com. Greenfees vanaf € 25. Ierlands zonnigste golfterrein, duinen,18 holes, overnachtingsmogelijkheden, golflessen.
Watersport – **Rosslare Watersports Centre:** Rosslare Strand, tel. 053 913 22 02, www.rosslareholidayresort.ie, windsurf-, kajak-, en zeilschool, verhuur van uitrusting.

Info

Trein/bus: drie keer per dag trein (tel. 053 912 25 22) en meerdere bussen per dag (tel. 053 913 22 77) via Wexford naar Dublin en naar andere bestemmingen.
Veerboten: Irish Ferries, tel. 053 913 31 58, www.irishferries.com, car ferries naar Pembroke (Wales) en Cherbourg. Diverse autoverhuurders bij de terminal.

Kilmore Quay ▶ G 8

De witgekalkte vissershuisjes van dit havenplaatsje vormen een van de grootste concentraties rietgedekte cottages in heel Ierland.

Bij de vissers in de haven kunnen overtochten worden geboekt naar de onbewoonde **Saltee Islands**, een van Ierlands belangrijkste vogelreservaten. Na het broedseizoen van lente tot vroege zomer is er op de eilanden echter niet veel (vogel)leven te bespeuren (www.salteeislands.info).

Eten en drinken

Seafood, wat anders? – **The Lobster Pot Seafood Bar:** Carnesore Point, Carne, tel. 053 913 11 10, di.-za. 12-21, zo. tot 20.30 uur, hoofdgerecht circa € 26. Naast schol, zalm enzovoort worden in deze ouderwets-gezellig ingerichte pub aan een kruispunt ook steaks en andere vleesgerechten geserveerd. De prijzen zijn echter aan de pittige kant.

Actief

Watersport – **visexcursies:** diverse bootverhuurders, u kunt bijvoorbeeld uitvaren met de *Autumn Dream*; naast vischarters ook uitstapjes naar de Saltee Islands; meer informatie, ook over walvis- en dolfijnobservatie: tel. 087 213 53 08, www.kilmoreangling.com.

In weer en wind kan worden gewandeld op het brede strand van Rosslare

Hook Peninsula ▶ F 8/9

https://hookpeninsula.com
Het uitnodigende kustlandschap van dit schiereiland leent zich prima voor fietstochten, zwemmen, duiken en relaxen. Bewegwijzerde routes voeren rond Bannow Bay en naar Hook Head, de punt van het schiereiland. Een rustige sfeer heerst in het vissersnest Slade met het 15e/16e-eeuwse *tower house*.

Tintern Abbey ▶ F 8

Eind mrt.-begin nov. dag. 10-17 uur, € 4
Wind en golven dreigden tijdens een overtocht naar Engeland William Mar-shall schipbreuk te laten lijden. In hoogste nood deed hij de gelofte in Ierland een klooster te stichten, mocht hij overleven. Aldus geschiedde en in 1200 loste hij zijn belofte in met de bouw van deze cisterciënzerabdij, die hij noemde naar een beroemd voorbeeld in Wales. Vanaf de 16e eeuw tot in de jaren 60 van de vorige eeuw werd het verbouwde klooster bewoond door de familie Colclough. Langs natuurpaden kunt u de omgeving verkennen.

Hook Lighthouse ▶ F 9

Fethard-on-Sea, hookheritage.ie
rondleidingen juni-aug. dag. 9.30-18, mei, sept. tot 17.30, okt.-mei tot 17 uur, € 9, café
Ierlands oudste vuurtoren troont boven een voor het zuidoosten ruige rotskust. De middeleeuwse toren, rond 1300 gebouwd, is volledig opgenomen in de zwart-wit gestreepte en in 1996 geauto-

matiseerde vuurtoren. De huidige spits werd overigens pas in 1810 toegevoegd. Vanaf de rotsen aan de voet van de toren kunt u vogels, zeehonden en soms ook walvissen en dolfijnen spotten.

Dunbrody Abbey ▶ F 8

www.dunbrodyabbey.com, mei-half sept. dag. 11-18 uur, abdij € 3, labyrint, Pitch-and-Putt € 6

Deze in 1170 gestichte cisterciënzerabdij toont de van het vasteland geïmporteerde gotiek. De in een groene weide gelegen kerk is met haar 60 m lange schip het opvallendste onderdeel van een van de indrukwekkendste kloosterruïnes van Ierland.

Op de knerpende grindpaden van het in de 17e eeuw aangelegde **taxuslabyrint** kunt u schitterend verdwalen. En op het 9 holes tellende Pitch-&-Putt-terrein eromheen kan het in de hole slaan van de bal worden geoefend, dit alles in de schaduw van met klimop begroeide ruïnes.

Overnachten

Georgiaans boerenhuis – **Glendine Country House:** Arthurstown, 3 km ten zuiden van Dunbrody Abbey, tel. 051 38 95 00, www.glendinehouse.com, 2 pk incl. ontbijt € 98-110. Comfortabele kamers met eigen badkamer in een huis in *country style* met uitzicht op zee, grote tuin, ook halfpension.

New Ross ▶ F 8

Dit met zijn kronkelende, vaak steil omhooglopende steegjes nog echt ouderwets aandoende stadje (8000 inwoners) werd rond 1200 door de Normandiërs gesticht als handelspost. Zijn toenmalige economische en huidige toeristische betekenis dankt het aan de ligging te midden van het waterwegenlabyrint van de Barrow en haar zijrivieren.

Historische gebouwen zijn de **Tholsel** (stadhuis), een classicistisch gebouw uit 1749 met een achthoekige koepel en een uurwerktoren, en de resten van de 13e-eeuwse **St. Mary's Church**, die zijn opgegaan in een 19e-eeuwse kerk.

Dunbrody Heritage Ship

Dunbrody Famine Ship, New Ross, www.dunbrody.com, dag. 9-18 uur, € 10

In de haven van New Ross, waar het zich allemaal afspeelt aan 'The Quay', ligt dit nagebouwde 'hongerschip' voor anker, waarop in de 19e eeuw zo veel Ieren naar Amerika emigreerden of omkwamen.

John F. Kennedy Arboretum ▶ F 8

New Ross, www.heritageireland.ie, dag. mei-aug. 10-20, apr./sept. 10-18.30, okt.-mrt. 10-17 uur, € 3, restaurant, café

Dit bomenpark, circa 10 km ten zuiden van New Ross, werd in 1968 geopend als 'levend monument' ter nagedachtenis aan John F. Kennedy, die van Ierse afkomst was en die in 1963, kort voordat hij werd vermoord, Ierland met een bezoek vereerde. Hoogtepunten zijn de rododendrons en de eucalyptusbomen, waarvan de bladeren als voer dienen voor de koala's in de Dublin Zoo.

Overnachten

Functioneel – **Killarney House:** 2 km buiten The Maudlins, tel. 051 42 10 62, http://homepage.eircom.net/~killarneyhouse, 2 pk incl. ontbijt circa € 65. Schone, niet overweldigend mooie B&B in een moderne bungalow.

Eten en drinken

Op het water – **Galley Cruising Restaurant:** North Quay, tel. 051 42 17 23, www.rivercruises.ie, apr.-sept. 12.30, 15, 18 uur. Lunch (€ 25), afternoon tea (€ 12) of diner (€ 40) op een boot die ongeveer drie uur over de River Barrow vaart.

Info

Tourist Information: The Quay, in het bezoekerscentrum van het Dunbrody Heritage Ship, tel. 051 42 52 39, dag. 10-18 uur.

Waterford ▶ F 8

De 51.500 inwoners van Port Láirge, zoals de hoofdstad van het gelijknamige graafschap en de zetel van het regionale bestuur van Zuidoost-Ierland in het Gaelisch heet, genieten het voorrecht in een van Ierlands economisch florerende regio's te wonen. 'Winkelmetropool van het zuidoosten', noemt zich deze nuchter-bedrijvige en moderne industrie- en havenstad, iets dat men in het aantrekkelijke voetgangers- en winkelgebied aan Barronstrand, Broad, High en Georges Street graag gelooft. Ook aan de aparte nieuwe havenkade is te zien dat er verandering in de lucht zit. Behoudend is daarentegen de topografie van de stad, want het ongeveer driehoekige centrum, bestaand uit The Quay, Barrowstrand Street en het verlengde ervan, en Parnell Street/The Mall, laat nog enigszins de vorm zien van de Vikingstichting uit 914 – Waterford is Ierlands oudste stad.

Christ Church Cathedral 1

Cathedral Sq., apr.-okt. ma.-vr. 10-17, za. 10-16, nov.-apr. ma.-vr. 10-15 uur

Aan de bloeitijd van de stad en van de glasindustrie in de 18e/19e eeuw herinneren de classicistische huizen langs The Quay, The Mall met het stadhuis en Europa's enige neoklassieke georgiaanse kathedraal uit de late 18e eeuw.

Bishop's Palace 2

The Mall, www.waterfordtreasures.com, ma.-vr. 9.15-18, za. 9.30-18, zo. 11-18, sept.-mei steeds tot 17 uur, € 7

In het georgiaanse voormalige bisschoppelijk paleis huist nu een afdeling van het Waterford Museum of Treasures met 18e-eeuwse meubels, zilver en kristal. De begane grond en de eerste etage zijn ingericht in een elegante stijl zoals een stadshuis er in de 18e eeuw moet hebben uitgezien.

Medieval Museum 3

The Mall, www.waterfordtreasures.com, ma.-vr. 9.15-18, za. 9.30-18, zo. 11-18, sept.-mei steeds tot 17 uur, € 7

De tweede afdeling van het Waterford Museum of Treasures is een modern gebouw, dat de 13e-eeuwse Chorister's Hall en de 15e-eeuwse Mayor's Wine Vault omsluit. Tentoongesteld zijn onder andere een oorkonde uit 1373 met een stadsgezicht van Waterford en kostbare liturgische gewaden uit de late middeleeuwen. Met poppen en displays wordt Waterfords middeleeuwse tijd bovendien beeldend in scène gezet.

Reginald's Tower 4

Parade Quay, www.waterfordtreasures.com, jan.-begin mrt. wo.-zo. 9.30–17, begin mrt.-half dec. dag. 9.30–17.30 uur, € 4

De oudste bezienswaardigheid van de stad zou in 1003 door een Deen zijn gebouwd, maar stamt vermoedelijk uit de 12e eeuw. Achter de 4 m dikke muren wijdt zich deze afdeling van het Waterford Museum of Treasures aan de geschiedenis van de Vikingen. Een zwaard uit een vikinggraf uit de 9e eeuw en de overdadig met zilver- en goudsmeed-

Waterford

Bezienswaardigheden
1 Christ Church Cathedral
2 Bishop's Palace
3 Medieval Museum
4 Reginald's Tower
5 Clock Tower
6 Garter Lane Arts Centre

Overnachten
1 Blenheim House
2 Coach House Guest House
3 Athenaeum House
4 Portree Guest House

Eten en drinken
1 La Bohème
2 L'Atmosphere

Winkelen
1 Waterford Crystal
2 Markt

Actief
1 Golf & Country Club Waterford Castle
2 Dunmore East Adventure Centre
3 Copper Coast Geopark

Uitgaan
1 Geoff's Cafe-Bar

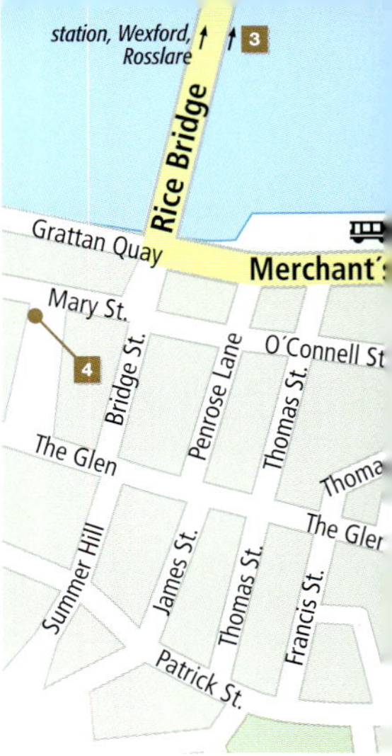

werk versierde Waterford Kite-broche zijn hier de highlights.

Clock Tower 5

Waterford is prima te voet te verkennen. Het mooiste wandeltraject loopt vanaf Reginald's Tower langs de oeverpromenade, met uitzicht op de zeehaven met haar containerschepen. De River Suir kent nog getijdenwerking. Onderweg passeert u de victoriaanse uurwerktoren.

Garter Lane Arts Centre 6

O'Connell St., www.garterlane.ie, dag. 10-18 uur, tel. 051 85 50 38, gratis
Het toonaangevende cultuur- en expositiecentrum van de regio, waar ook een theater bijhoort, is ondergebracht in een georgiaanse stadswoning. Op het programma staan muziek en dans, en bovendien arthousefilms.

Overnachten

Landhuis – **Blenheim House 1**: Blenheim Heights (5 km ten oosten van Waterford aan de R683 naar Passage East), tel. 051 87 41 15, blenheimhouse.wixsite.com/waterford/contact, 2 pk incl. ontbijt € 100. Gemoedelijk, in 1763 gebouwd landhuis met oude meubels en kunst, rond het huis grazen herten.

Burcht in de tuin – **Coach House Guest House 2**: Butlerstown (circa 5 km ten zuidwesten van Waterford), Castle Rd., tel. 086 223 81 02, www.butlerstowncastle.com, 2 pk incl. ontbijt vanaf € 89. Een beetje buitenaf in het groen, kamers met eigen badkamer in smaakvol gerestaureerd victoriaans huis; op het terrein ommuurde tuin en burchtruïne.

Boetiekhotel – **Athenaeum House 3**: Christendom, Ferrybank, tel. 051 83 39 99, www.athenaeumhousehotel.com, 2 pk vanaf € 80 (zie de website voor actietarieven). Designhotel met krachtige kleuren op de noordoever van de Suir, ruime kamers, licht restaurant Zaks met eigentijdse keuken.

Gastvrij – **Portree Guest House 4**: 10-11 Mary St., tel. 051 87 45 74, www.portreeguesthouse.ie, 2 pk incl. ontbijt vanaf € 59. Georgiaanse stadswoning in rustige doodlopende straat, aangenaam lichte kamers en goed ontbijt.

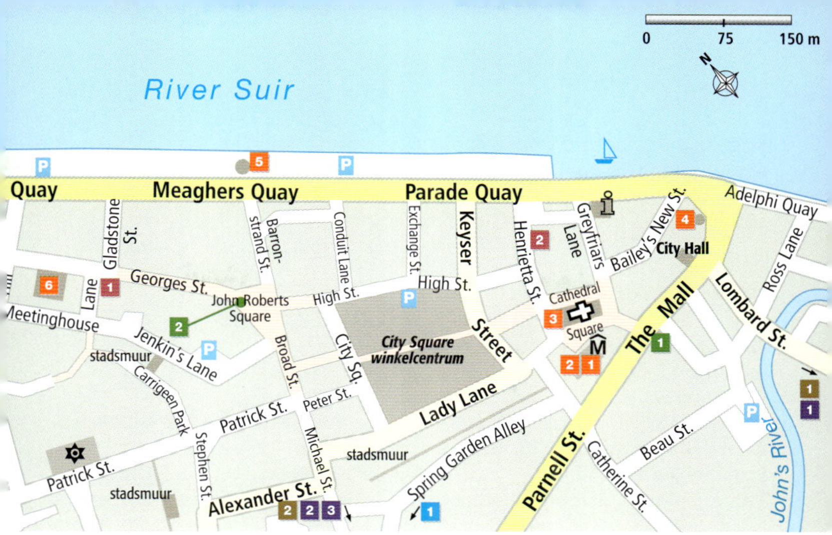

Eten en drinken

Weelderig gewelf – **La Bohème** 1: 2 George´s St., tel. 051 87 56 45, www. la bohemerestaurant.ie, vr. 12-14, di.-za. 17.30 uur tot laat, driegangenmenu vanaf € 36. In een overweldigende georgiaanse ambiance met stenen vloer en neobarok design wordt hier eigentijdse keuken met traditionele roots geserveerd.

Frans – **L'Atmosphere** 2: 19 Henrietta St., tel. 051 85 84 26, ma.-vr. 12.30-14.30, (za.) 17.30 tot laat, zo.12.30-13, 17.30-21.30 uur, hoofdgerecht circa € 22. Frans-Ierse paté's, visgerechten, goede prijs-kwaliteitverhouding.

Winkelen

Kristal – **Waterford Crystal** 1: The Mall, www.waterfordvisitorcentre.com, rondleiding door de fabriek ma.-vr. 9.30-15.15 uur, mrt.-okt. ook za./zo. en later, € 13. Ierlands bekende kristalproducent biedt in zijn moderne gebouw rondleidingen aan langs 's werelds grootste expositie van kristal en langs de onvermijdelijke winkel. Na sluiting en verkoop schijnt het voortbestaan van de vooral bij Amerikanen geliefde kristalfabriek sinds enkele jaren veiliggesteld.

Groente en fruit – **Markt** 2: za. ochtend, George's St. Ook kunstnijverheid en lekkere hapjes voor de lunch.

Actief

Golf – **Golf & Country Club Waterford Castle** 1: The Island, Ballinakill, tel. 085 866 68 17, www. waterfordcastleresort.com, greenfees € 30-45. Bij het op een eilandje in de Suir gelegen Waterford Castle Hotel, 18 holes.

Watersport – **Dunmore East Adventure Centre** 2: Dunmore East (13 km ten zuiden van Waterford), tel. 051 38 37 83, www.dunmoreadventure.com. In dit badplaatsje met rietgedekte cottages en een haventje biedt het watersportcentrum een veelvoud aan mogelijkheden: van zeilen en kajakken tot klimmen. Ook verhuur van uitrusting.

Uitgaan

Studentikoos – **Geoff's Cafe-Bar** 1: 8/9 John St., ma.-do. 10.30-23.30, vr./za. 10.30-0.30, zo. 12.30-23 uur. Rockachtige muziek in een grotachtige pub.

Info en evenementen

Tourist Information: 120 Parade Quay, tel. 051 87 58 23, ma.-za. 9-17.15 uur.
Vliegtuig: Waterford Airport, 7 km ten zuiden van Waterford, tel. 051 84 66 00, www.flywaterford.com, vluchten naar Birmingham en London.
Trein: Plunkett Station, noordoever van de Suir, tel. 051 87 34 01. Dag. treinen naar Dublin, Kilkenny en Limerick.
Bus: busstation, Merchants' Quay, bij de Tourist Information, tel. 051 87 90 00. Meermaals per dag naar onder meer Tramore, Wexford, Dublin en Dungarvan.
Stadsbussen: vertrekken bij de Clock Tower.
Veerboten: car ferry van Passage East naar Ballyhack, 5 min., ma.-za. 7-22, zo. 9.30-22, okt.-mrt. tot 20 uur, tel. 051 38 24 80, www.passageferry.ie.
Spraoi: begin aug., tel. 051 84 18 08, www.spraoi.com. Apart en kleurig straatcarnavals en -theaterspektakel.

Aan de kust

Dungarvan ▶ E 9

Deze kustplaats met circa 9500 inwoners omsluit fotogeniek een baai waaraan de ruïnes van een burcht en een augustijnenklooster liggen. De stranden, de bossen in het binnenland, de uitstekende accommodaties, restaurants en galeries maken het op zich weinig spectaculaire Dungarvan tot een prima, nog niet door de massa ontdekte standplaats voor de verkenning van dit deel van Ierland.

Een glaskunstenaar aan het werk – op bezoek bij Waterford Crystal

Overnachten

Alles onder één dak – **The Tannery:** 10 Quay St., tel. 058 454 20, http://tannery.ie, restaurant vr. 12.30-14.30, zo. 12.30-15.30, di.-do. 17.30-21, vr./za. 17.30-21.30 uur, wijnbar en restaurants, 's avonds hoofdgerecht ca. 28 €, Guest House 2 pk incl. ontbijt € 115. Nobele, rustieke en chique kamers, ideaal om ernaast in de gezellige bistro te genieten van de keuken met verse, lokale seizoensproducten.
Goddelijk ontbijt – **Gortnadiha Lodge:** Ring, tel. 087 241 54 56, https://gortnadihalodge.com, 2 pk incl. ontbijt € 80-90. Door een tuin omgeven boerenhuis op het Gaelischtalige schiereiland Ring. De gezellige kamers beschikken alle over een eigen badkamer.

Ardmore ▶ E 9

Deze kleine badplaats strekt zich schilderachtig uit tegen een lage heuvel aan zee. Een wandeling langs het hotel leidt naar een betoverende heilige bron, **St. Declan's Well**, met een archaïsche beeldengroep die de kruisiging voorstelt. Door brem loopt u van hieraf verder naar de kliffen, waar u kunt genieten van een adembenemend uitzicht op de baai van Ardmore. Voor de 5 km lange rondwandeling hebt u ongeveer een uur nodig.

Ardmore's hoofdattractie ligt halverwege de heuvel: hier verheft zich een van de mooiste Ierse ronde torens met een hoogte van maar liefst 30 m. Het 12e-eeuwse bouwwerk heeft zes met ladders bereikbare verdiepingen. Het graf van de heilige Declan, die hier al bisschop zou zijn geweest voor de aankomst van St. Patrick, is te zien in St. Declan's Oratory.

De kathedraal uit 1203 bezit verfijnde romaanse reliëfs tegen de westelijke buitenmuur, die mogelijk afkomstig zijn van een 11e-eeuwse voorganger: Adam en Eva, Salomo's oordeel en de Aanbidding der koningen.

Overnachten

Boven de kliffenkust – **The Cliff House Hotel:** tel. 024 878 00, www.thecliffhousehotel.com, 2 pk vanaf € 180. Voor deze designerluxe met uitzicht op zee en spa moet u weliswaar diep in de buidel tasten, maar het behoort tot het beste dat Ierland te bieden heeft. Ook het eten in het sterrenrestaurant met uitzicht op zee is een belevenis.

Youghal ▶ E 9

Deze uitgesproken schilderachtige badplaats hoort al bij County Cork en toont een bonte mengeling van victoriaanse winkelpuien en middeleeuwse gebouwen. Younghal ligt aan de Blackwater-Ria, een riviermonding waar de zee is binnengedrongen – het getijverschil is merkbaar tot in het 22 km noordelijker gelegen Cappoquin. De beroemdste burgemeester van het stadje, de latere admiraal en vrijbuiter Sir Walter Raleigh (1552-1608), zou hier volgens de overlevering de eerste aardappels hebben geplant. Vermoedelijk heeft hij gewoond in het in elizabethaanse stijl gebouwde **Myrtle Grove**, waarvan de tuin kan worden bezichtigd. Achter de 13e-eeuwse **St. Mary's Church** met enkele interessante grafstenen staat nog een indrukwekkend deel van de stadsmuren overeind met twee halfronde torens en poorten. Het symbool van de stad, **Clock Gate**, stamt uit de 18e eeuw.

Overnachten

Luxe – **Ahernes:** 163 North Main St., tel. 024 924 24, www.ahernes.net, 2 pk

incl. ontbijt vanaf € 110. Grote, prachtig antiek gemeubileerde kamers en suites; in het seafood restaurant maakt de bekende tv-kok David Fitzgibbon klassieke, voorzichtig gemoderniseerde visgerechten klaar; pub met *old-world charm*.
Netjes – **Avonmore House:** South Abbey, tel. 024 926 17, www.avonmoreyoughal.com, 2 pk incl. ontbijt € 64-90. De kamers met eigen badkamer van deze B&B naast de Clock Tower vallen een beetje in het niet tegenover de façade van het georgiaanse stadhuis.

Actief

Voor elk wat wils – **fietstochten:** een brochure met beschrijvingen van tien fietstochten (25-96 km) in diverse moeilijkheidsgraden is verkrijgbaar bij het Tourist Office.

Uitgaan

Gezellig – **The Nook:** 20 North Main St., ma.-do. 10.30-23.30, vr./za. 10.30-0.30, zo. 12.30-23 uur. Traditionele pub, waar ma. en wo. folkmuziek te horen is.
De naam zegt het al – **Moby Dick:** Market Sq., ma.-do. 10.30-23.30, vr./za. (live muziek) 10.30-0.30, zo. 12.30-23 uur. In deze met nautische prullaria ingerichte pub bereidden regisseur John Huston en acteur Gregory Peck zich in 1954 voor op het draaien van de film *Moby Dick*.

Info

Tourist Office: Market Sq., tel. 024 924 47, www.youghal.ie, apr.-sept. ma.-za. 9.30-17.30, okt.-mrt. 10-14 uur. Gidsje met stadswandeling en gratis Heritage Centre.

Carrick-on-Suir ▶ E 8

Ormond Castle

Castle Park, Castle St., www.heritageireland.com, tijdelijk wegens renovatie gesloten
Ierlands enige renaissancekasteel ligt te midden van de weiden aan de oever van de Suir en wordt van het weinig opmerkelijke Carrick-on-Suir gescheiden door een als door feeën opgeworpen wal. Thomas Butler, graaf van Ormond, voegde in 1568 de elizabethaanse aanbouw toe aan een middeleeuwse burcht en liet hem met stucdecoraties versieren. Zo wilde hij zijn Engeland – en vooral Elizabeth – trouw bewijzen, maar helaas is de koningin hier nooit op bezoek geweest.

Ahenny ▶ E 8

Een must voor liefhebbers van Ierse hoogkruisen om de zeldzame historisch dateerbare voorstelling: in een vredig weidelandschap staan twee met reliëfs versierde ringkruisen. De zuidelijke sokkel van het North Cross toont een begrafenisstoet waarop raven het hoofdloze lijk aanvallen – het hoofd wordt erachteraan gedragen. Het gaat om Cormac MacCuilennáin, bisschop-koning van Munster, gesneuveld in 908 in de Slag van Ballaghmoon. Fraai zijn de in de kruisring en tegen de zijkanten aangebrachte figuren.

Cahir ▶ E 8

Cahir Castle

Castle St., www.heritageireland.ie, dag. mrt.-half juni, sept.-half okt. 9.30-17.30, half okt.-feb. 9.30-16.30, half juni-aug. 9.30-18.30 uur, € 4
Dit burchtcomplex, een van de grootste van Ierland, stamt uit de 13e en 15e eeuw

en is onlosmakelijk verbonden met de lotgevallen van de familie Butler; een zijtak van de machtige Butlers van Kilkenny had hier zijn residentie. Binnen de met ronde en vierkante torens versterkte ommuring verheft zich de indrukwekkende, uit drie verdiepingen bestaande burchttoren, waarin zich de grote zaal met schouw en spartaanse inrichting uit de 17e eeuw bevindt.

Swiss Cottage

Castle St., www.heritageireland.ie, eind mrt.-okt. dag. 10-18 uur, € 4
De 'River Walk' (30 min.) voert u van het Tourist Office naar het Swiss Cottage, een victoriaanse folly, die de graaf van Cahir er als romantische landelijke lusthof op nahield. Modearchitect John Nash ontwierp dit schoolvoorbeeld van een *cottage ornée* rond 1800.

Info

Tourist Office: Castle Car Park, tel. 052 744 14 53, www.visitcahir.ie, apr.-okt. di.-za. 9-17.15 uur.

Knockmealdown Mountains ▶ D/E 8

Van Cahir voert The Vee, een bochtige en smalle weg, door de tot bijna 800 m hoge Knockmealdown Mountains naar Lismore. De route belooft fraaie uitzichten op de flauwe hellingen met naaldbomen en purperkleurige bloeiende rododendrons en op de vruchtbare laagvlakte van de Suir.

Overnachten

Luxepension voor wandelaars – **Hanora's Cottage:** Nire Valley, 4 km ten oosten van Ballymacarbry (▶ E 8), tel. 052 613 61 34, www.hanorascottage.com, 2 pk vanaf € 110 pp, driegangendiner € 39. Geniet van het comfort van traditionele landhuisstijl, badkamers met whirlpools, overvloedig ontbijtbuffet.

Lismore Castle ▶ E 8

Lismore, www.lismorecastle.com, tuin: eind mrt.-sept. dag. 10.30-17.30 uur, € 8
De middeleeuwse burcht van Lismore werd in de 19e eeuw getransformeerd tot een neogotisch fantasieslot, dat door (dik) betalende gasten kan worden afgehuurd. De door 17e-eeuwse muren omgeven kasteeltuinen behoren tot de fraaiste van Ierland. Moderne kunstwerken in de tuin en in een galerie in de westvleugel maken het genot compleet.

Overnachten, eten

Fantastisch – **The Old Convent:** Mount Anglesby, Clogheen, 2 km ten noorden van Ballymacarbry, tel. 052 746 55 65, www.theoldconvent.ie, 2 pk incl. ontbijt vanaf € 175, achtgangendiner do.-za. € 65. Voormalig nonnenklooster in park met bergdecor, lichte kamers met antieke meubels en apart gekleurde badkamers; voor het fijnproeversdiner (ook voor niet-gasten) moet in het hoogseizoen enkele dagen van tevoren worden gereserveerd. Kinderen onder de 12 jaar zijn helaas niet welkom.

Info

Tourist Office West: Main St., tel. 058 549 75, ma.-vr. 9.30-17.30, apr.-okt. ook za. 10-17, zo. 12-17 uur. Met bezoekerscentrum. Hier zijn zeer uitgebreide brochures over wandelen in de Knockmealdown Mountains verkrijgbaar.

Cashel ▶ E 8

Dit gezellige historische stadje bezit, als vertrekpunt naar de beroemde Rock of Cashel, een goede toeristische infrastructuur. De kalkstenen burchtheuvel verheft zich een halve kilometer ten noorden van de plaats spectaculair uit een groene weide en wordt gekroond door het complex van grijze oude gebouwen die worden omgeven door een verdedigingsmuur.

Rock of Cashel *

Cashel, www.heritageirland.com, half sept.-half okt., half mrt.-begin juni dag. 9-17.30, begin juni-half sept. 9-19, half okt.-half mrt. 9-16.30 uur, € 7

Vanaf de 4e eeuw was Ierlands dramatische koningsrots de versterkte residentie van de Eóganachta, de koningen van Munster. De sokkel van het St.-Patrickkruis zou de doopsteen zijn geweest waarop koning Aenghus in 450 door St. Patrick persoonlijk tot het christendom bekeerd werd. Later zou hij als kroningssteen zijn gebruikt, ter ondersteuning van de tot St. Patrick teruggaande hegemonieaanspraken van de Munsterkoningen. Deze machtige vorsten, die zich vanaf de 12e eeuw McCarthy noemden, bezaten zowel wereldlijke als geestelijke macht.

U betreedt de burchtheuvel door de met inbegrip van het beschilderde houten plafond gereconstrueerde **Vicar's Hall**. Hier staat ook het St.-Patrickkruis uit de 12e eeuw met de verweerde grote afbeelding van de heilige. Stoïcijns zou koning Aenghus de pijn hebben verdragen, nadat de heilige Patricius per ongeluk zijn voet met de bisschopsstaf had doorboord – hij hield het voor de gebruikelijke beproeving alvorens te worden gedoopt. In de naastgelegen **Dormitory of the Vicars** is een audiovisuele presentatie te zien.

Aenghus' bekendste opvolger was Cormac I (rond 900), koning-bisschop en dichter. Tijdens zijn regering zou de 32 m hoge ronde toren naast de kathedraal zijn gebouwd, het oudste monument op de rots. De voor Ierse begrippen buitengewoon rijk gedecoreerde **Cormac's Chapel** is het belangrijkste romaanse bouwwerk in Ierland; het vertoont zowel Engelse als continentale invloeden. Koning-bisschop Cormac II McCarthy liet de kapel bouwen in 1127-1134. Een lust voor het oog is hier de sculpturale aankleding: kapitelen met mensengezichten en fantasiedieren. Let vooral eens op het noordelijke timpaan met een centaur (paardmens) die probeert met een pijl en boog een leeuw neer te leggen. Van Engelse invloed getuigt ook de 13e-eeuwse **kathedraal** met dwarsbeuken en een machtige vieringtoren. Nadat de Earl of Kildare de hooggotische kerk in 1495 had platgebrand, gaf hij als reden voor deze daad dat hij in de veronderstelling had verkeerd dat de aartsbisschop zich binnen bevond. Binnen vindt u tegenwoordig naast andere grafmonumenten dat van de in 1622 gestorven bisschop Miler McGrath, die onder Elizabeth I overging tot het protestantisme en vervolgens voor beide geloven het ambt van bisschop bekleedde.

Brú Ború

Cashel, tel. 062 61 11 22, wwwbruboru.ie, half juni-aug. dag. 9-23.30, ma. tot 17, sept.-half juni ma.-vr. 9-17 uur, Sounds of History € 5

Dit bezoekerscentrum is gewijd aan de Gaelische cultuur en muziek en omvat

Rock of Cashel vanuit vogelperspectief

de ondergrondse show *Sounds of History*, een interactieve en emotionele weergave van Ierlands geschiedenis, een theater (zie Uitgaan), shop en restaurant.

Hore Abbey ▶ E 8

Een wandeling van ongeveer 1 km voert naar de troosteloos grijze ruïnes van deze cisterciënzerabdij in de weilanden rond de burchtheuvel.

Overnachten, eten

Schuurt tegen het luxesegment aan – **Bailey's of Cashel:** Main St., tel. 062 619 37, www.baileyshotelcashel.com, 2 pk incl. ontbijt vanaf € 120. Guesthouse in georgiaanse stadswoning met comfortabele kamers met klassiek design; chic overdekt zwembad, sauna, fitnessruimte; bistro-restaurant; gezellige Cellar Bar met goedkope cajunkip enzovoort.
Hostel en camping – **Cashel Lodge:** Dundrum Rd., tel. 062 610 03, www.cashel-lodge.com, 2 pk vanaf € 85, slaapzaal € 20, camping € 22,50. In voormalig koetshuis, met veel steen, houten balken, aangename kleuren, de kamers hebben minstens B&B-kwaliteit, uitzicht op de Rock, camping.
Midden in de natuur – **Aherlow House Hotel & Lodges:** 6 km ten zuiden van Tipperary, tel. 062 561 53, www.aherlowhouse.ie, 2 pk incl. ontbijt vanaf € 75. Voormalig jachthuis in neo-tudorstijl bij de Slievenamuck Hills, traditioneel comfortabel met pluche en hout.

Eten en drinken

Klassieker – **Chez Hans:** Moor Lane, aan de voet van de burchtheuvel, tel. 062 611 77, di.-za. 18-22 uur, diner circa € 50. Al veertig jaar kookt de Duitser Hans-Peter Matthiae, tegenwoordig met zoon Jason, fijnproeversgerechten in een romantische voormalige kerk.

Actief

Wandelen in het dal van de Suir – **Tipperary Heritage Trail:** gemarkeerd langeafstandspad, 56 km vanaf The Vee via Cahir naar Cashel, onderverdeeld in vijf etappes, die elk in een dag te doen zijn, liefelijk landschap, niet inspannend. Downloadbare kaarten en alle informatie op www.irishtrails.ie.

Uitgaan

Gaelische avonden – **Brú Ború:** tel. 062 611 22, http://bruboru.ie, half juni-half sept. di.-za. 21 uur muziek- en dansshow.
Pub met grub – **Davern's:** 20 Main St., ma.-do. 10.30-23.30, vr./za. 10.30-0.30, zo. 12.30-23 uur, eten 12-15, 18-21 uur, circa € 15. Traditionele pub.

Glen of Aherlow ▶ D/E 8

Via Bansha komt u in de westelijk gelegen **Glen of Aherlow.** Ten zuiden van het dal bereiken de **Galty Mountains,** waarvan de toppen meest uit laagveen bestaan, voor wandelen geschikte hoogten tot 900 m.

Overnachten, eten

In het groen – **Ballinacourty House:** tel. 062 56 000, www.ballinacourtyhse.com, 2 pk incl. ontbijt € 64-70, restaurant tel. 062 562 24, wo.-za. 18-21, zo. 12.30-14.30, 18-20 uur, menu's vanaf € 30. Prettig gerenoveerd 18e-eeuws gebouw met koetshuis en binnenplaats, eenvoudige, smaakvolle kamers en een van de populairste restaurants van County Tipperary.

Actief

Wandelinfo – **http://aherlow.com:** deze website geeft informatie over wandelen in de Glen of Aherlow.

Holycross Abbey ▶ E 7

Thurles, dag. 9-20 uur
Deze in de 15e eeuw gestichte cisterciënzerabdij circa 15 km ten noorden van Cashel werd door haar relikwieën van het Heilig Kruis een geliefd pelgrimsoord en – aangezien het bezit van belangrijke relikwieën in de middeleeuwen een garantie vormde voor economisch welzijn – onmetelijk rijk. En nog steeds komen de pelgrims. Tijdens zijn bezoek aan Ierland in 1979 las paus Johannes Paulus II hier de mis. Toen was de in de 18e eeuw tot een ruïne verworden kerk net herbouwd. Tegen de westelijke wand van de noordelijke dwarsbeuk kunt u de grootste in Ierland bewaarde resten van muurschilderingen zien: uit de 15e eeuw stammende, maar nu nog maar met moeite te herkennen jachtscènes. The Monk's Waking Place in de zuidelijke dwarsbeuk zou de architectonische omlijsting van de kostbare splinter van het Kruis zijn geweest.

Overnachten

Georgiaans herenhuis – **Inch House:** Nenagh Rd., 6 km ten noorden van Thurles (▶ E 7), tel. 0504 513 48, www.inchhouse.ie, 2 pk incl. ontbijt vanaf € 90, driegangendiner di.-za. € 35. Eenvoudige, gezellige kamers met eigen badkamer. Het restaurant met fantasierijke plattelandskeuken van de beste ingrediënten is ook voor nietgasten toegankelijk.

Kilkenny ▶ F 7

Kilkenny is een serieuze kanshebber voor de titel 'aantrekkelijkste stad van Ierland', en het is er daarom in het hoogseizoen ook echt *busy* (zoals de Ieren zeggen als de toeristen hun te veel worden). Volledig middeleeuws glimmen de smalle steegjes en oude gebouwen u na een intensieve opknapbeurt tegemoet. Authentiek vormgegeven winkelpuien en ruim tachtig pubs dragen verder bij aan de old-world flair.

Hoewel de heilige Cainnech hier reeds een klooster stichtte, begon de opkomst van de stad pas toen William Marshall, Strongbows schoonzoon, hier in 1204 een machtige burcht bouwde. Deze werd in 1391 gekocht

Tip

Stijlvol en lekker

Erg chic is restaurant **Zuni** 1 in Kilkenny met zijn rode wanden, met leer beklede scheidingswanden en open keuken, waar ook al chique of op zijn minst chic aangeklede gerechten gemaakt worden. De door Azië beïnvloede keuken – *spring rolls* met zoet ingelegde gember, sint-jakobsschelpen met krokant gebakken asperges – wordt terecht in bijna alle restaurantgidsen geprezen. De vlotte bediening maakt deze culinaire belevenis compleet (restaurant, bar en boetiekhotel, 26 Patrick St., Kilkenny, tel. 056 772 39 99, www.zuni.ie, ma.-za. 12.30-14.30, 18-21.30, zo. 12.30-14.30, 18-21 uur, diner circa € 40, 2 pk vanaf € 85).

Kilkenny

Bezienswaardigheden
1 Kilkenny Castle
2 Kilkenny Design Centre
3 Butler House Gardens
4 Kyteler's Inn
5 Rothe House
6 St. Canice's Cathedral

Overnachten
1 Butler House
2 Butler Court
3 Kilkenny Tourist Hostel
4 Blanchville House

Eten en drinken
1 Zuni Restaurant
2 Campagne
3 Café Sol

Winkelen
1 Kilkenny Design Centre; National Craft Gallery
2 Studio Marie-Therese Walker

Actief
1 Wall's Cycles
2 Mount Juliet

Uitgaan
1 Kyteler's
2 Edward Langton's
3 The Left Bank

door James Butler van Ormond, en onder dit Anglo-Ierse adellijke geslacht beleefde het aan Engeland trouwe Kilkenny zijn grootste bloei – soms stak het Dublin de loef af.

Kilkenny Castle 1

The Parade, www.kilkennycastle.ie, rondleidingen dag. okt.-feb. 9.30-16.30, mrt. 9.30-17, apr./mei 9.30-17.30, juni-aug. 9-17.30, sept. 9.30-17.30 uur, € 6

Van Marshalls oorspronkelijke burcht uit 1204 zijn de drie machtige ronde torens behouden; het aanzien van het complex wordt echter bepaald door de latere uitbreidingen. Binnen mag u de victoriaanse grote zaal met de familieportretten van de Butlers en het beschilderde houten plafond niet missen. In de voormalige dienstbodenvleugel wordt nu moderne kunst geëxposeerd. Het spectaculairste uitzicht op het gebouw hebt u vanuit het uitgestrekte park.

Kilkenny Design Centre 2

Zie Op ontdekkingsreis blz. 146

In het café kunt u van 9 tot 19 uur goed eten.

Butler House Gardens 3

Door een poortje aan de achterkant van het Design Centre betreedt u de ommuurde tuin van het gelijknamige herenhuishotel met zijn fotogenieke achterkant van drie met klimop begroeide halfronde torens (zie blz. 143) – een aangename oase van rust met geometrisch aangelegde grasperken.

Kyteler's Inn 4

27 St. Kieran's St., www.kytelersinn.ie, tel. 056 772 10 64, dag. 12-22 uur, hoofdgerecht circa € 15

Kilkenny's oudste herberg, die terugvoert tot de 14e eeuw, was het werkterrein van de in 1280 geboren 'heks' Alice Kyteler, wier leven nu eens niet op de brandstapel, maar met een vlucht eindigde. Minder goedgezind was het lot haar eveneens aangeklaagde meid Petronella en haar katten, die een plotselinge dood stierven. Weliswaar is de *pub grub* erg doorsnee en de toeristendichtheid groot, toch maken de stenen pijlers en het keldergewelf uit 1324 en de 'middeleeuwse' pub op de begane grond met de open haarden en de rustieke inrichting indruk en zijn ze een bezoek waard.

Rothe House 5

Parliament St., www.rothehouse.com, ma.-za. 10.30-17, zo. 12-17 uur, € 5

In dit in 1594 in elizabethaanse stijl gebouwde huis woonde ooit de welgestelde koopman John Rothe met

vrouw en twaalf kinderen, in het voorste gedeelte verkochten zij hun waren. Indrukwekkend is de Grand Hall met het houten plafond en veel portretten. Via een zij-ingang bereikt u de naar 16e-eeuwse voorbeelden aangelegde geometrische tuin met verhoogde bedden.

St. Canice's Cathedral 6

The Close, www.stcanicescathedral.ie, apr., mei, sept. ma.-za. 10-13, 14-17, zo. 14-17, juni-aug. ma.-za. 9-18, zo. 13-18, okt.-mrt. ma.-za. 10-13, 14-16, zo. 14-16 uur, toren/kerk € 6, vanwege de toren (kinderen tot 12 jaar niet toegelaten) vooraf bellen, tel. 056 776 49 71

De kathedraal, in 1251-1280 in Early-Englishstijl gebouwd in opdracht van bisschop Hugh de Mapilton, bezit enkele attractieve, uit zwarte steen gehouwen grafmonumenten, waaronder die van de familie Butler en dat voor James Shortal, een creatie van Rory O'Tunney uit 1508. Naast de kathedraal rijst een van de weinige vroege ronde torens uit de 9e eeuw op naar duizelingwekkende hoogte. Hij kan worden beklommen via een al even duizelingwekkende trapconstructie.

Overnachten

B&B's zijn geconcentreerd aan Castlecomer en Dublin Road.

Aristocratisch – **Butler House** 1: 16 Patrick St., tel. 056 772 28 28, www.butler.ie, 2 pk incl. ontbijt vanaf € 115. In de voormalige weduwewoning van

de graven van Ormond overheerst aan de buitenkant georgiaanse elegantie en binnen een in bruin-beigetinten uitgevoerde neo-art-decostijl.
Pico bello – **Butler Court** 2: Patrick St., tel. 056 776 11 78, www.butlercourt.com, 2 pk incl. continental breakfast € 70-130. Smaakvolle kamers rond een kleine, mediterraan aandoende binnenplaats.
Er middenin – **Kilkenny Tourist Hostel** 3: 35 Parliament St., tel. 056 776 35 41, www.kilkennyhostel.ie, slaapzaal vanaf € 15. Fleurige kamers, ontspannen sfeer, grote keuken.
Georgiaans herenhuis – **Blanchville House** 4: zie Tip hieronder

Eten en drinken

Stijlvol en lekker – **Zuni** 1: zie Tip blz. 141.
Voor fijnproevers – **Campagne** 2: 5 The Arches, Gas House Lane, tel. 056 777 28 58, vr.-zo. 12.30-14.30, di.-za. 18-22 uur, hoofdgerecht circa € 32. In een moderne, informele ruimte met kleurrijke kunst aan de muur worden seizoensgerechten en Frans geïnspireerde heerlijkheden geserveerd. Ook goed vegetarisch.
Tikje alternatief – **Café Sol** 3: 6 William St., tel. 056 776 49 87, dag. 12-16, 18-22 uur, hoofdgerecht circa € 17. Ongedwongen bistro met licht meubilair en mediterrane kleuren. Hippe kunstwerken, ook van lokale kunstenaars, sieren de wanden; tonijn met buffelmozzarella, tomaat, basilicum en paprikacoulis als diner, 's middags salades, panini, scones en de beroemde visballetjes.

Winkelen

Kilkenny Design Centre 1: zie blz. 148.
National Craft Gallery 1: zie blz. 148.
Studio Marie-Therese Walker 2: zie blz. 148.

Tip

Georgiaans herenhuis

'Wij veranderen niet zo graag dingen', zegt Monica Phelan lachend. En inderdaad vertoont het rond 1800 gebouwde **Blanchville House** 4, een georgiaans herenhuis op het terrein van een in bedrijf zijnde boerenhoeve, geen moderne accenten. Jachttrofeeën, hemelbedden, victoriaanse schilderijen, behang uit 1823 en klassieke Britse fauteuils om in weg te zakken dragen alle bij aan de charme van dit volledig in 19e-eeuwse stijl ingerichte familiehuis. Toen de Phelans het in 1976 kochten, groeide er een boom in het trappenhuis en sliepen ze in de eetkamer, het enige bewoonbare vertrek van wat bijna een ruïne was. Nu ontbijt u hier vorstelijk aan de lange mahonie tafel te midden van oud zilver. De excentrieke vroegere eigenaar James Kearney liet als folly de eenzaam in de wei staande klokkentoren bouwen. Hij verzamelde boeken over zeldzame ziektes en stierf naar men beweert in 1876 de vuurdood in zijn bed, toen hij de uiteinden van zijn snor aan het wegbranden was (Dunbell, Maddoxtown, 7 km ten oosten van Kilkenny, tel. 056 772 71 97, www.blanchville.ie, B&B per persoon in 2 pk met ontbijt € 55-75, 1 pk vanaf € 70, appartement € 500-650 per week, wellnessbehandelingen ter plekke mogelijk).

Actief

Fietsverhuur – **Wall's Cycles** 1: 88 Maudlin St., tel. 056 772 12 36, € 20 per dag. De omgeving van Kilkenny leent zich prima voor fietstochten.
Topgolfbaan – **Mount Juliet** 2: Thomastown (▶ F 7/8), tel. 056 777 30 71, www.mountjuliet.ie, greenfees vanaf € 59. Door de Amerikaanse golfer en golfbaanarchitect Jack Nicklaus aangelegde 18-holesbaan op het terrein van een luxueus kasteelhotel.

Uitgaan

Pubs zijn geconcentreerd aan High, Parliament en John Street; Kilkenny is beroemd om zijn swingende uitgaansleven en muziekpubs.
Heksendans – **Kyteler's** 1: zie blz. 142, iedere avond livemuziek.
Nightclub en pub – **Edward Langton's** 2: 69 John St., tel. 056 776 51 33, pub ma.-wo. 10.30-23.30, do.-za. 10.30-0.30, zo. 12.30-23 uur, nightclub di., do., za. vanaf 22 uur, Swing Club & Late Bar in de Bar 67 do.-za. Ook buiten deze tijden kunt u in Langton's eten in de bar of het restaurant.
Pracht en praal in een vroegere bank – **The Left Bank** 3: The Parade, tel. 056 775 00 16, www.leftbank.ie, ma.-do. 12-23.30, vr. 12-0.30, za. 12 tot laat, zo. 12.30-23 uur. Zeer populaire pub, rijkelijk versierd met 19e eeuwse ornamenten. Concerten, avonden met dj's, piano (zie website). Goed eten in de pub en het restaurant.

Info en evenementen

Tourist Information: Shee Alms House, Rose Inn St., tel. 056 775 15 00, www.visitkilkenny.ie, sept.-juni ma.-za. 9.15-13, 14-17, juli/aug. ma.-za. 9-19, zo. 11-17 uur. In een armenhuis uit 1583, dat op zich al een attractie is.
Bus en trein: trein- (tel. 056 772 20 24) en busstation McDonagh Station, Dublin Rd., meerdere bussen en treinen per dag naar onder andere Dublin en Waterford.
Smithwicks The Cat Laughs: eind mei/begin juni, www.thecatlaughs.com (tel. 056 776 38 37). Internationaal comedyfestival.
Arts Festival: aug., tel. 056 776 36 63, www.kilkennyarts.ie. Theater, concerten, film, dans en nog veel meer.

Ten zuiden van Kilkenny

Met de fiets of auto kunt u naast een kunstnijverheidsroute ook een kunsthistorische ontdekkingsreis door het zachtglooiende boerenland maken. Smalle, door hekken en muurtjes geflankeerde weggetjes doorkruisen het idyllische weidelandschap, waar hectiek een onbekend begrip is.

Gowran ▶ F 7

In de in de late 13e eeuw gebouwde cisterciënzerabdij van Gowran zijn de graven van een echtpaar voorzien van vrolijke hoofden. Deze plaats is een tip voor Ierlandfans die op zoek zijn naar rustige, geheimzinnige en kunsthistorisch interessante plekken.

Tullaherin ▶ F 7

Idyllisch verheft zich de ronde toren op een begraafplaats met ernaast de ruïne van een kerk en een verweerde Oghamsteen – de bezoeker wordt hier verrast door pure sfeer. Vroeg vond hier een bedevaart plaats ter ere ▷ blz. 149

Winkelen bij kunstenaars en ambachtslieden in en om Kilkenny

In het graafschap Kilkenny hebben zich buitengewoon veel kunstenaars en ambachtslieden gevestigd. Deze rondrit, met begin- en eindpunt in Kilkenny, voert door het pastorale heuvellandschap van de Nore Valley. Bij de stopplaatsen kunt u kaarsenmakers, pottenbakkers, glasblazers en zilversmeden niet alleen in hun ateliers aan het werk zien, maar in de winkels ook koopjes in de wacht slepen.

Kaart: ▶ F 7/8; plattegrond, zie blz. 142
Duur: een dag
Praktisch: zie de adressen en openingstijden in de tekst

Vertrekpunt en eerste stopplaats: Kilkenny; Jerpoint Glass Studio, Stoneyford, tel. 056 772 43 50, www.jerpointglass.com, mrt.-okt. ma.-za. 10-18, zo. 12-17, nov.-feb. ma.-za. 10-17.30, zo. 12-17 uur, demonstraties glasblazen ma.-do. 10-16, vr. 10-13 uur.

Alleen al de rit naar de ongeveer 10 km ten zuiden van Kilkenny gelegen Jerpoint Glass Studio is puur onthaasten: koeien en paarden grazen eensgezind in de groene weiden die u onderweg passeert, de smalle weggetjes dwingen tot rustig rijden. De hoge muren waar u kilometerslang voorbij rijdt horen bij het superdeftige golfhotel Mount Juliet (zie blz. 145).

Hoogwaardig glas

Achter de witgekalkte muren van de rond een binnenplaats gegroepeerde gebouwen zijn de glaskunstenaars aan het werk. Het sist, als de roodgloeiende, vloeibare glasmassa aan het uiteinde van de blaaspijp hangt en de glasblazer ze kunstig laat groeien tot een voorwerp met zachtronde vormen dat kenmerkend is voor de producten uit de **Jerpoint Glass Studio**, een klein, maar internationaal bekend merk. Al ruim dertig jaar produceert dit familiebedrijf ambachtelijk glaswerk op hoog niveau, onder andere glazen, schalen en karaffen, elegant kleurloos of in felle kleuren met strepen.

De keus in de magazijnen is gigantisch; aantrekkelijk geprijsd zijn de B-keusproducten, de *seconds*. Omdat alle voorwerpen hier met de hand, of beter gezegd met de mond, gemaakt worden, zijn de stelen van de glazen vaak niet precies even lang, of zitten er soms meer luchtbellen in het glas dan gebruikelijk. In de Attic Gallery zijn ware kunstwerken van glas te bewonderen – ook glaskunst en keramiek van andere kunstenaars uit de regio.

Keramiek in het groen

De bekroonde keramiekkunstenaar Mark Campden werkt met de traditionele majolicatechniek. Op een meestal witte ondergrond schildert hij met ijzeroxidepigmenten vissen, hagedissen, vlinders of ook oriëntaals aandoende voorstellingen. Naast eenvoudige bekers of borden vindt u in **The Bridge Pottery** ook ongewone vormen, die doen denken aan middeleeuwse ivoren kistjes (Coalsfarm, Burnchurch, tel. 056 772 91 56, www.bridgepottery.com, ma.-za. 10-18 uur).

Als een mot om een kaars

Langs een wirwar van kleine weggetjes bereikt u het circa 8 km oostelijker gelegen Bennettsbridge. In dit plattelandsstadje zijn diverse ambachtslieden gevestigd op een oud industrieterrein aan de westrand van de stad, rond de oude stenen brug over de Nore. Kaarsen om op te hangen en weg te zetten, met meerdere pitten, in alle vormen en kleuren komen uit Larry Kinsella's atelier **Moth to a Flame**. Bedrieglijk echt zijn de grijs-witte namaakstenen (Kilkenny Road, Bennettsbridge, tel. 056 772 78 26, www.mothtoaflame.ie, ma.-za. 9-18, nov./dec. ook zo. 12-17 uur).

Keramiek in landhuisstijl

Een fotogenieke oude molen aan de Nore is de bakermat van het beroemde *spongeware pottery*. **Nicholas Mosse Pottery** is een ook buiten Ierland bekend merk. Fijne spikkelpatronen en landelijke motieven als tulpen of boerderijdieren verlenen dit keramiek met zijn witte ondergrond een hoog herkenningsgehalte. Ook hier vindt u een grote keus aan gunstig geprijsde *seconds*.

Het Mosse-imperium beperkt zich echter niet tot pottenbakkerswerk. In een reusachtige, over drie verdiepingen verdeelde winkel is alles te vinden – van eierdopjes in de vorm van een poes, via gummilaarzen tot ijzeren gieters in

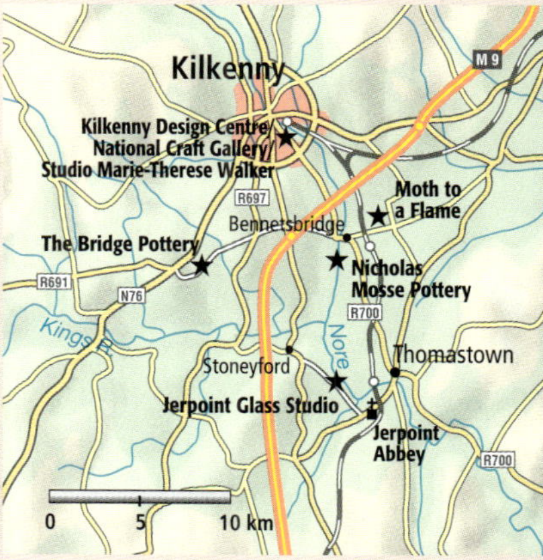

roestkleur – wat u voor een interieur in Country House Style nodig hebt (of niet). Ware museumstukken van 18e-eeuwse Ierse pottenbakkerskunst zijn te zien in de glazen vitrinewand in het café (Nicholas Mosse Pottery, Big Mill, Bennettsbridge, tel. 056 772 75 05, https://nicholasmosse.com, ma.-za. 10-18, zo. 13.30-17 uur).

Stallen vol kunst

Ter afsluiting keren we terug naar Kilkenny. In de voormalige stallen recht tegenover de burcht toont het **Kilkenny Design Centre** 1 werk van alle reeds genoemde kunstenaars en ambachtslieden – en nog veel meer. Het scala aan producten is hier echter beperkt, de prijzen liggen iets hoger en het accent ligt meer op toeristische hebbedingetjes.

De voormalige stallen vormen een heel gebouwencomplex; in de expositieruimtes achter het Design Centre is het allemaal wat artistieker. De wisselende tentoonstellingen hier zijn absoluut de moeite waard (Castle Yard, Kilkenny, tel. 056 772 21 18, www.kilkenny design.com, dag. geopend van 10-19 uur).

Wisselende bezetting

In de derde rij gebouwen van het stallencomplex bevinden zich kleine cottage-ateliers onder de naam **National Craft Gallery** 1, een initiatief van de Design & Crafts Council of Ireland, de organisatie die zich bezighoudt met de bevordering en kwaliteitscontrole van de Ierse kunstnijverheid. De bezetting van de ateliers is wisselend, maar gebreid goed, gouden en zilveren sieraden en keramiek zijn er altijd te vinden (Castle Yard, Kilkenny, tel. 056 779 61 47, www.nationalcraftgallery.ie, di.-za. 10-17.30, zo. 11-17.30 uur).

Kostbare stenen

Marie-Therese Walker toont in haar **Studio** 2 in het hart van Kilkenny sieraden met een fantasierijk design, van edelmetaal en (half)edelstenen. De vrouwelijke edelsmid is gespecialiseerd in het vervaardigen van sieraden in opdracht. U kunt hier dus een heel persoonlijk sieraad laten maken (1 Market Slip, off High St., Kilkenny, di.-za. 10-16 uur of op afspraak, tel. 085 758 49 07, www.mtwjewellery.com).

Mooie spullen voor alledag en voor speciale gelegenheden – in de Jerpoint Glass Studio

van de heilige Ciarán, die dit klooster in de 6e eeuw zou hebben gesticht.

Jerpoint Abbey ▶ F 8

Thomastown, www.heritageireland.ie, mrt.-sept. dag. 9-17.30, okt. 9-17, nov.-begin dec. dag. 9.30-16 uur, € 4, bezoekerscentrum zonder café

Ierlands mooiste cisterciënzerabdij werd in 1158 gesticht door Donal Mac Gillapatrick, koning van Ossory. Het schip maakt ondanks de rijen spitsbogen nog een volledig romaanse indruk. De sculpturen van abten, ridders en fabeldieren in de kruisgang stammen uit de 15e eeuw. In het koor van de kerk ziet u enkele ambachtelijk zeer geslaagde laatmiddeleeuwse grafmonumenten.

Overnachten

Tegenover Jerpoint – **Abbey House: Jerpoint Thomastown**, tel. 056 772 41 66, www.abbeyhousejerpoint.com, 2 pk incl. ontbijt vanaf € 85. Boerenhuis uit 1750, zes kamers met badkamer.

Thomastown ▶ F 7/8

Een sympathiek marktplaatsje dat zich heeft ontwikkeld rond de ruïne van een 13e-eeuwse kerk in het centrum en een *tower house* aan de rivier Nore. In Low Street ziet u van de vrolijke kleicreaties van kunstenares Brid Lyons (wo.-za. 10-17.30 uur) en in Market Street kunt u smullen in het Blackberry Café (zie Tip).

Eten en drinken

Sympathiek excentriek – **Cullintra House:** The Rower, Inistioge (▶ F 8), tel. 051 42 36 14, www.cullintrahouse.com, 2 pk incl. ontbijt (tot 12 uur!) € 120. Georgiaans boerenhuis met veel katten aan de voet van Mount Brandon; wandelingen voeren door de brem en de eigenzinnige uitbaatster en kunstenares Patricia Cantlon serveert onvergetelijke *late night dinners* bij kaarslicht.

Camping – **Nore Valley Caravan & Camping Park:** Bennettsbridge, tel. 056 772 72 29, www.norevalleypark.com, staanplaats circa € 14. Deze door een familie geëxploiteerde camping ligt in het groen op een in bedrijf zijnde boerenhoeve. Kinderen mogen bij het voederen van de dieren toekijken.

Kilree ▶ F 8

Een ronde toren zonder dak op een betoverende begraafplaats, met ervoor een hoogkruis met verweerde reliëfs. Aan de oostkant wordt jacht gemaakt op een hert, een strijdwagen herinnert aan Keltische krijgskunst.

Tip

Genieten met uitzicht

In 2007 opende Jackie Hoyne in deze oude schoenenwinkel een café zoals we ze graag zien – het **Blackberry Café:** gezellige, minimalistische inrichting met bistromeubilair en mintgroene toog, eigengebakken taarten, kostelijke scones, een groot assortiment aan koffie en thee en 's middags salades met lokale kaassoorten, kip, bladsla of rode bietjes – alles bio natuurlijk. Laat het u aan de tafel voor het raam, met uitzicht op de bedrijvige hoofdstraat, goed smaken (Market St., Thomastown, tel. 086 775 53 03, www.the blackberrycafe.ie, ma.-vr. 9.30-17.30, za. 10-17.30 uur, panini of sandwiches circa € 5).

Het zuidwesten

Hoogtepunt ✸

Ring of Kerry: de hordes toeristen die hier sinds de 19e eeuw naartoe reizen kunnen het gewoon niet mis hebben: de landschapssymfonieën van rotskliffen en blauwe baaien langs de Ring of Kerry, van de ruige bergen in het binnenland en de zachte meren in het nationaal park Killarney zijn ongeëvenaard. Al fietsend, wandelend, zwemmend of paardrijdend kunt u de uitzichten langs de fraaie Ring of Kerry op u in laten werken. Zie blz. 181.

Op ontdekkingsreis

Koken en smullen in Ballymaloe: slow food koken met plezier en engagement, dat doen Myrtle, Darina en Rachel hun landgenoten al decennialang voor. Een bezoek aan hun kookschool, de tuinen, de kookwinkel en het landhuishotel Ballymaloe House gunt u een kijkje in Ierlands belangrijkste kookimperium. Zie blz. 160.

Op avontuur bij de kluizenaars van Skellig Michael: alleen al de overtocht met een bootje en het beklimmen van het onherbergzame rotseiland Skellig Michael zijn een waar avontuur. Op de top trotseert al sinds de 6e eeuw een archaïsche monnikennederzetting de Atlantische winden. De unieke 'bijenkorfhutten' staan sinds 1996 op de Werelderfgoedlijst van de UNESCO. Zie blz. 184.

Bezienswaardigheden

Mizen Head: uniek is de ligging van het signaalwachtersstation op de kliffen van het zuidwestelijkste puntje van Ierland. Zie blz. 170.

Bantry House: in een van Ierlands fraaiste landhuizen kunt u kennismaken met de 18e-eeuwse adellijke wooncultuur – en er zelf logeren. Zie blz. 173.

Actief

Wandeling naar Three Castles Head: ongeveer twee uur durende wandeling naar drie middeleeuwse verdedigingstorens in een woest romantisch landschap. Zie blz. 170.

Rondwandeling op Sheep's Head: het traject is hier en daar nogal drassig, maar de uitzichten die reiken tot het schiereiland Beara zijn fantastisch. Zie blz. 171.

Wandeling rond Muckross Lake: en het tweede meer krijgt u er gratis bij. Zie blz. 178.

Sfeervol genieten

Dzogchen Beara Buddhist Meditation Centre: logeren met spectaculaire uitzichten op zee en mediteren in een boeddhistisch klooster ten zuidoosten van Castletownbere op Beara. Zie blz. 175.

Kenmare: in de fijnproevershoofdstad van het zuidwesten kunt u genieten van de keuken en de sfeer. Zie blz. 180.

Uitgaan

Cork: qua uitgaansleven in pubs, clubs en theaters is Cork de enige serieuze concurrent van Dublin. Zie blz. 157.

De Barra's in Clonakilty: het archetype van een typisch Ierse pub. Zie blz. 165.

Dingle: in de authentieke music pubs van Dingle kunt u traditionele Ierse muziek beluisteren en met een beetje geluk de a-cappellazang Sean-nós. Zie blz. 186.

De Ierse Rivièra – smullen en wandelen van Cork tot Dingle

Cork zal niet iedereen aanspreken – Ierlands op een na grootste stad komt misschien wat te ongepolijst over. Echter, sinds het in 2005 Europese culturele hoofdstad was, heeft Cork zich qua uitgaansleven ontwikkeld tot een geduchte concurrent van Dublin en is er gemoderniseerd, gesaneerd en in cultuur geïnvesteerd.

De naar het westen toe steeds fraaier wordende kust van West Cork met haar aantrekkelijke vissersplaatsjes is een betrouwbare tip voor liefhebbers van de goede keuken en van Ierse kunstnijverheid. Bijna nergens vindt u zo veel kwalitatief hoogstaande en moderne restaurants en B&B's als rond Skibbereen, Clonakilty, Baltimore en Bantry. De N71 ontsluit deze 'Ierse Rivièra'. De zee staat hier garant voor gezinsvriendelijke vakanties. Brede zandstranden, oude burchten, vuurtorens aan het einde van de wereld – aan de bekoring van de nog grotendeels ongerepte schiereilanden Mizen Head en Sheep's Head kan niemand zich makkelijk onttrekken.

County Kerry met de panoramaweg Ring of Kerry of de iets minder bekende Ring of Beara – dat is Ierland zoals veel mensen het graag zien: spectaculaire, rotskusten en bergen die steil oprijzen boven blauwe baaien. Killarney en het gelijknamige nationaal park zijn toeristische open deuren. De grandioze bergwereld, de heldere gletsjermeren en de tuinen bieden natuurbeleving van topklasse en, nauwelijks te geloven, eenzaamheid buiten de platgetreden paden.

Het schiereiland Dingle bezit 'Europa's westelijkste bezienswaardigheden': de westelijkste stad (Dingle Town), het westelijkste hostel (Dun Chaoin), de westelijkste eilanden (Blaskets). In het Gaeltachtgebied worden het Gaelisch en oude tradities nog in ere gehouden. Beroemd zijn de Singing Pubs, waar de oude zangkunst *sean-nós* nog steeds leeft. Bezoekers kunnen in cursussen 'The Dingle Way of Music' leren kennen.

David Lean heeft met zijn hier gedraaide film *Ryan's Daughter* de regio op de kaart gezet en het toerisme enorm aangejaagd, zodat de smalle, bochtige weggetjes in het hoogseizoen hopeloos verstopt zitten.

INFO

Internet

www.discoverireland.ie/places-to-go: website met toeristisch relevante informatie en de mogelijkheid online accommodatie te reserveren.
Zuidkust: www.westcorkweb.ie.
Dingle: www.dingle-peninsula.ie: o.a. attracties, onderdak en geschiedenis.

Cork ▶ D 9

Luidruchtig, zakelijk, een van Ierlands economische metropolen – Cork met zijn 198.500 inwoners heeft na zijn 'upgrade' tot Europese culturele hoofdstad meer aan cultuur en uitgaansleven te bieden dan over het algemeen wordt gedacht. De binnenstad kreeg een aantrekkelijke aankleding, wat goed te zien is in St. Patrick's Street met haar futuristische straatverlichting. Met Elysian, een luxeappartementencomplex dat met zijn 83 m het hoogste gebouw van Ierland is, troeft Cork Dublin af, althans qua hoogbouw.

Uit vroeger tijden – de Vikingen stichtten de stad in 917 – bleef niets bewaard. De laatste verwoestingen werden aangericht bij de gevechten aan het begin van de 20e eeuw, toen Cork het centrum was van de Fenians en de IRA en de bijnaam 'The Rebel City' kreeg. In de afgelopen decennia ontstond rond de trechtervormige monding van de River Lee, een van de grootste natuurlijke havens van Europa, een enorm industriegebied met vestigingen van internationale chemieconcerns.

Elizabethan Fort 1

Barracks St., dag. 10-17 uur

De binnenstad van Cork ligt op een eiland tussen twee gekanaliseerde armen van de Lee, die door tal van bruggen worden overspannen. Vanaf het met klimop begroeide elizabethaanse fort uit de vroege 17e eeuw op Keyser Hill hebt u een prima overzicht.

St. Fin Barre's Cathedral 2

Bishop St., ma.-za. 9.30-17.30, zo. 13.30-14.30, apr.-nov. ook 16.30-18 uur, € 5

De pompeuze kathedraal is net als Corks meeste kerken in hoofdzaak 19e-eeuws en overwegend neogotisch. Beelden, glas-in-loodramen, mozaïekvloeren, niets was de architect William Buges te kostbaar.

Crawford Municipal Art Gallery 3

Emmet Pl., www.crawfordartgallery.ie, ma.-za. 10-17, do. tot 20 uur, toegang gratis, café zie Eten en drinken, blz. 156

Naast het moderne operatheater presenteert deze galerie werk van schilders uit de Ierse school, onder anderen Jack Butler Yeats, Louis Le Brocquy en Sean Keatings – die IRA-stijders uit de burgeroorlog portretteerde –, en van Ierse schilderessen zoals Edith Sommerville. Ook is er moderne Ierse schilderkunst te zien.

Winkelgebied

Een wandeling door het drukke, door straatmuzikanten en -artiesten verlevendigde winkelgebied tussen St. Patrick's Street, Grand Parade en South

Ook wat nachtleven betreft is Cork een serieuze concurrent van Dublin

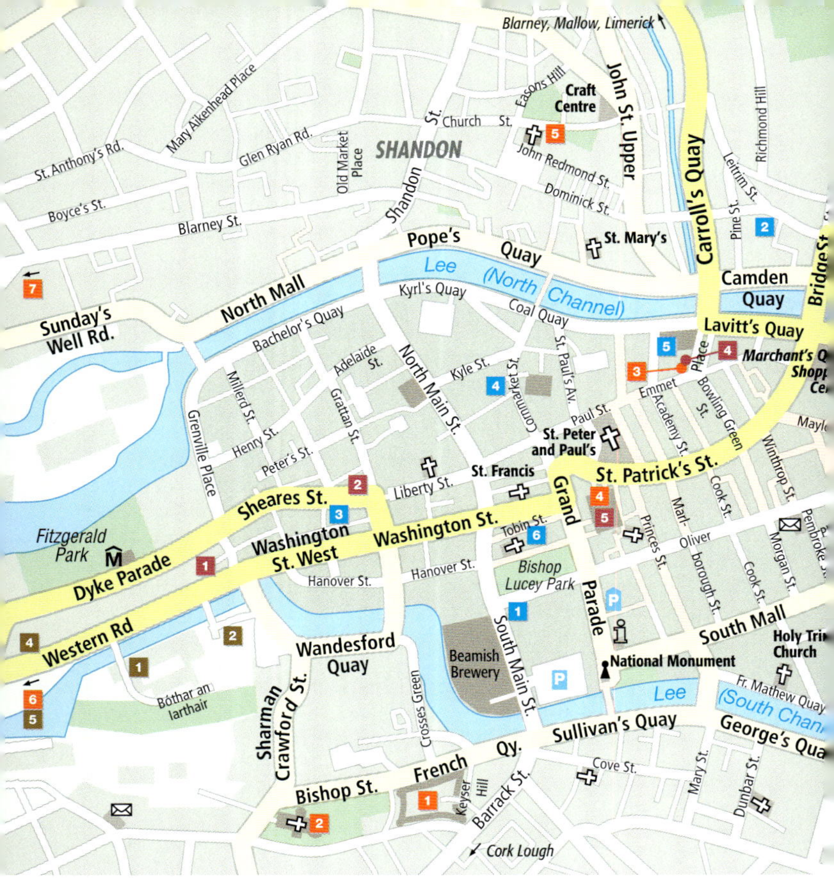

Mall toont aan de hand van de gangbare internationale labels het welvarende gezicht van de stad. In het voetgangersgebied ten noorden van St. Patrick's Street vindt u veel terrasjes, goedkope restaurants en originele winkeltjes.

English Market 4

Princes St./Grand Parade, www.englishmarket.ie, ma.-za. 8-18 uur

Alleen al het victoriaanse gebouw met zijn hoge houten overkapping is een blik waard. Maar dan de kostelijke delicatessen: Milleens, een kaas van het Bearaschiereiland, slagerijen van de zoveelste generatie, heerlijk geurend vers brood, groente en fruit uit de streek. Koningin Elisabeth II vereerde deze delicatessenmarkt met een bezoek tijdens haar Ierlandreis in 2011.

St. Anne's Church 5

Church St., www.shandonbells.ie, nov.-feb. ma.-za. 11-15, zo. 11.30-15, mrt.-mei, okt. ma.-za. 10-16, zo. 11.30-15.30, juni-sept, ma.-za. 10-17, zo. 11.30-16.30 uur, € 5

Deze georgiaanse kerk uit 1722 is met haar peperbustoren het symbool van de stad. De windwijzer met een zalm op het topje van de toren symboliseert de Lee. De vier torenklokken lopen zo

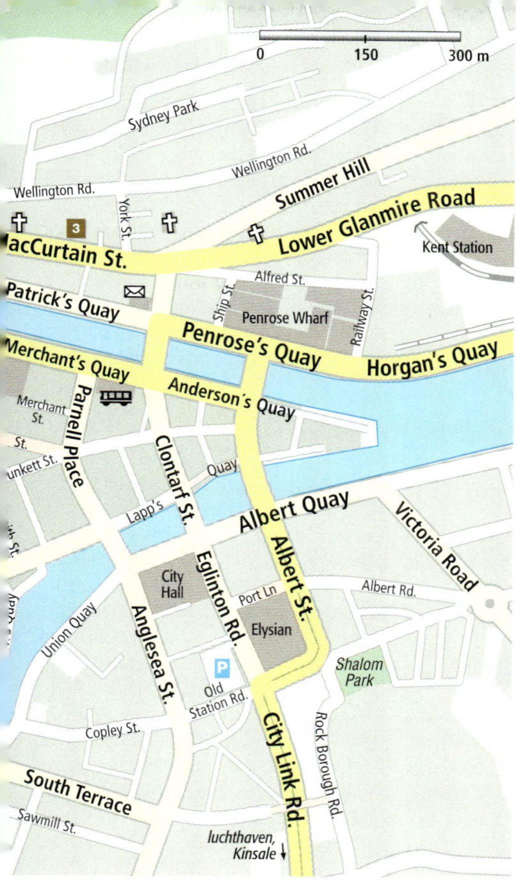

Cork

Overnachten

1 River Lee Hotel
2 Lancaster Lodge
3 Hotel Isaacs
4 Garnish House
5 Cork International Hostel

Eten en drinken

1 Café Paradiso
2 Fenn´s Quay
3 Jacques
4 Crawford Gallery Café
5 Farm Gate Café

Uitgaan

1 An Spailpín Fánac
2 Sin E
3 The Mardyke
4 Bodega
5 Opera House
6 Triskel Arts Centre

Bezienswaardigheden

1 Elizabethan Fort
2 St. Fin Barre´s Cathedral
3 Crawford Municipal Art Gallery
4 English Market
5 St. Anne´s Church
6 Lewis Glucksman Gallery
7 Cork City Gaol

berucht ongelijk dat de inwoners van Cork, die bekendstaan om hun gevatheid, de toren de 'The Four Faced Liar', de leugenaar met vier gezichten, noemen. De klokken mag u met een touw zelf luiden. Het beklimmen van de toren is zwaar, maar eenmaal boven wordt u beloond met een sensationeel uitzicht.

De wijk Shandon

De wijk Shandon rond St. Anne's Church beweegt zich tussen armoede en artistieke bedrijvigheid. Rond St. Paul Street vindt u een kleine uitgave van Dublins Temple Bar met bistro's en cafés als het Butter Market Café en de kunstnijverheidswinkels van het Shandon Craft Centre.

Lewis Glucksman Gallery 6

Western Rd., hoofdingang UCC (universiteitscampus), www.glucksman.org, di.-za. 10-17, zo. 14-17 uur, toegang gratis, een gift van € 5 gewenst
Galerie met adembenemende exposities moderne beeldende kunst. In Café Glucksman kunt u voor rond de € 10 in een designinterieur genieten van eigentijdse culinaire creaties.

Cork City Gaol 7

Convent Ave., Sunday's Well, https://corkcitygaol.com, apr.-sept. dag. 9.30-17, okt.-mrt. 10-16 uur, € 8; 2 km lopen langs de Lee of bus vanaf Tourist Information
In Cork City Gaol kunt u van nabij ervaren hoe het leven was in een 19e-eeuwse gevangenis – niet al te comfortabel.

Overnachten

Tal van B&B's aan Western Rd.
Op en top modern – **River Lee Hotel** 1: Western Rd., tel. 021 425 27 00, www.galahotels.com, 2 pk incl. ontbijt vanaf circa € 130 €. Lichte, minimalistische kamers met uitzicht op de rivier, zwembad en fitnessruimte.
Voordelig boetiekhotel – **Lancaster Lodge** 2: Lancaster Quay, Western Rd., tel. 021 425 11 25, www.lancasterlodge.com, 2 pk vanaf € 106. Moderne, fraaie maar niet al te grote kamers en een suite met whirlpool; gratis parkeren.
Goede prijs-kwaliteitverhouding – **Hotel Isaacs** 3: 48 MacCurtain St., tel. 021 450 00 11, http://hotelisaacscork.com, 2 pk vanaf € 95, hoofdgerecht circa € 23. Victoriaans gebouw met groene binnenplaats, moderne standaardkamers. Het goede bistrorestaurant, voor een spectaculaire rotswand, is in Cork een instituut.
Kwaliteit gegarandeerd – **Garnish House** 4: Western Rd., tel. 021 427 51 11, www.garnish.ie, 2 pk incl. ontbijt vanaf € 70. Comfortabel, allang bestaand guesthouse met gevarieerd ontbijt, bijvoorbeeld vis in citroenboter; de kamers zijn een tikje ouderwets
Jeugdherberg – **Cork International Hostel** 5: 1 & 2 Redclyffe, Western Rd., tel. 021 454 32 89, http://anoige.ie, 2 pk € 34-40, slaapzaal vanaf € 13, bus 8 vanaf het station. Gerenoveerd en comfortabel victoriaans bakstenen pand.

Eten en drinken

Creatief vegetarisch – **Café Paradiso** 1: 16 Lancaster Quay, tel. 021 427 79 39, ma.-za. 17.30-22 uur, diner € 40. Fijnproeversgerechten van kookboekauteur Denis Cotter – bijvoorbeeld gebakken aubergine gevuld met groene chili en amandelen, met paprika-koriandersalsa en Puylinzen. Bovendien drie designkamers, 2 pk incl. ontbijt € 160.
Bistro in historisch huis – **Fenn´s Quay** 2: 5 Fenn´s Quay, Sheares St., tel. 021 427 95 27, ma.-za. ontbijt 8.15-11.30, ma.-vr. lunch 12-15, diner ma.-wo. 17-20, do.-za. 17 tot laat, za. brunch 8.30-15 uur, hoofdgerecht 's avonds circa € 17. Super gerechten met ingrediënten van plaatselijke producenten. Eenvoudig ingericht met kunst aan de muren en een ongedwonge vriendelijke sfeer.
Klassieker – **Jacques** 3: 23 Oliver Plunkett St., tel. 021 427 73 87, ma. 10-16, di.-za. 10-22 uur, 2-gangendiner € 24. Licht maar terughoudend design; de uitstekende ingrediënten zoals verse vis en lokale producten worden nooit bedolven onder de mediterrane en Aziatische smaakmakers.
Ballymaloe cooking – **Crawford Gallery Café** 4: Emmet Pl., tel. 021 427 44 15, ma.-za. 8.30-16 uur, hoofdgerecht circa € 14. Sineád Doran uit de beroemde kookschool van Ballymaloe (zie blz. 160) is de uitbaatster van dit

trefpunt; gezellig café met blauwe wanden en houten vloer, bio-ingrediënten.
In de markthal – **Farm Gate Café** 5: English Market, tel. 021 427 81 34, ma.-za. 8.30-17 uur, lunch circa € 12. Bistrokeuken met soepen, tarts, salades en Ierse klassiekers als Irish stew en varkensworst; extravagante locatie boven in de galerie.

Winkelen

Foodiewandeling – **Fab Food Trails:** za. 10.30-13 uur, € 55, trefpunt in het centrum, boeking online op www.fabfoodtrails.ie/cork-tasting-trail. In kleine groepjes wordt u onder andere langs marktkraampjes, cafés, viswinkels en bakkers geleid, kunt u onderweg van alles proeven en krijgt u veel te weten over Cork.

Actief

Fietsverhuur – **Coca-Cola Zero Bikes:** diverse locaties met huurfietsen in de binnenstad, 3-day subscription € 3, handig voor toeristen en op internet te boeken: www.bikeshare.ie.

Uitgaan

De gratis uitgave *Whaz On?* met uitgaanstips krijgt u bij het Tourist Office.
Rustiek – **An Spailpín Fánac** 1: 28 South Main St., ma.-do. 10.30-23.30, vr./za. 10.30-0.30 uur. Ouderwetse pub met traditionele zwarthouten façade, open haarden en bakstenen muren, 's avonds traditionele Ierse muziek, *pub grub*.
Dat is het! – **Sin E** 2: 8 Coburg St., ma.-do. 10.30-23.30, vr./za. 10.30-0.30, zo. 12.30-23 uur. 'Dat is het!', zo luidt de Gaelische naam van deze kleine, altijd drukbezochte music pub. Aan Coburg St. zijn nog meer kroegen te vinden.
Vermaakcentrum – **The Mardyke** 3: Sheares St., www.mardyke.com, tel. 021 427 30 00, ma.-do. 13-23.30, vr./za. 13-0.30, zo. 13-23 uur. Bowling, biljart, karaoke, pub food, cocktails, Biergarten.
Spaans design – **Bodega** 4: St. Peter´s Market, tel. 021 427 37 56, www.bodegacork.ie, dag. 10-24 uur, vr./za. dj-club tot laat. Onder zuilengewelven, met excentriek, neohistorisch design en drie verdiepingen; eten kan hier de hele dag.
Opera – **Opera House** 5: Emmet Pl., tel. 021 427 00 22, www.corkoperahouse.ie. Theater, ballet, musicals.
Experimenteel – **Triskel Arts Centre** 6: Tobin St., tel. 021 427 20 22, www.triskelart.com, di.-za. 11-16 uur en 's avonds tijdens evenementen. Cultuurcentrum dat onder andere een oude kerk omvat; geboden worden avant-gardetheater, film, exposities en een café.

Info en evenementen

Tourist Information: Grand Parade, tel. 021 425 51 00, ma.-za. 9-18 uur. Websites: www.corkcity.ie, http://visitcorkcounty.com.

Verkeer

Vliegtuig: internationale luchthaven, 8 km ten zuiden van Cork., tel. 021 431 31 31, www.corkairport.com. Taxi naar het centrum circa € 20, Skylink ongeveer ieder uur, reistijd 10-15 min.
Trein: Kent Station, Lower Glanmire Rd., tel. 021 450 67 66, meerdere treinen per dag naar onder andere Dublin, Limerick, Tralee en Killarney.
Bus: busstation Bus Éireann, Parnell Pl., tel. 021 450 81 88, meerdere bussen per dag naar onder andere Dublin, Waterford, Kilkenny en Killarney; gratis dienstregeling van de stadsbussen.
Veerboten: naar Roscoff (Bretagne) vanuit Ringaskiddy, Brittany Ferries, 42

Hier traden ooit de barden van de Mac Carthys op: Blarney Castle

Grand Parade, tel. 021 437 84 01, www.brittanyferries.com; bussen naar Cork. **Autohuur:** loket op het vliegveld en bij het Tourist Office. Budget Car Rental, Airport, tel. 021 431 40 00.

Evenementen

Corona Cork Film Festival: nov., festivals voor korte films, tel. 021 427 17 11, www.corkfilmfest.org.
Guinness Jazz Festival: eind okt., beroemd jazzfestival met groten uit de hele wereld, tel. 021 421 51 70, www.guinnessjazzfestival.com.
Readhead Convention: eind aug., Crosshaven, bijeenkomst van roodharigen, www.redheadconvention.com.

Uitstapjes vanuit Cork

Cobh ▶ D 9

Op Great Isle, tegenover Ringaskiddy, ligt de slaperige havenstad Cobh (spreek uit: koof), waar de neogotische **St. Colman's Church** uittorent boven mooie, bontgekleurde huizen. Op zondagen speelt om 16.30 uur het beroemde klokkenspel van de kerk met zijn 47 klokken. Tot circa 1960 was Cobh Ierlands grootste transatlantische haven, van waaruit bijna drie miljoen Ieren emigreerden naar het beloofde land Amerika.

Op de romantische, boven op een klif gelegen **begraafplaats** vonden enkele van de 1198 slachtoffers van de Britse oceaanstomer Lusitania, die in 1915 voor de kust bij Kinsale door een Duitse U-Boot werd getorpedeerd, hun laatste rustplaats.

Expositie over de emigratie

www.cobhheritage.com, dag. apr.-okt. 9.30-18, nov.-mrt. 9.30-17 uur, € 9,50, café

Deze expositie in het voormalige station van Cobh – dat in de victoriaanse tijd ter ere van de koningin werd omgedoopt tot Queenstown – herinnert aan de treurig-hoopvolle geschiedenis van de emigranten.

Titanic Experience

20 Casement Sq., www.titanicexperiencecobh.ie, dag. mei-sept. 9-18, okt.-apr. 10-17.30 uur, € 9,50
Sinds 2012, honderd jaar na het zinken van de Titanic, die als laatste haven Cobh aandeed, laat de interactieve expositie Titanic Experience de tragische gebeurtenissen nog eens de revue passeren. Met film en foto's worden de laatste dagen uit de levens van de 123 hier aan boord gegane passagiers gereconstrueerd, en dat alles in de voormalige kantoren van de White Star Line.

Overnachten

Elegant – **Knockeven House:** Rushbrooke, tel. 021 481 17 78, www.knockevenhouse.com, 2 pk incl. ontbijt vanaf € 110. Victoriaans huis uit 1840 omgeven door een tuin vol rododendrons; royale, in victoriaanse stijl ingerichte kamers.

Actief

Stadsrondleiding – **Titanic Trail:** tel. 021 481 52 11, www.titanic.ie, dag. om 11 en 14 uur, in de winter alleen op afspraak, € 9,50. Michael Martin volgt al wandelend het spoor van de Titanic, start bij het Commodore Hotel, afsluiting met een Guinness in Jack Doyle's Bar. Een spokenrondleiding kost € 17,50.

Info

Tourist Office: The Old Yacht Club, tel. 021 481 33 01, ma.-vr. 9.30-17.30, za./zo. 13-17 uur, www.visitcobh.com.
Trein: circa iedere 45 min. vanuit Cork

Fota Island ▶ D 9

Safaripark Fota Wildlife Park

Carrigtwohill, www.fotawildlife.ie, ma.-za. 10-18, zo. 10.30-18, kassa sluit om 17 uur, volw. € 15,50, kinderen € 10
Geschikt voor gezinnen met kinderen: op het uitgestrekte terrein loopt een massa exotische dieren rond, grotendeels in buitenverblijven zonder kooien.

Fota House

Carrigtwohill, www.fotahouse.com, huis: apr.-sept. ma.-za. 10-17, zo. 11-17 uur, tuin: okt.-mrt. dag. 10-18 uur, € 8
In dit herenhuis in Regencystijl (1820) is een verzameling werken van Ierse landschapsschilders te zien. Het wordt omgeven door tuinen en een arboretum met een bijentuin.

Info

Trein: ongeveer ieder halfuur treinen vanuit Cork.

Blarney Castle ▶ D 9

Blarney, www.blarneycastle.ie, okt.-apr. dag. 9 tot zonsondergang, mei, sept. ma.-za. 9-18.30, zo. 9-18, juni-aug. ma.-za. 9-19, zo. 9-18 uur, € 12,50
Dit uit drie verdiepingen bestaande *tower house*, een woon- en vestingtoren, werd in 1446 gebouwd in opdracht van Cormac Láidir Mac Carthy. Tot het begin van de 18e eeuw zetelde hier de beroemde bardenschool van de Mac Carthys. De toeristenbussen komen echter om een andere reden hierheen: op de borstwering van de toren bevindt zich namelijk de beroemde Blarney Stone: wie het aandurft om, onder de nieuwsgierige blikken van de vele bezoekers, op de rug liggend ▷ blz. 162

Koken en smullen in Ballymaloe

Een bezoek aan Ballymaloe geeft u een inkijkje in Ierlands belangrijkste kookimperium, dat met een kookschool, tuinen, shop en hotel volledig in vrouwelijke handen is: Myrtle, Darina en Rachel Allen bereiden met plezier en bezieling slow food. Het bezoek is ook de moeite waard wanneer u niet aan een cursus deelneemt.

Kaart: ▶ D 9
Praktisch: Aanmelding vooraf absoluut noodzakelijk! Ballymaloe Cookery School, Shanagarry, tel. 021 464 67 85, www.cookingisfun.ie, bijvoorbeeld halfdaagse cursus incl. lunch vanaf € 95; Afternoon Cookery Class 13.45-17 uur, € 75.
Tuinen en shop juni-sept. dag., okt.-mei ma.-za. 11-17.30 uur, € 6. Accommodatie zie blz. 162.
Route: Shanagarry (bord in Castlemartyr aan de N25 Youghal-Cork, circa 6 km).

Myrtle Allen, de matriarch van de kookclan, stond in 1964 aan de wieg van het Country-Housetoerisme in Ierland. Jarenlang gaf zij leiding aan een van Ierlands beste landhuishotels, Ballymaloe House. Haar schoondochter Darina Allen was in de jaren 70 van de vorige euw een van de eerste Groenen in Ierland. *Organic food*, dus biologisch, van lokale producenten, en met een hernieuwd respect voor datgene wat wij koken en eten – dat is het credo van Ballymaloe. Als tv-koks zijn Darina Allen en haar schoondochter Rachel in bijna iedere Ierse keuken doorgedrongen. Hun kookboeken zijn bestsellers.

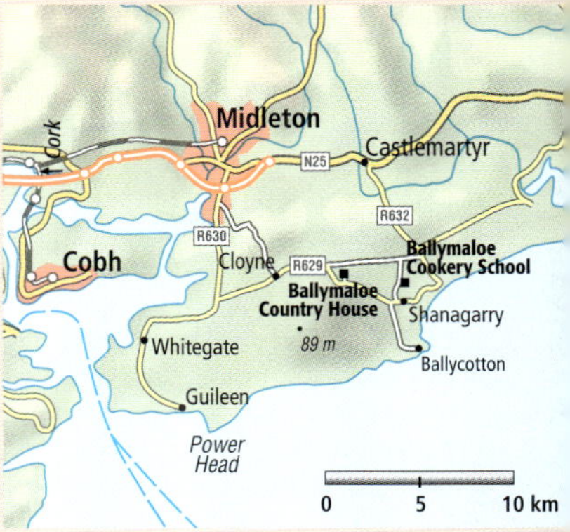

Goegehumeurd achter het fornuis

'Inktvis hebben we vandaag helaas niet gekregen', verklaart Pam voordat ze in de demonstratiekeuken aan de slag gaat. Een collectieve zucht gaat door haar publiek van aankomende chefs en hobbykoks. Er wordt veel gelachen tijdens de demonstratie. En aan het eind buigt het keukenblad bijna door onder Aziatisch geïnspireerde soepen, krabpasteitjes, gefrituurde zeeduivel en *panna cotta* met vlierbessen. De cursussen behandelen een breed scala aan thema's: ontbijt, pizza's, de vegetarische keuken, tapas of fingerfood. Na de demo wordt er in paren gekookt en aansluitend wordt er gegeten. Voor het zover is, zijn er echter wel wat horden te nemen. De Noordzeekrab bijvoorbeeld doet maar met moeite afstand van haar witte vlees. Maar op iedere zes cursisten is er een docent, dus hulp is steeds nabij.

Keukentuin en keukenshop

De **Ballymaloe Cookery School** ligt op het uitgestrekte terrein van een biologische boerderij die wordt geleid door Tim Allen. Bijna alle onderdelen van het bedrijf zijn tijdens een **'Farm Walk'** toegankelijk voor bezoekers. Voor de al in de 19e eeuw aangelegde en door de Allens liefdevol gerestaureerde **tuinen** komen de mensen van heinde en verre. De geometrische, door strak gesnoeide buxushagen omgeven kruidentuin is de grootste van Ierland, een geurig en kleurig paradijs van citroenmelisse, salie, venkel en tal van andere kruiden. In de fruittuin gedijen oude appel- en perensoorten, in de groentetuin ontspruiten reusachtige sterrenlook en volgens ecologische principes geteelde kroppen sla. Een weelderig bloeiende laan voert naar het victoriaanse Shell House, een van schelpen en kiezels gebouwd tuinhuis. Wie als toerist aan een kookcursus deelneemt, kan in een van de appartementen op de boerderij goedkoop overnachten. En natuurlijk het café en de winkel bezoeken, waar u naast kookboeken van de dames Allen bijvoorbeeld ook de door Myrtle Allen naar oud familierecept gemaakte Ballymaloe-relish kunt kopen.

Overnachten in stijl

Wie zichzelf iets speciaals wil gunnen, laat zich aansluitend verwennen in het georgiaanse **Ballymaloe House**, dat 3 km van de kookschool in een zacht weidelandschap ligt. In het in dit herenhuis ondergebrachte hotel zorgen antiek, bloemenarrangementen en moderne kunst voor een stijlvolle behaaglijkheid. De sfeer is er bijzonder kindvriendelijk. Tennisbaan, zwembad en een heerlijk verwilderde Engelse tuin staan de gasten ter beschikking.

achterover te gaan hangen om een kus op de onderkant van de steen te drukken, valt op magische wijze *the gift of gab* (de gave van grote welsprekendheid) ten deel. Een speciaal daarvoor aangestelde *stoneholder* is hierbij behulpzaam. Blijkbaar had ooit Cormac Mac Carthy, een nakomeling van de trotse koningen van Munster, met allerlei uitvluchten het afleggen van de leeneed aan Elizabeth I dusdanig op de lange baan geschoven dat de 'maagdelijke koningin' vertoornd uitriep: 'This is all Blarney!' Sindsdien betekent dat: 'Allemaal uitvluchten!' De in de 18e eeuw aangelegde **Rock Close** is een rotstuin met romantische steenformaties zoals het altaar, de druidenkring en de heksenrots.

Blarney zelf lijkt hoofdzakelijk uit souvenirwinkels te bestaan, zoals Blarney Woolen Mill en Blarney Square.

Eten en drinken

Culinair genieten bij twee zusters – The Square Table: The Square, tel. 021 438 28 25, wo., do. 18-21, vr./za. 12-15, 18-22, zo. 12.30-16.30 uur, hoofdgerecht circa € 24. De relaxte bistrosfeer van dit kleine restaurant bedriegt een beetje, want de kwaliteit van het eten staat ver boven het niveau van een bistro.

Info

Bus: circa elk uur vanaf het busstation in Cork, 's zomers open dubbeldekker.

Midleton ▶ D 9

In deze bedrijvige plaats wordt op zaterdagochtend langs de hoofdstraat een van de grootste Farmer's Markets van de regio gehouden (zie Tip blz. 166). De toeristen komen hier echter voor de ongeveer een uur durende rondleiding door het **Jameson Heritage Centre.** Het in 1795 opgetrokken gebouw van de voormalige whiskeydistilleerderij is een van de interessantste technische musea van Ierland, met een audiovisuele presentatie aan het begin en whiskey proeven aan het eind van de rondleiding (dag. apr.-okt. 10-16.30, nov.-mrt. 11.30, 13.15, 14.30, 16 uur, € 13).

Overnachten, eten

Ierlands beroemdste kookschool – Ballymaloe House: Shanagarry, circa 3 km ten westen van de kookschool, tel. 021 465 25 31, www.ballymaloe.ie, B&B vanaf € 120, vijfgangendiner € 75.

Info

Bus: elk halfuur vanaf Cork Kent Station

Kinsale ▶ D 10

De combinatie van nauwe straatjes, bontgekleurde huisjes en de fraaie ligging aan een zachtronde baai werkt bijna mediterraan. In de elegante jachthaven kunt u boten voor visexcursies en jachten charteren. De jachthaven, de reputatie als culinaire hoofdstad van het zuiden en als artistiek en kunstnijverheidscentrum zorgen voor een hoog prijsniveau.

Desmond Castle

Cork St., eind mrt.-half sept. dag. 10-18 uur, € 4. De goed bewegwijzerde Tourist Trail voert langs St. Multose Church, waarvan de oudste delen van rond 1200 dateren. Rond 1500 liet de Earl of Desmond het *tower house* **Desmond Castle** bouwen; hierin is een klein wijnmuseum ondergebracht.

Wild Atlantic Way

In Kinsale begint (of eindigt, afhankelijk van hoe u reist) de langste bewegwijzerde kustroute ter wereld, van hieruit 2600 kilometers met uitzicht op zee tot aan Londonderry in Noord-Ierland (www.wildatlanticway.com, zie blz. 8).

Charles Fort

Summer Cove, www.heritageireland.com, dag. half mrt.-okt. 10-18, nov.-half mrt. 10-17 uur, € 4

Een weg met zitbanken en uitzichten op de haven voert vanaf het schiereiland Scilly naar dit fort. In 1601 verloren de met de Spanjaarden verbonden katholieken onder Hugh O'Neill voor Kinsale een beslissende slag tegen de Engelsen. In 1677 bouwden de laatsten Charles Fort om de zeewegen te kunnen controleren, schilderachtig op een van de twee landtongen die de haven van Kinsale beschermen. Van hieraf hebt u een fascinerend uitzicht op Old Head of Kinsale met vuurtoren en burchtruïne. Binnen het stervormige fort met zijn dikke, 12 m hoge muren liggen de ruïnes van militaire barakken uit de 19e eeuw.

Overnachten

In het seizoen beslist vooraf reserveren! Veel B&B's aan Cork St. en Cork Rd.

Havenzicht – **Pier House:** Pier Rd., tel. 021 477 41 69, www.pierhousekinsale.com, 2 pk incl. ontbijt € 100-140. Prachtige, moderne designkamers met hier en daar een artistiek accent van drijfhout, de meeste hebben zicht op de haven.

Familiecamping – **Garrettstown House Holiday Park:** 9 km, aan de R600 richting Ballinspittle, tel. 021 477 81 56, www.garrettstownhouse.com, gezinsstandplaats vanaf € 12. Terrein met weide en bos bij een landhuis, ideaal voor kinderen, met waterglijbaan, avonturenspeeltuin en minigolf.

Eten en drinken

De meeste restaurants en pubs liggen aan het havenfront of op het kleine schiereiland Scilly (acht minuten lopen).

Klassieker – **Man Friday:** Scilly, tel. 021 477 22 60, ma.-za. 17-22, zo. 12.30-21.30 uur, hoofdgerecht circa € 29. Mediterraan aandoende eetzaal of wintertuin, zicht op de haven, klassiek klaargemaakte visgerechten.

De beste vis – **Fishy Fishy Café:** Crowleys Quay, tel. 021 470 04 15, mrt.-okt. dag. 12-21, nov.-feb. zo.-wo. 12-16, do.-za. 12-21 uur, in ieder geval reserveren, openingstijden kunnen variëren, hoofdgerecht circa € 21. Versgevangen vis en zeevruchten in een eenvoudig ingericht fijnproeversrestaurant.

Sfeervol – **The Bulman:** Summercove, tel. 021 477 21 31, restaurant: di.-za. 17.30-21.30 uur, hoofdgerecht vanaf € 16; bar: ma.-do. 10-23.30, vr./za. 10-0.30, zo. 12-23.30 uur, gerechten vanaf € 10. Fijne sfeer in de rustieke pub en het iets formelere restaurant Toddies op de eerste verdieping. De kleine menukaart is maritiem, regionaal en op het seizoen afgestemd. Fantastisch uitzicht over de haven op Kinsale.

Actief

Surfen – **Kinsale Outdoor Education Centre:** tel. 021 477 28 96, www.kinsaleoutdoors.com. Verhuur van surfplanken, dinghy's en kajaks.

Bootexcursies – **Kinsale Harbour Cruises:** tel. 086 250 54 56, www.kinsaleharbourcruises.com, € 12,50, vertrek voor het Actons Hotel aan het havenfront. Boottochten in de haven en langs de kust tot Charles Fort.

Zeevissen – **Kinsale Deep Sea Angling:** The Ramparts, tel. 021 477 49 46, www.kinsaleangling.com. Visscharters en -uitrusting, dolfijn- en walvisobservatie.

Uitgaan

Traditioneel – **The Spaniard:** Scilly Rd., ma.-do. 10.30-23.30, vr./za. 10-0.30, zo. 12.30-23.30 uur. Met dakspanen bedekte oude pub met stenen muren en rustieke plafondbalken, *pub grub*, folkmuziek wo., vr.-ma.

Info en evenementen

Tourist Office: Pier Rd., tel. 021 477 22 34, www.kinsale.ie, mrt.-okt. ma.-za. 9.30-13, 14-17.30 uur.
Heineken Kinsale 7's: april, www.kinsalesevens.com. Een van Europa's grootste rugbytoernooien.
Kinsale Gourmet Festival: begin okt., www.kinsalerestaurants.com. Proeverijen en boottochten.

West Cork

Timoleague ▶ C 10

Dit plaatsje ligt prachtig aan een langgerekte, trechtervormige riviermonding. In het centrum staat de ruïne van Timoleague Friary, een in 1240 gesticht franciscanenklooster dat, zoals bijna alle kerkruïnes in Ierland, als begraafplaats wordt gebruikt – zelfs het schip van de kerk.

Voor tuin- en kunstliefhebbers

Kunstliefhebbers vinden langs de zuidkust tot aan Baltimore de objecten waar ze van houden, hetzij in privégaleries en ateliers, hetzij in kunstnijverheidswinkels met een breed aanbod van meerdere artiesten. In de tweede helft van juni openen veel tuinen hun poorten, zie voor informatie www.westcorkgardentrail.com.

Eten en drinken

West Cork Food and Wine – **Monk's Lane:** 15 Mill St., tel. 023 884 63 48, wo.-za. 11-24, zo. 13-19 uur, hoofdgerecht vanaf € 14. Gezellig, met veel hout ingericht, geleid door een hip jong stel. Designerbieren en een heleboel lol.

Clonakilty ▶ C 10

Clonakilty had in de 18e/19e eeuw een dermate bloeiende linnenindustrie, dat koningin Victoria hier het doopkleed voor haar eerste kind liet maken. De bloeiende toeristen- en marktplaats is ook bekend door de *black pudding*, een soort bloedworst die u in de B&B's hier bij het ontbijt kunt uitproberen, en als geboorteplaats van de Ierse revolutionair en held uit de burgeroorlog Michael Collins.

Lisnagun Ringfort ▶ C 10

Twee kilometer ten oosten van Clonakilty ligt Lisnagun Ringfort, een gereconstrueerde versterkte nederzetting met een hoeve uit de 10e eeuw. Ringforten – er zijn er in Ierland minstens 35.000 aantoonbaar – werden gebouwd tussen 400 v.Chr. en 1200 en deden dienst als versterkte boerderij.

Overnachten

Hier woonde Noel Redding van de Jimi Hendrix Experience – **Dunowenhouse:** Sands Cove, Ardfield, tel. 023 886 90 99, http://dunowenhouse.ie (hier staat hoe u er komt), 2 pk incl. ontbijt vanaf circa € 110 €. Luxe kamers en vakantiewoning in een georgiaans landhuis. De instrumenten en de muziekcollectie mogen worden gebruikt! Kookworkshop en diner op afspraak.

Eten en drinken

Kokkin Caitlin Ruth kan toveren – **Deasy's Harbour Café:** Ring Village, tel. 023 883 57 41, wo.-za. 18-21.30, zo. 13-15 uur, hoofdgerecht circa € 18. In de pub met bakstenen muren en een nautisch decor vindt u een geraffineerde keuken met invloeden van de Middellandse Zee tot Zuidoost-Azië.

Winkelen

Farmer's Market: zie Tip blz. 166.
Bloedworst van de slager – **Clonakilty Food Co.:** 16 Pearse St., ma.-za. 9-18 uur. Volgens traditioneel recept; op www.clonakiltyblackpudding.ie zijn recepten met *black pudding* te vinden.

Actief

Fietsverhuur – **Clonakilty Bike Hire:** www.clonbike.com, 2 dagen fietshuur voor hotelgasten € 10, meerdere verhuurlocaties in de hotels van Clonakilty.
Strand – **zandstrand van Inchydoney:** 4 km ten zuiden van Clonakilty. Blauwe Vlag, oppassen voor stromingen; verhuur van surfplanken bij West Cork Surf School op het strand, tel. 086 869 53 96, https://inchidoneysurfschool.com.

Uitgaan

Ouderwetse music pub – **De Barra's:** 55 Pearse St., www.debarra.ie, ma.-do. 10.30-23.30, vr./za. 10.30-0.30, zo. 12.30-23 uur. Bar, banken en tafels van kaal, versleten hout, de wanden vol gitaren en accordeons, affiches en foto's en ook een hoek met Afrikaanse maskers. Maar alleen bezichtigen van deze pub is jammer, want hier wordt bijna iedere avond de beste Ierse folk gespeeld.

Info en evenementen

Tourist Information: 25 Ashe St., tel. 023 883 32 26, www.clonakilty.ie, di.-za. 9-17 uur.

Naar Glandore

Drombeg Stone Circle ▶ C 10

De R597 buigt in Rosscarbery af naar Glandore. Vanaf de idyllisch gelegen, uit zeventien rechtopstaande stenen bestaande steenkring uit de jonge steentijd, die ook wordt aangeduid als *The Druid's Altar*, dwaalt uw blik over het schrale, dunbevolkte kustlandschap met zijn felgekleurde fuchsiahagen en groene schaapsweiden. De steenkring was vermoedelijk tussen 1100 en 800 v.Chr. in gebruik als bijeenkomst- en cultusplek.

Glandore ▶ C 10

Glandore is een rustig jacht- en vissershaventje met mediterrane flair aan een beschutte baai. 's Zomers kunt u op het terras van Hayes' Bar genieten van huisgemaakte snacks als krabsandwiches.

Overnachten

B&B in luxe landhuis – **Lis-Ardagh Lodge:** Union Hall (aardig vissersdorp C 10), tel. 028 349 51, www.lis-ardaghlodge.com, 2 pk met ontbijt € 66-74. Eenvoudige, lichte kamers, superontbijt, fitnessruimte, sauna, tuin met ligstoelen. De ideale verblijfplaats om te watersporten na een heerlijk ontbijt.

Skibbereen ▶ C 10

Gefortuneerde rustzoekers van het continent, *blow-ins* genoemd, bliezen Skibbereen, de 'hoofdstad' van West Cork, en menig ander plaatsje aan dit landschappelijk overweldigende deel van de kust, nieuw leven in, leven dat vandaag de dag voor een deel wel erg ecologisch, esoterisch en ayurvedisch overkomt.

Heritage Centre

Upper Bridge St., www.heritage ireland.ie, half mrt.-half mei, eind sept.-okt. di.-za. 10-18, half mei-eind sept. ma.-za. 10-18 uur, nov. ma.-vr. op afspraak op tel. 028 409 00, € 6.
Het bezoekerscentrum in deze op aparte wijze gerenoveerde oude gasfabriek is gewijd aan de tijd van de Grote Hongersnood en aan het nabijgelegen natuurreservaat Lough Hyne: Europa's grootste zoutwatermeer stelt de biologen voor raadsels, want het water is er steeds 3 °C warmer dan de zee eromheen.

Liss Ard Gardens

Ca. 2 km ten zuiden van Skibbereen, rondleidingen mei-okt. dag. 10-18 uur, tel. 028 400 00, € 5; smaakvolle vakantiewoningen en B&B, www. lissardestate.com
Deze uitgestrekte, uit weinig spectaculaire weiden, vijvers en bos bestaande

Tip

Farmer's Markets – boerenmarkten met regionale specialiteiten

In diverse plaatsen langs de fijnproeverskust van West Cork worden op verschillende dagen 's ochtends de zogeheten Farmer's Markets gehouden. Hier heeft bijvoorbeeld de rokerij Gubbeen, die niet alleen gerookt vlees, maar ook gerookte kaas produceert, een kraam. En er worden uitstekende lokale zuivelproducten verkocht, zoals Ardsallagh, een zachte geitenkaas, en Durrus, een kaas van koemelk. Verder black pudding uit Clonakilty en biologische groente en fruit. Kramen met bijvoorbeeld 'zeemeerminnenzeep' dragen bij aan het bonte geheel (9/9.30–14/14.30 uur, www.westcorkmarkets.com; Macroom (▶ C 9) di.; Kinsale (▶ D 10) wo.; Castletownbere (▶ B 10) do.; Clonakilty (▶ C 10) vr.; Skibbereen (▶ C 10) za.; Schull (▶ B 10) zo).

tuinen bezitten met de Sky Garden van de Amerikaanse kunstenaar James Turrell een bijzonder hoogtepunt: een Egyptisch aandoende katafalk (praalbed waarop een een dode wordt opgebaard) in een krater in een weiland.

Overnachten

De antithese van het minimalisme – **Bridge House:** 46 Bridge St., tel. 028 212 73, www.bridgehouseskibbereen.com, 2 pk met ontbijt € 70. Het B&B achter de met bloemen begroeide façade gaat met zijn kamers met hemelbedden, die zijn volgestopt met bric à brac, de strijd aan met de huidige tijdgeest.

Eten en drinken

Op het eiland – **Island Cottage:** Heir Island, tel. 028 381 02, www.islandcottage.com, half juni-half sept. wo.-za. 19.45-23.15 uur, diner € 40. Eten bij topkok en kunstschilder John Desmond: een culinaire belevenis in een kleine, cottage-achtige ruimte voor maximaal 24 personen, geen kinderen en vegetariërs, het menu ligt vast; vooraf reserveren is absoluut noodzakelijk. Overtocht per veerboot vanaf Cunnamore Pier, tel. 086 819 23 42. Intieme kookcursussen voor één tot drie personen € 100-700.

Winkelen

Lekkers uit de regio – **Farmer's Market:** za. 9.30-13.30 uur, zie Tip hiernaast.
Kunstcentrum – **West Cork Arts Centre:** North St., www.westcorkartscentre.com, ma.-za. 10-17 uur. 'Doos van roestend staal' met exposities van toonaangevende kunstenaars uit West Cork.

Actief

Gemarkeerde paden rond Lough Hyne.
Avonturencentrum – **Russagh Mill Hostel:** Castletownshend Rd., 3 km buiten Skibbereen, tel. 028 224 51, www.russaghmillhostel.com. Klimmen, abseilen, kajakken, kanoën, boogschieten, duiken enzovoort; fiets- en kanoverhuur. Slapen in de smaakvol gerestaureerde molen in 2 pk of familiekamer vanaf € 40, slaapzaal € 15.

Info en evenementen

Tourist Information: North St., tel. 028 214 89, www.skibbereen.ie, juni-sept. ma.-za. 9-18, okt.-mei ma.-vr. 9.15-13, 14-17 uur.
A Taste of West Cork Food Festival: half sept., www.atasteofwestcork.com. Vier dagen fijnproeven met markt, proeverijen en workshops.

Baltimore ▶ B 10

Deze vissersplaats met haar vele pubs en restaurants en het oude *tower house* boven de bedrijvige haven is door de vele scheepswrakken voor de kust een duikers- en watersportparadijs. Ieder jaar in juni komen hier de leden van de lokale clans van de O'Driscolls bij elkaar, die indertijd als piraten een slechte reputatie hadden.

Overnachten, eten

Rustieke B&B met bekroonde keuken – **Rolf's:** Baltimore Hill, tel. 028 202 89, www.rolfscountryhouse.com, 2 pk met ontbijt vanaf € 79, hoofdgerecht circa € 26, restaurant 's zomers 12.30-14.30, hele jaar 18-21 uur. Eenvoudige, prettige kamers en een fijn- ▷ blz. 170

Favoriet

Een droomplek – Three Castles Head ▶ B 10

Schaduwen van meeuwen glijden over het dal, Engels gras siddert in de wind, enkel het geluid van de branding doorbreekt de stilte. Dan bereikt u de zee, bijna loodrecht storten de kliffen zich omlaag. De drie burchten waaraan de kaap haar naam dankt, zijn eigenlijk verdedigingstorens uit de 15e eeuw. Ze zijn met elkaar verbonden door een muur die over een heuvelkam langzaam afloopt naar zee. Rondom ligt een amfitheater van ongerepte bergen, rotsen en heide. U bereikt deze plek na een wandeling van één of twee uur (routebeschrijving, zie blz. 170).

proeverskeuken in het groen, met uitzicht op de baai.

Te midden van prachtige tuinen – **Glebe Gardens:** tel. 028 205 79, tuinen en café wo.-zo. 10-18, restaurant vr./za. 19-22 uur, burgers, salades en black pudding als brunch vanaf 10 €, hoofdgerecht 's avonds circa € 23. Ongedwongen culinair genoegen in het groen, verkoop van lokale specialiteiten in de winkel. Zie blz. 170.

Actief

Walvisobservatie – **Whale Watch West Cork:** Baltimore Harbour, tel. 086 120 00 27, www.whalewatchwestcork.com, apr.-okt. dag. 9.30, 14.15 uur, € 50, 4 uur.

Mizen Head ▶ B 10

Schull

Het leuke, fleurige Schull is de hoofdplaats van het schiereiland Mizen Head. Afgezien van het levensmiddelenwinkeltje in Goleen is dit de laatste mogelijkheid om boodschappen te doen voor u de zee bereikt.

Overnachten, eten

Hier verbleven Shaw en Yeats – **Grove House:** Colla Rd., Schull, tel. 028 280 67, www.govehouseschull.com, 2 pk met ontbijt € 70-90, restaurant dag. 12.30-15, wo.-za. 18 uur tot laat, diner € 30-35. Stijlvolle kamers in warme tinten met antiek en parketvloeren; Country-Housekeuken om van te smullen.

Winkelen

Galerie om verliefd op te worden – **Heron Gallery:** Main St., Schull, filiaal in Akahista, jan.mei di.-za. 11-17.30, juni-aug. dag. 10-18, okt.-dec. vr./za. 11-17.30 uur, www.herongallery.ie. Prenten, keramiek, Japans aardewerk en ook sculpturen van drijfhout, sieraden en souvenirs. Het charmante café serveert scones en lunches.

Actief

Aan de haven – **Watersport Centre:** The Pier, Schull, tel. 028 285 54, apr.-sept., www.schull.ie. Verhuur van snorkeluitrusting, dinghy's, motorboten en fietsen.

Wandeling naar Three Castles Head

Ruim 1 uur heen en terug, 2 uur als u vanaf de torens langs de zee terugloopt; zie ook Favoriet blz. 168, het verbodsbordje kunt u negeren, het geldt alleen voor bussen!

Achter Barley Cove (zie hieronder), waar de bewegwijzerde weg naar Mizen Head haaks naar links afbuigt, neemt u het ongemarkeerde weggetje rechtdoor. Aan het eind ervan bereikt u een parkeerplaats met een stopbord en een reddingsboei. Van hieraf loopt u over een onverharde weg omhoog naar een statige witte boerenhoeve, dan voor de poort links langs omheinde akkers en over een afrastering. Volg het licht uitgesleten pad, niet naar links het veld in maar om de heuvel heen. Spoedig bereikt u een onverharde weg, die u naar links volgt tot een afrastering. Hier neemt u het uitgesleten pad door het dal naar links. Terug bij de boerenhoeve, waar de familie woont van de Franse kunstenaar Tomi Ungerer, kunt u zich in het Three Castles Head Café tegoed doen aan sandwiches, soepen, smoothies of taart (Dunlough, Goleen, eind mei-begin sept. dag. 10-17 uur, www.threecastlehead.ie, ook chique vakantiewoningen).

Barley Cove

Vier minuten lopen vanaf de met een bord aangegeven parkeerplaats

Het pad voert over het gras- en bloementapijt van het zoutmoeras, en aansluitend over een verende pontonbrug die een vloedstroom oversteekt. Dan ligt het droomstrand met zijn uitgestrekte zandvlakte voor u. De duinen zouden zijn opgeworpen door de tsunami die volgde op de aardbeving die in 1755 Lissabon trof. In deze gezinsvriendelijke omgeving kunt u aalscholvers, reigers en scholeksters en planten als gele lis en mannetjesorchis ontdekken.

Mizen Head Signal Station

www.mizenhead.net, juni-aug. dag. 10-18, half mrt.-mei, sept., okt. 10.30-17, nov.-half mrt. za./zo. 11-16 uur, € 6

De weggetjes worden steeds smaller, tot het laatste eindigt op de 200 m hoge kliffen van het heerlijk ruige Mizen Head, een van de geweldigste maar weinig bekende attracties van Ierland. Het bezoekerscentrum biedt spijs en drank, en de commandobrug van een schip en informatie over flora, fauna en geschiedenis en over het gewaagde bouwproject van de vuurtoren van Fastnet Rock, die 9 km voor de kust uit zee oprijst. Een ongeveer een kwartier durende, terug zeer steile wandeling voert langs steile, met Engels gras begroeide kliffen en over een nieuwe betonnen brug met adembenemend uitzicht. In de witte, kubusvormige huisjes aan het eind ervan is een liefdevol ingerichte en authentieke expositie te zien over het leven in het vroegere signaalwachtersstation van voor de Fastnetvuurtoren.

Crookhaven

De beschutte, langgerekte pier, in de zomer vol jachtbezitters, is als de zon schijnt een van de ontspannendste plekken voor een picknick. Bij Crookhaven Inn kunt u ook buiten zitten en visfrikadellen of zelfs Thaise zalm bestellen terwijl de meeuwen boven uw hoofd tekeergaan (Pasen-okt. dag. 12.30-21 uur, reserveren niet mogelijk, hoofdgerecht circa € 16).

Sheep's Head ▶ B 10

Nog eenzamer is het op Sheep's Head, de rotsachtige landtong tussen Dunmanus en Bantry Bay: wegen met slechts een rijstrook, geflankeerd door fuchsiahagen en gestapelde muurtjes, de pasweg Goat's Path met weidse uitzichten over zee en land.

Vanuit **Ahakista** bereikt u na een wandeling van circa veertig minuten een steenkring uit de bronstijd boven de kleine plaats.

Rondwandeling Sheep's Head

Geen enorme stijgingen, maar deels lastig, rotsachtig en moerassig traject, circa 4 km, ruim 2 uur, begin/einde: Sheep's Head Café, Tooreen

De **Tooreen Loop** begint bij Bernie's Cupán Tae ofwel het **Sheep's Head Café**. De blauwe pijlen volgend, komt

Rondwandeling op Sheep's Head

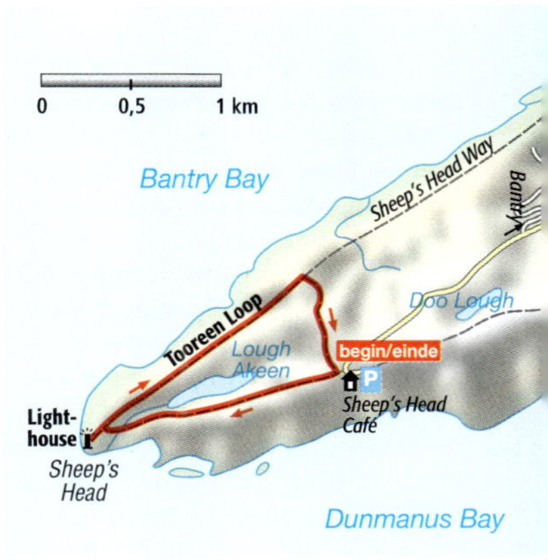

Tip

Good Things Café – eenvoudig en eenvoudig goed

Carmel Somers serveert in haar onopvallende kleine restaurant net buiten Durrus schijnbaar eenvoudige gerechten, zoals lamsvlees met kool of met tomaten en karwijzaad gevulde aubergines, die geregeld de hoogste lof van culinaire critici oogstten. Het spreekt vanzelf dat in de keuken alleen de verste lokale producten worden gebruikt. Haar fantasierijke, ambachtelijk perfecte kooktrucks doceert Somers tijdens kookcursussen buiten het (korte) seizoen waarin het restaurant geopend is – tijdig aanmelden is een must. In het met boeken en niet-opdringerige decoratie ingerichte restaurant eet u, als gast of cursist, gezellig als in uw eigen huiskamer (Akahista Rd., Durrus, ▶ B 10, tel. 027 614 26, www.thegoodthingscafe.com, Pasen, juni-aug. do.-ma. 12.30-15, 18.30-20.30 uur, hoofdgerecht vanaf € 21).

u op het langeafstandspad **Sheep's Head Way**, dat is gemarkeerd met een gele wandelaar op een zwarte ondergrond. De Sheep's Head Way is ruig en winderig. Als u in het noorden het wateroppervlak van **Lough Akeen** ziet schitteren, hebt u een prachtig uitzicht rondom, naar het zuiden op Mizen Head, naar het noorden op de walvisbult van Bear Island.

Het wordt nu erg zompig, hier groeien beschermde vleesetende planten – zonnedauw en *Nepenthes*. U volgt de aanwijzing 'Lighthouse' en passeert een helikoperlandingsplaats.

De kleine witte **vuurtoren** werd in 1968 in gebruik genomen en markeert de toegang tot de olieterminal van Whiddy Island in de Bantry Bay. Nu loopt u omhoog, over een diep ingesneden holle weg, naar de terugweg langs de noordkust – pas op bij de steile kliffen! Het weidse uitzicht reikt over zee tot aan het schiereiland Beara.

Na circa 1,5 km langs de noordkust wijst een blauwe pijl naar rechts. Over dit pad door het binnenland van het schiereiland, over muurtjes rond verlaten akkers en langs ruïnes van nederzettingen, volgt u de oranje wandelaar op gele ondergrond die u terugbrengt naar uw vertrekpunt. In het café kunt u zich ter afsluiting tegoed doen aan zalmsandwiches, scones of appeltaart.

Overnachten

Met uitzicht op zee – **Gallán Mór:** Kealties, Durrus, tel. 027 627 32, http://gallanmor.com, 2 pk met ontbijt vanaf € 110, geen kinderen (wel een vakantiehuis voor gezinnen), minimaal 2 nachten, 17 mrt.-okt. In boetiekstijl ingerichte kamers, ontbijt met verse lokale producten, met tuin direct aan zee, ideaal voor wandelaars – een droom-B&B.

Actief

Langeafstandspad – **Sheep's Head Way:** 88 km lange wandelroute om het schiereiland heen, zie blz. 171. Ook veel kortere, voortreffelijk bewegwijzerde wandelingen en fietstochten, kaarten in alle winkels en pubs ter plaatse, www.thesheepsheadway.ie.

Bantry en Bantry Bay ▶ B 10

De schilderachtige Bantry Bay is niet alleen de locatie van de grote aardoliehaven Whiddy Island, maar ook van de gerenommeerde lokale oesterteelt. In 1796 probeerde een Franse legereenheid hier aan land te gaan ter ondersteuning van Wolfe Tone en zijn opstandige United Irishmen – maar hun landingspoging mislukte door de storm.

Bantry House

www.bantryhouse.com, eind mrt.-mei, sept./okt. di.-zo., juni–aug. dag. 10-17 uur, € 11; Westwing Café, shop
De toenmalige eigenaar van het georgiaanse Bantry House, Richard White, zal de 'protestantse wind' die de indringers in 1796 in het gezicht blies en hun landing deed mislukken dankbaar zijn geweest. Want de zakenman werd om zijn voorbeeldige organisatie van de verdedigingsmaatregelen in de adelstand verheven. Zijn zoon, de trotse tweede graaf van Bantry, verwierf tijdens zijn reis door Europa de obligate, bij elkaar geraapte kunstverzameling. Alles is ook nu nog bij de familie in gebruik en straalt een nobel-versleten flair uit. Vanuit de Italiaanse tuin hebben bezoekers een prachtig uitzicht op de tegenovergelegen Caha Mountains.

Begin juli komen hier gerenommeerde musici uit de hele wereld samen op het intieme kamermuziekfestival in het kasteel (www.westcorkmusic.ie).

Overnachten

Grafelijk – **Bantry House:** tel. 027 500 47, www.bantryhouse.com, 2 pk incl. ontbijt vanaf € 169. Stijlvolle vertrekken in de zijvleugel van het kasteel. Zodra de dagjesmensen zijn vertrokken mogen gasten gebruikmaken van de bibliotheek en de biljartkamer.

Eten en drinken

Authentiek – **The Snug:** Wolfe Tone Sq., ma.-do. 10.30-23.30, vr./za. 10.30-0.30, zo. 12.30-23 uur, hoofdgerecht 's middags € 7, 's avonds circa € 17. Rustieke pub, 's middags lasagne en dergelijke, 's avonds steaks, soms traditionele muziek live.
Echte Ierse pub – **Ma Murphys:** New St., ma.-do. 10.30-23.30, vr./za. 10.30-0.30, zo. 12.30-23 uur. Gezellig en intiem, men schenkt ook craft beers.
Bio en vegetarisch – **Organico:** 3 Glengarriff Rd., tel. 027 559 05, ma.-za. 9-18 uur, circa € 10. Aardig café tegenover de gelijknamige biologische winkel.

Info

Tourist Information: Old Courthouse, Wolfe Tone Square, tel. 027 502 29, apr.-okt. ma.-za. 9.15-17 uur.

Ring of Beara

Ten onrechte trekt deze panoramaweg rond het schrale, rotsachtige schiereiland Caha minder bezoekers dan de beroemde Ring of Kerry verder naar het noorden. Maar misschien juist daarom is de Ring of Beara (spreek uit 'Bara') met zijn ruige rotslandschappen, groene dalen, fleurige plaatsjes en eenzame prehistorische monumenten als de steenkring uit de bronstijd een waardig alternatief.

Deze authentieke uitstraling sprak ook tot de verbeelding van filmmakers zoals Neil Jordan, die hier in 2008 het romantische drama *Ondine* met Colin Farrell draaide.

Ilnacullin Gardens ▶ B 9

Garnish Island, www.heritageireland.com, eind mrt.-juni, sept./okt. dag. 10-17.30, juli/aug. ma.-vr., zo. 9.30-17.30, za. tot 18 uur, € 4
Het zeer toeristische Glengarriff behoort net als het zuidelijke deel van het Bearaschiereiland nog tot County Cork.

Vanaf de pier in Glengarriff verzorgen kleine rederijen de overtocht – langs zeehondenrotsen – naar **Garinish Island**, waar zich een in 1910 door Harold Peto ontworpen tuin in Italiaanse stijl bevindt. Fraaie uitzichten op Bantry Bay en Caha, neoklassieke tuinarchitectuur en vooral de door de Golfstroom begunstigde soortenrijkdom van de subtropisch aandoende plantenwereld wachten de bezoeker op.

Castletownbere ▶ A/B 10

De nuchter-bedrijvige 'hoofdstad' van het schiereiland Caha is een van Ierlands grootste visserijhavens.

Twee kilometer westwaarts staan in een ingetogen heidelandschap de tien vlakke stenen platen van de uit de bronstijd stammende **Dereentaggart Stone Circle.** De steenkring is vanaf de weg goed bewegwijzerd en nauwelijks te missen.

Dursey Island ▶ A 10

Het uit de ijzertijd stammende Lehanore Hillfort aan de weg naar Dursey Island is goed bewegwijzerd en biedt veel sfeer en mooie uitzichten. De oversteek naar het vogelparadijs Dursey Island wordt gemaakt met Ierlands enige kabelbaan (reserveren bij Windy Point House, een eenvoudige B&B voor € 30-35 pp, tel. 027 730 17 www.windypoint house.com).

De noordkust

Van hier tot Eyeries slingert de weg zich door een adembenemend scheren- en baaienlandschap. **Allihies,** waar vroeger koper werd gewonnen, en het mooie, veel gefotografeerde **Eyeries** staan bekend om hun bontgekleurde rijen cottages. Een korte wandeling door veen en heide voert u naar de achter het gehucht Ardgroom gelegen, uit de bronstijd stammende **Ardgroom Stone Circle** met negen tot 2 m hoge stenen 'pilaren' (vanaf de R571 aangegeven). Ver reikt uw blik vanaf de sfeerrijke steenkring over de baai. Door een ontoegankelijk berglandschap, langs de 686 m hoge Hungry Hill, voert het traject van Lauragh naar Adrigole over de **Healypas** – verlatener, ruiger en grandiozer wordt het nergens meer.

Overnachten

Hotels, B&B's en restaurants concentreren zich langs de N72.

Landhuis – **Mossie's:** Trafrask, Adrigole, 12 km ten zuiden van Glengarriff, tel. 027 606 06, www.mossiesres taurant. com, 2 pk incl. ontbijt € 100. Country Housel met stijlvolle kamers. Diner voor gasten (€ 21), grote tuin en fraai uitzicht.

Bloeiende rododendrons in Killarney National Park

Boeddhistisch klooster – **Dzogchen Beara Buddhist Meditation Centre:** 8 km ten zuidwesten van Castletownbere, tel. 027 730 32, www.dzogchenbeara.org. Overnachten op slaapzaal € 15, op kamers vanaf € 30 per persoon; drie met grenen meubels ingerichte vakantiewoningen € 400-750 per week. U kunt hier geweldig mediteren en spirituele cursussen van dit Tibetaanse klooster bezoeken of enkel genieten van de stilte en het fantastische uitzicht over de kust.

Winkelen

Eigentijdse schilderkunst – **Sarah Walker Gallery:** The Pier, Castletownbere, tel. 027 703 87, www.sarahwalkergallery.com, juni-sept. dag. 11-18, apr., mei, okt. ma.-za. 11-18 uur, daarbuiten vooraf bellen. Figuratief, een beetje magisch realisme, ook werk van andere lokale kunstenaars.

Actief

Wandelen en fietsen – **Beara Way:** het langeafstandspad voert over 196 km van Glengarriff naar Kenmare, de fietsroute – 138 km – rond het schiereiland Caha, www.bearatourism.com.

Uitgaan

Pub met winkel – **Maccarthy's:** Castletownbere, Main St., ma.-wo. 10.30-23.30, do.-za. 10.30-0.30, zo. 12.30-23 uur. Beroemd door Pete McCarthy's bestseller *McCarthy's Bar* (zie blz. 19), traditionele pub, livemuziek, tevens – zoals vroeger gebruikelijk – levensmiddelenwinkel.

Info

Beara Tourism: St. Peter's Church, Glengarriff, tel. 027 700 54, www.bearatourism.com, winter di.-vr., zomer ma.-za. 9-17 uur. Informatie over archeologische vindplaatsen, vissen, kunstnijverheid, ferryverbindingen en meer.

Killarney ▶ B 9

De door haar ligging bevoorrechte stad met 14.000 inwoners was al in de 19e eeuw een toeristenmagneet. Als ideaal 'basiskamp' voor de Ring of Kerry is Killarney in het hoogseizoen erg druk. De verkeerschaos is inmiddels aangepakt met voetgangerszones in het centrum en ondergrondse parkeergarages.

Op stap in het nationaal park

Paardenkoetsen *(jaunting cars)* met enigszins opdringerige koetsiers hebben in Killarney hun standplaats op Kenmare Place en in het park bij Muckross House en bij de Gap of Dunloe (ritprijs € 40-70, voor max. vier pers., http://killarneyjauntingcars.com). Bij de Gap of Dunloe staan ook makke huurpaarden, die de berijder stapvoets door de kloof loodsen (circa € 50 per uur). De meest klassieke tocht voert vanaf de Ross Castlepier anderhalf uur per boot over de drie meren, met uitzichten van wereldklasse. Vervolgens gaat het per paardenkoets door de Gap of Dunloe. Voor het traject door de kloof kunt u in Killarney ook fietsen huren die u op de boot mag meenemen (www.killarneylaketours.ie).

St. Mary's Cathedral

De bezienswaardigste straat van Killarney is New Street met zijn nog overwegend georgiaanse rijen huizen. Aan het eind ervan verheft zich St. Mary's Cathedral, halverwege de 19e eeuw ontworpen door de pionier van de neogotiek, de Engelse architect Augustus Welby Northmore Pugin. Werp even een blik op het hoge, feestelijke schip.

Ross Castle

Killarney, www.heritageireland.ie, half mrt.-okt. dag. 9.30-17.45 uur, € 4

Op een landtong in Lough Leane ligt dit laat-15e-eeuwse *tower house*. De gerestaureerde, getrouw naar het origineel ingerichte toren gunt u een blik in het dagelijks leven van een clanhoofdman. Als toiletpapier gebruikten de heer des huizes en zijn vrouw mos en bladeren en tegen de kou lieten zij de vloer van hun slaapvertrek met aarde bedekken – het ruikt er nu vrij neutraal.

Inishfallen

Vanaf de Ross Castlepier vertrekt een boot naar het eiland Inishfallen met de resten van een ooit machtig klooster. De rond 1215 op schrift gestelde annalen van Inishfallen behoren tot de belangrijkste bronnen van de Ierse geschiedschrijving. Iets boven de ruïne van het 13e-eeuwse kloostercomplex staat een 12e-eeuws oratorium, waarvan een archaïsche sculptuur behouden bleef: dierenkoppen die strak naar de zee staren.

Killarney National Park ▶ B 9

Dit ongeveer 60 km² metende natuurreservaat, dat voor meer dan een derde uit wateroppervlak bestaat, strekt zich uit rond drie meren: Lough Leane, Muckross Lake en Upper Lake. Het milde klimaat zorgt voor een weelderige vegetatie: eiken, taxussen, varens, mossen en korstmossen, de laatste vaak als epifyten op boomstammen. Ook gedijt hier de verder alleen in mediterrane streken voorkomende, altijdgroene en struikachtige aardbeiboom *(Arbutus unedo)*, evenals de in de 19e eeuw uit het Middellandse Zeegebied geïmporteerde rododendron. Die doen het hier, net als elders op de Britse eilanden, zo goed dat de parkwachters ze een halt moeten toeroepen. Ornithologen hebben in Killarney 114 vogelsoorten waargenomen, waarvan ongeveer de helft broedvogels. Veel trekvogels zoals de kolgans overwinteren bij de meren. Tegen de hellingen van de Torc (535 m) en de Mangerton (837 m) grazen de enige inheemse roodwildroedels in Ierland evenals het oorspronkelijk uit Azië afkomstige sikahert.

National Park Centre

Muckross House, www.killarney nationalpark.ie, half mrt.-sept. dag. 9-17.30 uur, toegang gratis

Informatie – audiovisueel of bij het personeel – over alle aspecten van het nationaal park.

Muckross House

www.muckross-house.ie, juli/aug. dag. 9-19, sept.-juni 9-17.30 uur, € 9; zelfbedieningsrestaurant

In 1932 werd dit landgoed door een schenking van de familie Herbert als Bourn Vincent Memorial Park het eerste nationaal park van Ierland, als het ware de kiem van het Killarneypark. Het landhuis, in 1843 gebouwd in neotudorstijl, geeft in zijn pronkvertrekken een beeld van het leven van voorname lieden en in de kelder van dat van de minder bevoorrechte huisbedienden. In het aangrenzende, ommuurde Garden Centre tonen boekbinders, pottenbakkers en wevers hun vaardigheden.

De tuinen zijn beroemd om hun rododendrons, de statige oude bomen, de rotstuin en niet in de laatste plaats hun fraaie ligging aan Muckross Lake. Wandelingen voeren vanaf Muckross House naar de oever van het meer en verder.

Muckross Traditional Farms

Juni-aug. dag. 10-18, mei, sept. 13-18, mrt./apr., okt. za./zo. 13-18 uur, € 9, met Muckross House € 15

Dit door 'echte' boeren en oude boerderijrassen als het Kerryvarken bewoonde boerderijmuseum geeft, heel leuk voor kinderen, een beeld van het boerenleven van vroeger.

Muckross Abbey

Permanent geopend, toegang gratis

Een wandeling van een kleine kilometer langs hoge oude bomen brengt u van Muckross House naar dit in de 15e eeuw door Donal Mac Carthy gestichte, goed bewaarde franciscanenklooster met zijn machtige kerktoren. Een knoestige oude taxusboom lijkt de kruisgang bijna op te blazen.

Aghadoe

In dit plaatsje staan de resten van een kerkje uit de 12e eeuw en de 13e-eeuwse ringburcht Parkavonaer Castle. De mooie uitzichten krijgt u er gratis bij.

Ladies' View

Vanwege een heel bijzonder panorama kwamen de hofdames van koningin Victoria naar dit tegenwoordig aan de N71 liggende uitzichtpunt. Vanaf de parkeerplaats bij het café met souvenirkiosk overziet u het complete merenlandschap inclusief de toppen van Torc en Mangerton. Vanaf een iets hogergelegen tweede uitzichtpunt hebt u zicht op de MacGillycuddy's Reeks met Ierlands hoogste berg, de Carrauntoohill (1041 m).

Wandeling rond Muckross Lake

Gap of Dunloe

Tegen het einde vernauwt de in het begin tamelijk brede kloof Gap of Dunloe zich zienderogen. Wandelaars, inzittenden van paardenkoetsen of ruiters kunnen 10 km lang genieten van grandioze uitzichten op het gekloofde landschap met watervallen en met waterlelies begroeide poelen. Ruim drieënhalf uur lopen voert de wandelaar, die het traject helaas moet delen met talloze autos, naar het eindpunt, de adembenemende pas boven het hoogstgelegen meer, en weer terug. Aan de weg naar de kloof staan bij Beaufort acht Oghamstenen.

Wandelen in het nationaal park

Overal zijn goed bewegwijzerde wandelpaden, makkelijk en mooi, bijvoorbeeld rond de **Torc Waterfall.** Inspannender is de bergwandeling (drie uur) over een uitgesleten voormalig ponypad naar het heldere bergmeer **Devil's Punchbowl** (en met een verlenging van een uur de Mangerton Mountain op). Startpunt is de parkeerplaats bij de kleine betonnen brug achter het Mangerton Viewpoint.

Rond Muckross Lake

Relatief makkelijk, 9 km/2,5 uur, met de Torc Waterfall erbij 11 km/3,5 uur, begin/einde: Muckross House

Vanaf de weg langs **Muckross House** buigt u linksaf in de richting van **'Dinis Cottage'** en loopt ongeveer 4 km in westelijke richting. De vegetatie van knoestige, met mos en korstmos begroeide bomen is karakteristiek voor het Atlantisch regenwoud in het nationaal park. De landtong tussen de noordoever van **Muckross Lake** en de zuidoever van

Lough Leane wordt steeds smaller, tot u het punt waar de twee meren samenkomen over een oude brug oversteekt – fraai uitzicht over beide meren. Kort daarna bereikt u **Dinis Cottage,** dat in de vroege 18e eeuw werd gebouwd als jachthut en al tweehonderd jaar als tearoom fungeert. Let eens op de antieke toeristengraffiti die in de ruiten is gekerfd.

Over een makkelijk pad loopt u nu ongeveer 1 km tot de N71, die u oversteekt. Een grindpad, gemarkeerd met gekleurde pijlen en de aanwijzing 'Muck-ross House', voert in oostelijke richting, steekt na ongeveer 800 m opnieuw de weg over, en brengt u terug naar uw vertrekpunt. Voordat u terugkeert zou u de wandeling nog kunnen uitbreiden met de steile, gemarkeerde klim langs de **Torc Waterfall.**

Overnachten

Hotels, guesthouses en B&B's zijn in Killarney vooral te vinden langs Muckross Road en de uitvalswegen Tralee Road en Cork Road en ook in de dorpen Fossa en Aghadoe.

Boetiekhotel – **The Ross:** Town Centre, tel. 064 663 18 55, www.theross.ie, 2 pk vanaf € 170. Designhotel in felblauw, limoengroen en roze, restaurant met *funky food,* toegang tot de spa van het naburige Park Hotel.

Designguesthouse – **Fairview:** College St., tel. 064 663 41 64, www.fairviewkillarney.com, bij online reservering 2 pk incl. ontbijt vanaf € 130. De *executive rooms* zijn groter en ingericht met antiek en een jacuzzi. De buitenkant doet een traditionele herberg vermoeden, maar binnen vindt u een geslaagde mix van oud en modern; met restaurant.

Jeugdherberg – **Killarney International Youth Hostel:** Aghadoe House, Ring of Kerry Rd., Fossa (▶ B 9), tel. 064 663 12 40, http://anoige.ie, 2 pk vanaf € 44, slaapzaal vanaf € 16. Gerenoveerde 18e-eeuwse villa in park met weidse uitzichten.

Camping – **Flesk Caravan & Camping:** Muckross Rd., 2 km ten zuiden van Killarney, tel. 064 663 17 04, www.killarneyfleskcamping.com, eind apr.-sept., gezinsstandplaats € 32. Grote luxecamping, fietsverhuur, supermarkt enz.

Eten en drinken

Algemeen: duur en niet altijd goed. Een betere prijs-kwaliteitverhouding vindt u in het nabijgelegen Kenmare.

Keltisch – **Bricin:** 26 High St., tel. 064 663 49 02, ma.-za. 10-21 uur, hoofdgerecht circa € 17. Boven een kunstnijverheidswinkel waar rustiek aardewerk en gebreid goed worden verkocht vindt u dit gezellige, in georgiaanse stijl ingerichte café-restaurant met glas-in-loodramen en rode wanden. Specialiteit: aardappelpannenkoeken (*boxty*).

Actief

Fietsverhuur – **Killarney Rent-a-Bike:** Beech Rd., tel. 064 663 12 82, www.killarneyrentabike.com, vanaf € 15 per dag.

Paardrijden – **Killarney Riding Stables:** Ballydowney, 1,5 km ten zuiden van Killarney, tel. 064 663 16 86. Ritten van iedere lengte, één uur € 35, ook beginners.

Golf – **Killarney Golf & Fishing Club:** Mahony's Point, tel. 064 663 10 34, www.killarney-golfclub.ie. Greenfees € 40-110. Drie in parklandschap gelegen banen, verhuur van uitrusting.

Uitgaan

In Killarney is altijd iets te doen. Veel pubs aan Plunkett St. en College St.

Singing pub – **Laurels:** Main St., ma.-do. 10.30-23.30, vr./za. 10.30-0.30, zo. 12.30-23 uur. Traditionele, nogal toeristische pub, goede *pub grub*.
Traditioneel – **O'Connor's:** 7 High St., ma.-wo. 10.30-23.30, do.-za. 10.30-0.30, zo. 12.30-23 uur. Livemuziek, comedy, theater, *pub grub* en *Irish stew*.

Info

Tourist Information: Beech Rd., tel. 064 663 16 33, www.killarney.ie, ma.-za. 9-17.45, zo. 9-12.45 uur.
Vliegtuig: regionale luchthaven Kerry Airport, Farranfore, tel. 066 976 46 44, www.kerryairport.com, luchthavenbus circa iedere twee uur, taxi circa € 33, autoverhuur. Vluchten naar Dublin en Londen (Stansted en Luton).
Trein: station Fair Hill aan de R876, tel. 064 663 10 67, meerdere treinen per dag naar Cork, Tralee en Dublin.
Bus: busstation Killarney Outlet Centre, tel. 064 663 00 11, meerdere bussen per dag naar o.a. Cork, Galway en Dublin.

Kenmare ▶ B 9

Bontgekleurde huizen zijn het handelsmerk van Kenmare (2200 inwoners): een van de leukste plaatsjes van Ierland is door zijn trendy accommodaties als verblijfplaats een aantrekkelijk alternatief voor Killarney geworden. De restaurants hebben Kenmare de reputatie van fijnproevershoofdstad van het zuidwesten bezorgd. Op woensdagochtend is er een Farmer's Market met biologische producten en met antiek. Vanaf de Tourist Office leidt een bewegwijzerde route naar een steenkring uit de vroege bronstijd, langs rijtjeshuizen met kleurige, met hout versierde façades – Kenmare werd in 1775 door de markies van Landsdowne planmatig aangelegd. De vijftien stenen omringen een dolmen en liggen landschappelijk fraai boven de oever van de Finnihy, op het terrein van een boer.

Overnachten

Chic – **Brook Lane Hotel:** tel. 064 664 20 77, www.brooklanehotel.com, 2 pk met ontbijt vanaf € 120. Zware, glanzende en hoogwaardige stoffen in een hedendaags decor, perfecte gastvrijheid en gunstige prijskwaliteitsverhouding.
Landhuisstijl – **Shelburne Lodge:** Cork Rd., tel. 064 664 10 13, www.shelburnelodge.com, 2 pk incl. ontbijt € 100-160. Fraai ingerichte kamers, tot hoogglans geboende houten vloeren en antiek in een georgiaans boerenhuis, gevarieerd ontbijt.

Eten en drinken

Voor fijnproevers – **Packie's:** 35 Henry St., tel. 064 664 15 08, ma.-za. 17.30-22 uur, hoofdgerecht circa € 23. Gebakken zeeduivel met een knoflook-gemberkorst en Thaise dip. Interieur met veel donker hout en kunst tegen de beige wanden. De keuken tovert heerlijke visgerechten tevoorschijn.
Klassieker in Kenmare – **The Purple Heather Pub & Bistro:** Henry St., tel. 064 664 10 16, ma.-za. 12-14, 17.30-22 uur, hoofdgerecht circa € 15. Bourgognerode fauteuils, donker hout en tapijten – Old World-inrichting en een autochtone keuken zonder poespas.
Regionaal, van het seizoen en bio – **No 35:** 35 Main St., tel. 064 664 15 59, dag. 12.30-14, 17.30-22 uur, hoofdgerecht circa € 19. Dit bekroonde, kleine café-restaurant straalt met zijn houten interieur, glas-in-loodramen, open haard en gedeeltelijk onafgewerkte stenen muren een ontspannen en vriendelijke

sfeer uit. Naast burgers, Guinness stew en zalm zijn er pizza's, pasta's en salades.

Winkelen

Galerie – **Purcell Gallery:** 28 Main St., tel. 064 667 98 90, http://purcellgallerykenmare.com, ma.-za. 10.30-17.30 uur. Werk van kunstenaars uit de omgeving die zich figuratief of abstract met het Ierse landschap bezighouden.

Uitgaan

Singing pub – **Crowley's:** Henry St., ma.-wo. 10.30-23.30, do.-za. 10.30-0.30, zo. 12.30-23 uur. Traditionele pub met livemuziek.

Info

Tourist Information: Kenmare Heritage Centre, tel. 064 664 12 33, ma.-za. 9-17 uur, http://kenmare.com.
Bus: twee keer per dag naar Killarney.

Ring of Kerry* ▶ A-B 9

In Kenmare begint de circa 200 km lange panoramaweg rond het schiereiland Iveragh. Het is er soms een gedrang van bussen en auto's en de weggetjes aan de zuidkant zijn ontzettend smal. Wie tegen de gebruikelijk richting inrijdt, vermijdt de drukte enigszins.

De zuidkust

De verkeerstechnisch dramatische, uit slechts een rijstrook bestaande weg langs de zuidkust wordt geflankeerd door weelderige rododendronhagen waaronder zich verraderlijke stenen muurtjes verstoppen. Waar dit 'oerwoud' minder dicht is, krijgt u zicht op de Caha Mountains en de gekloofde rotsformaties in het binnenland van Iveragh.

Sneem ▶ B 9

Sneem doet zijn best er als een Iers prentenboekdorp uit te zien. Bontgekleurde huizen staan gegroepeerd rond twee door een smalle stenen brug gescheiden marktpleinen. Hier is tussen het benzinestation en de pub alles te vinden dat u nodig hebt, en bovendien zijn er ook nog souvenirshops met roze geverfde schapenvachten en Aransweaters die net zo handgebreid zijn als de kleding bij H&M. Op het plein klinkt de hele dag folkmuziek. En 's middags komen de touringcars, ze starten volgens afspraak in Killorglin aan de noordkant van Iveragh.

Staigue Stone Fort ▶ A 9

Een contrast met het drukke Sneem, zowel qua historie als qua sfeer – halverwege een verlaten keteldal ligt een ringfort uit de ijzertijd (te bereiken via een doodlopend weggetje bij Castlecove). De 6 m hoge en meer dan 4 m dikke, zonder cement opgetrokken muren met twee vertrekken en weergangen voor de verdedigers omsluiten een areaal met een diameter van 30 m.

Derrynane House ▶ A 9

Caherdaniel, half-eind mrt., okt. wo.-zo. 10-17, apr.-sept. dag. 10.30-18, nov.-half dec. za./zo. 10-16 uur, € 4

Dit landhuis behoorde toe aan de familie van Daniel O'Connell, de succesvolle voorvechter van de katholieke emancipatie. Het biedt tegenwoordig onderdak aan een museum dat is gewijd aan 'The Liberator', zoals zijn bijnaam luidde: u vindt er bijvoorbeeld de zwarte handschoenen die hij zou hebben aangehad toen hij in een duel een tegenstander doodde en die hij sindsdien altijd droeg als hij de communie ontving. Natuurleerpaden voeren door het duinlandschap van het leuke plaatsje Caherdaniel, het witte zandstrand is perfect voor watersporten.

De west- en noordkust

Nu volgt het spectaculairste deel van de Ring, die in tal van haarspeldbochten steil afdalend naar de zee de zuidwestpunt van het schiereiland rondt. Voor de bezichtiging van het op de Werelderfgoedlijst van de UNESCO staande **Skellig Michael** (zie Op ontdekkingsreis blz. 184) moet u een extra dag inplannen. In plaats daarvan (of ter aanvulling van een bezoek) kunt u de tentoonstelling **Skellig Experience** naast de brug op Valentia Island gaan bekijken (mrt., apr., okt., nov. di.-za. 10-17, mei, juni, sept. dag. 10-18, juli/aug. dag. 10-19 uur, € 5).

Het traject langs de noordkust tussen Cahersiveen en Glenbeigh met uitzicht op Dingle is minder spectaculair dan het eerste deel. De heuvels worden lager en liggen verder van de weg af.

Killorglin ▶ B 9

Deze plaats is vooral bekend door de Puck Fair in augustus, waarbij als hoogtepunt van het volksfeest, misschien ter voortzetting van een Keltische vruchtbaarheidscultus of om de Britse monarchen te bespotten, een geitenbok tot koning van Ierland wordt gekroond.

Overnachten, eten

Juweeltje aan zee – **Ard na Sidhe:** Caragh Lake, Killorglin, tel. 066 976 91 05, www.ardnasidhe.com, eind apr.-7 okt., (minstens) 2 nachten, 2 pk met ontbijt vanaf € 400. Pure luxe: een Arts and Craft House met lichte, authentiek ingerichte vertrekken, ruime tuinen en bovendien een fijnproeversrestaurant.

Alles bij de hand – **The Moorings:** Portmagee (▶ A 9), tel. 066 947 71 08, www.moorings.ie, 2 pk incl. ontbijt € 90-140, restaurant di.-zo. 18-21.30 uur, hoofdgerecht circa € 21. Comfortabel onderdak en een gezellig restaurant, waar u bij versgevangen vis van de zonsondergang aan de haven kunt genieten. In de bekroonde Bridge Bar vr.- en za.-avond livemuziek.

Actief

Golf – **Waterville House & Golf Links:** aan de zuidkust, tel. 066 947 41 02, www.watervillegolflinks.ie. Greenfees vanaf € 150. 18-holesbaan in de duinen, een van Ierlands bekendste, verhuur van uitrusting.

Watersport – **Derrynane Sea Sports:** Derrynane Harbour, tel. 087 908 12 08, www.derrynaneseasports.com, juni-aug., verhuur en lessen: surfen, waterskiën, kanoën enzovoort.

Wandelen – **Kerry Way:** Ierlands langste langeafstandspad, 215 km rond het schiereiland met start en finish in Killarney. Op www.kerryway.com staan beschrijvingen van de afzonderlijke etappes met accommodatie enzovoort.

Zandstrand – **Rosbeigh Strand:** circa 1,5 km ten westen van Glenbeigh aan de noordkust, een zanderige landtong, die de Dinglebaai insteekt.

Uitgaan

Tapas and more – **Sol y Sombra Wine & Tapas Bar:** Killorglin, Lower Bridge St., tel. 066 976 23 47, di.-za. vanaf 18, zo. vanaf 17 uur, tapas vanaf € 7,90. Sfeervolle, Andalusisch aandoende bar in een voormalig kerkgebouw, do. livemuziek.

Info en evenementen

Bus: juni-half sept. rijden dagelijks bussen de Ring of Kerry vanaf het busstation in Killarney, met veel stops.
Puck Fair: 10-12 aug. in Killorglin, http://puckfair.ie.

Dingle

Het schiereiland Dingle, groener en zachter dan zijn buur Ring of Kerry, is een bolwerk van Gaelische cultuur. Voor eenieder die geïnteresseerd is in Gaelische muziek, zang en dans is Dingle uitgegroeid tot een waar pelgimsoord. Of het nu gaat om de *tin whistle* (blikken fluit) of de *bodhrán* (lijsttrommel), de accordeon of de gitaar, de lokale muziekscene is hier zeer levendig.

Pas in het noorden wordt het landschap ruiger, de weelderige vegetatie van het zuidelijke Kerry gaat hier over in een schralere natuur. Vanuit Brandon Creek zou destijds de heilige Brandaan in een met dierenhuid bespannen boot aan zijn oversteek van de Atlantische Oceaan zijn begonnen.

Dingle Town ▶ A 8

Dingle, An Daingean in het Gaelisch, nodigt uit tot een wandeling langs de haven en het bonte decor van de vele pubs, goede visrestaurants en kunstnijverheidswinkeltjes, die het tweeduizend inwoners tellende stadje een wereldse, alternatieve uitstraling geven.

Dingle's beroemdste inwoner is een tuimelaar: Fungie, die in de wateren voor de haven rondzwemt en het gezelschap van mensen zoekt, kan worden opgezocht tijdens een bootexcursie. Duikt de 'Dingle Dolphin' niet op, wat blijkbaar nog nooit gebeurd is, dan krijgt u uw geld terug. De Dingle Boatmen's Association organiseert vanuit de haven boottochten van een uur voor € 16. In een neopreenpak zwemmen met Fungie kost € 45 (www.dingle dolphin.com). Wie dat allemaal te duur vindt kan altijd nog naar het beeld van de dolfijn bij de haven gaan kijken.

Dingle Oceanworld

The Wood (An Choill), www.dingle oceanworld.ie, dag. 10-17 uur (laatste toegang), € 13,50
Bij de haven zwemt en kruipt niet alleen de fauna uit de Ierse, maar ook die uit de exotische wateren rond. Haaien, een vijver met vissen die mogen worden aangeraakt en een onderwatertunnel maken het aquarium tot een belevenis.

Overnachten

Luxeguesthouse – **Pax House:** Upper John St., tel. 066 915 15 18, www.pax house.com, 2 pk incl. ontbijt € 75-190. Een beetje buitenaf in het groen met zicht op de haven, persoonlijk, van deze tijd en echt luxueus.
Voortreffelijke B&B – **Castlewood:** aan zee circa 8 min. ten westen van de jachthaven, tel. 066 915 27 88, www.castle wooddingle.com, 2 pk incl. ontbijt € 96-188. Groot en licht oud pand ingericht met antiek, overvloedig ontbijt, whirlpool in iedere kamer – bekroonde B&B van topklasse.

Eten en drinken

Elegant – **Chart House Restaurant:** The Mall, tel. 066 915 22 55, dag. 18-22 uur, buiten het seizoen vooraf bellen, hoofdgerecht circa € 26. Perfecte fijnproeverskeuken, bijvoorbeeld Blasketlam, relaxte ambiance met rode wanden, houten lambriseringen en moderne kunst.
▷ blz. 186

Op avontuur bij de kluizenaars van Skellig Michael

Alleen al de bootovertocht en de klim naar boven op het onherbergzame rotseiland Skellig Michael is een waar avontuur. Op de top trotseert al sinds de 6e eeuw een archaische monnikennederzetting de Atlantische winden. De unieke bijenkorfhutten staan sinds 1996 op de Werelderfgoedlijst van UNESCO.

Kaart: ▶ A 9
Let op: niet voor kinderen tot 12 jaar en niet geschikt voor mensen die slecht ter been zijn of last hebben van zeeziekte.
Duur: circa 5 uur
Praktisch: boten mei-sept., alleen bij rustig weer. Absoluut vooraf online reserveren, want aantal bezoekers beperkt. Boten ook vanuit Valentia en Ballinskelligs, de meeste vertrekken vanuit Portmagee, bijvoorbeeld de Brendan Casey, tel. 066 947 24 37, www.skelligislands.com, www.worldheritageireland.ie.
Lunchpakket en eventueel middel tegen reisziekte aanbevolen. Geen toiletten op de boten en het eiland.

Tegen 9.15 uur varen de notendoppen af vanaf de kleine havenkade voor de witgekalkte huisjes bij de pier van Portmagee. In ieder bootje passen maar twaalf passagiers.

Vogelrots Little Skellig

Aan uw rechterhand glijdt Valentia Island voorbij, achter u worden de kliffen op de punt van het schiereiland Iveragh steeds kleiner. Skellig Michael ligt 12 km uit de kust. De schipper vaart op de heenreis ook om een gekloofde rotspunt heen die van veraf bedekt lijkt met sneeuw: **Little Skellig.** Dichterbij komend ontdekt u dat het eiland volledig wordt ingenomen door witte vogels: de jan-van-gentenkolonie telt zo'n 23.000 broedparen.

Monnikenwerk

Dan nadert de boot twee door een zadel met elkaar verbonden rotskegels: Skellig Michael. Als hij is vastgelegd aan de betonnen aanlegsteiger van **Blind Man's Cove** en de passagiers erin zijn geslaagd vanaf het schommelende dek de steile haventrappen te beklimmen, resteren hun ongeveer twee uur voor het bezoeken van het eiland. Tegen de lage hellingen kunnen van april tot juli papegaaiduikers worden waargenomen die hier hun nestgangen hebben gegraven. Het eerste deel van de beklimming van de 218 m hoge rots verloopt moeiteloos over een geasfalteerde weg. De **Monks Staircase** echter, 670 voor een deel erg uitgesleten treden die de monniken zelf uithakten, vereist een behoorlijk uithoudingsvermogen. Aan uw rechterhand stort de rots zich steil omlaag in zee.

Onherbergzaam

De monnikengemeenschap die de heilige Finnian hier had gesticht bestond steeds uit dertien kluizenaars – hetzelfde aantal als Jezus en zijn twaalf apostelen. In deze totaal onherbergzame omgeving wisten zij van de 6e tot in de 13e eeuw stand te houden. Omdat er op het eiland geen bronnen zijn, moest drinkwater moeizaam worden verzameld in reservoirs. In de **Monks' Gardens** (2) verbouwden de monniken groenten en graan. De zes **bijenkorfhutten** (3) en de twee bootvormige gebedsruimten uit de 6e/7e eeuw zijn opgebouwd uit droog gestapelde stenen, dus zonder gebruik van cement, en zijn nog nagenoeg gaaf. De in de 12e eeuw met behulp van 'moderne' mortel opgetrokken **kerk** (1) is daarentegen allang ingestort. Kruisen, grafstenen en de gebouwen onder de top van de rots trotseren al eeuwen de Atlantische winden. De grootste **hut** (4) was waarschijnlijk keuken en bijeenkomstruimte; de boven het dak uitstekende stenen dienden als 'bouwsteiger' en als trap voor de monnik die tijdens het koken het dak op moest om voor een betere rookafvoer de sluitsteen weg te nemen.

Star Wars

In 2014 werden op het eiland delen van Episode VII van *Star Wars* gedraaid. Milieubeschermers waren woedend, niet alleen vanwege de verstoring van het broedseizoen, maar ook omdat het de aantrekkingskracht van Skellig Michael alleen nog maar zal vergroten ...

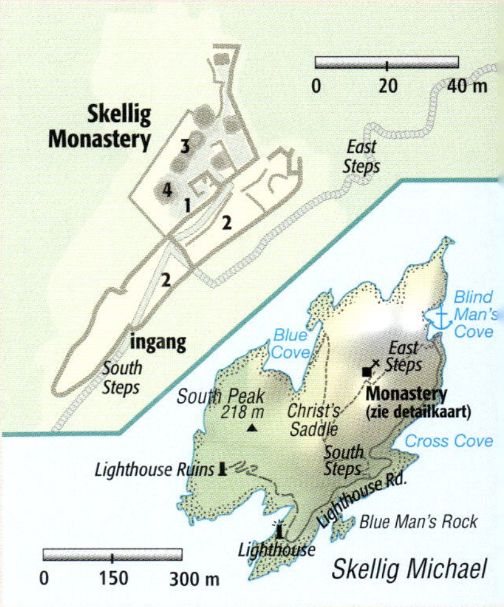

Hier kookt een kunstenaar – **Idás:** John St., tel. 066 915 08 85, dag. 17.30-21.30 uur, hoofdgerecht circa € 26. Moderne, bekroonde fijne Ierse keuken in een restaurant met parketvloeren en stenen muren, de gerechten worden kunstzinnig gepresenteerd, conform het vroegere beroep van de chef.
Alleen maar vis – **Out of the Blue:** aan de haven, tel. 066 915 08 11, zo. 12.30-15, dag. 17-21.30 uur, hoofdgerecht circa € 25. Karakteristiek, eenvoudig visrestaurant, verwerkt de vangst van de dag die 100 m verderop wordt aangevoerd, met Aziatische accenten. Als de vis op is sluit de zaak!
Literair café – **An Café Liteartha:** Dykegate St., tel. 066 915 22 04, ma.-za. 10-18 uur, snacks circa € 5. Sandwiches, soep en taart te midden van boeken, boeken en nog eens boeken.

Winkelen

Sieraden – **Brian de Staic:** Green St., www.briandestaic.com, ma.-za. 9.30-17.30 uur. Keltisch geïnspireerde gouden en zilveren sieraden, bijvoorbeeld de Oghamcollectie.
Galerie – **An Gailearaí Beag:** 18 Main St., dag. 11-17 uur, www.angailearaibeag.com. Kunstenaars van het West Kerry Craft Guild stallen hier keramiek, schilderijen, sieraden enzovoort uit.
Muziek – **Dingle Record Shop:** Green St., ma.-za. 10-18 uur, www.dinglerecordshop.com. Deze kleine winkel voor traditionele muziek verkoopt lokale artiesten en onafhankelijke labels.

Actief

Muziekschool – **Dingle Music School:** Dykegate Lane, www.dinglemusicschool.com, juni-sept. Beginnerscursussen voor *tin whistle* en *bodhrán*, aanmelden via de website.
Paardrijden – **Dingle Horse Riding:** Ballinaboula (op de berg boven de haven), tel. 066 915 21 99, www.dinglehorseriding.com, 1,5 uur € 60. Ritten op het strand of in de bergen, van een kennismakingsritje tot meerdaagse paardrijvakanties; overnachtingsmogelijkheid in luxueuze vakantieappartementen.
Zeilschool – **Dingle Sailing Club:** The Marina, tel. 087 718 75 57, www.dinglesailingclub.com. Zeilcursussen apr.-sept. ook voor kinderen, verhuur van kajaks.
Megastrand – **Inch:** 15 km ten westen van Dingle Town, kilometerslang door duinen geflankeerd strand op een landtong, drive-in.
Surfschool – **Dingle Surf:** Green St., tel. 066 915 08 33, www.dinglesurf.com. Het hele jaar (!), ook Stand Up Paddling.

Uitgaan

Ruim vijftig pubs, de ene nog authentieker dan de andere. Vanaf 21.30 uur wordt in vele ervan traditionele muziek live uitgevoerd. Veel pubs zijn net als vroeger nog tevens winkel.
Walk of Fame – **Dick Mack's:** Green St., ma.-wo. 10.30-23.30, do.-za. 10.30-0.30, zo. 12.30-23 uur. Voor deze uit een prentenboek weggelopen pub getuigen sterren in het trottoir op bezoeken aan Dingle van beroemdheden als Julia Roberts en Ted Kennedy. De decoraties uit grootmoeders tijd zouden uit de 19e eeuw kunnen stammen – net als de hele pub trouwens.
IJzerwaren – **Foxy John's:** Main St., ma.-wo. 10.30-23.30, do.-za. 10.30-0.30, zo. 12.30-23 uur. Behalve een pint kunt u hier ook fietsen kopen (of lenen) en is er tevens sanitairinstallatiemateriaal te krijgen.

Muziek speelt een belangrijke rol in de ruim vijftig pubs van Dingle Town

Bar, restaurant en onderdak – **Ashe´s Bar:** Main St., tel. 066 915 09 89, www.ashesbar.ie, pub ma.-do. 10.30-23.30, vr./za. 10.30-0.30, zo. 12.30-23 uur, 2 pk incl. ontbijt € 40-90. Klassiek Iers achter een zwartwitte houten façade.

Info en evenementen

Tourist Information: The Quay, tel. 066 915 11 88, www.dingle-peninsula.ie, ma.-za. 9-17 uur.
Bus: meermaals per dag met Bus Eireann vanaf de Quay via Inch naar Killarney (no. 281) of naar Tralee (no. 275).
Dingle Races: begin aug., tel. 087 927 25 56, www.dingleraces.ie, bekende paardenrennen.

Rondrit over Dingle

Er is nauwelijks een regio in Ierland die zo rijk is aan prehistorische en middeleeuwse monumenten, zoals de ongeveer vierhonderd drooggestapelde bijenkorfhutten, in het Gaelisch *clochán*. Door de goede bewegwijzering en bereikbaarheid is het mogelijk spontane kunsthistorische uitstapjes te combineren met een wandeling, bijvoorbeeld naar de Oghamstenen van Ballintaggart. Door de sporadische busverbindingen is een huurauto of fiets aan te raden.

Slea Head ▶ A 8

Het uit de ijzertijd stammende **Dunbeg Promontory Fort** is ten prooi gevallen aan de klimaatverandering. Tijdens winterstormen van 2013/2014 stortten grote delen van de uit steen en aarde gebouwde vesting in zee. Wat resteert kunt u alleen nog van veraf bekijken.
De **Glenfahan Beehive-nederzetting** bestaat uit diverse door een muur omgeven groepjes huizen, als het ware een stad van bijenkorfhutten. Ruigere rotskliffen dan die van Europa's westelijkste punt Slea Head zijn moeilijk voor te

stellen. Bijna loodrecht storten ze zich in de woeste golven van de oceaan.

Dunquin en Great Blasket ▶ A 8

Vanuit de in het Gaelisch Dún Chaoin genoemde plaats ziet u de huizen en haven van het sinds 1953 verlaten Great Blasket Island. Het is beroemd vanwege de in het Gaelisch geschreven literaire werken van voormalige bewoners als Peig Sayers – zij ligt hier op het kerkhof begraven – en Tomás O'Crohan.

Blasket Centre

Dag. half mrt.-okt. 10-18 uur, € 4
Dit moderne, mooi in het landschap ingepaste bezoekerscentrum geeft een uitstekende indruk van het harde leven in vroeger tijden.

Great Blasket Island (An Blascaod Mór)

Overblijfselen van een stenen fort, van een dorp en van het Rundalesysteem, de oude, collectieve manier om het land te bewerken, papegaaiduikers, zeehonden en stilte – dat is allemaal te vinden op An Blascaod Mór. Op deze melancholiek stemmende, verlaten eilandidylle kan alleen worden gekampeerd. Hoewel verlaten? Van april tot oktober woont en weeft Sue Redican hier – zonder elektriciteit – en verkoopt zelfontworpen creaties van schapenwol, die met plantenextracten zijn geverfd. Sue verzet zich fel tegen een overheidsproject dat voorziet in de opening van een café op het eiland.

Overnachten

Jeugdherberg – **Dún Chaoin:** tel. 066 915 61 21, http://anoige.ie, mrt.-half okt., 2 pk € 40-42, slaapzaal vanaf € 14. Modern, mooi uitzicht op de Blaskets; dolfijn- en walvisobservatie mogelijk.

Eten en drinken

Plaatselijk trefpunt – **Kruger's:** Baile na Ratha, Dunquin, tel. 066 915 61 27, ma.-wo. 10.30-23.30, do.-za. 10.30-0.30, zo. 12.30-23 uur. In deze met foto's gedecoreerde pub zijn kleine hapjes te krijgen en is af en toe livemuziek.

Info

Boten naar de Blasket Islands: Blasket Islands Eco Marine Tours, Ventry, 4 km ten westen van Dingle Town, tel. 086 335 38 05, www.marinetours.ie. Ook Great Blasket wordt aangedaan op deze de hele dag durende Eco Marine Tour.

Ballyferriter ▶ A 8

West Kerry Museum

Half juni-sept. dag. 10-17 uur, daarbuiten tel. 066 915 63 33, € 2,50
In dit plaatsje, dat in het Gaelisch Baile an Fheirtearaigh heet, vindt u het Músaeum Chorca Dhuibhne. Het is ondergebracht in een 19e-eeuws schoolgebouw en gewijd aan de archeologie en natuur van het schiereiland Dingle.

Winkelen

Zelf pottenbakken – **Louis Mulcahy:** Clogher Strand, 3 km ten westen van Ballyferriter, www.louismulcahy.com, ma.-vr. 9, za./zo. 10-17.30 uur, 's zomers langer. Een van Ierlands grootste en bekendste *potteries*. U kunt hier bij het

Het ruige Slea Head met op de achtergrond de rotsen van Great Blasket Island

pottenbakken toekijken of het zelf proberen, in prijs verlaagde artikelen kopen of in het café lekkere soepen, panini en scones eten.

Actief

Muziekfestival – **Scoil Cheoil an Earraigh:** www.scoilcheoil.com (online aanmelden). Cursussen Gaelische zang, muziek en dans in de stijl van Dingle.

Gallarus Oratory ▶ A 8

Bezoekerscentrum Gallarus, Pasen-okt., Oratory permanent geopend
Dit archetypische vroeg-Ierse kerkje in de vorm van een omgekeerde boot, opgebouwd uit gestapelde stenen en met een nog intact kraaggewelf, is perfect geconserveerd en wordt in het hoogseizoen belegerd door bezoekers.

In de nabijheid staat een uit vier verdiepingen bestaand *tower house*, dat in de 15e eeuw door de FitzGeralds als vesting werd gebouwd.

Kilmalkedar ▶ A 8

Voor de romaanse kerk van Kilmalkedar, een door de heilige Maolcethair (gestorven in 636) gesticht klooster, staan een zonnewijzer, een groot, uit een blok steen gehouwen kruis en een Oghamsteen. Wie door het oostelijke venster van de kerk klimt, komt later in de hemel!

Bij de kerk begint een populair pad naar de top van de **Mount Brandon**, Ierlands op een na hoogste berg (953 m). Goed uitgeruste en getrainde bergwandelaars zijn heen en terug zeven uur onderweg.

Actief

Watersport – **Jamie Knox:** Brandon Bay, Castlegregory (▶ A 8), tel. 066 713 94 11, www.jamieknox.com. Verhuur van kano's, waterfietsen en vooral windsurfuitrusting aan deze door duikers en wind- en kitesurfers gewaardeerde baai.

Caherconree Promontory Fort ▶ B 8

Van Camp voert een smalle weg met prachtige uitzichten naar het zuiden, volg de borden 'Mount Caherconree'. Spoedig bereikt u een parkeerplaats met een bord dat verwijst naar dit met sagen omwonden heuvelfort. Met hulp van zijn geliefde Blathnad zou de held Cuchullainn hier de tovenaarkoning Cú Roi verslagen hebben.

De steile klim is met rood-witte palen duidelijk gemarkeerd. Vanwege het drassige terrein zijn waterdichte schoenen onontbeerlijk. Na anderhalf uur klauteren wordt u beloond met een fantastisch uitzicht naar alle kanten op Dingle. Aan de landzijde beschermt een lange gestapelde muur het Promontory Fort. Wees voorzichtig bij de steile afdaling zonder houvast (terugweg 45 min.)

Tralee ▶ B 8

Tralee, het centrum van de regio Kerry, met een kleine 24.000 inwoners, is geen bijzonder bezienswaardige plaats.

Kerry County Museum

Ashe Memorial Hall, Denny St., www.kerrymuseum.ie, sept.-mei di.-za. 9.30-17, juni-aug. dag. 9.30-17.30 uur, € 5
De geschiedenis van het graafschap Kerry vanaf de 8e eeuw v.Chr. tot in de moderne tijd: The Medieval Experience

is een reconstructie van het laatmiddeleeuwse Tralee inclusief (enigszins) authentieke geuren en geluiden – de tentoonstelling is een tikje gedateerd maar doet het bij kinderen erg goed.

Crag Cave ▶ B 8

Castleisland, 15 km ten oosten van Tralee, www.cragcave.com, apr.-dec. dag., jan.-mrt. vr.-zo. 10-18 uur, € 12
Bij Castleisland bevindt zich Ierlands grootste grottenstelsel. Zo'n 350 m daarvan kunt u tijdens een rondleiding van een halfuur door enkele van de vele druipsteenzalen verkennen. Er is een indoorspeeltuin voor kinderen, Crazy Cave, en een shop-café.

Blennerville Windmill ▶ B 8

Windmill Lane, 2 km ten zuidwesten van Tralee, apr., mei, sept., okt. dag. 9.30-17.30, juni-aug. 9-18 uur, € 5
Dit pittoreske bouwwerk uit de 19e eeuw ligt aan de nu verlande haven van Tralee. Bij wind draaien de rode wieken, binnen kunt u het molenmechaniek en een expositie rond het thema emigratie bezichtigen.

Overnachten

Stijlvol en landelijk overnachten – Castlemorris House: Ballymullen (circa 2 km ten zuiden van Tralee), tel. 066 718 00 60, www.castlemorris house.com, 2 pk vanaf € 100. Stijlvolle kamers in een met klimop begroeid georgiaans landhuis uit de 18e eeuw. Geniet van eigengebakken scones bij het ontbijt en relax bij de open haard in de salon.

Eten en drinken

Sfeervol – Mary Ann's Tea Rooms/ Finnegan's Restaurant: 17 Denny St., tel. 066 718 14 00, ma.-za. 10-17, dag. 17-22 uur, hoofdgerecht circa € 22. Geniet van 'taartkunst' in het pastelkleurige, met bloemen versierde café of dineer in het rustieke, schemerige kelderrestaurant.

Actief

Waterparadijs – Aquadome: Dan Spring Rd., www.aquadome.ie, ma.-vr. 10-22, za./zo. 11-20, juli-half aug. 10-21 uur, € 15. Waterplezier voor groot en klein met onder andere reuzenglijbaan, bubbelbad en sauna.

Uitgaan

National Folk Theatre of Ireland – Siamsa Tire: Town Park, bij het Tourist Office, tel. 066 712 30 55, www.siam satire.com, het hele jaar voorstellingen, mei-sept. 20.30 uur uitvoeringen in het Gaelisch in een nagebouwd Keltisch ringfort, diverse muziek- en theatervoorstellingen vinden plaats in het National Folk Theatre.

Info en evenementen

Tourist Information: Ashe Memorial Hall, tel. 066 712 12 88, www.tralee.ie, ma.-za. 9-13, 14-17 uur.
Trein/bus: station (John Joe Sheery Rd., tel. 066 712 35 22) en busstation (tel. 066 716 47 00): Oakpark Rd., treinen naar onder andere Killarney en Galway, bussen naar Killarney en Limerick.
Rose of Tralee: eind aug., www. roseoftralee.ie. Tijdens dit spektakel wordt jaarlijks in de Ashe Memorial Hall plechtig de mooiste Ierse verkozen – aan de Rose of Tralee doen ook veel Amerikaanse jonge vrouwen mee die afstammen van Ierse immigranten.

IN EEN OOGOPSLAG

Het westen

Hoogtepunten ✹

Cliffs of Moher: dit kilometerslange bastion van loodrecht uit de ruwe Atlantische Oceaan oprijzende kliffen bezit een niet onomstreden, maar supermodern bezoekerscentrum. Zie blz. 204.

Galway: de 'metropool van het westen' ligt uiterst fraai aan zee en aan de River Corrib en heeft een compact, bijna mediterraan aandoend centrum en een fantastisch aanbod aan winkels, restaurants, overnachtingsadressen en pubs. Zie blz. 211.

Araneilanden: overdag rondkijken tussen stenen muurtjes, *stone forts*, kliffen en een woeste natuur, waarvan de schoonheid niemand onberoerd laat, 's avonds genieten van livemuziek in de pubs van deze enclave van Gaelische cultuur. Zie blz. 219.

Op ontdekkingsreis

Clare Island – op bezoek bij de piratenkoningin: dit uitstapje voert naar het hoofdkwartier van de markante Grace O'Malley, die in de 16e-eeuwse mannenwereld heerste, beminde, zeilde en plunderde. Haar *tower house* en de kunsthistorisch interessante abdij met de O'Malleygraven verdienen net zozeer een bezoek als de verlaten natuur van het eiland. Zie blz. 232.

Wellness op zijn Iers – Kilcullen's Sea-weed Baths: in een algenbad genazen Ierse boeren honderd jaar geleden al van hun malaises. Tegenwoordig is het een cult, zich in de nog volledig originele edwardiaanse baden in de badplaats Enniscrone over te geven aan deze nostalgische vorm van wellness. Ook geschikt voor kinderen! Zie blz. 240.

Bezienswaardigheden

Limerick City Gallery of Art: wie de Ierse schilderkunst vanaf de 18e eeuw tot nu wil leren kennen, moet hiernaartoe. Zie blz. 196.

Westport House: prachtig georgiaans herenhuis met pretpark voor de kinderen. Zie blz. 230.

Actief

Muziekinstituut in Ennis: cursussen en sessies bij Cois na hAbhna, de 'hogeschool' van de traditionele Ierse muziek. Zie blz. 203.

Aillwee Cave: druipsteengrot waarbij een roofvogelcentrum is aangesloten. Zie blz. 210.

Paardrijden in Connemara: bijvoorbeeld in de groene natuur van het schiereiland Cleggan. Zie blz. 228.

Wandelen in Connemara National Park: langs gemarkeerde paden tegen Diamond Hill op met geweldige uitzichten. Zie blz. 228.

Sfeervol genieten

Heron's Rest Galway: een van Ierlands beste B&B's, met fantastisch ontbijt, inclusief kennismaking met de reiger Arthur. Zie blz. 215.

Roundstone Musical Instruments: bodhránmeester Malachy Kearns verkoopt handtrommels uit eigen werkplaats. Zie blz. 224.

Uitgaan

Doolin pubs: in dit kleine dorp in de nabijheid van de Cliffs of Moher vinden legendarische folksessies plaats. Zie blz. 207.

Galway nightlife: pubs en clubs, traditioneel of hip, zijn hier van grote klasse. Zie blz. 218.

Matt Molloy's, Westport: authentieke music pub van de fluitist van The Chieftains, die de pub ook zijn naam heeft gegeven. Zie blz. 234.

Atlantische Oceaan, wilde natuur en Gaelisch, wat wilt u nog meer?

Het Ierse westen – dromen worden hier waar. Dit is het bolwerk van de Gaelische cultuur en taal, waar u in pubs tijdens gezellige avondlijke livesessies kunt zien en horen hoe de *locals* met viool, accordeon en stem het Gaelische muzikale erfgoed levend houden. De Wild Atlantic Way, met 2500 km een van 's werelds langste kustwegen, voert langs de westkust van Malin Head in het noorden tot Kinsale in het zuiden.

Verder is dit een regio voor outdooractiviteiten – of dat nu duiken of windsurfen is aan de kusten van Achill Island, zwemmen langs de stranden van Connemara of wandelen door het karstlandschap van de Burren. Het weidse, ongenaakbare landschap van de graafschappen Limerick, Clare, Galway en Mayo oefent op de reiziger van vandaag een bijna magische aantrekkingskracht uit. Dat was niet altijd zo in de provincie Connaught, waarvan de naam is afgeleid van Conn Cétchathach ofwel 'Conn van de Honderd Veldslagen', een van de hoge koningen van Ierland. 'To hell or to Connaught!', kregen de katholieke Ierse grondbezitters en hun pachters te horen in de tijd van hun verdrijving onder Oliver Cromwell. Ze moesten wijken voor protestanten en genoegen nemen met de stenige, zure bodem in het westen. De strijd om te overleven kende in het verleden niet alleen winnaars. Daarvan getuigen nu nog de vele ruïnes van verlaten boerderijen, kerken en landhuizen.

INFO

Internet

www.discoverireland.ie/places-to-go: officiële website van de Ierse toeristenorganisatie Fáilte Ireland.
www.ireland.com/nl-nl/wild-atlantic-way: informatie over de Wild Atlantic Way.

Verkeer en toeristische infrastructuur

Het openbaar vervoer is niet bijzonder fijnmazig en verbindt vooral de grote plaatsen. Met een (huur)auto kunt u zich in het westen makkelijker en sneller verplaatsen. Het seizoen loopt ongeveer van april tot oktober, in de winter zijn behoorlijk wat accommodaties en restaurants gesloten.

Limerick ▶ D 7

Luimneach, zoals Limerick in het Gaelisch heet, is met ruim 91.500 inwoners de op drie na grootste stad van Ierland. Met een groots opgezet stadsvernieuwingsproject doet het zijn best zijn smoezelige imago van zich af te schudden. Jarenlang was de levensstandaard hier bijzonder laag en de werkloosheid enorm hoog, wat kunstzinnig in beeld werd gebracht in Frank McCourt's verfilmde bestseller *Angela's Ashes* (De as van mijn moeder). Boek en film waren aanleiding voor de – nog geenszins opgeloste – McCourt-controverse: een aantal in de toeristenbranche werkzame inwoners worstelt met Limericks sjofelheid die ondanks alle vernieuwing nog steeds zichtbaar aanwezig is. De stadsbestuurders daarentegen gaan prat op een gesaneerd, dynamisch en nieuw Limerick. Als Ierlands eerste National City of Culture (2014) zette Limerick – dat in-

King John's Castle in Limerick verheft zich op een schiereiland aan de River Shannon

derdaad zijn naam heeft gegeven aan het vijfregelige gedicht – een ambitieus cultureel programma op poten. En in 2020 hoopt het Europese culturele hoofdstad te worden (www.limerick2020.ie).

Gelegen aan de trechtervormige, diep landinwaarts dringende monding van de Shannon, werd ook Limerick in de 10e eeuw gesticht door de Vikingen. In 1691 gaf Patrick Sarsfield, de laatste bevelhebber van de katholieke jakobieten, zich hier over aan Willem III: het door hem uitonderhandelde verdrag zou, als het tenminste door de Engelsen was nageleefd, zijn geloofsgenoten vrijheid van godsdienst en zekere rechten hebben verschaft. Maar dat gebeurde niet en daaraan dankt Limerick zijn bijnaam 'City of the Broken Treaty'.

Treaty Stone 1

Het mooiste uitzicht op Limericks oudste kern English Town alias King's Island hebt u vanaf de tegenovergelegen rivieroever, bij het blok kalksteen waarop het verbroken verdrag zou zijn getekend. Hier wordt duidelijk dat Limericks mooiste kant de rivier is.

King John's Castle 2

Nicholas St., www.shannonheritage.com, dag. apr.-sept. 9.30-17.30, okt.-mrt. 9.30-16.30 uur, € 10

King's Island op het schiereiland tussen Shannon en Abbey River is een tot *Heritage Precinct* (lees: stadssaneringsgebied) uitgeroepen wijk met sjofele, uit één verdieping bestaande huisjes.

Het kasteel, in 1202 voltooid voor koning Jan zonder Land, staat met zijn machtigste muurpartijen en ronde torens naar de rivier en Nicolas Moss Street gekeerd. Bij een rondgang over de weergangen kunt u steeds weer ruimtes induiken waar levensgrote poppen gebeurtenissen uit Limericks geschiedenis uitbeelden. Het interessantst zijn echter de achthonderd jaar oude 'verzonken huizen' – opgravingen van de oudste Anglo-Ierse versterkingen waarboven het moderne bezoekerscentrum bijna lijkt te zweven.

St. Mary's Cathedral 3

Bridge St., dag. 9.15-17 uur, € 2

Van de in 1180 voltooide romaanse kerk zijn in de laatmiddeleeuwse kathedraal

Limerick

Bezienswaardigheden
1 Treaty Stone
2 King John's Castle
3 St. Mary's Cathedral
4 Hunt Museum
5 Georgian House
6 Gallery of Art

Actief
1 City Walking Tours

Overnachten
1 No. 1 Pery Square
2 Strand Hotel
3 The George
4 Limerick City Hotel

Eten en drinken
1 Cornstore Restaurant
2 Azur
3 Canteen

Winkelen
1 Milk Market

Uitgaan
1 Locke's
2 Dolan's Warehouse
3 Nancy Blake's
4 Crush ´87
5 Lime Tree Theatre

nog delen van het westportaal en van de zij- en dwarsbeuken en het middenschip behouden. Voor Ierland uniek houtsnijwerk uit zwart eiken siert het koorgestoelte uit 1489 met fabeldieren als griffioenen en draken.

Hunt Museum 4

Rutland St., www.huntmuseum.com, ma.-za. 10-17, zo. 14-17 uur, € 6

Dit georgiaanse douanekantoor vormt een waardige ambiance voor de eclectische, persoonlijke en kwalitatief uiterst hoogstaande kunstverzameling van de familie Hunt: middeleeuwse kerkelijke kunst, keramiek uit de hele wereld, koperen ketels uit de bronstijd en andere kostbaarheden zoals een Grieks houten beeld uit de 6e eeuw v. Chr., bovendien zijn er schilderijen van Keating, Orpen, Jack B. Yeats en een Picasso uit 1900.

Door de hoge vensters van het alternatief-artistieke Hunt Café, waar het uitstekend lunchen is, hebt u uitzicht op de Shannon. De rivier en de voorbeeldig opgeknapte kades rond het museum zijn het visitekaartje van het nieuwe Limerick: een geslaagde, postmoderne mix van staal, glas en beton.

Winkelbuurt

Het schaakbordachtige stratenpatroon is kenmerkend voor de in de 18e eeuw aangelegde Newtown Pery, als het ware Limericks goudkust. Warenhuizen en de filialen van internationale labels flankeren de winkelhoofdstraat Rutland/Patrick/O'Connell Street. Toch is hier, ondanks de enkele chique schoenenzaak, vooral het onderste prijssegment vertegenwoordigd.

Georgian House 5

2 Pery Sq., tel. 061 313 399, www.limerickcivictrust.ie

Het zuidelijke stuk van O'Connell Street, dat eindigt bij het O'Connell-monument, bestaat uit georgiaanse stadswoningen. Een ervan is voor bezoekers toegankelijk. Het is een pareltje van georgiaanse architectuur, waarvan de prachtig gerestaureerde, elegante salons een levendige indruk geven van het leven van de rijken in de late 19e en vroege 20e eeuw. De geometrische tuin is de enige in zijn soort in Ierland.

Limerick City Gallery of Art 6

Pery Sq., http://gallery.limerick.ie, ma.-wo., vr., za. 10-17.30, do. 10-20, zo. 12-17.30 uur, toegang gratis

Het gebouw voor het uitgestrekte, victoriaanse People's Park biedt onderdak aan een galerie voor echte liefhebbers van Ierse schilderkunst. Het zwaarte-

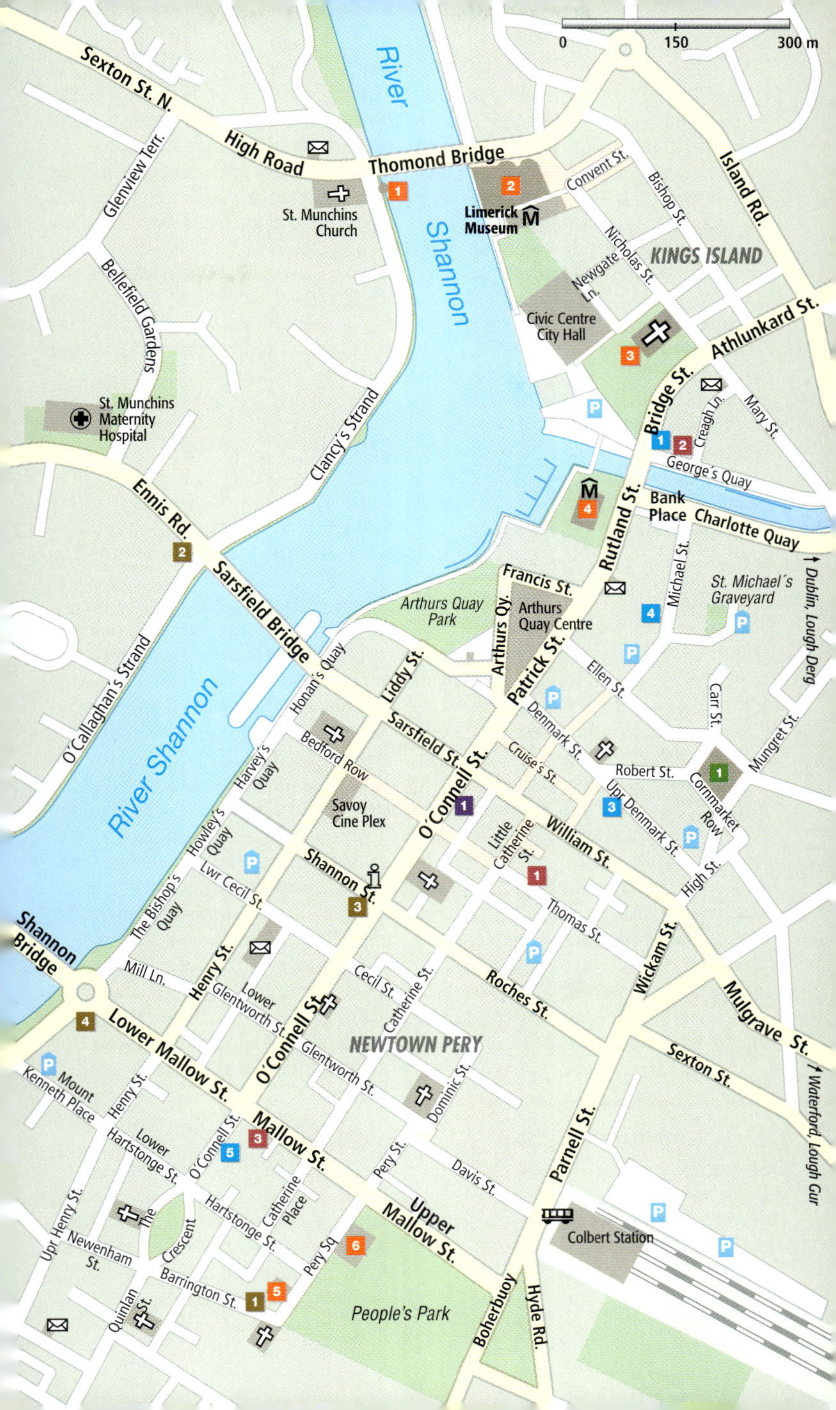

0
150
300 m
Sexton St. N.
High Road
Thomond Bridge
River Shannon
St. Munchins Church
Limerick Museum
Convent St.
Bishop St.
Island Rd.
Nicholas St.
KINGS ISLAND
Newgate Ln.
Civic Centre City Hall
Athlunkard St.
Glenview Terr.
Bellefield Gardens
Clancy's Strand
Bridge St.
Creagh Ln.
Mary St.
St. Munchins Maternity Hospital
George's Quay
Ennis Rd.
Rutland St.
Bank Place
Charlotte Quay
Dublin, Lough Derg
Sarsfield Bridge
Francis St.
Arthurs Quay Park
Arthurs Qy.
Arthurs Quay Centre
Michael St.
St. Michael's Graveyard
O'Callaghan's Strand
Honan's Quay
Liddy St.
Patrick St.
Ellen St.
Carr St.
Mungret St.
River Shannon
Bedford Row
Sarsfield St.
O'Connell St.
Denmark St.
Cruise's St.
Robert St.
Cornmarket Row
Harvey's Quay
Savoy Cine Plex
Upr Denmark St.
Howley's Quay
Shannon St.
Little Catherine St.
William St.
High St.
Lwr Cecil St.
The Bishop's Quay
Thomas St.
Shannon Bridge
Wickam St.
Mill Ln.
Henry St.
Lower Glentworth St.
Cecil St.
Catherine St.
Roches St.
Mulgrave St.
O'Connell St.
NEWTOWN PERY
Lower Mallow St.
Glentworth St.
Sexton St.
Waterford, Lough Gur
Mount Kenneth Place
Henry St.
Dominic St.
Lower Hartstonge St.
O'Connell St.
Mallow St.
Parnell St.
Pery St.
Davis St.
Upr Henry St.
The Crescent
Hartstonge St.
Catherine Place
Upper Mallow St.
Colbert Station
Newenham St.
Pery Sq.
Barrington St.
Quinlan St.
People's Park
Boherbuoy
Hyde Rd.

punt in de collectie ligt op de 19e/20e eeuw. Paul Henry's triest-grijze schilderij van Achill Island naast de fleurige vrouwen van Achill van zijn echtgenote Grace Henry, John Lavery's nukkige dames uit betere kringen – de vrouw met de rode jurk is de in Roscommon geboren Hollywoodactrice Maureen O'Sullivan, Tarzan's Jane – naast een meesterlijk geportretteerde vrijheidsstrijder van Seán Keating, Jack B. Yeats' glimmende carrousel naast John Shinnors' naar huis terugkerende koeien, die zijn teruggebracht tot de essentie.

De galerie is gerenoveerd en voorzien van een lichte, moderne aanbouw, waarmee ruimte is gecreëerd voor eigentijdse kunst.

Overnachten

Tal van hotels, guesthouses en B&B's zijn vooral te vinden aan Ennis Road, de uitvalsweg richting luchthaven.

Georgiaanse stijl – **No. 1 Pery Square** 1: 1 Pery Square, tel. 061 40 24 02, http://oneperysquare.com, 2 pk incl. ontbijt vanaf € 165. Elegante kamers in hedendaagse of, duurder, in georgiaanse stijl.

Eigentijds – **Strand Hotel** 2: Ennis Rd., tel. 061 42 18 00, www.strandhotellimerick.ie, 2 pk vanaf € 99. Populair, fleurig designhotel aan de oever van de Shannon met zwembad, whirlpool en fitnessruimte. De kamers met uitzicht op de rivier zijn fantastisch.

Limerick op internet

De website www.limerick.com geeft een interessant inkijkje in Limericks culturele en sociale leven en informeert over onderwerpen als Frank McCourt of het oude Limerick.

Boetiekhotel – **The George** 3: O'Connell St., tel. 061 46 04 00, www.thegeorgeboutiquehotel.com, 2 pk vanaf € 79. Designinterieur in tinten van mokka tot cafe latte, populaire pub, op het dak met glas rondom, restaurant met mediterrane keuken.

Goede standaard – **Limerick City Hotel** 4: Lower Mallow St., tel. 061 20 70 00, www.limerickcityhotel.ie, 2 pk vanaf € 59. Comfortable standaardkamers voor maximaal drie personen.

Eten en drinken

Open keuken – **Cornstore Restaurant** 1: 19 Thomas St., tel. 061 60 90 00, www.cornstorelimerick.com, dag. 12-22 uur. Hoofdgerecht circa € 17. Eigentijdse ambiance op drie verdiepingen in een oud pand, er is ook een cocktail- en wijnbar. Specialiteit zijn steaks en seafood. Gebruik van verse, als het kan, regionale seizoensproducten.

Intiem – **Azur** 2: 8 George's Quay, tel. 061 31 49 94, di.-za. 17, zo. 13 uur tot laat, driegangendiner € 28. Gezellige brasserie met stenen vloer en houten lambrisering, eigentijdse keuken met veel vis, bijvoorbeeld Jakobsschelpen met tomatenpuree en rucola.

Fast Food van topniveau – **Canteen** 3: 30 Mallow St., tel. 085 852 15, ma.-vr. 8-16, za. 10.30-16 uur, wrap € 6,50, ontbijt € 7. Het ziet er een beetje shabby uit, maar u merkt aan de burritos & co. dat de hippe keukenchef bij Heston Blumenthal in de leer is geweest.

Winkelen

Farmer's Market – **Milk Market** 1: Mungret St., www.milkmarketlimerick.ie, vr. 10-15, za. 8-15, zo. 11-15 uur. Levensmiddelen en delicatessen in de oude markthal, ook snacks.

Actief

Angela's Ashes – **City Walking Tours** 1: tel. 083 300 01 11, www.limerickwalkingtours.com, € 10. Start voor het warenhuis Brown Thomas, 14-16 O´Connell St. De stadsrondleidingen in de voetsporen van Frank McCourt, door georgiaanse of middeleeuwse wijken kunt u boeken bij het Tourist Office.
Fietsverhuur – **Coca-Cola Zero Bikes:** 2: diverse locaties met huurfietsen in de binnenstad, 3-day subscription € 3, handig voor toeristen en op internet te boeken: www.bikeshare.ie.

Uitgaan

Limericks vele studenten drukken hun stempel op het nachtleven en zorgen voor sfeer.
Aan de Shannonkade – **Locke's** 1: 3 George's Quay, tel. 061 41 37 33, dag. 9.30 tot laat, hoofdgerecht € 11-14. 's Zomers is het hier heerlijk buiten zitten aan de rivieroever en in de winter binnen in de pub met bakstenen muren, veel hout en open haarden achter de zwart-wit gestreepte façade; het restaurant serveert *bar food* zoals het hoort, 's avonds livemuziek.
De plek voor liveoptredens – **Dolan's Warehouse** 2: 3/4 Dock Rd., ma.-vr. 12, za./zo. 10 uur tot laat, www.dolanspub.ie. Limericks bekendste muziektempel, een combinatie van nachtclub en traditionele pub; 's avonds folkmuziek.
Singing pub – **Nancy Blake's** 3: 19 Upper Denmark St., ma.-do. 10.30-23.30, vr./za. 10.30-0.30, zo. 12.30-23 uur. Traditionele pub met livemuziek op zo., wo. en do.; Biergarten.
'21e-eeuwse speeltuin voor volwassenen' – **Crush ´87** 4: The Granary, Michael St., http://crush87.com. Di.-zo. 22 uur tot laat. Crush ´87 Nightclub (house, electro dance, mashups) en grappig met oude VW-kevers gedecoreerde kleinere Club 87 (r&b, hip hop, 90´s dance) en verder The Orchard Late Bar.
State-of-the-art-theater – **Lime Tree Theatre** 5: 69 O'Connell St., tel. 061 77 47 74, www.limetreetheatre.ie. Theater, muziek, traditionele kunst.

Info

Tourist Information: Arthurs Quay, tel. 061 31 75 22, www.limericktourist.com, ma.-vr. 9.30-13, 14-17.30, za. 9.30-13, juni-sept. ma.-za. 9-18, zo. 10-13 uur.

Verkeer

Vliegtuig: internationale luchthaven Shannon Airport, 16 km ten noordwesten van Limerick aan de N18, tel. 061 71 20 00, www.shannonairport.com.
Trein: Colbert Station, Parnell St., tel. 061 31 55 55, diverse treinen per dag naar onder andere Ennis, Tralee en Dublin.
Bus: busstation bij het station, tel. 061 31 33 33, meerdere bussen per dag naar onder andere Tralee, Killarney en Cork. Ook lokale bussen naar Lough Gur en Adare.

Ten zuiden van Limerick

Adare ▶ C 7

Ooit liet de graaf van Dunraven Adare bouwen als een pittoresk dorp – en het komt vandaag de dag nog net zo gemaakt over als zijn ontstaansgeschiedenis doet vermoeden. Op de paar museale meters voor de keurige rietgedekte cottages struikelen de bezoekers over elkaar.

Burcht

Juni-sept. dag. 10-18 uur, € 6
Met de bouw werd begonnen in de 13e

eeuw, nu is de burcht te bezichtigen vanuit het Heritage Centre/Tourist Office aan de hoofdstraat.

Voormalige abdij

Tel. 061 60 52 00, www.adaremanor.com, in het laagseizoen 'goedkoop' overnachten in het hotel (2 pk € 200)

Van de drie laatmiddeleeuwse kloosters is de in 1464 gestichte franciscanenabdij het indrukwekkendst. Ze ligt op het golfterrein van het luxehotel Adare Manor en kan als u zich meldt bij het clubhuis bezichtigd worden.

Eten en drinken

Aristocratisch – **The Wild Geese:** Rose Cottage, Main St., tel. 061 39 64 51, di.-za. 9.30-16, 18-22, zo. 12.30-15 uur, vroeg diner € 35. Voedzame vlees- en visgerechten voor lekkerbekken.

Actief

Golf – **Adare Manor Hotel & Golf Resort:** tel. 061 605 200, www.adaremanor.com. Greenfees € 80-130. 18-holesbaan in parklandschap.

Paardrijden – **Clonshire Equestrian Centre:** tel. 061 39 67 70, www.clonshire.com. Ritten voor beginners, crosscountry enzovoort.

Lough Gur ▶ D 8

Lough Gur, Bruff, http://loughgur.com, mrt.-okt. ma.-vr. 10-17, za./zo. 12-18, nov.-feb. ma.-za. 10-16.30, za./zo. 12-17 uur, € 5

Aan de oevers van dit hoefijzervormige meer lagen ooit neolithische nederzettingen. Dat verklaart de unieke dichtheid aan overblijfselen uit die periode, zoals *standing stones* (menhirs), steenkringen, graven en *cairns* (opgestapelde stenen). Het bezoekerscentrum en wandelpaden naar de verspreid liggende monumenten geven een indruk van het dagelijks leven in de jonge steentijd.

De uit het late neolithicum of de vroege bronstijd stammende **Grange Stone Circle**, met een doorsnee van 45,70 m de de grootste steenkring van Ierland, ligt aan de R512 richting Limerick voorbij de plaats Holycross.

De regio Shannon

Bunratty Castle & Folk Park ▶ C 7

Bunratty, www.shannonheritage.com, dag. 9-17.30 uur, € 11

Ierlands prentenboekburcht is zoals veel vestingen hier het werk van de Mac Namara-clan, die meer dan duizend jaar over het graafschap heerste. Onder Maccon Mac Sioda Mac Namara werd in 1450 op de plek van een oudere burcht begonnen met de bouw van de machtige vierkante burchttoren, onder zijn zoon werd de bouw voltooid. In 1954 kwam het complex in handen van Lord Gort, die het liet restaureren en inrichten met authentieke meubels uit de late middeleeuwen en vroege renaissance. De grote zaal en de woonvertrekken van de graaf met de kapel zijn de pronkstukken van de burcht.

Aan de voet van de burcht strekt zich Bunratty Folk Park uit, een uniek openluchtmuseum met originele boeren- en vissershuizen. Hun afmetingen en interieurs geven een indringend beeld van de treden op de maatschappelijke ladder, van de dagloner tot de rijke herenboer. Een compleet 19e-eeuws dorp met een georgiaans herenhuis tegen de helling erboven en met school, dokterswoning, postkantoor, lommerd en kroegen wordt nog voortdurend uitgebreid.

Eten en drinken

'Middeleeuws' banket – **Medieval Banquets:** dag. 17.30 en 20.45 uur, tel. 061 36 07 88, in de burcht of 'Traditional Irish Night' in de schuur van het Folkpark, incl. entreekaart € 55 bij onlinereservering, www.shannonheritage.com. Bij dit luidruchtige, vooral door groepen geboekte spektakel is een optreden van een harpspelende, roodharige Ierse inbegrepen, met daarbij spareribs en soortgelijk 'fingerfood'.

Uitgaan

Old-world flair – **Durty Nelly's:** bij de brug, ma.-do. 10.30-23.30, vr./za. 10.30-0.30, zo. 12.30-23 uur. Doolhofachtige reeks vertrekken, naar men beweert de oudste pub van Ierland (maar dat beweren veel Ierse pubs); *pub grub* zoals het hoort voor rond € 9, dikwijls folkavonden.

Quin ▸ C 7

Dit plaatsje is in het bezit van de best bewaarde ruïne ven een Ierse franciscanenabdij. Quin Abbey, in 1350 gesticht en in 1433 gerenoveerd, is vooral beroemd door de mooie kruisgang en de grafstenen van de Mac Namara's uit de 15e tot de 19e eeuw, die zich in de kerk bevinden.

Loop Head ▸ B 7

De panoramaweg Loop Head Drive – circa 80 km van Kilrush over Loop Head naar Kilkee – wordt duidelijk minder druk bezocht dan de Cliffs of Moher, hoewel zijn rotskliffen niet minder spectaculair zijn. Op de kaap zelf, het zuidwestelijkste punt van Ierland, staat het stralend witte Loop Head Lighthouse (apr.-half sept. dag. 10-18 uur, € 5).

De populaire badplaats Kilkee heeft een schitterend hoefijzervormig strand, dat wordt beschermd door een rif.

De ruïne van Quin Abbey vanuit vogelperspectief

Overnachten, eten

Victoriaans badhotel – Stella Maris: Kilkee, tel. 065 905 64 55, www.stellamarishotel.com, 2 pk incl. ontbijt vanaf € 80. Modern ingerichte kamers, uitzicht op zee, met restaurant.
Moderne keuken – Murphy Blacks: Kilkee, tel. 065 905 68 54, okt.-mrt. za./zo., apr.-sept. ma.-za., juli/aug. ook zo. vanaf 17.30 uur, hoofdgerecht circa € 18. Hedendaagse, aan het seizoen aangepaste keuken met veel zeevruchten; in een voormalige pub.

Craggaunowen Project

▶ C 7

Craggaunowen, Pasen-eind sept. dag. 10-17 uur, € 8
In dit prehistorische openluchtmuseum aan het meer vindt u onder andere een *crannog*, een gereconstrueerd Keltisch paaldorp uit de 6e/7e eeuw, een ringfort en een authentiek *tower house* uit de 16e eeuw. Daartussendoor lopen exemplaren van oude boerderijdierrassen rond. Tentoongesteld wordt ook de met huiden bespannen boot waarmee de avonturier Tim Severin in 1976 de Atlantische Oceaan overstak – om te bewijzen dat dat mogelijk is: met een dergelijke boot zou namelijk de heilige Brandaan in de 6e eeuw de oversteek naar Amerika hebben gemaakt (zie blz. 183).

Ennis ▶ C 7

De bedrijvige, circa 20.000 inwoners tellende hoofdstad van het graafschap Clare heeft in het centrum het georgiaanse straatbeeld weten te bewaren en is een aangename verblijfplaats om de omgeving te verkennen. Daniel O'Connell werd hier in 1828 tot volksvertegenwoordiger gekozen. Zijn standbeeld, op een immens hoge zuil aan de blikken van gewone stervelingen onttrokken, siert het stadscentrum. Langs de meanderende River Fergus nodigen de moderne sculpturen van het Riverside Sculpture Park uit tot aanschouwen en beschouwen.

Ennis Friary

Abbey St., dag. Pasen-sept. 10-18, okt. 10-17 uur, € 4
Deze franciscanenabdij werd in 1242 gesticht door Donchad Cairbreach O'Brian, koning van Thomond. In haar grootste bloeiperiode in de 14e eeuw woonden hier 350 broeders en 600 leerlingen! In 1606 kreeg de kerk historische betekenis toen hier de Oudierse *Brehon Laws* officieel werden afgeschaft. De grootste schat in de kerkruïne is het Mac Mahon- of koningsgraf uit 1475 met zeer fraaie sculpturen die Christus en de apostelen voorstellen.

Clare Museum

Arthur's Row, okt.-mei di.-za., juni-sept. ma.-za. 9.30-13, 14-17.30 uur, toegang gratis
Dit historisch museum is ondergebracht in een aantrekkelijk gerestaureerd, in 1861 als nonnenklooster gebouwd pand. Bij het thema 'Earth' worden bijvoorbeeld mineralen en artefacten uit de steentijd tentoongesteld.

Glór

Friars' Walk, tel. 065 684 31 03, www.glor.ie, café ma.-za. 10-16 uur
Licht en bekroond met architectuurprijzen – Clare's door Des McMahon ontworpen cultuurcentrum mag gezien worden. Cultureel genieten van traditionele en andere muziek, theater, film en een schilderijengalerie kan hier worden gecombineerd met een bezoek aan het eigentijdse café, waar taart, soep en pasta wordt geserveerd.

Cois na hAbhna

Galway Rd., tel. 065 682 42 76, www.coisnahabhna.ie
Het hoofdkwartier van het muziekinstituut Comhaltas Ceoltóirí in het graafschap Clare, dat door velen wordt beschouwd als de wieg, het paradijs en de hoeder van de traditionele Ierse muziek, heeft de folkfan het een en ander te bieden: een archief, een winkel met boeken en cd's, uitvoeringen van Gaelische muziek en dans en voor de echte *diehards* cursussen viool, accordeon en harp.

Overnachten

Eigentijds – **Ashford Court Boutique Hotel:** Old Mill Rd., tel. 065 689 44 44, www.ashfordcourthotel.com, 2 pk incl. ontbijt vanaf € 84. Chique designkamers in mokkatinten, Italiaans-internationaal restaurant met tafels en stoelen stijlvol in een lange rij.
Landhuis – **Newpark House:** Roslevan, 2 km ten noorden van Ennis aan Tulla Rd., tel. 065 682 12 33, www.newparkhouse.com, 2 pk incl. ontbijt vanaf € 90, Pasen-okt. Met kantelen gekroond en klimop begroeid landhuis in een oud park, kamers deels in antieke stijl met baldakijnbedden.

Eten en drinken

Vers en betaalbaar – **Rowan Tree:** Harmony Row, tel. 065 686 86 69, dag. 10.30-23 uur, pizza en pasta circa € 14. Met de beste uitzichten op de rivier wordt in dit informele restaurant mediterraan geïnspireerde keuken geserveerd – salades, pizza, pasta, tapas en vlees van de grill; of begin hier de dag met een stevig ontbijt.
Pub grub – **Brogan's:** 24 O'Connell St., tel. 065 684 43 65, ma.-do. 10.30-23.30, vr./za. 10.30-0.30, zo. 12.30-23 uur, hoofdgerecht circa € 12. Een schemerige traditionele pub, de keuken biedt klassieke gerechten met ham en kool en meer moderne zoals salade met geitenkaas; iedere avond folksessies.

Actief

Fietsverhuur – **Michael Tierney:** 17 Abbey St., tel. 065 682 94 33, www.clarebikehire.com, € 20 per dag. Aangesloten bij de Ierse Raleigh-fietsverhuur.

Uitgaan

Ennis heeft een reputatie als centrum voor folkmuziek, singing pubs zijn naast Brogan's (zie Eten en drinken hiernaast) bijvoorbeeld Cruise's, Abbey St. en Brandon's, O'Connell St.
Hier zit (folk)muziek in – **Knox's Pub & Storehouse Restaurant:** 18 Abbey St., tel. 065 682 92 64, dag. 10.30 tot laat, restaurant dag. 17-21 uur, burger circa € 13. Deze pub in het winkelgebied van Ennis bestaat al sinds 1864. In een rustieke ambiance vindt u hier het gebruikelijke aanbod, van Caesar salad en chicken wings tot sirloin steak.

Info en evenementen

Tourist Information: Arthur's Row, tel. 065 682 83 66, www.visitennis.com, juli/aug. ma.-za. 9.30-17.30, sept.-juni ma.-za. 9.30-13, 14-17.30 uur.

Verkeer

Station (tel. 065 684 04 44) en busstation (tel. 065 682 41 77) aan Quinn Rd.
Trein: dagelijks meermaals via Limerick naar bestemmingen in heel Ierland.
Bus: verschillende bussen per dag naar onder andere Shannon Airport en Limerick, driemaal daags via Corofin,

Ennistymon, Lahinch en Liscannor naar Doolin.

Evenementen

Fleadh Nua: eind mei, tel. 065 682 42 76, www.fleadhnua.com; Ierlands grootste folkfestival.
Ennis Trad Festival: nov., www.ennistradfest.com; muziek, cursussen, *céilí* (Ierse volksdans).
Feakle International Music Festival: begin aug., tel. 061 92 43 22, www.feaklefestival.ie. Folk en céilí in dit plaatsje 30 km ten noordoosten van Ennis.

Dysert O'Dea ▶ C 7

Eenzaam ligt dit sfeervolle archeologische park te midden van een weidelandschap. In het uit 1480 stammende *tower house*, dat een vermogende Amerikaan, een nakomeling van de O'Dea-clan die de burcht liet bouwen, voorbeeldig liet restaureren, huist nu een klein archeologisch museum (Corofin, mei-sept. dag. 10-18 uur, € 4).

Langs het 3 km lange archeologisch pad ontdekt u een romaanse kerk, een ronde toren, ringforten en het pronkstuk, een 12e-eeuws hoogkruis. Boven de bisschop ziet u de Gekruisigde met een lang gewaad, kaal hoofd en typisch 'Keltisch' gezicht.

Wandelen in Dromore Wood

Twee kilometer ten westen van Ruan, bezoekerscentrum mei za./zo., juni-aug. dag. 10-13, 14-18 uur, entree gratis
Over twee natuurpaden wandelt u langs meren, door bos en *moors* en kunt u de voor een kalkhoudende bodem kenmerkende flora en fauna observeren, waaraan dit natuurreservaat zijn bekendheid dankt. Bovendien ontdekt u de ruïne van een *tower house*, een kerk en twee ringforten.

De kusten van Clare

Cliffs of Moher ✸ ▶ B 6

Over een lengte van 8 km verheft Ierlands natuurmonument nummer een zich tussen 120 en 214 m boven de golven van de Atlantische Oceaan. Als bastions steken de torens met hun zand- en leisteentinten naar voren, om vervolgens terug te wijken en een zacht ronde baai te vormen. Kolonies drieteenmeeuwen, zeekoeten en papegaaiduikers broeden in de rotsspleten van de steile kliffen.

Visitor Centre

www.cliffsofmoher.ie, dag. nov.-feb. 9-17, mrt., okt. 9-18, apr. 9-18.30, mei, sept. 9-19, juni 9-19.30, juli/aug. 9-21 uur, expositie € 6
Alle activiteiten voor bezoekers worden gecoördineerd door het landschapsvriendelijk in de groene heuvels gebouwde Cliffs of Moher Visitor Centre. Zelfs de kleine Ierse ondernemers die

hier harpspelen of een hond op een ezel laten fotograferen zijn aan een rigoureus managementsregime onderworpen. Het bezoekerscentrum toont een expositie rond de thema's oceaan, rots, natuur en mens in de ondergrondse maar toch lichte overkoepelde grot. Verder de audiovisuele presentatie The Clare Journey en The Ledge: hier kunt u virtueel op het randje van de kliffen staan, het is net echt. Het grotachtige restaurant biedt uitzicht door panoramavensters en souvenirshops zijn als hobbithuizen in de heuvel gebouwd.

Rondleidingen en paden

Een bijna manshoge muur op de Cliffs voorkomt naar beneden vallen en milieudelicten maar belemmert ook de uitzichten waarvoor de bezoekers komen. Begrijpelijk dus, dat het grootschalige project om de bezoekersstroom in goede banen te leiden veel kritiek kreeg. De Cliffs 'in het echt' verkennen kunt u op de Doolin Cliff Walk. Van het zuidelijke uiteinde van de muur, waar maar weinig van de jaarlijks een miljoen(!) bezoekers komen, voert het kliffenpad boven over de kam in ongeveer tweeënhalf uur naar Hag's Head met een signaaltoren en terug – pas op bij de afgrond, hier staat geen muur! De gerestaureerde O'Brian's Tower, in 1835 gebouwd op het hoogste punt van de kliffen, is vanaf 10 uur geopend voor een zeer indrukwekkend uitzicht rondom. U kunt zich ook aansluiten bij de rondleidingen van Pat Sweeney, die u ontmoet om 14 uur buiten bij het bezoekerscentrum, of om 10 uur bij O´Connor´s Pub in Doolin (€ 5, www.doolincliffwalk.com, tel. 065 707 41 70). Met een bootje langs de kliffen varen, zie blz. 207.

St. Brigid's Well ▶ B 6

Op weg van het kleine badplaatsje Liscannor naar de Cliffs of Moher bren-

Cliffs of Moher – alleen voor mensen zonder hoogtevrees

gen veel toeristen ook een bezoek aan St. Brigid's Well in de heuvels boven de zee. Binnen een modern vormgegeven ommuring is de bron, aan het einde van een diepe, grotachtige gang, behouden gebleven. De verzameling votiefgiften, voornamelijk beelden van Brigida en andere heiligen in alle soorten en maten, is zelfs in Ierland uniek – een magische en mystieke plek.

Overnachten

Voortreffelijke country style – **Vaughan Lodge:** Lahinch (14 km ten zuidwesten van de Cliffs), tel. 065 708 11 11, www.vaughanlodge.ie, 2 pk incl. ontbijt vanaf € 140. Elegante kamers. Het hotel en ook het fijnproeversrestaurant zijn populair bij golfers.

Actief

Golf – **Lahinch Golf Club:** Liscannor Rd., tel. 065 708 10 03, www.lahinchgolf.com. Greenfees € 20-€ 180.
Gouden zandstrand – **Lahinch:** surfen, peddelen, zeilen of gewoon wandelen.

Doolin ▶ B 6

Naast Doolin Harbour bestaat deze verspreide nederzetting uit drie delen: Fisher Street, Fitz's Cross en Roadford. De enkele tientallen kleine en voor een deel bontgekleurde huizen liggen op 6 km ten noorden van de Cliffs of Moher in een ruige omgeving aan de door de golven aangevreten kliffenkust vol grotten en holen, die een magische aantrekkingskracht uitoefenen op speleologen.

En: Doolin geldt als het mekka van de Ierse folk. 's Zomers zijn hier de pubs en hostels gevuld met duizenden folkfans. In de jaren 60 van de vorige eeuw traden de fluitist Micho Russell en zijn twee broers, naar hun eigen zeggen 'geen goede boeren' en daarom op zoek naar een andere broodwinning, op in O'Connor's en legden daarmee de basis voor een mythe en het toerisme. In het laatste weekend van februari wordt ter ere van de in 1994 overleden Micho een Russell Memorial Weekend gehouden, informatie op www.michorussellweekend.ie.

Doolin Cave

www.doolincave.ie, mrt.-okt. dag. 10-18 uur, rondleidingen (met helm!) op het hele uur, € 15, bij online reservering € 12
Als een slappe, veelarmige reuzeninktvis hangt de met zijn 7,3 m grootste stalactiet van het noordelijk halfrond aan het plafond van deze druipsteenkathedraal.

Overnachten

Design in Doolin – **Hotel Doolin:** Coast Rd., tel. 065 707 41 11, www.hoteldoolin.ie, 2 pk vanaf € 150. Boetiekhotel met restaurant, pizzacafé en gezellig moderne bar bij de open haard.
Met uitzicht – **Sea View House:** Fisher Street, tel.087 267 96 17, www.seaviewdoolin.ie, 2 pk incl. ontbijt € 80-120. Moderne B&B met schitterend uitzicht op zee, eikenhouten vloeren en maritieme inrichting zoals een telescoop voor gasten.
Bijna een hotel – **Doolin Hostel:** Sea Rd., Fisher Street, tel. 087 282 05 87, www.doolinhostel.ie, slaapzaal vanaf € 14, 2 pk vanaf € 44. Modern en comfortabel.
Authentiek – **Aille River Hostel:** Roadford, tel. 065 707 42 60, www.ailleriverhosteldoolin.ie, slaapzaal € 17, 2 pk € 48. Oude boerderij aan het riviertje, gemeenschappelijke ruimte met ruwstenen wanden en open haard.

Eten en drinken

Eigentijdse eenvoud – **Roadford House Restaurant:** Killagh, Doolin, tel. 065 707 50 50, www.roadford restaurant.com, di., wo., vr.-zo. 18-21 uur, hoofdgerecht circa € 22, 2 pk incl. ontbijt vanaf € 90. Een kundige kok bereidt in deze moderne zaak seafoodspecialiteiten als crème brûlée met zalm; eenvoudige, nette kamers.

Actief

Bootexcursies – **Cliffs of Moher Cruises:** Doolin Pier, tel. 065 707 59 49, www.cliffs-of-moher-cruises.com, € 15, online reserveren met korting. Een uur durende tocht langs de kliffen; dagexcursie naar de Araneilanden, € 20.
Naar de Araneilanden – **Doolin Ferries:** Doolin Pier, tel. 065 707 44 55, www.doolinferries.com. apr.-okt. meermaals per dag, oversteek 20 min. naar de drie Araneilanden, € 10.

Uitgaan

Van mrt.-nov. zijn er 's avonds sessies in de **pubs van Doolin** vanaf circa 21.30 uur.
Wieg van een myhe – **O'Connor's:** Fisher Street, dag. 9 uur tot laat. Stampvol tijdens de avondlijke sessies, authentiek rustiek, *pub grub* zoals het hoort, direct aan het water.
Music nightly – **McGann's:** Roadford, ma.-do. 10-0, vr.-zo. 10-0.30 uur. Eten, bijvoorbeeld een burger met frites voor circa € 13, kale houten banken en tafels, foto's en spiegels aan de wanden, eenvoudige B&B-kamers € 50.
Locals favorite – **McDermott's:** Roadford, ma.-do. 10.30-23.30, vr./za. 10.30-0.30, zo. 12.30-23 uur. Rustieke music pub, sinds 1867 familiebezit. Seafood chowder € 6,50.

De Burren ▶ C 6

'Stenig oord' luidt de vertaling van de Gaelische naam Bhoireann, en dat raakt de essentie van dit bizarre maanlandschap met zijn langgerekte, verkarste heuvelketens. 'Geen boom waaraan je een man kunt ophangen, geen poel waarin je hem kunt verdrinken en geen aarde waarin je hem kunt begraven', klaagde in 1651 een zekere Ludlow, een van Cromwells generaals. Hij had geen oog voor de unieke schoonheid van de natuur en de rijkdom aan prehistorische monumenten die de bezoekers van vandaag wel weten te waarderen.

Tienduizend jaar geleden ploegden ijstijdgletsjers van noord naar zuid sleuven in het kalksteenplateau. De ijsmassa's lieten naast cyclopische zwerfkeien het zaad van arctische planten achter, wat bijdroeg aan de nu zo unieke vegetatie in de Burren, een mengeling van arctische, alpiene en mediterrane soorten. In mei en juni is de flora van de Burren op haar mooist. Dan bloeien tussen de grijze rotsen voorjaarsgentiaan, Ierse steenbreek, zilverkruid en wilde orchideeën. Een 1500 ha groot gebied rond Mullaghmore vormt Ierlands vijfde nationale park (www.burrennationalpark.ie) en is een UNESCO-Global Geopark.

Actief

Fietsen of wandelen – **Burren Way:** 45 km lang gemarkeerd langeafstandspad van Ballyvaughan naar Lahinch, onderverdeeld in vier etappes van een halve dag, www.irishtrails.ie.

Kilfenora ▶ C 6

Dit onspectaculaire plaatsje aan de zuidkant van de Burren heeft, niet alleen door de beroemde Kilfenora Céili

Band, een reputatie als bolwerk van Ierse folk. De **kathedraal** hier maakte ooit deel uit van een door de heilige Fachtna gesticht klooster en verrees in de late 12e eeuw – tegenwoordig is de paus bisschop van Kilfenora. Doohrty's Cross, het hoogkruis voor de westwand van de kathedraal, toont de voor de late periode typerende kleine figuren, aan de oostkant een bisschop boven twee geestelijken die met hun staven een monster doorboren. Een indruk makende kruisigingsscène – enkel Christus aan het kruis op een slanke zuil met aan weerszijden geometrische patronen – siert het westkruis dat in een veld 100 m ten westen van de kerk staat.

Burren Centre

www.theburrencentre.ie, dag. 10-17, juni-aug. 9.30-17.30 uur, café, € 6

Het door een plaatselijke groep burgers gerunde **Burren Centre** geeft informatie over planten, geologie en prehistorie.

Uitgaan

Mighty craic – **Vaughan's Pub:** Main St., tel. 065 708 80 04, dag. 10.30-23.30 uur. *Bar food*, voor een deel biologisch, goed bier, livemuziek. Op zondag is er om 21.30 uur Set Dancing.

Rit door de Burren over de R480 ▶ C 6

Door het hart van deze adembenemende steenwoestijn voert vanuit Kilfenora de R480 of een van de ervan aftakkende zijweggetjes, waar de grandioze verlatenheid nog indringender overkomt. Kort na het middeleeuwse ringfort **Caherconnell Fort** verheft zich een van Ierlands meest gefotografeerde monumenten, de **Poulnabrone Dolmen.** Een clan uit de steentijd heeft de raadselachtige megalieten rond 3000 v.Chr. overeind gezet om onder de deksteen de beenderen van een twintigtal overledenen bij te zetten. Geen van hen is ouder geworden dan veertig jaar. Rondom het megalietgraf zijn de typische karstfenomenen goed waar te nemen: karren (verticale inkepingen van 10-30 cm breed en 1-3 m diep), poljes (kuipvormige bekkens met een vlakke bodem) en dolines (komvormige putten). Twee kilometer verder naar het noorden kunt u de **Gleninsheen Wedge Tomb** bekijken, het best bewaarde van de ongeveer zeventig megalietgraven van dit wigvormige type. Aan de dunne deksteen is nog te zien waar de bouwers hem vandaan haalden: zulke stenen 'groeien' hier overal.

Cahercommaun Stone Fort

Dramatisch gelegen boven een steil oplopend rivierdal is deze vluchtburcht uit de ijzertijd opgebouwd uit drie concentrische cirkels. Dit is het best bewaarde van de meer dan honderd(!) in de Burren gebouwde stenen ringforten.

Lisdoonvarna ▶ C 6

Dit totaal niet mondaine kuuroord leeft van de mythe van spontane livemuziek, zoals ooit bezongen door Christy Moore, en van de jongeren en senioren die in de weekenden tussen eind augustus en begin oktober de 'huwelijksmarkt' van het nogal deprimerende Matchmaking Festival bezoeken (www.matchmakerireland.com).

In het kuurpark kunt u bij het victoriaanse brongebouw een glas zwavelhoudend water achteroverslaan.

Overnachten

Aangenaam ouderwets – **Wild Honey Inn:** in het centrum van Lisdoonvarna,

tel. 065 707 43 00, www.wildhoney inn.com, 2 pk incl. ontbijt vanaf € 80. Royale kamers in 19e-eeuws huis, restaurant, pub.
Hostel in een hotel – **Sleepzone:** Doolin Rd., tel. 065 707 40 36, www.sleep zone.ie, slaapzaal vanaf € 16, 2 pk vanaf € 59. Dit in een park gelegen voormalige hotel met chique inrichting is voor budgetaccommodatie absoluut luxueus.

Winkelen

Niet alleen gerookte zalm – **Burren Smokehouse:** Doolin Rd., tel. 065 707 44 32, www.burrensmokehouse.com. Er is zelfgerookte zalm, ook biologische, en zeewier om te eten en voor wellnessgebruik. In het bezoekerscentrum vindt u onder andere een kunstnijverheidswinkel met stenen van de Cliffs of Moher en mozaïeken van de plaatselijke kunstenaar Vincent Browne.

Uitgaan

Singing pub – **Roadside Tavern:** Doolin Rd., ma.-do. 10.30-23.30, vr./za. 10.30-0.30, zo. 12.30-23 uur. Met ansichtkaarten en oude foto's gedecoreerde pub, 's zomers iedere avond sessies, daarbuiten in het weekend; gastropubmenu.

Ballyvaughan ▶ C 6

Dit gezellige voormalige vissersplaatsje ligt aan zee met achter zich de eerste kalkhellingen van de Burren. Een kustweg voert u, langs het grandioze Black Head met zijn vuurtoren, naar het kleine, 10 km verderop gelegen Fanore met zijn brede, door duinen geflankeerde zandstrand.

Overnachten en eten

Inspiratiebron – **Gregan's Castle Hotel:** 5 km ten zuiden van Ballyvaughan aan de N 67, tel. 065 707 70 05, www.gregans.ie, 2 pk incl. ontbijt vanaf € 195, 3-gangendiner € 72. Midden in de Burren, omgeven door een verzorgde tuin, ligt het georgiaanse landhuis met open haarden, fijnproeversrestaurant en kamers in een modern geïnterpreteerde landhuisstijl. Hier liet Tolkien zich inspireren voor *In de ban van de ring*.
Bistro, delicatessenshop, avontuur – **Vasco:** Coast Rd., Fanore (C6), tel. 065 707 60 20, www.vasco.ie, di.-zo. 11.30-16.30, do.-za. 11.30-19.30 uur, hoofdgerecht circa € 17. Deze kleine bistro aan de kustweg tussen Ballyvaughan en Doolin biedt een weidse blik over de Atlantische Oceaan, een aangenaam-moderne inrichting, hedendaagse bereide gerechten van oostelijke herkomst zoals lam van de Burren en ter plekke gevangen schol, en een mooie selectie wijnen en craft beers. In de bijbehorende Deli kunt u terecht voor sandwiches, soepen en dergelijke, de Eco Adventure biedt onder andere wandelen, surfen, kajakken en paardrijden aan.

Actief

Paardrijden – **Mountain View Horse Riding Centre:** Poulnagun, buiten Lisdoonvarna, tel. 085 845 23 00, www.mountainviewtrekking.com. Ritten van een uur (€ 30) tot meerdere dagen.

De Burren op internet

Bezienswaardigheden in de Burren, informatie over landschap, flora, fauna, archeologie, routes, activiteiten, accommodatie en nog veel meer vindt u op www.burrenbeo.com.

Adventure Sports – **Burren Outdoor Education Centre:** Turlough, Bell Harbour, tel. 065 707 80 66, www.burrenoec.com. Kajakken, wandelen, klimmen, grotexcursies.

Aillwee Cave ▶ C 6

www.aillweecave.ie, rondleidingen dag. 10-17/17.30, juli/aug. 10-18.30 uur; € 19 met Birds of Prey Centre, café en shop met fossielen en mineralen

De volledige Burren is als het ware ondertunneld door kilometerslange grotten- en gangenstelsels en ondergronds met elkaar verbonden meren. Tot 300 m diepte voert dit voor bezoekers toegankelijke deel van de grotten. Het omvat de grootste onderaardse grottenzaal ter wereld met een uit de ijstijd stammend holenberenhol, stalactieten, stalagmieten, 'orgels' en 'zuilen', die allemaal zijn gevormd door calcietafzettingen die het uit het poreuze kalksteen neersijpelende water heeft achtergelaten.

Burren Birds of Prey Centre

Openingstijden als Aillwee Cave, demonstraties 12, 14 en 16 uur

Dit roofvogelcentrum is bij de Aillwee Cave aangesloten. Hier kunt u uilen, valken, gieren en adelaars zien vliegen. Op de zogeheten Hawk Walks kunt u ze ook zelf laten vliegen, natuurlijk onder leiding van een ervaren valkenier.

Dunguaire Castle ▶ C 6

Apr.-begin okt. dag. 10-17 uur, € 6; café; middeleeuws banket, tel. 061 36 07 88, apr.-okt. ma.-za. 17.30, 20.45 uur, € 48 bij onlinereservering op www.shannonheritage.com

Schilderachtig verheft zich deze burcht op een landtong in de baai van Kinvarra. De O'Heynes, nakomelingen van de

De zwanen voeren, zonnebaden – Galway's havenoever bij de Spanish Arch

koningen van Connaught, bouwden het door een ringmuur omgeven *tower house* in de 16e eeuw.

Thoor Ballylee ▶ C 6

Ten noordoosten van Gort, eind mei-half sept. dag. 10-18 uur, € 6

William Butler Yeats kocht dit laatmiddeleeuwse, idyllisch aan een riviertje gelegen *tower house* uit de 16e eeuw voor de belachelijke prijs van 35 pond en woonde in de jaren 20 van de vorige eeuw hier en in de aangrenzende cottage. Nu bezit het huis een Yeatsexpositie en een gereconstrueerd interieur.

Galway ✸ ▶ C 6

An Ghailimh, zoals de Gaelische naam van deze stad met 77.000 inwoners luidt, is de 'jongerenhoofdstad' van het westen en een magneet voor studenten, muzikanten, kunstenaars en filmmakers, want de bundeling van film- en tv-producties gaf Galway de titel van UNESCO City of Film. In deze florerende handels- en industriemetropool, Ierlands op twee na grootste en Europa's snelst groeiende stad, snort de Keltische tijger nog innig tevreden. Galways vitale *city*, met zijn bonte huizen en gevels van winkels en horecazaken, waarvoor goedgeluimde shoppers, pubgangers en restaurantbezoekers elkaar voortdurend verdringen, is een plezierige plek. Als hart van het Gaeltachtgebied staat, zoals op veel borden te zien is, tweetaligheid hier hoog in het vaandel – gezegd wordt dat Galway de meest Ierse van alle Ierse steden is.

In de 13e eeuw ontstond aan de monding van de Corrib – Ierlands kortste rivier – een nederzetting die werd beschermd door de door Richard de Burgo, de vermoedelijk machtigste Anglo-Normandische veroveraar, gestichte burcht. Galway was in de late middeleeuwen de welvarendste overslaghaven van Ierland met handelsbetrekkingen tot in de Levant. De Tribes, veertien Anglo-Normandische koopmansfamilies – onder anderen de Joyces, de Martins, de Darcys -, konden eeuwenlang als onafhankelijke renaissancevorsten regeren. Bovenaan stonden de Lynch's, die vanaf 1484 maar liefst 83 burgemeesters leverden.

Haven 1

Er is nauwelijks een stad met zo'n mooie ligging – voor de bontgekleurde rijtjeshuizen aan The Long Walk schooien meeuwen rond, aan de tegenoverliggende oever dobberen bootjes en zwanen op het water voor het vissersplaatsje Claddagh. De traditionele trouwring van de vissers, twee handen die een hart vasthouden, is als Claddaghring een verkoopsucces.

Galway

Bezienswaardigheden
1 Haven
2 Galway City Museum
3 St. Nicholas's Church
4 Lynch's Castle
5 Browne Doorway
6 Salmon Weir
7 Atlantaquaria

Overnachten
1 Heron's Rest
2 The Huntsman Inn
3 The House Hotel
4 The Stop B&B
5 Sleepzone
6 Kinlay House
7 Salthill Caravan & Camping Park

Eten en drinken
1 Nimmo's
2 Kai Café
3 Mc Donagh's Seafood House
4 Cava Bodega
5 Paddy Burke's
6 Moran's Oyster Cottage

Winkelen
1 Kenny
2 Eyre Square Shopping Centre
3 Galway Market
4 Gourmet Tart Co

Actief
1 Corrib Princess
2 Silver Strand
3 Dive Galway

Uitgaan
1 The Quays
2 Monroe's Tavern
3 Róisín Dubh
4 Halo Nightclub
5 Carbon Nightclub
6 Druid Theatre
7 Trad on the Prom

Galway City Museum 2

Spanish Parade, www.galwaycitymuseum.ie, di.-za. 10-17, zo. 12-17 uur, toegang gratis

Naast de tweebogige Spanish Arch, een van de oude stadspoorten, wordt in een elegant, postmodern museumgebouw Galways geschiedenis uit de doeken gedaan. In de foyer 'zweeft' de zeilboot Mairtin Oliver, een zogeheten *Galway hooker*, en op video zijn de spectaculaire theaterparades tijdens het Arts Festival mee te beleven en een hurlingmatch of de met prachtige hoeden getooide dames bij de Galway Races te bewonderen – absoluut een bezoek waard. Wandelen, picknicken, de zwanen voeren of gewoon lekker zitten – het plein aan het water bij de Spanish Arch is dé ontmoetingsplek van Galway.

Winkelbuurt

Het eerste stuk van de drukke Quay Street wordt geflankeerd door bonte pubfaçades en restaurants en cafés met tafeltjes buiten. Geleidelijk gaat dit uitgaansgedeelte over in winkelstraten, eerst nog Quay Street, gevolgd door High Street, Shop Street en William Street, waar u de internationale labels en filialen van bekende ketens kunt vinden. Middeleeuws oogt de winkelsteeg Kirwan's Lane met enkele bijzondere adressen zoals Goyas Bakery, het Cobblestone Café en Crystal Blue met esoterica en mineralen. Aan Lower Abbeygate Street kunt u slenteren langs kleine winkeltjes met een alternatieve, individuele uitstraling en wellicht rondsnuffelen tussen tweedehandsboeken of prullaria.

St. Nicholas's Church 3

Market St., dag. 10-19, jan., feb. tot 17 uur

In deze ruime en overwegend middeleeuwse kerk hebben de Tribes voor zichzelf waardige graven geregeld. Een Lynch stichtte de kerk in 1320, de beruchte James Lynch FitzStephen ligt hier begraven. Lynch Stone, een gedenksteen in de buitenmuur aan de

kant van Market Street, markeert de plek van het afschuwelijke voorval: hier zou burgemeester James Lynch in 1493 zijn zoon Walter hebben opgehangen, aangezien geen enkele beul in Galway de moed bezat een kind uit een invloedrijke familie, aangeklaagd wegens moord op een Spaanse koopman, terecht te stellen.

Lynch's Castle 4

Shop St./Upper Abbeygate St.

Vader en zoon woonden in dit stadskasteeltje uit de 15e/16e eeuw achter waterspuwers en andere laatgotische geveldecoratie. Tegenwoordig biedt het pand onderdak aan de Allied Irish Bank.

Eyre Square

Dit uitgestrekte plein met zijn gazons, paden en moderne kunstwerken is ingrijpend gemoderniseerd. Als een gespaard gebleven oorlogsruïne staat nog de **Browne Doorway** 5 overeind – het portaal van een vroeg-17e-eeuws paleis dat een vermogende koopman hier liet bouwen. De moderne fontein ernaast doet qua vorm denken aan de zeilen van een Galway hooker. Het grote maar niet onelegante blok aan de overkant van het plantsoen is het voormalige luxehotel Great Southern, tegenwoordig Meyrick.

Salmon Weir 6

Een wandeling van een kwartier voert u langs de mooi gerenoveerde oever van de Corrib, voorbij sluizen, watervallen en een kanaal. Op een warme meidag kunt u de zalmen over de waterkering zien springen en het hele jaar door geniet u hier van het ruisen van het water.

Atlantaquaria 7

Salthill, www.nationalaquarium.ie, ma.-vr. 10-17, za./zo. 10-18 uur, € 12

Salthill is een aardige badplaats aan zee ten zuidwesten van de *city* – u wandelt er langs het water vanuit Galway in een uur naartoe – met een lange promenade, zwemgelegenheid en tal van B&B's.

In het grote aquarium mag u roggen, botten en kleine haaien aaien als u dat wilt. Heel schattig zijn de als een vinger zo grote, bijna doorzichtige rogjes in het babybassin. Op de eerste verdieping is de Ierse zoetwaterwereld met sluizen en snoekenrivieren nagebouwd, daar hangt ook het skelet van een vinvis. Tijdens eendaagse workshops kunnen kinderen voor zeebioloog spelen.

Overnachten

Boetiek-B&B – **Heron's Rest** 1 zie Tip blz. 215.

Authentiek – **The Huntsman Inn** 2: 164 College Rd. (12 min. lopen vanuit het centrum), tel. 091 56 28 49, www.huntsmaninn.com, 2 pk incl. ontbijt vanaf € 130, hoofdgerecht circa € 17. Mooie kamers met een vleugje boetiekstijl, vers, lokaal eten, eenvoudig maar vakkundig bereid, met drie bars.

In het populaire Latin Quarter – **The House Hotel** 3: Spanish Parade, tel. 091 53 89 00, www.thehousehotel.ie, 2 pk incl. ontbijt vanaf € 119. Een aanbevolen hotel in boetiekstijl midden in Galways uitgaansbuurt. Met cocktailbar en restaurant.

De ideale B&B – **The Stop B&B** 4: 38 Father Griffin Rd., tel. 091 58 67 36, www.thestopbandb.com, 2 pk incl. ontbijt vanaf € 100. Achter een doodgewone façade van een huis uit de jaren 60 van de vorige eeuw bevinden zich kleine, aantrekkelijke kamers, moderne kunst, kleurige muren, boeken en veel smaak, wat ook blijkt uit het exquise ontbijt.

Groot hostel – **Sleepzone** 5: Bóthar na mBan, tel. 091 56 69 99, www.sleepzone.ie, slaapzaal vanaf € 25, 2 pk vanaf € 60. Modern, efficiënt hostel met gratis internet, biljart, keuken, eenvoudige, schone kamers met eigen badkamer.

Een van Ierlands beste hostels – **Kinlay House** 6: Merchants Rd./Eyre Sq., tel. 091 56 52 44, www.kinlaygalway.ie, slaapzaal vanaf € 21, 2 pk vanaf € 70. Groot hostel van de Kinlayketen, centrale ligging, kleine, fleurige kamers die beslist B&B-standaard hebben.

Camping – **Salthill Caravan & Camping Park** 7: 4 km ten zuidwesten van Galway, tel. 091 52 39 72, www.salthillcaravanpark.com, Pasen-sept., standplaats € 20-24. Tweesterrencamping aan zee, geen bomen, 1 km ten westen van Salthill, busverbinding.

Tip

Heron's Rest 3 – boetiek-B&B

Boetiek-B&B – zo noemt Sorcha haar pension, en terecht. Elke van de kleine, verrukkelijk individueel ingerichte kamers neemt met haar ruime badkamer een hele etage in beslag van de twee nieuwe, in visserscottagestijl gebouwde rijtjeshuizen aan de haven. De verrekijker, de keus aan ayurvedische producten, sherry, badjas, tv – aan alles is gedacht. Vanuit het raam ziet u zwanen en het vissersdorp Claddagh op de tegenovergelegen oever – en dan de naamgevende reiger. 'Arthur' komt 's ochtends graag langs voor de restjes van het ontbijt, vreemd genoeg is hij het gekst op peperkaas. Ontbijt en avondeten worden in de keuken genuttigd: naast het gebruikelijke ontbijt zijn er gegrilde sardines met kaas en harissa, wilde paddenstoelen in crème fraîche met rucola, tortilla's met salsa en natuurlijk de 'fruitgang', goddelijke appelkaneelmuffins enzovoort ... (16a Long Walk, Galway, tel. 091 53 95 74, www.theheronsrest.com, mei-okt., 4-gangen supper € 45, 2 pk incl. ontbijt € 160).

Eten en drinken

Trendy cottage – **Ard Bia at Nimmo's** 1: zie Favoriet blz. 217.

Modern-rustiek, shabby-chic – **Kai Café + Restaurant** 2: 20 Sea Rd., tel. 091 52 60 03, www.kaicaferestaurant.ie, ma.-vr. 9.30, za. 10.30-15, zo. 12-15, dag. 18.30-22.30 uur, hoofdgerecht circa € 24. Speciale ingrediënten en lokale producenten worden op een moderne culinaire wijze bereid. Volgens velen is Kai Café het beste restaurant van Ierland.

Fish and chips, maar hoe – **McDonagh's Seafood House** 3: 22 Quay St., tel. 091 56 50 01, takeaway ma.-za. 12-23, zo. 14-21 uur, € 8; restaurant ma.-za. 17-22 uur, hoofdgerecht € 22. Een instituut in Galway: gepaneerde en gefrituurde vis en zeevruchten, in het restaurant met wat meer toeters en bellen. Alleen al de menukaarten buiten zijn een genot voor visliefhebbers.

Ierlands beste tapas – **Cava Bodega** 4: 1 Middle St. Mews, tel. 091 53 98 84, www.cavarestaurant.ie, ma.-wo. 17-22, do. 17-22.30, vr./za. 12-23, zo. 12-21.30 uur, meer dan vijftig tapas voor € 4-12, hoofdgerecht € 15-27. Genieten van Spaanse lekkernijen in een ongedwongen ambiance.

Oesters – twee rietgedekte cottagepubs zijn beroemd om hun oesters – een half dozijn circa € 12,50: **Paddy Burkes** 5, Clarinbridge (16 km ten zuiden van Galway), tel. 091 79 62 26, dag. 10.30-22, zo. vanaf 12 uur en **Moran's Oyster Cottage** 6, Kilcolgan (nog 2 km verder), tel. 091 79 61 13, dag. 12-22 uur.

Winkelen

Galerie – **Kenny** 1: Liosbán Retail Park, Tuam Rd., www.thekennygallery.ie, ma.-za. 9-17 uur. Deze kunst- en boekhandel biedt in een groot nieuw pand werk van Ierse kunstenaars aan – schilderijen, sculpturen, keramiek, fotografie – en organiseert exposities.

Winkelcentrum – **Eyre Square Shopping Centre** 2: Eyre Sq., ma.-wo., za. 8.30-19, do./vr. 8.30-21, zo. 10.15-19 uur. Megawinkelcentrum voor het hele westen, waarin delen van de middeleeuwse stadsmuur zijn geïntegreerd; vooral kleding en cafés/snacks.

Markt – **Galway Market** 3: Church Lane, naast St. Nicho- ▷ blz. 218

Favoriet

Trendy cottage – Ard Bia at Nimmo's 1 in Galway

Lage plafonds, diverse kleine vertrekken en een ontspannen sfeer kenmerken dit restaurant dat is ondergebracht in het vroegere havenmeestershuis naast de Spanish Arch. Geen tafel is hetzelfde, de wanden zijn betimmerd met lichtgeverfd hout. De keuken produceert de beste gerechten in fusionstijl, die via een doorgeefluik – dat zicht biedt op het kookgebeuren – aan de vriendelijke obers worden doorgegeven: sint-jakobsschelpen met bladsla en artisjokharten, zeebrasem met aardappelpuree met lenteuitjes, geitenkaastaartjes (Long Walk, tel. 091 56 11 14, ontbijt circa € 8, lunchen met soepen, sandwiches en salades, hoofdgerecht vanaf € 20, dag. 10-15.30/za., zo. 15, 18-22 uur).

las's Church, za. 8-18, zo. 12-18, juli/aug. ook vr. 12-18 uur, natuurvoeding, delicatessen, kunstnijverheid.
Om mee te nemen – **Gourmet Tart Co** 4: Henry St., 7 Lower Abbeygate St. en Salthill, www.gourmettartcompany.com, ma.-za. 7.30-19, zo. 9-18.30 uur, € 3-6. Zoete en hartige heerlijkheden in een lichte, moderne ambiance, geurend brood, bonte salades, romige quiches enzovoort. Zes shops in Galway.

Actief

Fietsverhuur – **Coca-Cola Zero Bikes:** diverse locaties met huurfietsen in de binnenstad, 3-day subscription € 3, handig voor toeristen en op internet te boeken: www.bikeshare.ie.
Boottocht – **Corrib Princess** 1: aanlegsteiger Woodquay, tel. 091 59 24 47, www.corribprincess.ie. Vaarten over Lough Corrib, mei-sept. dag. 14.30, zo.-vr. 16.30, juli/aug. ook 12.30 uur, € 15.
Strand – **Silver Strand** 2: 5 km ten westen van Galway, vlak, door rotsblokken omgeven zandstrand, geschikt voor gezinnen, met Blauwe Vlag.
Duiken – **Dive Galway** 3: tel. 087 956 97 71, www.divegalway.com. Leren duiken, ook voor kinderen vanaf 8 jaar, in de winter in het zwembad.

Uitgaan

Hoge pubdichtheid in Galway aan Quay St., High St., Dominick St. en Eyre Sq.
Neogotisch kerkinterieur – **The Quays** 1: 11 Quay St., ma.-do. 10.30-23.30, vr./za. 10.30-0.30, zo. 12.30-23 uur. Achter de korenbloemblauwe façade verbergt zich een bezienswaardige pub: groot, onoverzichtelijk, met glas-in-lood en kerkstoelen, vaak livemuziek; dan gaat het tot 2 uur door.
Zelf dansen – **Monroe's Tavern** 2: Upper Dominick St., www.monroes.ie, ma.-do. 10.30-23.30, vr./za. 10.30-0.30, zo. 12.30-23 uur. Traditionele muziek en di. avond Ierse dans op de houten vloer en voor de open haard, goed pubfood.
De plek voor livemuziek – **Róisín Dubh** 3: Dominick St., tel. 091 58 65 40, www.roisindubh.net, ma.-za. 12-2, zo. 13-0 uur. Bekroond podium voor muziek en comedy achter oude pubfaçade.
Mainstreamdisco – **Halo Nightclub** 4: 36 Upper Abbeygate St., 23 uur tot laat, commercial en dancefloor, gestyled publiek van 20 jaar en ouder.
Clubbing – **Carbon Nightclub** 5: 19-21 Eglington St., ma.-za. vanaf 23 uur. In deze nightclub draaien dj's hiphop, indie en electro.
Theater – **Druid Theatre** 6: Flood St., tel. 091 56 86 60, www.druid.ie. Anglo-Ierse klassiekers en moderne Engelstalige stukken.
Musical op zijn Iers – **Trad on the Prom** 7: Salthill Hotel, www.tradontheprom.com. Show met Riverdance-sterren.

Info en evenementen

Tourist Information: Forster St., tel. 091 53 77 00, www.galwaytourism.ie, dag. 9-17, in de winter zo. tot 12.45 uur.

Verkeer

Trein: station tel. 091 53 75 82, Eyre Sq., vier à vijf treinen per dag naar Dublin.
Bus: busstation, tel. 091 56 20 00, Eyre Sq., bussen vertrekken voor de Tourist Office, meerdere bussen per dag naar Dublin, Shannon Airport en Clifden, www.citylink.ie.
Huurauto: Budget, 12 Eyre Sq., tel. 091 56 45 70, www.budget.ie.

Evenementen

Galway Arts Festival: juli, Ierlands grootste kunstfestival. Theater, muziek,

film, tel. 091 56 65 77, www.galwayartsfestival.ie. Kern is de fantasievolle, magische parade van de Macnas Theatre Company – trollen, draken, reuzenmieren en opgeblazen spierbundels.
Galway Races: Ballybrit, eind juli/begin aug., tel. 091 75 38 70, www.galwayraces.com. Vooral ook een societygebeuren, bijna de hele republiek reist ernaar af.
Clarenbridge Oyster Festival: tweede weekend in sept., tel. 089 465 64 31, www.clarenbridge.com. Oesterfeest met muziek en entertainment.
Galway International Oyster Festival: eind sept., tel. 091 39 46 37, www.galwayoysterfest.com. Oesters met Guinness zijn hier het belangrijkste vermaak.

Araneilanden ✸ ▶ B 6

De Gaelischtalige Araneilanden, waar de oude landelijke tradities nog zeer goed bewaard zijn gebleven, zijn een hoogtepunt van iedere Ierlandreis. De groep bestaat uit de drie hoofdeilanden **Inishmore,** in het Gaelisch Arainn ('groot eiland'), dat desondanks slechts 14 km lang is, **Inishmaan,** in het Gaelisch Inis Meáin, het 'middelste eiland', en **Inisheer,** in het Gaelisch Inis Oírr, het 'oostelijke eiland' en nog vier ombewoonde kleinere eilanden. Op deze schrale rotsblokken lijken enkel stenen te 'groeien': bijenkorfhutten, prehistorische *stone forts*, vroegchristelijke oratoria en de karakteristieke gestapelde muurtjes om de akkers af te bakenen – met alles bij elkaar een lengte van maar liefst meer dan 1000 km! De verspreid staande huizen hebben dikwijls nog traditionele rieten daken.

Inishmore

Als de veerboot aanlegt bij de pier van Cill Ronain, zoals de hoofdplaats Kilronan in het Gaelisch heet, vindt u daar alle dingen die u als nieuwaangekomene nodig hebt: huurfietsen voor circa € 10 per dag, een minibustour van een kleine drie uur (€ 10) voor de dagjesmensen, een ponykoets die u voor ongeveer € 60 naar Dun Aenghus brengt en het belangrijkste souvenir, Aransweaters – hoewel de meeste machinaal gebreid zijn. Een handgebreide, bijvoorbeeld bij Mary O'Flaherty, koopt u niet voor onder de € 100 en is voorzien van een label met de naam van de breister. Elke familie heeft zijn eigen patroon, veel voorkomend is bijvoorbeeld de zigzagsteek, die aan de gekloofde kustlijn doet denken.

Wandelend, fietsend of tijdens een vanuit Kilronan startende eilandrondrit leert u de vele, meestal bescheidenen kerkruïnes en stenen monumenten en de adembenemende natuur het best kennen – onmisbaar hierbij is de eilandkaart van Tim Robinson.

Film Man of Aran

Wordt in de Man of Aran Giftshop op het hoofdkruispunt vertoond, apr.-sept. 10.30-17 uur, € 5

Het harde leven vol ontberingen van de vissende eilandbewoners is het thema van de in 1934 door Robert Flaherty gedraaide documentaire *Man of Aran*. De pathetische zwart-witfilm is, evenals de eilanden waarover hij gaat, een mythe geworden – ook al liet hij veel, bijvoorbeeld de haaienjacht, naspelen. Alle acteurs werden door de regisseur op de eilanden gerecruteerd. Ze kregen vijf pond en een pint per dag, een loon waarvoor ze zich in hun Curraghs, de met dierenhuid bespannen boten, diverse keren in levensgevaar begaven.

Dun Aenghus

Aran, apr.-okt. dag. 9.30-18, nov.-mrt. 9.30-16 uur, € 4

De belangrijkste bezienswaardigheid is het prehistorische *stone fort* Dun Aenghus, dat volgens de traditie werd gebouwd door de Firbolgs, pre-Keltische oerbewoners van Ierland, en genoemd naar een van hun stamhoofden. De drie ongeveer halfronde, concentrische muren die eindigen bij de 91 m hoge, loodrecht afdalende kliffen, doen het vermoeden rijzen dat de andere helft van het fort ooit in zee is gestort. Pas op dat u dit niet ook overkomt, vooral als het waait! Voor de muren staat het vol met spitse stenen die ooit als 'Spaanse ruiters' aanstormende cavalerie op afstand moesten houden.

Alleen al om het uitzicht op zee en de licht stijgende, door de rotsmuren op patchwork lijkende vlakte is de klim naar hier de moeite waard.

Doocaher

Niet bepaald bescheiden zijn de ruïnes van Doocaher, het 'zwarte fort', 2 km ten zuiden van Kilronan, een op dezelfde wijze als Dun Aenghus, nu aan drie zijden door kliffen omgeven fort.

Overnachten, eten

Insulaire gezelligheid – **Kilmurvey House:** aan de voet van Dun Aenghus, tel. 099 612 18, www.kilmurveyhouse.com, apr.-half okt., 2 pk incl. ontbijt € 85. Kamers in 18e-eeuws landhuis met bloemig-burgerlijke uitstraling; 20 min. lopen naar Dun Aenghus.

Hier werd filmgeschiedenis geschreven – **Man of Aran Cottage:** vlak bij Dun Aenghus, tel. 099 613 01, www.manofarancottage.com, 2 pk incl. ontbijt € 80-90, diner vanaf € 22, mrt.-okt. Twee rietgedekte cottages, speciaal gebouwd voor Flaherty's film; verrukkelijk rustieke inrichting met houten vloeren en open haarden.

Uitgaan

's Avonds kunt u op Inishmore in de pubs Tí Joe Mac's, Joe Watty's en The Bar folksessies bijwonen, en in de zomerweekenden rond middernacht in de Halla Ronain of Dance Hall tijdens een céilí-dansavond meemaken hoe de *Gaels* kunnen feestvieren!

Info

Tourist Information: pier, juni-sept. dag. 11-19, okt.-mei ma.-vr. 11-13, 14-17 uur, tel. 099 612 63, www.aranislands.ie.
Vliegtuig: Aer Arann, Connemara Airport, Inveran (34 km ten westen van Galway), tel. 091 59 30 34, www.aerarannislands.ie. Meerdere keren per dag met kleine vliegtuigen naar alle drie de eilanden, retour € 49.
Veerboten: de shuttlebus vanaf Queens St. in Galway naar Rossaveel (37 km westelijk) vertrekt anderhalf uur voor de afvaart van de veerboot. Overtocht 40 min., bijvoorbeeld Island Ferries, tel. 091 56 89 03, www.aranislandferries.com, € 25, in het seizoen tot vier keer per dag; vanuit Doolin, zie blz. 206.

Inishmaan

Tweehonderdvijftig bewoners, geen sluitingstijd in de pub, 5 km lopen van het ene uiteinde naar het andere – het ongereptste Araneiland belooft paradijselijk-spartaanse rust. Onder de vele prehistorische en vroegchristelijke monumenten springt het ovale *stone fort* **Dun Conor** eruit. Een pad (circa twee uur) voert langs alle bezienswaardigheden en langs het uitzichtpunt Synge's Chair.

Teach Synge

Juni-sept., € 3, vooraf Ms Theresa Ní Fhatharta bellen, tel. 099 730 36

Hier bracht de schrijver John Millington Synge rond 1900 diverse zomers door om Gaelisch te leren en inspiratie op te doen voor zijn toneelstukken. Zijn dagboek *The Aran Islands* geeft een interessante inkijk in de archaïsche eilandsamenleving.

Overnachten, eten

Luxe kluizenaarsverblijf – **Inis Meain Suites and Restaurant:** tel. 086 826 60 26, http://inismeain.com, half mrt.-sept., suites 2 dagen incl. ontbijt en lunchbox € 480–960, het beste in de herfst al voor het volgende seizoen reserveren; restaurant ma.-za. (alleen wo.-za. voor niet-hotelgasten), 4-gangendiner € 65. In de eenzaamheid van Inishmaan, met fantastisch uitzicht op de zee en het eiland, komt het perfecte minimalisme het best tot zijn recht. De reusachtige suites hebben ligbaden van Philippe Starck, enorme glazen puien en een elegant-minimalistische aankleding van hout, steen en wol. De focus van de keuken ligt op ingrediënten van de Araneilanden.

Winkelen

Design Aran – **Inis Meain Store:** tel. 099 730 09, www.inismeain.ie, 's zomers ma.-za. 10/zo. 11-17 uur. De ook internationaal succesvolle fabrikant van gebreide artikelen maakt niet alleen klassiek-traditionele, maar ook erg trendy creaties.

Uitgaan

Eilandpub – **Teach Ósta:** tel. 099 730 03, 10.30 uur tot laat. Trefpunt voor bier en *pub grub*, uitgebaat door de voormalige vuurtorenwachter Padraic Flaherty.

Inisheer

Een rondlopend wandelpad, waarvan u bij de aanlegsteiger een kaart krijgt, voert u in ongeveer vier uur (10,5 km) langs de attracties van het bijna ronde Inisheer, waaronder diverse kerkjes, het 15e-eeuwse O'Brien's Castle en het wrak van het op de rotsen gelopen vrachtschip Plassy, dat tot de meestgefotografeerde objecten van Ierland behoort.

Overnachten

Je thuisvoelen – **South Aran House:** tel. 099 750 73, www.southaran.com, 2 pk incl. ontbijt € 78, diner circa € 27. Eenvoudige, aardige kamers met vloerverwarming in een wit geschilderde traditionele cottage uit 1810, goede burgerkost in het restaurant; er worden kookworkshops aangeboden. Het dichtstbijzijnde strand is maar 5 min. lopen. Dolfijn Sandy, een soortgenoot van Dingler Funghi, vertoont zich vaak aan het strand en bij de pier en zwemt samen op met haar menselijke fans.

Actief

Bodhrán-zomerschool – **Craiceann:** een week eind juni, www.craiceann.com. Craiceann betekent 'huid': 's werelds beste bodhránbespelers en -leraren geven tijdens workshops en sessies in het gemeenschapscentrum Áras en in de pubs Tigh Ned's en Tigh Ruairí. Beginners en toehoorders welkom; accommodatie lang van tevoren reserveren.

Rondrit Lough Corrib

Het met talloze eilanden en eilandjes bezaaide Lough Corrib, Ierlands grootste meer, en het er in het noorden op aansluitende Lough Mask markeren de grens tussen de ontoegankelijke kwartsietbergen van Connemara in het westen en de in het Ierse merenplateau overgaande kalksteenvlakte in het oosten. De landschappelijk aantrekkelijke omgeving, de vele bezienswaardigheden en de forellenrijkdom maken het meer tot een populair reisdoel.

Oughterard ▶ C 5

Aughnanure Castle

Half mrt.-okt. dag. 9.30-18 uur, € 4

Het kleine Oughterard is een van *de* trefpunten voor vissers in Ierland. Het gerestaureerde *tower house* aan de rand van de plaats, te midden van verdedigingsmuren, geeft een indruk van het dagelijks leven van een Gaelische clan. De machtige O´Fahertys (hun motto: het geluk is met de sterken) lieten rond 1500 de vesting bouwen.

Brigit's Garden

Pollagh, Rosscahill, 7 km ten zuidoosten van Oughterard, www.brigitsgarden.ie, dag. 10-17.30/nov.-feb. 10-17.30 uur, € 8; leuk café

Keltische jaargetijdenfeesten en legenden vormen hier het uitgangspunt. Kinderen vermaken zich in de levende weidetuin, er is een troon van moerashout, een reuzenzonnewijzer, in de Lughnasa-herfsttuin twee met elkaar verbonden steenkringen, café en shop – heel erg new age, maar toch een belevenis.

Overnachten

Country house – **Currarevagh Guest House:** tel. 091 55 23 12, www.currarevagh.com, 2 pk incl. ontbijt vanaf € 170. Victoriaans landhuis, fijnproeverskeuken, aan het meer, eigen visgedeelte.

Vissersaccommodatie – **Corrib Wave Guest House:** Portcarron, tel. 091 55 21 47, www.corribwave.com, 2 pk incl. ontbijt vanaf € 78. Visspecialist met boten en *ghillies* (visgidsen), modern guesthouse met eenvoudige kost aan het meer.

Actief

Paardrijden – **Moycullen Riding Centre:** Moycullen (tussen Galway en Oughterard), tel. 087 204 39 44, http://moycullenriding.com.

Cong ▶ C 5

In dit bijna te pittoreske dorp – dat al tot het graafschap Mayo behoort – staat alles in het teken van John Wayne en de Ierse Maureen O'Hara, de sterren uit John Fords filmklassieker *The Quiet Man* (1952). De **Quiet Man Cottage,** de mythische filmlocatie, is in vervallen staat en moet worden gerestaureerd.

Gratis en op elk moment kunt u de abdij met haar kruisgang en gebeeldhouwde portalen van rond 1200 bezichtigen, een hoogtepunt van de Ierse romaanse bouwkunst. Vermoedelijk was het Turlough O'Connor, de koning van Connacht, die de abdij liet bouwen op de plek van een reeds in de 7e eeuw gesticht klooster.

Naar het eiland Inchagoill

Op het betoverende eiland Inchagoill – 'Eiland der Vreemdelingen' – in Lough Corrib staan twee romaanse kerkjes, St. Patrick's en Saints' Church. Het laatste werd in de 19e eeuw gerestaureerd op initiatief van Sir Benjamin Guinness, een telg uit de bierbrouwersfamilie. Boten van Corrib Cruises vertrekken voor een eilandcruise vanaf de Ashford Castle Pier in Cong (dag. 14.30 uur, tel. 091 55 77 98, www.corribcruises.com, € 20).

Overnachten

Een klasse op zich – **Ashford Castle:** tel. 094 954 60 03, www.ashford.ie, 2 pk vanaf € 550 tot een veelvoud daarvan. Luxe in het neogotische voormalige slot van de familie Guinness, misschien iets te dik in neobarokstijl ingericht. Hier vierde 007-vertolker Pierce Brosnan zijn bruiloft. Golf, paardrijden, wellness, fijnproeverskeuken.

John-Waynehostel – **Cong Hostel:** Quay Rd., tel. 094 954 60 89, www.quietman-cong.com, slaapzaal vanaf € 20, 2 pk vanaf € 40, staanplaats op de bijbehorende camping vanaf € 13. Complex in het groen; in de filmzaal iedere avond *The Quiet Man*.

Actief

Valkenier voor een uur – **Ireland's School of Falconry:** op het terrein van Ashford Castle, tel. 087 207 60 92, www.falconry.ie. U kunt hier een wandeling maken van een uur met een valk en onder begeleiding van een professionele valkenier (€ 70).

Info

Tourist Information: Old Courthouse, tel. 094 954 65 42, www.congtourism.com, mrt.-okt. dag. 10-17.30 uur.

Connemara

De kust rond Spiddal ▶ C 6

Yucca's en fuchsia's en ontelbare hotels en B&B's in charmante plaatsjes geven de uitnodigende, uit vlakke rotsen bestaande kust ten westen van Galway een Rivièra-achtige uitstraling.

An Spailpín Fánach

Spiddal, www.spiddalcrafts.com, ma.-za. 10-17/18, zo. 12-17 uur

Dit kunstnijverheidsdorp aan de rand van An Spidéil, alias Spiddal, bestaat uit witte cottages met bonte beschilderingen, waarin kunstenaars muziekinstrumenten, leren producten, houten voorwerpen, weefwerk en breigoed, sieraden en het in gemengde techniek vervaardigde keramiek van Geraldine O'Rourke verkopen. Opschriften op T-shirts en zelfs wasvoorschriften zijn hier allemaal in het Gaelisch – u bent hier tenslotte in een Gaeltachtgebied. In Builín Blasta Café is het goed eten, op het strand ervoor bouwen de kinderen zandkastelen.

Actief

Ecologisch en Gaelisch – **Cnoc Suain:** Cnoc Suain, Spiddal, tel. 091 55 57 03, www.cnocsuain.com. Twee gastvrije kenners geven cursussen en workshops traditionele muziek, Gaelisch, kruidenkunde, aquarellen maken en Keltische mythologie – dat alles te midden van fraaie, ongerepte natuur en in een dorp met rietgedekte huizen.

Rond Maam Cross ▶ B 5

Rond de wegkruising Maam Cross strekt zich de ware Connemara uit: Welke weg u hier ook neemt, u kunt niets verkeerd doen – behalve door deze grandioze eenzaamheid te rijden

Connemara op internet

De websites www.connemara.net en www.connemara.ie bieden massa's informatie over bezienswaardigheden, activiteiten, accommodatie, evenementen enzovoort.

Tip

Connemara Smoke House – de kunst van het zalm roken ▶ B 5

Alleen al de ligging van het stralend witte huis, aan de Atlantische Oceaan en naast een droomstrand (zie Favoriet blz. 226), maakt de rit de moeite waard. Het bedrijf van de familie Roberts produceert al decennia met prijzen bekroonde gerookte zalm. Alles gebeurt hier met de hand: het fileren, het verwijderen van dertig graten, het zouten, het tot tien uur roken in de rokerij uit 1946 en het afsluitende verdelen van de zalmhelften in circa dertig plakken. Er wordt hoofdzakelijk wilde zalm verwerkt, maar ook biologische kweekzalm, ook voor de gravad lax (gemarineerde zalm) en honingzalm (gemarineerd in honing), en er wordt tonijn en makreel gerookt. Deze delicatessen zijn alleen hier of in bepaalde delicatessenwinkels verkrijgbaar – of te bestellen via de website (Bunnowen Pier, Ballyconneely, tel. 095 237 39, www.smokehouse.ie, ma.-vr. 9-13, 14-17 uur, 200 g wilde zalm circa € 25).

zonder te stoppen. Stoppen dus! Bij meertjes met oevers begroeid met bies en moeraszegge. Bij turfvenen waar de *footings*, turfbriketten, liggen te drogen. Overal door wind gegeselde heide en groene bergreuzen. De R336 voert door Joyces' Country, het vroegere stamland van een van de veertien Tribes van Galway. De talloze zwerfkeien zijn hier achtergelaten door gletsjers uit de ijstijd.

Over de N59 bereikt u Clifden. Voorbij Recess is er een afslag in noordelijke richting over de R334, die uitstekende uitzichten biedt op de tafelbergen van de Twelve Bens (of Twelve Pins), waarvan de Benbaun met 730 m de hoogste is.

Roundstone ▶ B 5

Galeries, fleurige B&B's, pubs en winkels vlijen zich rond de haven van dit mooie plaatsje. Hier deinen vissers- en excursiebootjes en iets verderop in een tweede havenbekken grotere viskotters. Rond Roundstone en langs de panoramische kustweg van Roundstone naar Clifden duiken steeds weer kleine zandstrandjes op, eenzaam gelegen en wonderschoon, ook als de zon niet hard schijnt.

Overnachten

Authentieke jachtlodge uit 1880 – **Angler´s Return:** Toombeola (ongeveer 3 km ten noorden van Roundstone), tel. 095 310 91, www.anglersreturn.com, minimaal twee nachten, 2 pk incl. ontbijt € 100. Authentiek ingericht, met open haarden, tuin, wifi, maar: uit principe geen televisie.

Winkelen

In het Bodhránparadijs – **Roundstone Musical Instruments:** www.bodhran.com, apr.-okt. dag. 9.15-19.30, nov.-mrt. ma.-za. 10-18 uur. Achter de muur van een voormalig klooster ligt een souvenirshop (met café), waar u – helaas, want enorm toeristisch – doorheen moet om bij een parel uit te komen: achter stapels handtrommels, naar smaak kaal of met 'Keltische' versiering, ligt de werkplaats van de meester, Malachy Kearns. De beste bodhránbespelers van de wereld en ook Christy Moore behoren al drie decennia tot zijn klanten. Voor € 30 hebt u al een bodhrán met trommelstokje.

Evenement

Roundstone All Ireland Pony Show: half sept., verkiezing van de mooiste pony, www.roundstoneponyshow.com.

Clifden ▶ B 5

Dit mooi gelegen stadje met zijn kleine tweeduizend inwoners, zijn twee opvallende spitse kerktorens en in het seizoen een opmerkelijk uitgaansleven is de Engelstalige hoofdstad van het omliggende Gaeltachtgebied en bepaald niet ontoeristisch. Het biedt uitstekende overnachtingsmogelijkheden.

In Lettershea, 7 km oostelijker, kunt u in het openluchtmuseum **Dan O'Hara's Homestead** een kijkje nemen op een boerderij uit de vroege 19e eeuw, bij een gereconstrueerd paaldorp (crannog), een ringfort en een vroegchristelijk kerkje. Oude ambachten worden gedemonstreerd, de gerestaureerde cottage ligt in een ongerept Connemaralandschap (Lettershea, www.connemaraheritage.com, apr.-okt. dag. 10-18 uur, daarbuiten tel. 095 218 08, € 8).

Overnachten

Langs de panoramaweg Sky Road liggen tal van B&B's.

In 1820 voor de havenmeester gebouwd – **The Quay House:** Beach Rd., tel. 095 213 69, http://thequayhouse.com, 2 pk incl. ontbijt vanaf € 140. In de rijk versierde kamers herleeft de georgiaanse tijd, met hier en daar een welkome stijlbreuk. Uniek!

Buiten de platgetreden paden – **Dolphin Beach:** Lower Sky Rd., tel. 095 212 04, www.dolphinbeachhouse.com, 2 pk incl. ontbijt vanaf € 130, diner € 40. Fraaie ligging bij het strand, huis met terracotta- en houten vloeren en witte muren, de keuken gebruikt lokale en zo veel mogelijk biologische producten.

Onorthodox – **Sea Mist House:** Market St., tel. 095 214 41, www.seamisthouse.com, 2 pk incl. ontbijt € 80-110. Boekenrekken, grenen meubels, eenvoudige, smaakvolle kamers in een huis uit 1820, ontspannen-artistieke sfeer, prachtige tuin.

Eten en drinken

Clifdens beste – **Mitchell´s Restaurant:** Market St., tel. 095 218 67, dag. 12-22 uur, diner circa € 28. Moderne, gezellige ambiance, traditionele keuken met de nadruk op *seafood*.

Actief

Fietsverhuur – **John Mannion:** Bridge St., tel. 095 211 60, http://clifdenbikes.com. Fiets € 10-15 per dag, e-bike € 35, online boeken mogelijk.

Golf – **Connemara Championship Links:** Ballyconneely, tel. 095 235 02, www.connemaragolflinks.com. Greenfees circa € 50. Aan de kust, 18 holes.

Uitgaan

Veel **singing pubs**, zoals Mannion's, Market St., EJ King's en Guy's Bar, Main St. bieden bier, *bar food*, folkmusic, dj, karaoke en bovenal *craic* ('lol') ma.-do. 10.30-23.30, vr./za. 10.30-0.30, zo. 12.30-23.30 uur.

Info en evenementen

Tourist Information: Galway Rd., tel. 095 211 63, www.connemara.net, ma.-za. 9.30-17.30 uur.

▷ blz. 228

Favoriet

De natuur ontdekken aan het strand van Ballyconneely ▶ B 5

Toegegeven, lekker poedelen in zee kunt u aan Ierlands stranden relatief zelden, veel Ieren gaan dan ook zwemmen in een neopreenpak. De weidse halve cirkel van de baai van Ballyconneely in Connemara is een paradijs, dat u zelfs bij het mooiste weer slechts met weinig gezinnen, duikers en wandelaars hoeft te delen. Het zand is er fijn en zacht en in de rotspoelen leven reuzenschaalhorens (een zeeslakkensoort), zeepokken, kreeften en paardenanemonen: dat zijn rode zeeanemonen die zich moedig maar met enige zelfoverschatting ook aan een voorzichtig toegestoken mensenvinger vastklampen.

Connemara Pony Show: begin aug., www.cpbs.ie, feest waarbij de pony, die volgens de richtlijnen maximaal 1,48 m hoog mag zijn, centraal staat.
Clifden Arts Week: eind sept., www.clifdenartsweek.ie, muziek, kunst, poëzie.

Cleggan ▶ A 5

Een intens groen schiereiland strekt zich uit in zee. Het zachte, authentieke landschap met zijn fuchsiahagen en zandstranden leent zich prima voor een verkenning te paard. In het vissersplaatsje Cleggan zorgen kleine B&B's en pubs voor een rustige vakantie dicht bij de natuur.

Actief

Paardrijden – **Cleggan Riding Centre:** tel. 095 447 46, www.clegganridingcentre.com, anderhalf uur € 35.
Uitstapje naar het eiland – **Inishbofin:** meerdere keren per dag veerboot vanuit Cleggan, tel. 095 458 19, www.inishbofinislanddiscovery.com. Vroegchristelijke en latere monumenten; sporten; eilandfestivals: www.inishbofin.com.

Connemara National Park

Bezoekerscentrum ▶ B 5

Letterfrack, www.connemaranationalpark.ie, mrt.-okt. dag. 9-17.30 uur, toegang gratis
Het bezoekerscentrum van dit een kleine 3000 ha metende nationaal park biedt in de zomer wandelingen met een gids aan en vertoont een diapresentatie.

Wandelen in het nationaal park

Circa drie uur duurt de 7 km lange wandeling langs gemarkeerde paden vanuit het bezoekerscentrum tegen de 445 m hoge **Diamond Hill** op en terug. Uw beloning is een weids uitzicht over kale hoogvlakten, steile rotshellingen, hoogvenen en bergmeren tot aan de zee.

In het gebied leefden vroeger meer mensen dan nu, zoals blijkt uit megalietgraven, resten van gebouwen, grensmuren en kalkovens. Botanici zullen geboeid worden door de insectenetende planten in de veenmoerassen en de Ierse heide, die verder eigenlijk alleen in het Middellandse Zeegebied groeit, dierenvrienden door de roofvogels en de kudde halfwilde connemarapony's.

Eten en drinken

Rustiek – **Letterfrack Lodge:** in het nationaal park, tel. 095 412 22, apr.-sept. dag. 8-22 uur, hoofdgerecht circa € 18. Populaire plek voor eenvoudige maar smakelijke klassiekers.

Kylemore Abbey ▶ B 5

www.kylemoreabbeytourism.ie, dag. nov.-mrt. 10-16.30, apr.-juli 9-18/juni/aug. tot 19, sept./okt. 9.30–17.30 uur, € 13, craft shop en café
Dit in 1860 in historiserende stijl gebouwde slot bood lange tijd onderdak aan een door benedictinessen gestichte meisjesschool. De neogotische kerk, een ommuurde tuin in victoriaanse stijl en wandelingen met een gids in de hemelse stilte van de bergwereld zijn hier de attracties.

Overnachten

Croquet en vliegvissen aan de Atlantische kust – **Renvyle House:** tel. 095 461 00, www.renvyle.com, 2 pk incl. ontbijt vanaf circa € 130. Kamers in de stijl van de jaren twintig, een fijnproeversrestaurant, uitgestrekte landerijen rond het hotel en een groot aanbod aan sportactiviteiten in de grandioze natuur van Connemara: golf, kleiduivenschieten, paardrijden en wandelen.

Actief

Vissen – **Kylemore Abbey Fishery:** tel. 095 411 78, www.kylemorefishery.ie. Verhuur van visuitrusting, vissen op zalm en forel in het meer en rivieren.

Leenane en Killary Harbour ▶ B 5

The Sheep and Wool Centre

Connemaraloop, Leenane, half mrt.-okt. dag. 9.30-17 uur, museum € 5

In het gehucht Leenane zou het bezoekerscentrum een bijna gewone, grote souvenirwinkel met café zijn geweest, ware het niet dat in het aangesloten museum jonge vrouwen aan het met de hand aangedreven of het 'moderne' spinnewiel met trapaandrijving het spinnen van wol demonstreren (wie wil mag het zelf proberen), ware het niet dat de wanden volhangen met foto's van diverse schapenrassen (zijn het echt allemaal schapen?), en ware het niet dat er stapels geurende schapenvachten liggen, die u met een kaarde (wolkam) mag kammen. Een van de dames hier heeft Leonie Swann, de schrijfster van de bestseller *De schapen van Glenkill*, het nodige bijgebracht over schapen.

Killary Harbour

In Ierlands enige fjord wordt zalm gekweekt. Langs de noordoever en vanaf de weg naar Louisburgh wordt u beloond met fascinerende uitzichten: links van de Doo-Loughpas ligt het gelijknamige bergmeer, erachter verheft zich de wandelberg Mweelrea (819 m).

Actief

Boottocht – **Killary Cruises:** Leenane, tel. 091 56 67 36, www.killarycruises.com, apr.-okt. twee tot vier keer per dag, € 21, met bezoek aan zalmkwekerij.
Op avontuur – **Killary Adventure:** 5 km ten westen van Leenane, tel. 095 434 11, http://killaryadventure.com. Voor beginners en gevorderden van iedere leeftijd, aparte dingen als wandelen door een kloof, oriënteringslopen, kneeboarding maar ook kanoën, kajakken, zeilen, surfen of touwklimmen.

Rond Westport en Clew Bay

Croagh Patrick ▶ B 4

Markant en dominant rijst de kale kwartspiramide uit boven de met eilandjes bezaaide Clew Bay. Volgens de legende bracht de heilige Patricius in 440 het aan Pasen voorafgaande veertigdaagse vasten door op de onherbergzame top, waar hij door duivels in de gedaante van zwarte vogels in verleiding werd gebracht. Na deze met succes doorstane geloofsbeproeving onderhandelde hij net zo lang met een engel tot hem werd toegezegd dat de Ieren nooit hun christelijk geloof zouden verliezen en dat hij op de dag des oordeels zelf zou mogen oordelen over zijn schapen (zie blz. 54, voor de bedevaart, zie blz. 68). Wie het op Reek Day net zo wil doen als de pelgrims, klimt in drie à vier uur 750 m omhoog over het stenig-oneffen maar goed zichtbare pad en weer terug. Het pad start bij Campbell's Pub in **Murrisk**, vanwaar het uitgetrapte pelgrimspad duidelijk zichtbaar is. Aan de kust liggen de romantische ruïnes van de in 1457 door de O'Malley's gestichte abdij. Het akelige Famine Memorial van John Behan, een van de beruchte *coffin ships* met skeletten als zeilen, herinnert aan de slachtoffers van de Grote Hongersnood. Een bezoekerscentrum belicht de geschiedenis en de bedevaart op The Reek, zoals de bijnaam van Croagh Patrick luidt (Teach na Miasa, Murrisk, www.croagh-patrick.com, dag. april, mei 10-18, juni-aug. 10–19, sept., okt. 11-17 uur, toegang gratis).

Het lastigste deel van de klim is het zeer steile, met steengruis bezaaide laatste stuk naar de top, dat u over kleine paden kunt omzeilen als u op het terrein rechts aanhoudt. De altijd winderige top biedt een fantastisch uitzicht op venen en de met eilanden bezaaide baai.

Louisburgh – Granuaille Visitors Centre

Church St., ma.-vr. apr.-sept. 12-16, overige tijd: info tel. 098 663 41, € 5

Een goede aanvulling op de ontdekkingreis naar Clare Island (zie blz. 232) biedt het bezoekerscentrum in het kleine Louisburgh met zijn kruisvormige plattegrond. In een voormalige kerk van de Church of Ireland wordt het leven van de piratenkoningin met poppen en modellen liefdevol en spannend uitgebeeld, bijvoorbeeld haar legendarische ontmoeting met koningin Elizabeth I, die heel bewust wordt gelinkt aan de ontmoeting van koningin Elizabeth II en de toenmalige Ierse president Mary Robinson in 1993.

Westport ▶ B 4

Westport ontstond als Plantation Village: de familie Browne, de latere markiezen van Sligo en afstammelingen van Grace O'Malley, liet het stadje in de 18e eeuw planmatig aanleggen door de architect James Wyatt. Het keurig nette plaatsje met zijn steile, door bontgekleurde winkeltjes geflankeerde straatjes is een goede verblijfplaats en biedt gevarieerde sportmogelijkheden. Erg charmant is het achthoekige centrale plein Octagon met het stadhuis en een hoge St.-Patrickszuil evenals The Mall aan beide zijden van de Carrowbeg River. Vanuit het centrum voert de 2 km lange Quay Road naar het stadsdeel rond de haven, die aan een getijdenbaai ligt. In fraai gerestaureerde pakhuizen vindt u hotels, pubs en winkels. En de ingang van Westport House.

Westport House

www.westporthouse.ie, huis: mrt.-mei, sept./okt. dag. 10-16, juni-aug. dag. 10-18, nov. za./zo. 10-16 uur; Adventure Park zie website, huis en tuin € 13

Dit schitterende herenhuis werd in 1730-1734 gebouwd naar ontwerp van Richard Cassels, het stucwerk in het interieur is een schepping van James Wyatt. De weelderige, georgiaanse vertrekken worden gesierd door verzamelingen

De pelgrimsberg Croagh Patrick – zelden is de top niet in wolken gehuld

meubels, Waterfordkristal en zilver en historische memorabilia. Er klinkt muziek en levensgrote poppen beelden taferelen uit de geschiedenis uit – in de bibliotheek ontmoet u bijvoorbeeld William Butler Yeats, in de eetzaal een dinergezelschap met Lady Gregory. De Brownes wonen tegenwoordig elders op het terrein en niet meer in dit kasteel. Als de bel ging moest de jonge moeder haar kind op de bovenverdieping vijf minuten alleen laten om bij de deur te komen, en centrale verwarming was er ook al niet. Arme adel.

Er rondomheen lokt een pretpark met gezinsvriendelijke attracties zoals zwanenwaterfietsen, dierentuin, reuzenglijbaan, springkasteel, piratenschip, minitrein en wildwaterbaan. De vroegere stallen bieden nu onderdak aan een indoorspeeltuin, café en plantenwinkel. Zelfs kamperen kan hier. Wie het allemaal wat te DisneyWorldachtig vindt, kan zich ontspannen in het enorme park met solitaire bomen, meren en schaapsweiden en staat plotseling oog in oog met het heroïsche bronzen standbeeld van Grace O'Malley.

Overnachten

Aan Quay St. zitten diverse B&B's.

5-sterrenluxe zonder arrogantie – **Knockranny House Hotel:** tel. 098 286 00, www.knockrannyhousehotel.ie, 2 pk incl. ontbijt vanaf € 138. Zelfs de minst dure Classic Rooms bieden een stijlvol verblijf. Het binnenzwembad zou van een Romeinse keizer geweest kunnen zijn, de cocktailbar uit een film uit de jaren twintig van de vorige eeuw. Het restaurant is ook niet slecht.

Vernieuwd – **Clew Bay Hotel:** James St., tel. 098 280 88, www.clewbayhotel.com, 2 pk incl. ontbijt vanaf € 115. Traditionele buitenkant maar vanbinnen gerenoveerd; ▷ blz. 234

Clare Island – op bezoek bij de piratenkoningin

Midden in de met eilanden bezaaide Clew Bay lag het hoofdkwartier van een markante vrouw, die in de 16e-eeuwse mannenwereld heerste, beminde, zeilde en plunderde. Haar burcht en de kunsthistorisch interessante abdij met de O'Malleygraven verdienen net zozeer een bezoek als de verlaten natuur van Clare Island.

Kaart: ▶ B 4
Info: www.clareisland.ie
Duur: een halve of hele dag
Praktisch: Clare Island Ferry Co., tel. 098 237 37, www.clareislandferry.com, overtocht 20 min., retour € 15. Vanaf Roonagh Quay mei-sept. 4-5 keer per dag, okt.-april bellen (zie website), op Clare Island fietsverhuur en taxi's boven de haven.

De boten naar Clare Island vertrekken van Roonagh Quay. Voor het eiland waait altijd een verraderlijk briesje dat de boot doet overhellen. Tuimelaars springen vlak naast de boeg op uit het water. Grace was nooit zeeziek, wordt gezegd, kon beter navigeren dan alle mannelijke kapiteins en baarde haar zoon Tiobóid na Long, Toby van de Schepen, aan boord van haar galei, waarmee ze de dag erna een overwinning behaalde op Algerijnse piraten.

Een vrouw die haar mannetje staat

Grace, of in het Iers Granuaille O'Malley (circa 1530-1603) was de dochter en enige erfgenaam van Owen Dubhdarra (Zwarte Eik). Hij was clanleider van de O'Malley's, die zoiets als de kleine koningen van de Clew Bay waren. Rijk beladen koopvaardijschepen in de baai opwachten en tol heffen op wegen – boze tongen noemden dat piraterij –, gepekelde vis tot naar Spanje en Schotland verschepen, veediefstallen bij de naburige clans organiseren, huursoldaten verhuren en vervoeren: daarmee voorzag Grace, net als de andere Ierse kleine koningen, in haar levensonderhoud en dat van haar volgelingen.

Veilig wonen in het tower house

Al van veraf ziet u boven de haven de woon- en vestingtoren oprijzen, die Grace zelf of haar vader liet bouwen. Het is een karakteristiek *tower house*, zoals de laatmiddeleeuwse residenties van de Ierse clanleiders genoemd worden. Ooit telde het drie verdiepingen, de gaten voor de vloerbalken zijn nog zichtbaar. De overwelfde ruimte op de benedenverdieping diende voor opslag en als onderkomen voor soldaten, op de eerste verdieping was de ontvangstzaal en op de tweede het slaapvertrek – door het raam ervan zou Grace steeds de boegtros van haar admiraalsgalei hebben vastgehouden.

Uitstapje naar de donkere middeleeuwen

Vanaf de haven voert naar links een weinig bereden weg naar de O'Malleygraven, bewegwijzerd als 'Clew Bay Archaeological Trail Site 17'. Stevig doorstappend loopt u de 3 km in een halfuur. Na ongeveer een kwartier ziet u aan uw linkerhand bij de zee de nog kniehoge aarden wal van een Promontory Fort uit de ijzertijd. Rechts

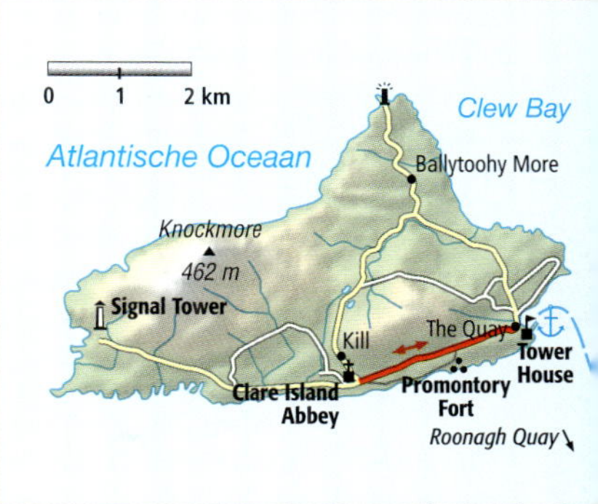

liggen witte boerderijen tegen groene hellingen, overal grazen schapen en bloeien irissen.

Clare Island Abbey in Kill is een eenbeukige laatgotische Cisterciënzerkerk, gebouwd rond 1460 en voorbeeldig gerestaureerd. Massief, als een klein *tower house*, rijst de westfaçade boven het kerkhof uit. Het hoogkruis was ooit een heidense Oghamsteen, die later een christelijke functie kreeg. De grootste schat van de abdij zijn echter Ierlands bestbewaarde middeleeuwse fresco's tegen de gewelven en wanden van de apsis. Er zijn zeer wereldlijke thema's op afgebeeld, waarin de O'Malley's zichzelf zeker zullen hebben herkend: een veediefstal, een ridder hoog te paard in een maliënkolder, muzikanten, een jachtscène en ook nog een draak. De stenen plaquette links tegen de wand toont het familiewapen en -motto ('terra marique potens', machtig te land en ter zee) . Boven een wild zwijn, het symbool van de krijger, ziet u een helm met erboven een paard. Het graf dat is versierd met krabben, oorspronkelijk beschilderd, zou volgens de legende dat van de piratenkoningin zijn. Hoewel ze beslist hier, in de grafkerk van haar familie, haar laatste rustplaats heeft gevonden, stamt dit met een boog overwelfde graf al uit de 15e eeuw.

Riverside Restaurant of Madden's Bistro (zie Eten en drinken); in Madden's Bar wordt traditionele muziek gedraaid.
Super-B&B – **Boffin Lodge:** Quay Rd., tel. 098 260 92, www.boffinlodge.com, 2 pk incl. ontbijt € 100. Dit moderne, gele huis straalt met zijn vestibule en ruime, warm ingerichte kamers een traditionele sfeer uit: houten vloeren, tv, kamer met baldakijnbed en het ontbijt: Kelly's Black Pudding met appelmoes.
Luxe met spa – **Carlton Atlantic Coast Hotel:** The Quay, tel. 098 290 00, www.westparkcoasthotel.ie, 2 pk incl. ontbijt vanaf € 99. In een voormalige molen uit de 18e eeuw, direct aan zee in het havengebied, hypermoderne spa, zwembad, sauna, chique dakrestaurant met moderne fijnproeverskeuken.
Het klooster in? – **Abbeywood Hostel:** Newport Rd., tel. 098 254 96, www.abbeywoodhouse.com, 4 pk € 96, 2 pk € 60. Voormalig klooster, statig 19e-eeuws gebouw omringd door grote tuin. Gezellige, schone kamers.

Eten en drinken

Met prijzen overladen – **An Port Mor:** 1 Brewery Pl., tel. 098 267 30, di.-za. vanaf 17 uur, hoofdgerecht circa € 25. Of het nu krab in zeewierpolenta is of brood van koffie, amandelen en zwarte peper, chefkok Frankie bereidt uit de beste ingrediënten een mix van klassiek en hip.
Stylish – **Madden's Bistro:** Clew Bay Hotel, James St., tel. 098 280 88, dag. 12.30-15, 18-21 uur, hoofdgerecht € 15. Eigentijdse bistrokeuken, eten aan de lange toog of zittend in clubfauteuils.

Winkelen

Galerie – **Sea Sky Shore:** James St., ma.-za. 9.30-18.30/do. tot 17, zo. 11-15.30 uur. Geëxposeerd en te koop is werk van diverse kunstenaars rond het thema zee, spiegels met lijsten van drijfhout en schilderijen van strandkiezels.
Markt – **Westport Country Market:** do. 8.30-13 uur in The Boxing Club, James St. Car Park. Kruiden, bloemen, fruit, groenten en ook chutneys en marmelade uit de streek. Er is ook een tea/coffeeshop

Actief

Westport is een centrum voor watersport en sportvisserij.
Hengelspecialist – **The Helm:** haven, tel. 098 263 98, www.thehelm.ie. Gespecialiseerd in zeevissen en vissen op forel en zalm, met eenvoudig B&B, 2 pk € 70, ook appartementen, restaurant.
Strandplezier – **zandstranden rond Westport:** Bertra bij Murrisk (12 km westelijk), Old Head (16 km westelijk) en Carrowmore bij Louisburgh zijn onderscheiden met de Blauwe Vlag, er zijn duinen en een rijk planten- en vogelleven.
Paardrijden – **Carrowholly Stables & Trekking Centre:** Carrowholly, tel. 098 270 57, http://carrowholly-stables.com. Ritten voor beginners en gevorderden.
Wandelen – **Mayo Trails:** de website www.mayotrails.ie geeft tips voor wandelingen en fietstochten in de county.

Uitgaan

Legendarisch – **Matt Molloy's:** Bridge St., ma.-do. 10.30-23.30, vr./za. 10.30-0.30, zo. 12.30-23 uur. Deze ouderwets authentieke pub zonder modieuze tierelantijnen is eigendom van de fluitist Matt Molloy, in 1975 een van de oprichters van The Bothy Band en sinds 1979 lid van The Chieftains. Bijna iedere avond livemuziek, natuurlijk traditionele maar ook pop.

Info

Tourist Information: Bridge St., tel. 098 257 11, www.westporttourism.com, ma.-vr. 9-17.45, za. 9-16.45 uur. Wandeltips (Westport Walks met folder); informatie en boek over de Clew Bay Archaeological Trail, over megalietgraven, kerkruïnes, ringforten enzovoort, want de omgeving van Clew Bay is rijk aan (pre)historische monumenten.
Trein: station Altamount St., tel. 098 252 53. Drie treinen per dag naar Dublin.
Bus: Mill St., meerdere bussen per dag naar Achill Island, Sligo, Dublin en Galway. Tickets bij de Tourist Information.

Omgeving van Westport

Bangor Trail ▶ B 3-4

Het uitgestrekte, geheel ongerepte hoogveengebied wordt ontsloten door de circa 30 km lange Bangor Trail, die begint in Bangor Erris en eindigt in Newport. De kortere Nature Trail duurt slechts circa een uur, voert deels over plankenpaden, en begint en eindigt bij het moderne bezoekerscentrum.

Ballintubber Abbey ▶ C 4

Dag. 9-0(!) uur, toegang gratis

Omdat deze in 1216 door Cathal O'Connor gestichte, maar tot een ruine vervallen augustijnenabdij in 1966 herbouwd werd, kon Pierce Brosnan in 2001 hier zijn persoonlijke Bondgirl Keely Shay Smith zonder nat te worden het jawoord geven. Ook gewone mensen trouwen graag in de 'abdij die weigerde te sterven'. Er worden ook meditatieve *retreats* aangeboden en het is een centrum van een levendige cultus met Keltische relicten. Nog uit die heidense tijd stamt de St.-Patricksbron (*tobar* of *tubber* betekent bron). Hier begint de Tóchar Phádraig, het 35 km lange pelgrimspad naar de Croagh Patrick.

Tip

Quay Cottage – vis en meer

Al jaren een betrouwbaar adres voor verse vis en zeevruchten. Achter de popperige cottagefaçade naast de toegang tot Westport House worden gasten ontvangen in rustiek met houten balken en open haarden ingerichte ruimtes waar u zo tegen het houten dak aankijkt. Alleen al de maritieme aankleding – kreeften, patrijspoorten, spiegels met lijsten van drijfhout – is bezienswaardig.

Op tafel komt bijvoorbeeld kreeftenvlees met appel-guacamoledip en heilbot in koriander-roomsaus. Hoewel de gerechten vooral op traditionele wijze worden bereid, worden er ook moderne fusionaccenten aan toegevoegd.

Aan vleesliefhebbers is gedacht en ook aparte kinderwensen worden, voorzover keukentechnisch mogelijk, vervuld (The Quay, tel. 098 506 92, ma.-za. 18-22 uur, buiten het seizoen ma. gesl., hoofdgerecht circa € 22).

Carrickahowley Castle ▶ B 4

Vanaf dit ook Rockfleet genoemde *tower house* verkondigde Grace O'Malley aan haar tweede echtgenoot Richard an Iarainn Bourke, de 'ijzeren' Bourke en clanleider van de MacWilliams, dat zij enkel met hem getrouwd was om in het bezit te komen van deze strategisch belangrijke vestingtoren. Vervolgens liet ze zich scheiden – na een jaar huwelijk, zoals de tot 1606 in Ierland geldende *Brehon Laws* dat voor mannen en vrouwen mogelijk maakten. Arme man, hij werd het mikpunt van spot van zijn tijdgenoten. Aan de eenzame oever van het meer is het prettig mijmeren over zulke historische gebeurtenissen.

Achill Island – wollegrasweiden en eenzaamheid tussen veen en kust

Achill Island ▶ A-B 4

Ierlands grootste eiland is met het vasteland verbonden door een brug bij Achill Sound. De indrukwekkende panoramaweg Atlantic Drive – Cloghmore, Dooega, Bunacurry, Keel, Dooagh, Doogort – voert door een ongenaakbaar landschap met aan de ene kant een door veen en heide bedekte woestenij en aan de andere dramatische kliffen. Aan Keem Bay op de westelijke punt van het eiland en bij Doogort lokken zandstranden met de Blauwe Vlag, bij Keel de kliffen Cathedral Rocks. In de zomer zijn er vanuit Doogort boottochten naar de zeehonden bij Seal Caves. Bij Cloghmore, op de zuidelijke punt, staat **Carrickkildavnet Castle,** een *tower house* van rond 1500. **Deserted Village,** de ruïnes van een tijdens de Grote Hongersnood verlaten dorp tegen de hellingen van de Slievemore, is in de zomer tamelijk bevolkt.

Overnachten

Luxe – **Mulranny Park Inn:** Mulranny (▶ B 4), tel. 098 360 00, www.mulranny parkhotel.ie, 2 pk vanaf € 110, diner € 45. Chic gemoderniseerde victoriaanse kolos aan zee met fantastische spa. Alleen al het eten in het fijnproeversrestaurant van kookvirtuoos Tom O'Keefe maakt de rit ernaartoe de moeite waard.

In een vormalig kustwachtstation – **Bervie:** Keel, tel. 098 431 14, www.ber vieachill.com, 2 pk incl. ontbijt vanaf € 100. Aantrekkelijk Guest House en dito kamers, vanuit de ontbijtzaal kijkt men uit op de kliffen van Minaun.

Hostel met karakter – **Valley House Hostel:** The Valley, tel. 098 472 04, www.valley-house.com, slaapzaal vanaf € 19, 2 pk vanaf € 50. Camping: tent € 5 plus € 5 per persoon. Victoriaans herenhuis met toren met kantelen, kleurige wanden, open haarden, continental breakfast inbegrepen – dit hostel vol geschiedenis werd geregeld verkozen tot een van Ierlands beste.

Eten en drinken

Biologisch lamsvlees van de boerderij – **Calvey´s:** Keel, tel. 098 431 58, dag. 12-14, 17.30-21.30 uur, diner circa € 50. Direct uit de vissersboot en direct uit het eigen weiland is het credo.

Actief

Windsurfen – verhuur van uitrusting op het strand; de kust is hier geschikt voor beginners en gevorderden.
Paardrijden – **Calvey's of Achill:** Keel, tel. 087 988 10 93, www.calveysofachill.com. Pony Treks, ook voor beginners, langs het strand of in het binnenland.

Info

Achill Tourism: Davitt Quarter, Achill Sound, tel. 098 207 05, ma.-za. 10-17 uur, http://achilltourism.com.

De noordkust van Mayo

Erris ▶ A/B 3/4

Deze regio in het noordwesten van Mayo wordt nog nauwelijks door toeristen bezocht. Door de Irish Times werd de eenzame, gastvrije Gaeltachtregio rond de hoofdplaats Belmullet gekozen tot de mooiste wilde plek van Ierland. Bezoekers kunnen er vier vuurtorens verkennen, de kliffen van Annagh Head, Benwee Head en Erris Head, verschillende rondwandelingen maken of gebruik maken van het uitgebreide netwerk van fietsroutes.

Ballycroy National Park ▶ B 4

www.ballycroynationalpark.ie, bezoekerscentrum half mrt.-okt. dag. 10-17.30 uur, toegang gratis, café

Het onbewoonde, 11.000 ha grote berglandschap rond de Nephin Beg vormt sinds 1996 Ierlands zesde nationaal park. Owenduff Bog is een van de laatste nog intacte dekenvenen van West-Europa en vormt de habitat van dieren als het moerashoen, de kolgans en de otter.

Céide Fields ▶ B 3

Ballycastle, www.heritageireland.ie, bezoekerscentrum dag. eind mrt.-mei, okt. 10-17, juni-sept. 10-18 uur, € 4

In een verlaten kliffen- en veenlandschap bleef onder een gedurende vijfduizend jaar aangegroeide laag turf waarschijnlijk een van 's werelds uitgestrektste prehistorische monumenten behouden: neolithische veldgrenzen, muren en graven, waarvan nog maar een fractie is opgegraven. De akkerbouwers en veetelers woonden hier vijf- à zesduizend jaar geleden in afzonderlijke boerderijen die door muren van elkaar waren gescheiden, vermoedelijk in een goed georganiseerde sociale structuur. Een uitzichtplatform biedt een adembenemend uitzicht op zee.

Iets ten oosten van Ceíde Fields storten de steile kliffen van Downpatrick Head zich in de Atlantische Oceaan.

North Mayo Sculpture Trail

www.northmayoarttrail.com

Spannende kunst in dialoog met een weergaloos landschap: dat is Tír Sáile, *land art* van internationale kunstenaars langs de kust van North Mayo, van Ballina via Killala, Ballycastle en Belmuttet tot Blacksod. Of het nu gaat om Mariyo Yagi's *Inter Communication Park* aan de pier van Killala, Marian O'Donnells *Acknowledgement* op Claggan Island of Walter Michaels eenogige reus *Dun*

Tip

Brigown – Bed & Breakfast met charme

Marjorie Nolans thuis ligt aan de overkant van de River Moy, omgeven door een grote tuin – het staat in schril contrast met het huidige minimalisme: pluche, kant, bloemetjesbehang, siersleutels en geborduurde schilderijen. Het suikerglazuur viert hier hoogtij. De hartelijke gastvrouw loopt niet alleen over van de toeristische tips, maar geeft ook op de radio, als kookboekenschrijfster en in haar huis kooklessen. Voor gasten zijn vooral de op zaterdag gehouden eendaagse cursussen een aanrader. Thema is dan bijvoorbeeld het ontbijt, waarvan u als B&B-gast de kwaliteit iedere ochtend kunt controleren: in een casserole gebakken *brown bread,* verse kruidenkaas, geroosterde grapefruit of toast met cheddar. De deelnemers aan de speciale kinderworkshop krijgen van Marjorie na afloop een koksmuts en een certificaat (Quay Rd., Quay Village, Ballina, tel. 096 226 09, www.marjorieskitchen.net, B&B € 35).

Caochain Head in Carrowteige – om de kunstwerken te vinden, hebt u precieze routebeschrijvingen nodig die zijn te vinden op bovengenoemde website. De papieren gids *Tír Sáile: The North Mayo Sculpture Trail* uit 2001 is inmiddels uit de handel, maar was in 2018 nog wel te bestellen via amazon.com (ISBN 978-09-54-01380-6).

Actief

Golf – **Carne Golf Links:** Belmullet (▶ B 3), tel. 097 822 92, www.carnegolflinks.com. Greenfees € 40-90. Behoort tot de vijftig beste golfbanen ter wereld, spectaculaire ligging in de duinen.

Overnachten en eten

Wat een uitzicht, wat een eten! – **Stella Maris:** Killerduff, Ballycastle (C3), tel. 096 439 65, www.stellamarisireland.com, 2 pk incl. ontbijt vanaf € 135. Landhuishotel in een voormalig hoofdkwartier van de kustwacht uit 1853, fijnproeverrestaurant, wintertuin, historische inrichting.

Info

Erris Beo: Belmullet, tel. 097 822 92, ma.-vr. 10-16 uur, www.errisbeo.ie (o.a. informatie over onderdak, fietstochten en -verhuur, wandelingen en culturele organisaties).

Ballina en Moy Valley ▶ C 4

Visserslatijn wordt hier waar – de Moy is de rivier met de meeste Atlantische zalm in Europa en in Lough Conn springen de forellen in het rond. De hoofdplaats van de regio is Ballina. Over deze ruim tienduizend inwoners tellende plaats moet in ieder geval worden vermeld dat Mary Robinson, van 1990 tot 1997 Ierlands eerste vrouwelijke president, er geboren werd en dat er in de omgeving veel te zien is. De beste overnachtingsplek is het idyllisch aan de River Moy gelegen gehucht Quay Village, ongeveer 2 km ten noorden van het centrum.

Eten en drinken

Designerluxe – **Ice House:** The Quay, Quay Village, tel. 096 235 00, dag. 12-14, 18-21.30 uur, hoofdgerecht circa € 28. Perfecte bediening en kunstig bereide topgerechten in het grijs-beige-witte restaurant, dat een stijlicoon is, evenals het bijbehorende hotel (www.icehouse hotel.ie) met zijn uitgebreide spa.

Actief

Vissen – **Northwestern Fisheries Board:** Ardnaree House, Abbey St., tel. 096 227 88, www.fishinginireland.info. Informatie, visvergunningen, shops, boten en instructeurs; seizoen feb.-sept.

Info

Tourist Information: 41 Pearse St., tel. 096 728 00, www.northmayo.com, apr.-okt. ma.-za. 10-17.30 uur, informatie voor vissers.

Ten zuiden van Ballina

Foxford Woollen Mill ▶ C 4

Foxford, www.foxfordwoollenmills.com, gratis rondleiding apr.-okt. ma.-za. 10-17, zo. 12-17 uur

Deze in 1987 stilgelegde weverij is tegenwoordig dankzij een succesvol plaatselijk initiatief weer in bedrijf, er werken circa veertig mensen. Er kwam een bezoekerscentrum dat rondleidingen organiseert. Aansluitend kunt u de kwaliteitsstoffen kopen, rondkijken in twee kunstgaleries en iets drinken of eten in het café of restaurant.

Museum of Country Life ▶ C 4

Turlough Park, Castlebar, www.museum.ie, di.-za. 10-17, zo. 14-17 uur, toegang gratis

Een modern gebouw met levendige exposities over het Ierse landleven en een victoriaans herenhuis waarin restaurant en boekwinkel zijn ondergebracht – dat is het bezienswaardige filiaal van Dublins National Museum (zie blz. 88). In Turlough zelf staat Ierlands dikste en laagste ronde toren.

Strade Abbey ▶ C 4

In de ruïne van deze laatmiddeleeuwse abdij bevindt zich een van Ierlands mooiste grafmonumenten. Het stamt uit de 15e eeuw en wordt gesierd door beelden van heiligen die om onverklaarbare redenen glimlachen.

Knock ▶ C 4

Ireland West Airport Knock, tel. 094 936 81 00, www.irelandwestairport.com, vluchten o.a. naar Engeland

Het vliegveld werd in 1986 geopend op initiatief van pater James Horan met het oog op de Mariabedevaarten naar Knock en de toeristisch-economische ontsluiting van County Mayo.

In de drukte rond de betonnen basiliek in het nabijgelegen Knock, waar dagelijks diverse missen worden opgedragen, het wijwater uit leidingen stroomt en de preken vooraf zijn opgenomen, verdringen zich vooral Amerikaanse pelgrims met Ierse roots. Alles bij elkaar anderhalf miljoen bezoekers per jaar hopen hier genezing van hun kwalen te vinden. In augustus 1879 zou hier – door de kerk bekrachtigd – Maria met Jozef en de evangelist Johannes aan vijftien personen zijn verschenen.

Wellness op zijn Iers – Kilcullen's Seaweed Baths

In een algenbad genazen Ierse boeren honderd jaar geleden al van hun malaises. Tegenwoordig is het een cult, zich in de nog volledig originele edwardiaanse baden in de badplaats Enniscrone over te geven aan deze nostalgische vorm van wellness.

Kaart: ▶ C 3
Voor wie: liefhebbers van experimenteren die eens iets anders willen uitproberen dan minimalistische thermen. Ook geschikt voor kinderen.
Duur: 1 à 2 uur
Praktisch: Kilcullen's Seaweed Baths, Enniscrone (Inishcrone), Co. Sligo, tel. 096 362 38, http://homepage.eircom.net/~seaweedbaths, dag. juni-okt. 10-21, nov.-mei 12-20 uur, bad met twee badkuipen € 40, met stoomkast erbij € 45, enkel bad € 25.

De Hot Seaweed Baths in de slaperige badplaats Enniscrone zijn in heel Ierland beroemd. 'You must go there', zegt iedere B&B-gastvrouw, met zachte nadruk op 'must'. Het lage witte gebouw vlak aan zee is dan ook ruim voldoende met borden aangegeven. Alleen al het uitzicht vanaf de oevermuur over de uitgestrekte stenen platen naar het kilometerslange zandstrand belooft

natuurlijke ontspanning. Achter de vriendelijke receptioniste bij de kassa staat cosmetica uitgestald: bodylotion, douchegel, crème, allemaal op algenbasis. Kinderen krijgen een emmertje en vormpjes mee voor een vrolijk algenspel, dan wordt het bad voorbereid en leidt de badmeester de gast naar de cabine.

De kleur groen

De groen geverfde lattenroosters op de vloer en de groene bloementegels nemen het algenthema over. In de elegant gewelfde marmeren badkuip drijft ook al groen, mosgroen, olijfgroen. Voor handdoeken, ook die in groen, wordt gezorgd. Een laatste verzoek om na het baden de zeeplanten in de gereedstaande emmer te doen – om verstopping van de leidingen te voorkomen –, en dan wordt de badgast alleen gelaten. *Strictly private.* Geen enkel teken van gemeenschappelijke naaktheid.

De helende kracht van jodium

Stoom doet de sobere antieke contouren van de edwardiaanse ruimte vervagen. Het riekt. Naar gekookte brandnetels of spinazie. Zeefauna of scherpe mosselschelpen hoeft u niet te vrezen, die zijn zorgvuldig verwijderd. De planten worden op speciaal uitgekozen, ecologisch niet verdachte plekken verzameld.

Desondanks is er enige zelfoverwinning nodig om de wiersoep in te stappen. Terwijl die toch zo lekker warm en vettig is, als je je eenmaal tussen de glibberige, knapperige zeeplanten hebt uitgestrekt. Ze geven hun hoge concentratie aan jodium af aan het water, wat schijnt te helpen tegen artritis en reuma.

Gorgelen moet je er niet mee, en opdrinken al helemaal niet, dat staat op de schijnbaar ook uit de tijd van de bouw stammende borden: '... de geachte badgasten wordt verzocht ...' Een halfuur, een uur, hoe lang het baden duurt bepaalt de gast. Als het te koud wordt, laat u heet zeewater uit de oude, van een dikke laag messingkleurige verf voorziene kranen en leidingen stromen, ook die stammen nog allemaal uit overgrootvaders tijd. Toen de baden in 1912 gebouwd werden, waren ze het nieuwste van het nieuwste. Het is overigens nog steeds dezelfde familie die ze uitbaat, inmiddels al in de vijfde generatie.

In een paar badkamers staan naast de badkuipen eigenaardige kasten van cederhout. Het zijn de Steam Baths. Je gaat er inzitten, maar daar houdt de fatale vergelijking met een doodskist ook mee op, want je hoofd steekt er bovenuit. Vervolgens wordt het lichaam net als in een normale sauna gegaard. Deze behandeling wordt gecompleteerd door een warm algenbad en dan tot slot ...

De koude douche

Als een zwaard van Damocles hangt al die tijd de zeewaterdouche boven de baders. Die bevat water dat rechtstreeks uit zee komt. 'Durf ik dit? Natuurlijk durf ik dit.' Vervolgens laat u het koude water over u heensproeien. Ooit moet die stortbak onder het plafond toch leeg raken! De zoutfilm draagt u tot uw eerstvolgende normale douchebeurt op uw huid.

IN EEN OOGOPSLAG

Het noordwesten

Hoogtepunt ✵

Glenveagh National Park en Castle: de ruige natuur rond het door bergen omgeven voormalige gletsjermeer Lough Veagh is spectaculair. In een bezoekerscentrum wordt uitleg gegeven over flora, fauna en geologie, het victoriaanse Glenveagh Castle kan worden bezichtigd, en in de tuinen vormt de getemde natuur een kleurrijk contrast met het groen-rode heidelandschap rondom. Over gemarkeerde paden kan het nationaal park al wandelend worden verkend. Zie blz. 257.

Op ontdekkingsreis

Grote stenen – Carrowmore: de necropool van Carrowmore in het graafschap Sligo is met dertig graven de grootste en ook de oudste van de vier megalietbegraafplaatsen in Ierland. Verspreid in een idyllisch weidelandschap liggen dolmens en steenkringen. Zie blz. 246.

Bezienswaardigheden

Glencolumbkille: een drukbezochte pelgrimage voert ook vandaag nog langs de vroegchristelijke kruisen en reliëfstenen in het kloosterdal van de heilige Columbkille. Zie blz. 254.

Grianán of Aileách: met legenden omgeven *stone fort* van vroege Ierse koningen of woonplaats van de Keltische zonnegod? Zie blz. 260.

Carndonagh: de opeenhoping van vroegchristelijke kruisstenen in het noorden van Inishowen is weergaloos. Zie blz. 260.

Actief

Wandeling over Tower Loop: langs een heilige bron, een strand en kliffen. Zie blz. 255.

Dunlewy Lakeside Centre: boottochten met sprookjesverteller, ponyrijden, avonturenspeeltuin en aaidierentuin. Zie blz. 259.

Sfeervol genieten

Yeats Tavern, bij Drumcliff: een Road Side Tavern uit het boekje, trefpunt voor het omringende platteland, met eigentijdse *pub grub*. Zie blz. 250.

Studio Donegal bij Kilcar: al lang bestaande bedrijfjes rond Donegal zoals dit, weven en verkopen kleding van de rustieke maar nog steeds trendy stof tweed. Zie blz. 254 .

Errigal Hostel: nieuw, supermodern en aan de voet van Errigal Mountain, midden in Donegals mystieke leegte. Zie blz. 259.

Uitgaan

Leo's Tavern: beroemde singing pub van de 'Clannadclan' bij Gweedore. Zie blz. 257.

McGrory's: dit podium voor livemuziek ligt letterlijk aan het einde van de wereld, in Culdaff op het schiereiland Inishowen – de sterren komen desondanks. Zie blz. 261.

De ruwe charme van de eenzaamheid

'Up here it's different', zeggen de mensen uit Sligo en Donegal. Voor velen is het Gaelisch nog de voertaal, vooral de kust is nog een echt Gaeltachtgebied. Ja, deze stugge regio zal verstokte individualisten aanspreken. Verlaten bergen, venen, meren, een ruige kust die de golven van de Atlantische Oceaan trotseert, maar ook zeldzame, sfeerrijke getuigenissen uit de prehistorie, archeologisch ontsloten, vragen hier om ontdekking. En de regen? Die valt hier nog vaker dan in de rest van Ierland. Maar steeds opnieuw laat de zon in Yeats' *Land of Heart's Desire* rond Sligo en de verlaten heuvels van Donegal zijn licht vallen op wilde schoonheid.

Het noordwesten van Ierland werd in de 19e eeuw bijzonder zwaar getroffen door de Grote Hongersnood en de verdrijving van de boeren. Grootgrondbezitters als Lord Adair uit Glenveagh verjoegen hun pachters om plaats te maken voor hun schapen. De bezoeker van vandaag zal waarschijnlijk de geringe bevolkingsdichtheid als aangenaam en als ongerepte natuur ervaren, de verlatenheid is echter, zoals overal in Ierland, mensenwerk. Toen dan ook nog het graafschap Donegal door de deling van het eiland in 1921 zijn centrum Derry verloor, verzonk het voorgoed in provincialisme. Het gevolg: nog meer mensen moesten emigreren. Na het einde van de burgeroorlog en de voorzichtige toenadering tot het noorden – *The North* is uiteraard het Britse Noord-Ierland – hopen de bewoners hier nu op een economische opleving.

INFO

Internet

www.irelandnorthwest.ie: website van de regionale toeristenorganisatie met reserveringsmogelijkheid en alle denkbare informatie over bezienswaardigheden, sport, verkeer en uitgaan.

County Sligo

Sligo Town en omgeving ▶ D 3

'Poort naar het noordwesten', zo betitelt het 19.500 inwoners tellende Sligo zichzelf. Zijn *city*, met bontgekleurde winkelpuien, is het *shopping centre* van de agrarische plattelandsomgeving. Sligo ligt landschappelijk fraai tussen een schiereiland dat Sligo Bay insteekt, het door ijstijdgletsjers gevormde Lough Gill en de bergen in het noorden.

Het stadscentrum wordt gesierd door menig nieuw gebouw van glas en staal, vooral rond de River Garavogue. De oeverpromenade bij Hyde Bridge vormt met de gerestaureerde pakhuizen, chique cafés als Osta of Left Bank en het moderne glazen gebouw van het Glasshouse Hotel een van de meest dynamische plekken in Sligo. Voor de Allied Bank houdt een modern **bronzen beeld van William Butler Yeats** 1 de wacht. Het **Sligo County Museum** 2 bevat onder andere foto's, brieven en originele uitgaven over het leven van Nobelprijswinnaar Yeats, alsmede schilderijen van zijn broer Jack, Ierlands belangrijkste expressionist (Stephen St., di.-za. mei-sept. 9.30-12.30, 14-16.50, okt.-apr. 9.30-12.30 uur, toegang gratis). Een van de belangrijkste kunstcentra in het noorden is **The Model** 3. In een voormalig schoolgebouw uit 1862 met een hedendaagse aanbouw toont de Niland Gallery werken van onder andere Jack Butler Yeats, die evenals zijn broer buitengewoon veel hield van de omgeving van Sligo. Wisselende exposities van hedendaagse kunst en een café maken het aanbod compleet (The Mall, http://themodel.ie, di.-za. 10-17, zo. 10.30-15.30 uur, verzocht wordt om een gift van € 4.

Over een voetgangersbrug bereikt u weer de zuidelijke rivieroever waar de rondgang begon. Maurice FitzGerald, een Normandische veroveraar, stichtte stad en dominicanenklooster rond 1250. Het rijk met beeldhouwwerk versierde O'Crean-grafmonument (1506) in **Sligo Abbey** 4 stamt uit de late gotiek, maar doet door de stijve afbeeldingen van mensen nog sterk denken aan de vroeg-Ierse kunst. De kruisgang (15e eeuw) is een van de bestbewaarde in Ierland (Abbey St., eind mrt.-half okt. dag. 10-18 uur, € 4). Werk van eigentijdse, vaak in het Ierse landschap hier in het noorden werkende kunstenaars wordt geëxposeerd in de **Hamilton Gallery** 5 – absoluut de moeite waard (4 Castle St., http://hamiltongallery.ie, ma.-za. 10-17 uur).

Fietsen bij Lough Gill

Vrome katholieken zouden in 1642 de klokken van het dominicanenklooster op de bodem van Lough Hill in veiligheid hebben gebracht voor de plunderende huursoldaten van Cromwell – zondaars horen ze echter niet luiden. Betrouwbaarder is de tour in de voetsporen van William Butler Yeats (bruine borden met ganzenveer). Deze circa 50 km lange fietstocht begint in Sligo: over Pearse Road de stad uit, bij het sportterrein naar links afbuigen, spoedig daarna is deze *scenic drive* bewegwijzerd.

U komt voorbij **Cairns Hill Forest Park** met twee megalietgraven, de veelbezochte bedevaartsplek van de heilige bron van **Tobernalt,** het **Cashelore Stone Fort,** het eiland **Innisfree,** de ruines van de franciscanenabdij van **Creevylear** en het imposante versterkte herenhuis **Parke's Castle** uit de 17e eeuw (Fivemille Bourne, eind mrt.-sept. dag. 10-18 uur, € 4).

▷ blz. 248

De ruwe schoonheid van de Benbulben bij Sligo kan ook te paard worden ontdekt

Grote stenen – Carrowmore

Carrowmore in het graafschap Sligo is met dertig graven de grootste en ook de oudste van de vier grote megalietbegraafplaatsen in Ierland. Verspreid in een idyllisch weidelandschap liggen dolmens en steenkringen. Aan de horizon rijst de Knocknarea op. In de markante stenen grafheuvel op het plateau op de top zou de legendarische koningin Maeve haar laatste rustplaats hebben gekregen.

Kaart: ▶ D 3
Duur: voor uw bezoek aan Carrowmore moet u ruim een uur uittrekken.

Praktisch: Carrowmore Megalithic Cemetery, 5 km ten zuidwesten van Sligo aan de kruising van de N4/R292, eind mrt.-half okt. dag. 10-18 uur, € 3; met klein bezoekerscentrum.

De mensen die hier ongeveer zevenduizend jaar geleden, in de jonge steentijd, woonden, leefden van de landbouw. In het bezoekerscentrum is te zien wat ze verbouwden – verschillende tarwesoorten en gerst –, welke dieren ze hielden – schapen, geiten en runderen –, en hoe we ons een begrafenis moeten voorstellen in de periode waarin de begraafplaats intensief werd gebruikt, van ongeveer 4300 tot 3500 v.Chr.: bijna alle doden werden met grafgiften gecremeerd, waarna hun as in de graven werd bijgezet.

Graventour

Gemaaide paden in het hoge gras voeren naar de megalietgraven, die liggen op een zachtglooiend terrein met een doorsnede van ongeveer 1,2 km. U houdt eerst rechts aan en komt dan bij **graven 55, 53 en 52** (de nummering staat los van de rondgang), dolmens in meer of minder goedbewaarde toestand. Een dolmen is een grafkamer die is opgebouwd uit een aantal orthostaten (rechtopstaande stenen), afgedekt door een of meer dekstenen. Anders dan de meeste andere Europese megalietgraven hadden de Carrowmore-dolmens geen *cairn*, een heuvel van steengruis of aarde boven op de eigenlijke grafkamer.

Kijkje in het hoofdmansgraf

Naar het al van veraf zichtbare **graf 51** of Listoghill zijn de ingangen van de meeste omliggende graven toegekeerd. Het is met zijn diameter van 32 m het grootste graf en het enige dat is voorzien van een cairn. Men mag dus aannemen dat hier de hoofdman, koning of oervader van de stam werd bijgezet. Doordat de in vroeger tijden als steengroeve gebruikte cairn door archeologen deels is gereconstrueerd, is het mogelijk een spannend inkijkje in het binnenste van het graf te krijgen. De verbrande beenderen, houtskool en een stenen speerpunt, die in de 19e eeuw in de grafkamer werden gevonden, zijn verdwenen. Ook de kistachtige bouwwijze met de vlakke dekplaat is een uniek kenmerk.

Prins en prinses?

De twee dicht bij elkaar liggende **graven 56 en 57** worden, zoals bijna alle Carrowmoregraven, omgeven door een kring van grote, ronde stenen. De archeologen vonden er aanwijzingen voor, dat over een periode van honderden jaren na de bouw binnen de steenkringen rituele handelingen plaatsvonden: reinigingsvuren, offermaaltijden, dansen, bijeenkomsten. Hoewel het een aardige voorstelling is dat de twee graven zouden toebehoren aan twee geliefden, wijzen de massa's verbrande botten die hier werden begraven er eerder op dat, zoals algemeen gebruikelijk in de megalietcultuur, families of clans hier een gemeenschappelijk graf hadden.

Archeologische sensatie?

Aan de andere kant van het bezoekerscentrum rijgen de **graven 1-7** zich aaneen, buitengewoon goed bewaarde dolmens. Twee door de Zweedse archeoloog Göran Burenhult in 1979 uitgevoerde koolstofdateringen met als resultaat 5400 en 4600 v.Chr. voor **graf 4** zijn in vergelijking met zowel de Ierse als de Europese situatie zo revolutionair vroeg, dat enkele onderzoeksinstituten ze niet voor waar mogen aannemen. Het blijft spannend, hoe de archeologische discussie hierover zich verder zal ontwikkelen.

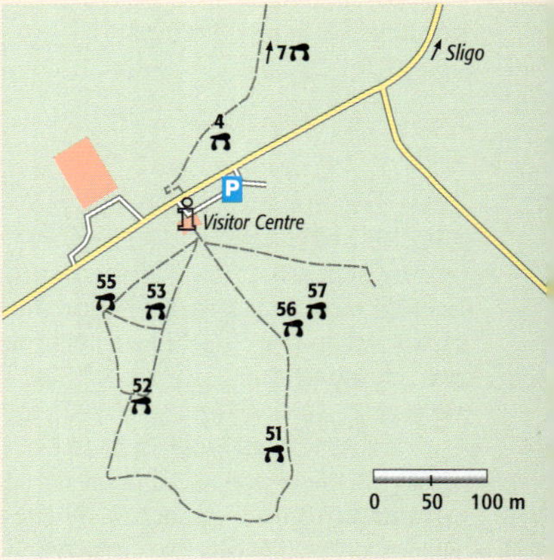

Sligo

Bezienswaardigheden
1 Bronzen beeld van William Butler Yeats
2 Sligo County Museum
3 The Model
4 Sligo Abbey
5 Hamilton Gallery

Overnachten
1 The Glasshouse Hotel
2 Down Yonder
3 Pearse Lodge

Eten en drinken
1 Eala Bhán
2 Osta

Actief
1 County Sligo Golf Club
2 Voya Seaweed Baths
3 Ard Nahoo
4 Perfect Day Surf School & Shop
5 Wild Atlantic Ways
6 Rose of Innisfree

Uitgaan
1 Hargadon´s
2 Shoot the Crows
3 McGarrigles

Overnachten

Tal van B&B's langs Dublin Rd., Pearse Rd. en Strandhill Rd.
Design – **The Glasshouse Hotel** 1: Swan Point, tel. 071 919 43 00, www.theglasshouse.ie, 2 pk vanaf € 85. Uitzicht op rivier, eigentijdse uitstraling, moderne kamers, café en restaurant.
Elegant B&B – **Down Yonder** 2: Upper Rosses, Rosses Point, tel. 089 210 36 39, 2 pk incl. ontbijt vanaf € 85. Grote kamers met uitzicht, direct naast de golfbaan 1.
Gemoedelijk – **Pearse Lodge** 3: Pearse Rd., tel. 071 916 10 90, www.pearselodge.com, 2 pk incl. ontbijt vanaf € 85. Gastvrij B&B met onberispelijke kamers en goed ontbijt in modern huis.

Eten en drinken

Creatieve, hoogwaardige keuken – **Eala Bhán** 1: Rockwood Parade, tel. 071 914 58 23, dag. 12-15, 17-21.30 uur, hoofdgerecht circa € 23. Fraaie, urbane bistro met donkere vloeren en moderne, perfecte gerechten.
Levendig café/wijnbar – **Osta** 2: Garavogue Weir, off Stephen St., tel. 071 914 46 39, ma.-wo. 8-19, do.-za. 8-20, zo. 9-17 uur. Van ontbijt tot soepen, quiches, salades, tapas; met uitzicht op de rivier.

Actief

Golf – **County Sligo Golf Club** 1: Rosses Point, tel. 071 917 71 86, www.countysligogolfclub.ie. Greenfees vanaf € 125. Championshipbaan in de duinen, 18 en 9 holes.
Wellness – **Voya Seaweed Baths** 2: Strandhill (6 km ten westen van Sligo), tel. 071 916 86 86, www.voyaseaweedbaths.com, dag. 10-20 uur, bad en stoombad voor 2 pers. € 55. Zeewater- en zeewierbad, massage.
Eco-wellness – **Ard Nahoo** 3: Mullagh, Dromohair (3 km ten zuiden van Parke's Castle), tel. 071 913 49 39, www.ardnahoo.com, twee nachten vanaf € 250. Een- of meerdaagse yogacursussen, overnachten in ecohuisjes.
Surfen – **Perfect Day Surf School & Shop** 4: Strandhill (6 km ten westen van Sligo), tel. 087 202 93 99, www.perfectdaysurfing.com. School en verhuur.
Fietsverhuur, avontuurlijke sporten en meer – **Wild Atlantic Ways** 5: langs de N4, tel. 085 88 88 181, www.wildatlanticways.ie. Fiets € 20, e-bike € 30 per dag. Kayakken, stand up paddling, mountainbiken en veel meer. Verder tours per minibus door Sligo County en pub- en spooktochten door Sligo Town.
Boottocht – **Rose of Innisfree** 6: Parke's Castle, tel. 071 916 42 66, www.roseofinnisfree.com. Pasen-okt. dag.

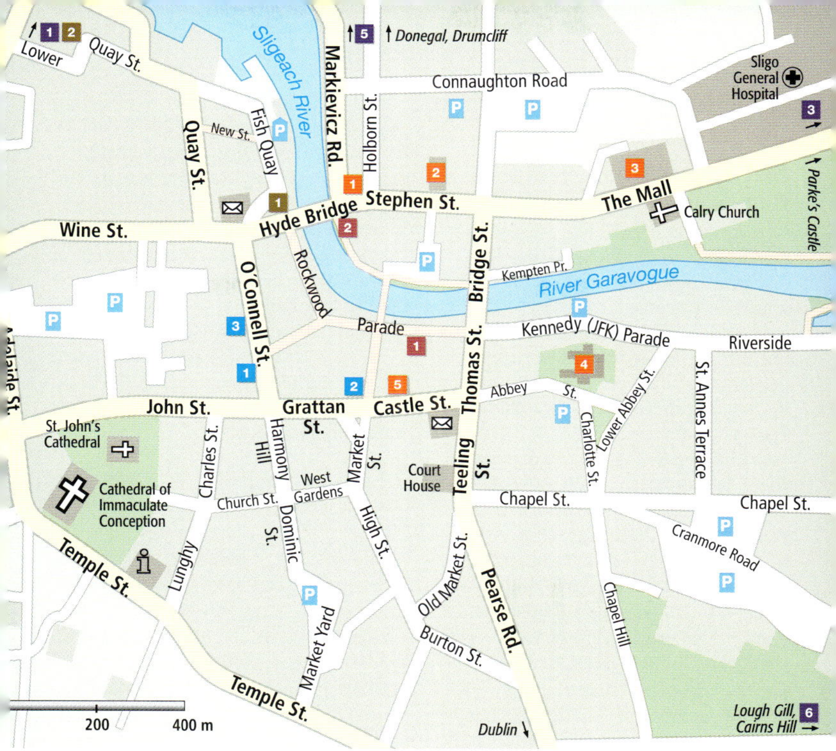

12.30, 15.30 uur, € 15, ook avondtochten op Lough Gill.

Uitgaan

Al generaties lang – **Hargadon´s** 1: 4&5 O´Connell St., ma.-za. 11/zo. 18 uur *till closing*, zo. geen eten, hoofdgerecht vanaf € 11. Legendarische pub: plavuizen vloeren, houten lambrisering, stenen bierpullen, gezelligheid uit 1864. Zeer goed eten.

Gezellige pubgrot – **Shoot the Crows** 2: Castle St., dag. 14-23.30 uur. Al een eeuwigheid niet veranderde pub, lange, smalle ruimte met stenen vloer, di. en wo. folkmuziek.

Intiem en relaxed – **McGarrigles** 3: 11 O´Connell St., ma.-do. 12-0.30, vr./za. 12-2.30, zo. 15-1.30 uur, 's middags *pub grub*. Op de eerste verdieping livemuziek tussen traditioneel en bluegrass, beneden vriendelijke, drukbezochte pub.

Info en evenementen

Tourist Information: O'Connell St., tel. 071 916 12 01, juni-sept. ma.-za. 10-18, okt.-mei ma.-vr. 10-17 uur, informatie op www.sligotourism.ie.

Verkeer

Trein: McDiarmada Station, Lord Edward St., tel. 071 916 98 88, eindstation, noordelijker ligt geen spoor meer; meerdere treinen per dag via Boyle en Carrick-on-Shannon naar Dublin.

Bus: Knappagh Rd., tel. 071 916 00 66, meerdere bussen per dag naar Ballina, Westport en Dublin.

Tip

Yeats Tavern – spijs en drank voor de hele familie

Deze klassieke Road Side Tavern 1 km ten zuiden van Drumcliff aan de N15 draagt de naam van de beroemde plaatselijke dichter en gaat daar zeer humorvol mee om. Bij de ingang hangt naast een aquarium een grappige serie schilderijen over Yeats' pech met vrouwen. De zeer diverse, in decent eigentijds design gestoken vertrekken van dit reusachtige gebouw worden druk bezocht. Er worden familiefeesten gehouden, de kids hebben een eigen menu. Voor de volwassenen zijn er natuurlijk steaks, burgers en Caesar salad, maar ook Aziatisch geïnspireerde, moderne gerechten als Thaise krab, vegetarische pasta en fantasierijke vis- en kipgerechten (Drumcliff Bridge, tel. 071 916 31 17, ma.-za. 9.30-21.30, zo. 12-21 uur, hoofdgerecht circa € 15-20, kindermenu circa € 10, ook om mee te nemen, grote sandwichkaart voor de kleine trek).

Evenement

Yeats International Summer School: eind juli/begin aug., tel. 071 914 26 93, www.yeats-sligo.com: zomerschool met lezingen, concerten en rondleidingen met het doel Sligo een grotere bekendheid te geven, zoals dat in het geval van Shakespeare is gebeurd met Stratford-on-Avon.

Drumcliff ▶ D 3

Op het dorpskerkhof bevindt zich het graf van William Butler Yeats, meteen links naast de ingang van de kerk. Het draagt misschien wel het meest gelaten, maar misschien ook het kilste, door Yeats zelf gedichte grafschrift: 'Cast a cold Eye/On Life, on Death./Horseman, pass by.' (Werp een kille blik/op het leven, op de dood./Ruiter, ga voorbij).

Van het in 575 door de heilige Columbkille gestichte klooster resteren nog een kwart van de ronde toren en het hoogkruis van rond het jaar 1000, dat de voor die late periode kenmerkende weinige, maar groot uitgevallen taferelen toont – Adam en Eva, Kaïn en Abel en veel fantasiedieren. Rechts van de N15 verheffen zich de ongelooflijk groene hellingen van de fabelachtige tafelberg Benbulben.

Overnachten

Super B & B – **Serenity:** Doonierin, Kintogher, circa 5 km ten noordwesten van Sligo, tel. 071 914 33 51, www.serenitysligo.com, 2 pk incl. ontbijt € 70-80. Wat een uitzicht over het gazon van dit moderne huis op de Benbulben en de baai! Kamers met antieke meubels van mahonie, ontbijt in de wintertuin, vriendelijke, persoonlijke ontvangst. Mr. Kelly geeft graag informatie over een tour rond Lough Gill.

Knocknarea ▶ D 3

Ongeveer 3 km ten westen van Carrowmore begint op de parkeerplaats van Grange North het bewegwijzerde voetpad omhoog naar Miosgán Meadhbha (30 min.), het vermoedelijke graf van de machtige koningin Maeve. Weids is het uitzicht rondom over het groene weidelandschap tot de blauwe baai, op de Benbulben en op Sligo. Het ganggraf onder de reusachtige stenen heuvel van circa 60 m doorsnede stamt uit ongeveer 3200 v.Chr. en is nog niet uitgegraven. Vergeet niet voor Maeve een steen van beneden mee te nemen en op de cairn te leggen, het brengt geluk.

Favoriet

Megalietbegraafplaats in de overtreffende trap: Carrowkeel ▶ D 4

Heideveen, wind, eenzaamheid. Het 360°-panorama vanaf het plateau behoort tot Ierlands mooiste. Rondom zijn de grafheuvels op de kammen van de Bricklieve Mountains te herkennen. De drie nog volledig intacte cairns van Carrowkeel zijn vijfduizend jaar oud, ze dateren dus van het einde van de jonge steentijd. De ganggraven kunt u binnenkruipen – als u erin slaagt uzelf een beetje dun te maken, maar in de donkere grafkamers kunt u rechtop staan (route: 4,5 km van de N4, bewegwijzerd, laatste stuk steenslagweg door de bergen, maar met personenauto te doen, circa één uur te voet).

County Donegal

Donegal Town ▶ D 2

De ongeveer 3000 inwoners tellende hoofdstad van het gelijknamige graafschap heet in het Gaelisch Dún na nGall, 'Vesting der Vreemden' – bedoeld worden de Vikingen. Donegal is de hoofdstad van de tweedindustrie. Deze grove wollen stof wordt door Ierse modeontwerpers als Paul Costelloe en door internationale als Versace ingekocht voor hun collecties. Monniken van de aan zee gelegen Franciscanenabdij, waarvan slechts een ruïne resteert, legden vanaf 1622 de vroege Ierse geschiedenis schriftelijk vast in de *Annals of the Four Masters*. Op het drukke centrale plein The Diamond herinnert een obelisk aan deze historische mijlpaal.

Donegal Castle

Half mrt.-half sept. dag. 10-18, half sept.-half mrt. do.-ma. 9.30-16.30 uur, € 4

Een paar stappen van het plein vandaan verheft zich boven de rotsige oever van een riviertje de 15e-eeuwse burcht van de O'Donnells. Red Hugh O'Donnell, de laatste Tyrconnell, brandde **Donegal Castle** in 1595 plat, zodat het niet in handen van de Engelsen viel. Het huidige complex stamt grotendeels uit de 17e eeuw, toen aan wooncomfort al enige waarde werd gehecht. Bijzonder fraai gerestaureerd – met een prachtige renaissanceschouw – is de grote zaal. Tijdens een bezoek wandelt u in het spoor van illustere gasten, want in mei 2016 bezochten de Prince of Wales en de Duchess of Cornwall de burcht.

Overnachten

Luxe-B&B – **Donegal Manor:** Clar Rd. (1,5 km ten noorden van Donegal Town), tel. 074 972 52 22, www.donegalmanor.com, 2 pk incl. ontbijt vanaf € 99. Nieuw pand met ruime, in warme tinten geverfde kamers met veel comfort, kookcursussen.

Lila badkamer – **Donegal Town Independent Hostel:** Killybegs Rd., tel. 073 972 28 05, www.donegaltownhostel.com, slaapzaal € 17, 2 pk vanaf € 42. Vriendelijk en schoon.

Eten en drinken

Gourmetcafé – **Aroma:** Donegal Craft Village (zie hierna onder Winkelen), tel. 074 972 32 22, ma.-za. 9.30-17.30 uur, lunch € 17. Taart en dagschotels geserveerd op leisteen – een enorm succes.

Prettige plattelandspub – **Olde Castle Bar:** Tirconnell St., tel. 074 972 12 62, www.oldecastlebar.com, dag. vanaf 12 uur tot laat, hoofdgerecht circa € 20. Uit natuursteen opgetrokken pand met rustiek interieur, beroemd om zijn seafood.

Winkelen

Kunstnijverheidsdorp – **Donegal Craft Village:** 2 km ten zuiden van Donegal Town aan Sligo Rd., zomer ma.-za./winter di.-za. 10-17 uur, www.donegalcraftvillage.com. Kwalitatief hoogstaand kunsthandwerk, Keltische sieraden, sculpturen van moerashout.

Tweed – **Magee's:** The Diamond, ma.-za. 10-18, zo. 14-18 uur. Al van oudsher bestaande zaak, weefdemonstraties; café.

Actief

Fietsverhuur – **Bike Shop:** Waterloo Pl., tel. 074 972 25 15. Per dag € 20.

Zwemmen en surfen – **Rossnowlagh:** 10 km ten zuiden van Donegal Town,

5 km lang zandstrand met Blauwe Vlag en surfmogelijkheid.
Boottocht – **Donegal Bay Waterbus:** Pier, tel. 074 972 36 66, www.donegal baywaterbus.com, € 20. Boottocht van ruim een uur rond de baai langs burcht-ruïnes en zeehonden.
Rotsklimmen – **Unique Ascent:** Tullaghobegley Irish, Falcarragh, tel. 0877/58 48 10, www.uniqueascent.ie. Klimmen op seacliffs, ook in de winter, in heel County Donegal.

Info en evenementen

Tourist Information: The Quay, tel. 074 972 11 48, www.donegaltown.ie, sept.-mei ma.-vr. 9-17, za. 11-17, juni-aug. ma.-za. 9-17.30, zo. 10-16 uur.
Bus: The Diamond. Bus Éireann, tel. 074 913 10 08, meerdere bussen per dag naar Killybegs, Sligo, Galway en Dublin.
Ballyshannon Folk Festival: begin aug., 20 km ten zuiden van Donegal Town, een van Ierlands grootste en beroemdste folkfestivals, informatie op http://ballyshannonfolkfestival.com.

Killybegs ▶ D 2

Vanuit een van Ierlands modernste visserijhavens vissen logge kotters, maar ook met de nieuwste technologie uitgeruste vissersboten op makreel en haring. Daarnaast vormen enkele scheepswerven en het toerisme de middelen van bestaan voor de circa 1300 inwoners van Killybegs. De visveiling tegen 10 uur in de markthal is een hectisch gebeuren, daarna drinken de vissers in de bars aan de haven op de vangst. De zachtwollige, bontgekleurde Donegal Carpets waarom de plaats bekend is, sieren onder meer de vloeren van Dublin Castle, Buckingham Palace en het Witte Huis.

Overnachten

Knus landhuis – **Castle Murray House Hotel:** Dunkineely (8 km ten oosten van Donegal Town), tel. 074 973 70 22, www.castlemurray.com, 2 pk incl. ontbijt vanaf € 120, hoofdgerecht € 29. De ligging boven MySwyne's Bay met uitzicht op de 's avonds verlichte burcht-ruïne: mooier kan het bijna niet. Alle kamers verschillend ingericht, fantastisch seafood.

Actief

Zeevissen – **Brian McGilloway:** The Harbour, tel. 087 220 09 82, www.killybegsangling.com.

Slieve League ▶ D 2

Het landschap ten westen van Killybegs wordt bergachtiger en culmineert in een dramatisch kliffenlandschap. Tot een hoogte van 601 m verheft zich het uit kwartsiet bestaande Slieve-League-amfitheater. Een onbeduidend weggetje slingert zich vanuit het plaatsje Teelin (bord 'Bunglass-The Cliffs') omhoog naar een uitzichtpunt.

▷ blz. 254

Op bezoek in Donegals privétuinen

Op de website www.donegalgarden trail.com staan privétuinen met openingstijden in het hele graafschap, die tegen betaling kunnen worden bezichtigd. Bij **Salthill House** is bijvoorbeeld de ommuurde tuin met uitzicht op Donegal Bay de attractie of bij Hotel **Rathmullan House** de eveneens ommuurde keukentuin.

Kliffenwandeling

Op stevige schoenen loopt u vanaf de met een bord aangegeven parkeerplaats aan de voet van de kliffen steeds omhoog over heide en rotsen. Omdat het pad steeds over of achter de kam van de kliffen loopt, is het ook voor mensen met hoogtevrees relatief veilig – tot u na circa twee uur het hoogste punt van de kliffen en het lastige One Man's Path bereikt, waar het terrein naar beide kanten steil afloopt. Pas op, vooral bij harde wind!

Eten en drinken

Gezellig Café Tí Linn – **Slieve League Cultural Centre:** Teelin, Carrick, tel. 087 770 63 34, www.slieveleaguecliffs.ie, mrt.-nov. dag. 10.30-17.30 uur. Plaatselijk beroemde kookkunst (wraps, taarten, Ierse keuken, seafood), en verder smaakvolle kunstnijverheidsproducten en toeristische informatie aan de voet van de kliffen.

Winkelen

Handenarbeid – **Studio Donegal:** Glebe Mill, Kilcar, www.studiodonegal.ie, ma.-vr. 9-17.30, za. 9.30-17 uur. Hier wordt wol gesponnen en geweven.

Met de bus door West-Donegal

Van ma.-za. kunt u een keer per dag een busrondrit maken vanuit Glencolumbkille: de bus rijdt een route via Carrick, Kilcar, Killybegs, Ardara, Glenties en Fintown en terug naar Glencolumbkille (McGeehan, tel. 074 954 61 50, www.mcgeehancoaches.com, voor dienstregeling zie: www.buseireann.ie).

Glencolumbkille ▶ D 2

Dit plaatsje is het hart van het bijna onbewoonde, woest romantische Gaeltachtgebied. De lokale priester Father McDyer stond in de jaren 50 van de vorige eeuw aan de wieg van de plaatselijke kunstnijverheidstraditie en gaf de mensen hier weer een perspectief.

Ooit stichtte de heilige Columbkille hier een klooster. Daarvan getuigen over de circa 5 km lengte van het dal verspreide stenen met geometrische en kruismotieven. Op 9 juni, de feestdag van de heilige, komen de gelovigen voor een zware, vier uur durende pelgrimstocht naar het dal. De dertien staties worden diverse keren omcirkeld en aan de voet van de stenen zuilen wordt een ronde kiezel neergelegd. Op de stenen plaat St. Colmkille's Bed moeten de deelnemers zich liggend driemaal om hun eigen as draaien. Naar de heilige bron Colmkille's Well moeten drie hoofdgrote stenen worden meegebracht waarover drie druppels bronwater worden uitgegoten als symbool voor de Drievuldigheid – pure magie.

An Turas (De Reis) is ook de moeite waard voor kunstpelgrims en wandelaars, want er worden veel megalithische en vroegchristelijke monumenten in het dal gepasseerd. De Drum Loop (13 km, kleine vier uur) en de kortere Tower Loop (zie hiernaast) beginnen bij Ionad Siúl Walking Centre.

Folk Village Museum An Cláchán

www.glenfolkvillage.com, Pasen-sept. ma.-za. 10-18, zo. 12-18 uur, € 4,50

Openluchtmuseum met rietgedekte cottages uit verschillende perioden. U krijgt een levendig beeld van het harde dagelijkse leven in vroeger tijden. In de *craft shop* is onder andere fuchsia- en zeewierwijn te koop; folkloreavonden.

Winkelen

Met de hand gebreid – Glencolumbcille Woollen Mill: Malin More Valley, circa 5 km ten zuiden van Glencolumbkille, www.rossanknitwear.ie, ma.-za. 10-18 uur. Truien, vesten, sjaals.

Wandeling Tower Loop

Matig zware rondwandeling, lengte: circa 10 km, duur: 2,5 à 3 uur, stijging: 260 m, markering: blauwe pijlen, begin/einde: Ionad Siúl Walking Centre

Achter het **Walking Centre** volgt u de blauwe (en rode) pijlen richting 'Tobar Cholmcille'. Na 100 m buigt u af naar links en 400 m verder houdt u bij een driesprong weer links aan. Over een klein weggetje loopt u omhoog naar de **Bíofán Farm.** Na circa 2 km verlaat u de geasfalteerde weg bij een metalen hek en vervolgt uw weg over een stenig bergpad. Hier is een kleine omweg bergop naar de bewegwijzerde **St. Columbkille's Well** de moeite waard. Votiefgiften als kruisen, ringen, rozenkransen en lapjes stof rond de met ruwe stenen gebouwde bron getuigen van voortdurend bezoek aan de heilige plaats. U hebt hier een mooi uitzicht op Glencolumbkille en het zandstrand langs de baai van Skelpoonagh.

Weer terug op de Loop gaat het meteen steil bergop. Na 2 km kunt u linksaf een stijgend pad op naar de 'Túr', een aan het begin van de 19e eeuw tegen de gevreesde invasie van Napoleons troepen gebouwde **signaaltoren** (Signal Tower) met fraaie uitzichten (ongeveer 40 min. en 160 m stijging extra). Terug op de Loop klimt u over een bergrug omhoog, deels over een moeilijk te herkennen pad, en daalt vervolgens af naar een smalle asfaltweg waar u, steeds de blauwe pijlen volgend,

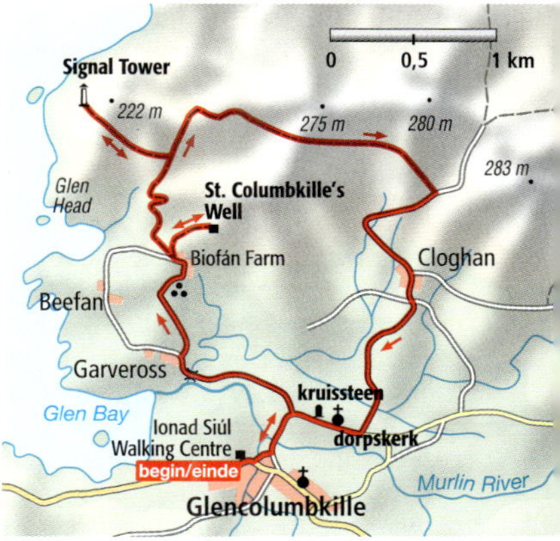

Wandeling Tower Loop

links bergaf aanhoudt. Tijdens de afdaling door turfveen en heide krijgt u bij goed weer mooie uitzichten naar het zuiden tot aan de kliffen van Slieve League. Over kleine weggetjes gaat het verder bergafwaarts, bij een T-kruising gaat u rechts, passeert de **dorpskerk** en een vroeg-middeleeuwse **kruissteen** en bereikt het startpunt.

Ardara ▶ D 2

Een weggetje voert via het grandioze amfitheater van de bijna alpiene Glengeshpas naar het kleurige Ardara met zijn vele tweed- en souvenirwinkels en het Ardara Heritage Centre met als hoofdthema tweed (Pasen-sept. ma.-za. 10-18, zo. 14-18 uur, € 4).

Eten en drinken

Schoolvoorbeeld van een Ierse pub – Nancy's: Front St., ma.-do. 10.30-23.30, vr./za. 10.30-0.30, zo. 12.30-23 uur. Al zeven generaties lang staat de familie McHugh in dienst van de gast. In de labyrintachtige pub wordt stevig eten, vooral seafood, geserveerd en iedere zaterdagavond livemuziek gespeeld.

Atlantic Drive

De kustweg Atlantic Drive biedt dramatische uitzichten op de kust van Donegal met zijn fjordachtige inhammen (eerst de R259 Dungloe, Burtonport, Crolly, een stukje N56, R258/259 Gweedore, Bunbeg, Brinlack, Gortahork, dan de N56 Dunfanaghy, Creeslough).

Borden in het Gaelisch laten zien dat u hier in het Gaeltachtgebied bent, de talrijke vakantiehuizen dat dit een populair vakantiegebied is.

Gweedore ▶ D 1

The Rosses is een verlaten landschap van water en land met talloze meertjes, stenen en zandstranden. Gweedore, het centrum van dit gebied, kreeg bekendheid door de band Clannad (zie Uitgaan).

Tory Island ▶ D 1

Vanuit Bunbeg varen veerboten naar Tory Island, een ongeveer 14 km uit de kust gelegen eiland. De 160 bewoners hadden in 1970 naar het vasteland moeten verhuizen omdat Dublin het eiland als onbewoonbaar beschouwde. Ze verzetten zich echter met succes en leven nog steeds van de verkoop van kunstnijverheid en kleinschalig toerisme. De handige website www.donegalislands.com geeft informatie over zeven andere kleine eilanden voor de kust, zoals Inishbofin of Gola.

Bloody Foreland ▶ D 1

Deze kaap, een beroemd uitzichtpunt, bestaat uit 'bloedig' rood graniet. Critici noemen het gebied met zijn verstrooide vakantiehuizennederzettingen afkeurend 'Legoland'.

Dunfanaghy ▶ E 1

Authentieker is het donker granieten Horn Head ten noorden van het leuke, kleine Dunfanaghy. Langs de 200 m hoog uit zee oprijzende kliffen is het prachtig wandelen, ontelbare zeevogels krijsen en lege zandstranden als Tramore Beach lokken.

Doe Castle ▶ E 1

Doe Castle, aan de zuidkant van Sheephaven Bay, wordt aan drie kanten door de zee, en aan de landzijde door een uit de rots gehouwen gracht beschermd. De in de 16e eeuw door de invloedrijke Mac-Sweeneyclan gebouwde burcht bij

Fintown Railway

Een rit met de historische smalspoortrein 'Railcar 18' is niet alleen een belevenis voor treinliefhebbers, maar ook voor wie het landelijke, enigszins afgelegen Ierland wil ontdekken. Zes mijl tuft de wit-rode dieselwagon langs de oever van Loch Finn. Ongerepte heuvel-, veen- en weidelandschappen trekken gedurende veertig minuten aan uw oog voorbij. An Mhuc Dhubh heet de trein in het Gaelisch, vertaald 'Het Zwarte Zwijn'. Zo noemden de streekbewoners het donkere wolken uitblazende monster van moderne techniek dat in de late 19e eeuw in de gedaante van een stoomlocomotief zijn intrede deed in Donegals veenwereld. De legendarische County Donegal Railways vervoerden aardappels, schapen, wol en mensen, tot ze in de jaren 50 uit rentabiliteitsoverwegingen werden opgeheven. Plaatselijke initiatieven bewerkstelligden de heropening op dit toeristisch interessante traject (Fintown Railway, Fintown, tel. 074 954 62 80, www.antraen.com, vertrek steeds op het hele uur: juni-12 sept. ma.-za. 11-16, zo. 13-17 uur, € 8).

Creeslough werd nog tot het midden van de 19e eeuw bewoond.

Overnachten en eten

Restaurant with Rooms – **The Mill Restaurant:** Dunfanaghy, tel. 074 913 69 85, www.themillrestaurant.com, mei-sept. di.-zo., in voor- en naseizoen beperkt geopend, 2 pk incl. ontbijt vanaf € 100, diner circa € 45. Tot 1990 leefde de grootvader van de gastheer, een bekende aquarelschilder, in de voormalige graanmolen. Nu overnachten gasten er in comfortabele, tijdloze kamers en genieten van de fijnproeverskeuken, waarvan de ingrediënten van lokale producenten stammen (geitenvlees uit Horn Head!). En ze genieten van de heerlijke ligging aan het New Lake.

Super camping – **Wild Atlantic Camp:** Main St., Creeslough, tel. 074 913 84 00, www.wildatlanticcamp.ie, staanplaats € 25, houten pod € 60. Gezellige tonvormige houten huisjes of grote Bell Tents; fietsverhuur.

Winkelen

Galerie – **Dunfanaghy Gallery:** Figart, Dunfanaghy, ma.-za. 10-18 uur. Moderne kunst in aquarel en olieverf.

Actief

Boottocht – **Donegal Coastal Cruises:** tel. 074 953 13 20, www.toryislandferry.com, dag. naar Tory Island vanaf Bunbeg, vanaf Magheroarty minstens 2 keer per dag.; toeristische kusttochten.

Golf – **Dunfanaghy Golf Club:** tel. 074 913 63 35, www.dunfanaghygolfclub.com. Greenfees vanaf € 20. Spectaculaire 18-holesbaan in de duinen.

Paardrijden – **Dunfanaghy Stables:** Main St., tel. 074 910 09 80, www.dunfanaghystables.com. Ritten, ook voor beginners, vanaf € 32.

Uitgaan

De Clannadclan – **Leo's Tavern:** Meenaleck (3 km ten zuiden van Gweedore), www.leostavern.com, ma.-vr. 16-0, za. 12-24, zo. 13-23.30, keuken tot 20.45 uur, hoofdgerecht circa € 11. Hier, in de ouderlijke pub van de Brennans, begonnen in 1970 Clannad en in de jaren 80 van de vorige eeuw hun 'kleine zusje' Eithne alias Enya hun muzikale wereldcarrière. Aan de muren platen van alle edelmetalen van de succesvolle kinderen. Broer Bartley heeft de zaak na veertig jaar overgenomen en niet te opvallend gemoderniseerd. Een centrum voor livemuziek – met een beetje geluk speelt zelfs Papa Leo mee.

In het binnenland

De R251 oostelijk van Gweedore voert u het schrale, onherbergzame maar voor wandelen geschikte binnenland in: tussen onbegaanbare rotshellingen met hoogveen en bergmeren door naar **Errigal Mountain** (752 m), een kale kwartsietkegel die zijn markante vorm dankt aan ijstijdgletsjers, en verder naar de tafelberg **Muckish Mountain** (670 m). Tussen de dramatische rotsen van de Poisoned Glen, die vanaf diverse uitzichtpunten langs de R251 te zien is, schijnt de geest van The Green Lady rond te waren.

Glenveagh National Park ✸ ▶ D/E 1/2

Churchill, Letterkenny, www.glenveaghnationalpark.ie, dag. mrt.-okt. 9-18, nov.-mrt. 9-17 uur; kasteel met

Getemde natuur te midden van de ruige bergwereld – de tuin van Glenveagh Castle

rondleiding: € 5, park en bezoekerscentrum: toegang gratis; bus van de parkeerplaats naar het kasteel: € 3
Rond Lough Veagh, dat zich over een lengte van 5 km uitstrekt in een gletsjerdal, rijzen de meestal met een roodbruin en groen tapijt van heide en gras bedekte hellingen van de Derryveagh Mountains op. Ook Errigal Mountain behoort tot het nationaal park, dat bij elkaar 16.000 ha groot is. Heel Ierland was trots op Eddie the Eagle, de in 2008 uit het ei gekropen steenarend, de eerste sinds deze roofvogels in 2001 weer in het park werden uitgezet.

In het **bezoekerscentrum** met zijn dak van mos wordt uitleg gegeven over flora, fauna en geologie. Van hieruit voeren gemarkeerde paden het park in – de routes variëren van makkelijke korte wandelingen tot stevige tochten van enkele uren. Erg mooi zijn de paden langs het meer.

Drie kilometer van het bezoekerscentrum ligt het in de jaren 1867-1873 gebouwde **Glenveagh Castle.** Het slot, in de van kantelen en torentjes houdende Schotse baronialstijl, is compleet met het originele interieur behouden gebleven. De tuinen, vooral de in augustus mooie, ommuurde victoriaanse tuin, vormen een verbazingwekkend contrast met de ruige bergwereld eromheen.

Glebe House and Gallery ▶ E 1

Churchill, Letterkenny, Pasen dag., juni-sept. za.-do., juli/aug. dag. 11-18.30 uur, huis € 4, galerie toegang gratis
Dit door een uitgestrekt landschapspark omgeven landhuis in regencystijl (vroege 19e eeuw) werd bewoond door de in 2000 overleden Engelse schilder Derek Hill. Hij heeft kunst – onder andere naïeve kunst van Tory Island, maar ook van Jack Butler Yeats, Hokusai, Oskar Kokoschka, Pablo Picasso en eigen werk – en kitsch verzameld en versmolten tot een eigenzinnig *Gesamtkunstwerk* inclusief William-Morrisbehang.

Overnachten

Vergeet het begrip jeugdherberg – **Errigal Hostel:** Dunlewy (aan de R251), tel. 074 953 11 80, http://anoige.ie, mrt.-okt., slaapzaal vanaf € 14, 2 pk € 42-50. In 2007 geopend tophostel, licht, met veel glas en ingericht met grenen meubelen, zeer moderne hostelinrichting, direct aan de voet van Errigal Mountain.

Actief

Alles in een – **Dunlewy Lakeside Centre:** Dunlewy, tel. 074 953 16 99, www.dunleweycentre.com, apr.-okt. dag. 10.30-16.30 uur. Boottochten met sprookjesverteller, ponyrijden, avonturenspeeltuin, aaidierentuin en tal van wandelroutes (informatie over de beklimming van Errigal Mountain). Te bezichtigen is de cottage van de beroemde wever Manus Ferry. Weefdemonstraties, souvenirshop en rustiek restaurant.

Letterkenny ▶ E 2

Dit snel groeiende economisch centrum in het noordwesten (circa 20.000 inwoners) loopt in de weekenden vol met bezoekers uit Noord-Ierland en is wegens zijn – in hoofdzaak uit zakenhotels bestaande – infrastructuur geschikt als standplaats in het noordwesten.

Overnachten

Veel B&B's aan Derry Rd., bijvoorbeeld Burndale, http://burndale.com.
Stijlvol – **Castlegrove Country House:** Ramelton Rd., Ballymaleel (5 km ten noorden van Letterkenny), tel. 074 915 11 18, www.castlegrove.com, 2 pk incl. ontbijt vanaf € 90. Herenhuis uit 1695, enorm park, in de 19e eeuw aangelegd door de landschapsarchitect Capability Brown. Kamers met antieke meubels en baldakijnbedden, restaurant met ingrediënten uit eigen tuin.

Eten en drinken

Letterkenny's beste – **Yellow Pepper:** 36 Lower Main St., tel. 074 912 41 33, dag. 12-22 uur, steak of seafood circa € 21. Moderne, lichte ruimte met victoriaanse gietijzeren zuilen. Overdag salades, baguettes enzovoort, 's avonds ongecompliceerde bistrogerechten met bio-ingrediënten.

Actief

Golf – **Letterkenny Golf Club:** Letterkenny, tel. 074 912 11 50, www.letterkennygolfclub.com. Aan de oever van Loch Swilly, green fees € 20-30.

Uitgaan

Theater van het noorden – **Grianán Theatre:** Port Rd., tel. 074 912 07 77, www.angrianan.com. Een van de modernste podia van Ierland, het accent ligt op regionale stukken. Er zijn exposities en er is een leuk café.

Info

Tourist Information: Neil T. Blaney Rd., tel. 074 912 11 60, www.letterkennyguide.com, ma.-vr. 9-17, juni-aug. ook za./zo. 12-15 uur.
Bus: busstation bij de Station Roundabout, tel. 074 912 13 09, meerdere bussen per dag naar onder andere Dublin, Galway, Sligo en Donegal.

Greencastle op Inishowen leeft van de visserij

Schiereiland Inishowen

Inishowen, het noordelijkste puntje van het noorden, is echt iets bijzonders. Derry, Donegals voormalige metropool, is maar een steenworp, maar toch eindeloos ver van dit afgelegen schiereiland verwijderd. De rijkdom aan vroegchristelijke kruisen zal kunstliefhebbers beslist ontroeren.

Grianán of Aileách ▶ E 1

Een indrukwekkender uitzicht op Lough Foyle en Lough Swilly, de zeearmen die Inishowen omsluiten, bestaat niet: majestueus verheft het *stone fort*, het 'zonnepaleis' uit Oudierse legenden, zich op een heuveltop. Het ringvormige complex met zijn 4 m dikke en 5 m hoge muren dateert vermoedelijk van de 1e/2e eeuw, ofschoon het wordt omgeven door aarden wallen uit de ijzertijd. Het werd in 1870 ingrijpend gereconstrueerd.

De oostkust ▶ E 1

Op de romantische begraafplaats van **Fahan** staat een met reliëfs versierde kruissteen uit de 7e eeuw. Is een van de twee archaïsche figuren op de westelijke zijde de kloosterstichter Mura?

Greencastle is een commerciële visserijhaven; in de plaats staat nog een burchtruïne uit de 14e eeuw.

De kustweg van Moville in het oosten naar **Muff** biedt prachtige uitzichten.

Carndonagh ▶ E 1

Ierlands oudste hoogkruis, **Donagh Cross**, stamt volgens sommigen uit de 7e, volgens anderen uit de 9e eeuw. De ineengestrengelde motieven en de archaïsche, in steen gekraste figuren doen

in ieder geval denken aan het in 650 geschreven *Book of Durrow*. Het tweeënhalve meter hoge kruis wordt geflankeerd door twee kleine stenen met reliëfs. U ontdekt een vogel en een vis, David en Goliath, een geestelijke met een staf en een mysterieuze hamerdragende gestalte met hoorns of ezelsoren.

Malin Head ▶ E 1

Voorbij het door duinen geflankeerde strand Five Fingers bereikt u de noordelijkste punt van Ierland. Een signaaltoren, door wind opgezweepte golven en verweerde rotsen geven u het gevoel aan het einde van de wereld te zijn beland.

De westkust ▶ F 1

Voorbij het slaperige **Culdaff** kunt u bij de kerkruïne van **Clonca** een slank hoogkruis met eigenaardige leeuwen aan de westkant en het curieuze graf van de Schot Magnus MacOrristin bekijken, dat wordt gesierd door een zwaard en een hurlingstick(!).

Oostelijk daarvan verheffen zich in een veld de dertig stenen van de **Bocansteenkring** uit de vroege bronstijd.

Buncrana bezit een *tower house* uit de vroege 17e eeuw en pubs en stranden.

Overnachten, eten

Donegal at its best – **McGrory's:** Culdaff, tel. 074 937 91 04, www.mcgrorys.ie, 2 pk vanaf € 99, hoofdgerecht in het restaurant € 15-25, in de bar € 9-15. McGrory's is een instituut: een traditionele zaak in rood en zwart met comfortabele kamers in warme tinten, in de keuken het beste van lokale producenten, een traditionele bar met ruwstenen muren en een open haard. In de legendarische Back Room Bar traden en treden de groten uit de muziekscene op, van rock tot traditioneel. En steeds weer wordt er ook heavy metal gespeeld.

Aan het strand – **The Beach House:** The Pier, Swilly Rd., Buncrana, tel. 074 936 10 50, za., zo. 12.30-16, do.-zo. 17-22 uur, hoofdgerecht, zoals 'chique Fish & Chips', € 18,95. Mooi restaurant met eigentijdse gerechten van lokale producten. Na het eten een strandwandeling.

Ierlands noordelijkste café staat op wielen – **Caffe Banba:** Pasen-sept., Banba´s Crown, Malin Head. De trendy foodtruck op de stormachtige noordkaap van Inishowen serveert gourmetkoffies en zelfgebakken lekkernijen als bananenbrood en carrot cake.

Info

Tourist Office: Railway Rd., Buncrana, tel. 074 936 26 00, www.visitinishowen.com, mrt.-okt. ma.-za. 9.30-17 uur.

IN EEN OOGOPSLAG

County Meath en het centrale merenplateau

Hoogtepunten

Brú na Bóinne: het landschap langs de Boyne staat op de Werelderfgoedlijst van UNESCO. Een waarlijk mystieke ervaring is een bezoek aan het lange, donkere ganggraf van Newgrange, een van de beroemdste megalietgraven ter wereld. In de grafheuvel van Knowth kunt u kennismaken met de geheimzinnige *megalithic art*. Zie blz. 266.

Clonmacnoise: aan de idyllische oevers van de Shannon verheffen zich de ruïnes van een van Ierlands belangrijkste kloostercomplexen. Kerkjes, ronde torens, grafstenen, ze zitten allemaal boordevol historie, bijvoorbeeld de drie hoogkruisen in het bezoekerscentrum, waaronder het beroemde *Cross of the Scriptures*. Zie blz. 277.

Op ontdekkingsreis

Op jacht naar hoogkruisen: in het charmante stadje Kells werd niet alleen het *Book of Kells* voltooid. Vier hoogkruisen uit de 9e eeuw maken het mogelijk de beeldtaal van deze vroegmiddeleeuwse 'bijbels in steen' grondig te bestuderen. Zie blz. 268.

Turf en kunst aan Lough Boora – in Ierlands veenachtige midden: in de afgegraven en 'gerenatureerde' omgeving van Lough Boora hebben landschapskunstenaars door het veen geïnspireerde kunstwerken in het landschap geplaatst. Zie blz. 282.

Bezienswaardigheden

Monasterboice: het Muiredach Cross is het hoogtepunt uit de Ierse hoogkruiskunst. Zie blz. 265.

Tara: van de legendarische residentie van Ierlands hoge koningen resteren slechts sfeervolle aarden wallen en graven uit de steentijd. Zie blz. 271.

Clonfert: raadselachtige Keltische hoofden sieren het kerkportaal. Zie blz. 280.

Actief

Loughcrew Cairns: wandeling met prachtig uitzicht op megalietgraven. Zie blz. 271.

Carrick-on-Shannon: centrum van het watertoerisme in de Lakelands met jachthaven waar boten te huur zijn voor vrijetijdskapiteins. Zie blz. 274.

Aan Lough Key: boomkruinpad, wandelpaden, bootverhuur, speeltuin, picknickplaatsen enzovoort. Zie blz. 275.

Sfeervol genieten

Snailbox: rustieke Roadside Inn bij Ashbourne met voedzame kost, gegarandeerd gezinsvriendelijk. Zie blz. 265.

The Oarsman: met een topkeuken en een eigentijds rustieke inrichting houdt dit restaurant in Carrick-on-Shannon de culinaire eer van de Lakelands hoog. Zie blz. 274.

Uitgaan

O'Connell's, Skryne: als archetype van een Ierse pub duikt het al jaren op in een kerstcommercial van Guinness – en is het toch bescheiden gebleven. Zie blz. 272.

Sean's Bar, Athlone: of het de oudste pub ter wereld is blijft de vraag. Rustiek, gezellig en vol *craic* is hij zeker. Zie blz. 277.

J.J. Hough: authentiek historisch bolwerk van traditionele muziek, een verborgen juweel van landelijk Ierland in Banagher. Zie blz. 280.

Meren, venen en kloostersteden in Ierlands midden

Meer dan vijfduizend jaar geleden bouwden mensen uit de steentijd in het zacht glooiende, groene weidelandschap aan de River Boyne hun grafpaleizen. Vanuit Tara regeerden de hoge koningen hun eiland, in Monasterboice en Clonmacnoise baden monniken en schiepen er weergaloze kunstwerken. De op zich onspectaculaire graafschappen Meath, Louth, Leitrim, Roscommon, Westmeath en Offaly lokken met een overvloed aan kunsthistorische schatten. Mensen die niets hebben met vissen of varen vinden de Lakelands vaak saai. Het landschap is hier weliswaar vlak, maar heeft toch zijn bekoring, enerzijds door de biotopen langs de oevers van meren en rivieren, anderzijds door de venen met hun unieke flora van wilde orchideeën, wollegras en vleesetende planten. Wel dient te worden vermeld, dat de graafschappen hier in het binnenland niet beschikken over een noemenswaardige keus aan trendy accommodaties, restaurants en winkels – uitzonderingen worden genoemd.

INFO

www.meath.ie/tourism: uitgebreide website van de VVV van het graafschap Meath.
www.discoverireland.ie/places-to-go: officiële website van de Ierse toeristenorganisatie Fáilte Ireland.
www.waterwaysireland.org: alle informatie over Ierlands binnenwateren; Ierland (inclusief Noord-Ierland) is opgedeeld in zeven bevaarbare *waterways*, die bestaan uit (combinaties van) rivieren, kanalen en meren.

Aan de River Boyne

Drogheda ▶ G 5

In 911 gesticht door de Vikingen, is de door de toestroom van forenzen uit Dublin snel gegroeide en bedrijvige provinciestad Drogheda (38.500 inwoners) geen must voor toeristen.

Stadswandeling

Het gebalsemde hoofd van Ierlands enige martelaar, Oliver Plunkett, in 1681 ter dood gebracht en in 1975 door paus Paulus VI heilig verklaard, laat in de neogotische **St. Peter's Church** in West Street zijn tanden zien. De 13e-eeuwse **St. Laurence Gate**, een machtige, uit twee met elkaar verbonden ronde torens bestaande poort, geldt als de mooiste van Ierland.

Highlanes Gallery

St. Laurence Street, www.highlanes.ie, ma.-za. 10.30-17 uur, toegang gratis, gift welkom
Deze supermoderne galerie toont exposities van eigentijdse kunst.

Millmount Museum

Milmount, www.millmount.net, ma.-za. 10-17.30, zo. 14-17 uur, € 5,50
In het aan de stadshistorie gewijde Millmount Museum aan de zuidelijke rivieroever wordt ook de belegering en de meedogenloze verovering van Drogheda door Oliver Cromwell belicht. De Martello Tower in het complex stamt uit de vroege 19e eeuw. Hij werd in de middeleeuwen voorafgegaan door een Noormannenvesting op de heuvel, op de plek waar 3500 jaar geleden mogelijk het graf van de legendarische bard Amergin lag.

Actief

Fietsverhuur – **Quay Cycles:** 11a North Quay, tel. 041 983 45 26, ma.-za. 9.30-18 uur. Vanaf € 12 per dag.
Vissen – **Eastern Regional Fisheries Board:** 15a Main St., Blackrock, Dublin, tel. 01 278 70 22, www.fishingireland.info. Visvergunningen voor de Boyne.

Info

Tourist Information: The Tholsel, West St., tel. 041 987 28 43, www.drogheda.ie, ma.-za. 9.30-17.30 uur. Folder over de Town Trail, de stadswandeling.
Trein: station Dublin Rd., tel. 041 983 87 49, ieder halfuur treinen naar Dublin en Belfast.
Bus: Busstation Donore Rd., tel. 041 983 50 23, ongeveer ieder uur bussen naar Dublin en Dundalk.

Tip

Snailbox – oergezellig uitgaan

Een Roadside Inn uit het boekje: een langgerekt gebouw langs een weg, een labyrint van bars en zalen, allemaal rustiek, met namaakvakwerk, baksteen en houten vloeren. Het trefpunt voor de hele omgeving. De naar men beweert beste steaks in de verre omtrek, visgerechten, salades, een kindermenu, ook minder gebruikelijke dingen als *Thai fish cakes* en geitenkaassalade. Op vrijdag livemuziek (Kilmoon, Ashbourne, terzijde van de N2, 8 km ten zuiden van Duleek, tel. 018 35 42 77, www.snailbox.ie, ma.-za. 12-22, zo. 12-21 uur; ontbijt dag. 10-12 uur; hoofdgerecht circa € 20; 2 pk € 80).

Monasterboice ▶ G 4

Dit klooster, een van de centra van Ierse geleerdheid, werd in 521 gesticht door de heilige Buite en bestond ondanks de veroveringen door de Vikingen tot 1122. Een 30 m hoge **ronde toren** rijst uit boven drie uit zandsteen gehouwen hoogkruisen uit de 10e eeuw: naast het onvoltooide **North Cross** met een kruisigingsscene staat een middeleeuwse zonnewijzer. Waarachtig hoog, namelijk bijna 7 m, bevat het slanke **West** of **Tall Cross** een bijna ongelooflijke hoeveelheid Bijbelse taferelen, in het midden van de oostelijke zijde Christus als Heer der heerscharen, tegen de westelijke zijde de kruisiging.

Het 5,40 m hoge, massieve **Muiredach** of **South Cross** moet worden beschouwd als het hoogtepunt van de Ierse hoogkruiskunst, het in beelden 'sprekende' bijbelkruis. Het dankt zijn naam aan een wij-inscriptie op de westelijke zijde van de sokkel, die luidt dat een zekere Muiredach – vermoedelijk de tweede abt met deze naam, die het klooster leiddde van 887 tot 923 – het kruis liet oprichten: 'Or Do Muiredach Las Ndernad Chrossa'. In de kruisigingsscene tegen de westelijke zijde steunen twee engelen het hoofd van Christus. De oostelijke zijde met het laatste oordeel onderscheidt zich door een grote hoeveelheid kleine figuren die, vooral op de armen van het kruis, bijna abstract-geometrische patronen vormen. Tegen de schacht herkent u onder andere Adam en Eva en Kaïn en Abel. De bovenkant van het kruis heeft de vorm van een kerk met het voor Ierland karakteristieke spitse dak.

Mellifont Abbey ▶ G 5

Tullyallen, Drogheda, www.heritageireland.ie, bezoekerscentrum eind mei-begin sept. dag. 10-18 uur, € 4, daarbuiten toegang gratis

Deze in 1142 gestichte cisterciënzerabdij, de eerste in Ierland, gaf de aanzet voor de hervorming van het Keltische christendom en de aansluiting van Ierland bij het Europese continent. De bouwstijl is dan ook erg 'on-Iers', en beïnvloed door de Noord-Franse gotiek. Van het complex resteren enkele bogen van de kruisgang (rond 1200), de kapittelzaal (14e eeuw) en de helft van de achthoekige lavabo (rond 1200), waar de monniken hun handen wasten voordat ze in de refter gingen eten. Stroomde hier werkelijk honing uit de bron, zoals de Latijnse naam van de abdij doet vermoeden? In het nabijgelegen dorp **Collon** woont weer een cisterciënzergemeenschap, die een boerderij, een tuincentrum en een monastiek gastenverblijf exploiteert (www.mellifontabbey.ie).

Slane ▶ G 5

Een lichte wandeling voert u de heuvel op boven dit in de 18e eeuw planmatig aangelegde en erg fraaie dorp. Op de top van de heuvel, waar nu de ruïne van een 16e-eeuws franciscanenklooster staat, zou in 433 de heilige Patricius, tot ontzetting van de hoge koning en zijn druïden op Tara, op de avond voor Pasen een paasvuur hebben ontstoken – volgens een oeroud heidens gebruik mochten er namelijk in die nacht nergens vuren branden totdat op Tara een nieuw vuur was ontstoken.

Slane Castle

www.slanecastle.ie, rondleidingen eind mei-aug. zo.-do. 12-17 uur, € 7

Vanaf de parkeerplaats bij de brug loopt het oeverpad langs de Boyne stroomopwaarts. Slane Castle, in 1785 gebouwd naar ontwerp van James Gandon, en door Capability Brown omgeven met een landschapspark, werd na een verwoestende brand in 1991 herbouwd – de ironie van de geschiedenis wil, dat U2 hier enkele jaren voor de brand het album *The Unforgettable Fire* had opgenomen. Markies Conyngham, hoewel niet verzekerd, woont nu weer op stand, zoals u zelf kunt constateren. In het park speelden en spelen mega-rockacts als The Rolling Stones, U2, Bryan Adams en Red Hot Chili Peppers.

Overnachten

Landhuisluxe – **Tankardstown House:** Rathkenny, tel. 041 982 46 21, www.tankardstown.ie, 2 pk vanaf € 220, restaurant zo. 12.30-15.30, wo.-zo. 18-20.30/21.30 uur, hoofdgerecht circa € 31, bistro wo. -zo. 11-17 uur, hoofdgerecht circa € 16. Georgiaans landhuis met spa en eigen park.

Actief

Fietsverhuur – **Slane Farm Hostel:** Harlinstown House, 2 km ten westen van Slane, tel. 041 988 49 85, www.slanefarmhostel.ie, slaapzaal € 20, 2 pk € 60. Net, gemoedelijk hostel. U kunt er fietsen lenen, het hostel ligt aan de bewegwijzerde Tain Trail Cycling Route.

Brú na Bóinne Visitor Centre ✸ ▶ G 5

De graven bij Donore zijn alleen met pendelbussen vanaf het bezoekerscentrum bereikbaar: vanwege het beperkte aantal bezoekers dat wordt toegelaten vooraf reserveren of vroeg komen; Newgrange en bezoekerscentrum: dag. nov.-jan. 9-17, feb.-apr., okt. 9.30-17.30, mei, half-eind sept. 9-18.30, juni-half sept. 9-19 uur; Knowth: eind mrt.-okt.; combiticket bezoekers-

Newgrange – reconstructie van een monument uit de steentijd

centrum en beide graven € 11; www.heritageireland.ie, zelfbedieningsrestaurant, Tourist Information; video's van de winterzonnewende op www.newgrange.com/webcast.htm

Newgrange

Newgrange maakt deel uit van een landschap vol prehistorische monumenten (uitvoerige beschrijving zie blz. 45). Door loting krijgen 50 van de ongeveer 35.000(!) geïnteresseerden de kans in het ganggraf de winterzonnewende mee te maken. Voor een bezoek dient u zich aan te melden in het bezoekerscentrum. Dit onopvallend in het landschap ingepaste centrum geeft een beeld van het dagelijks leven en de kunst van de neolithische bouwers van de Boyne-ganggraven. Ze waren kleiner dan de mensen van nu, maar sterk en gewend aan zwaar werk. Ze leden aan artritis en vitaminegebrek en poetsten hun tanden met stokjes en roet.

Knowth

In het tussen 3300 en 2900 v.Chr. gebouwde Knowth bevindt zich het grootste deel van de megalithische krastekeningen, de *megalithic art*, waarom de Boyne-necropool beroemd is. De deels gereconstrueerde grafheuvel met twee ganggraven wordt omgeven door een kring van negentien satellietgraven. Hier schaarde zich misschien het gewone volk rond de clan van de hoofdman – op grond van aangetroffen beenderen wordt de toenmalige bevolking geschat op duizend tot vijftienhonderd personen.

Overnachten

Chique – **Newgrange Lodge:** Donore, tegenover Newgrange, tel. 041 988 24 78, http://anoiege.ie, slaapzaal vanaf € 16, 2 pk vanaf € 49 incl. continentaal ontbijtbuffet. Groot boerenhuis, geslaagde mix van B&B en hostel.

Eten en drinken

Koffie op de boerderij – **Newgrange Farm:** Newgrange, Slane, vlak bij het graf, Pasen-aug. dag. 10-18 uur, www.newgrangefarm.com, € 9. Kinderboerderij, schaapshonddemonstraties, tearoom.

▷ blz. 271

Op jacht naar hoogkruisen in Kells

In het charmante stadje Kells werd niet alleen het *Book of Kells* voltooid. Vier hoogkruisen uit de 9e eeuw, waarvan er drie op een sfeervolle begraafplaats staan, maken een intensieve studie van deze echt Ierse kunstvorm mogelijk.

Kaart: ▶ F 5

Duur: ruim een uur
Praktisch: het Market Cross is te allen tijde toegankelijk, de begraafplaats wordt afgesloten als het donker wordt, overnachten: zie blz. 271.

De kleine driehonderd volledig of deels behouden hoogkruisen zijn een authentiek Ierse kunstvorm. Opgericht tussen de late 8e en de 12e eeuw, bestaan ze uit sokkel, schacht, kruisring, armen en sluitsteen. Vaak zijn ze uit een enkel blok zandsteen gehouwen. Ze markeren nooit een graf, maar een plek voor prediking en gebed. Meestal stonden ze op het terrein van een klooster of markeerden ze de grens ervan. Voor het gros van de mensen dat in die tijd niet kon lezen, fungeerden de voorstellingen van de Bijbelse taferelen en de uitleg die daarbij werd gegeven door de monniken als een soort middeleeuws stripverhaal.

Vroegere standplaats onbekend

Sinds het **Market Cross** een aantal jaren terug door een vrachtauto werd omvergereden, staat dit 3,35 m hoge zandstenen kruis niet meer op het marktplein van Kells, maar bij de splitsing van de wegen R147 en R163. Waar het echter stond toen het net gemaakt was, in de late 9e eeuw, weet men niet. Maar noch het feit dat de Britten er in 1798 rebellen aan ophingen, noch de hopelijk nu door een afdak tot staan gebrachte erosie doen wezenlijk afbreuk aan de schoonheid van de bijna volplastisch uitgehouwen figuren en de rijkdom aan afbeeldingen.

Bijbels beeldprogramma

De prominentste plek op ieder hoogkruis is het midden van de kruisring aan de westelijke zijde. Het Market Cross toont hier, zoals veel andere kruisen, de kruisiging in de voor Ierland karakteristieke vorm: Christus niet aan het kruis hangend, maar rechtopstaand en met uitgestrekte armen zelf het kruis vormend – niet als lijdende, maar als zegevierend overwinnaar. Dat sprak blijkbaar de Keltische mentaliteit meer aan.

In de velden tegen de schacht van het kruis ontdekt u van boven naar beneden de wonderbaarlijke broodvermenigvuldiging, de bruiloft in Kana, de aanbidding der koningen en een Engelse inscriptie uit 1688, die zegt dat Robert (Ba)lfe dit kruis zou hebben opgericht (een duidelijk voorbeeld van pronken met andermans veren.) De oostelijke zijde toont in het midden van de kruisring Daniël in de leeuwenkuil, eronder Adam en Eva, Kaïn en Abel, Goliath, de soldaten bij Christus' graf en weer daaronder spiraalvormige figuren. Sowieso zijn geometrische patronen en plantenmotieven een Keltisch kunstmotief, dat de kruisen gemeen hebben met de boekverluchtings- en zilversmeedkunst uit die tijd.

Kells' oudste: South Cross

Langs het Headfort Arms Hotel verder de plaats inlopend, gaat u nu op een markante kerktoren af. Na tien minuten bereikt u door **Market Street** en **Church Lane** de **begraafplaats** bij de **St. Columba**, een kerk van de Church of Ireland. Machtige donkere taxussen en een zee van 19e-eeuwse Keltische grafkruisen – een schilderachtig-weemoedige plek.

Fors, gehouwen uit een enkel blok steen van 3,30 m hoog, verheft zich het **South Cross** (3) in de schaduw van de ronde toren. Langs zijn uit ranken naar voren stekende dierenkoppen glijdt de blik omhoog tegen de 35 m hoge toren, waarin in 1076 Murchadh MacFlainn, een pretendent voor het hoog-koningschap, werd vermoord. Het South Cross is – zo luidt de inscriptie op de oostkant van de sokkel – gewijd aan de Ierse hei-

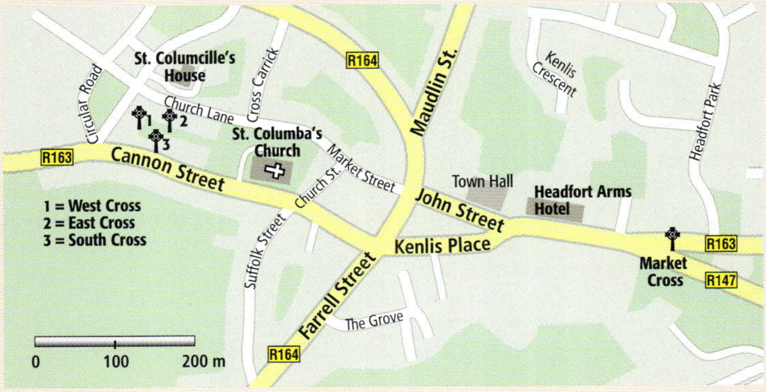

Op de sfeervolle begraafplaats rijst nog de stomp van het West Cross op

ligen Patricius en Columba en het oudste van Kells: het werd opgericht kort nadat Ierse monniken uit Iona hier in 804 een klooster hadden gesticht.

Uniek is de centrale voorstelling in de kruisring aan de westzijde: het apocalyptische visioen van Christus in glorie, omringd door engel, leeuw, stier en adelaar, de symbolen van de vier evangelisten. Ze leggen een link met het *Book of Kells*, waar de evangelistensymbolen ook vaak opduiken. Tegen de sokkel begeleiden ruiters een strijdwagen.

Aan de oostkant duiken boven de jachtscene tegen de sokkel bekenden op: Adam en Eva en Kaïn en Abel, de drie jongelingen in de vuuroven, Daniël in de leeuwenkuil, op de linker kruisarm het offer van Isaak, op de rechter de heiligen Paulus en Antonius, die in de woestijn van een engel brood ontvangen, helemaal bovenaan David met de harp en de wonderbaarlijke broodvermenigvuldiging. Het is duidelijk, het thema is de redding. In begrijpelijke beelden werd de Verlossing, de bevrijding van het kwaad van de zondige wereld, aan de gelovigen beloofd.

Beeldenstormers aan het werk

Vlak ernaast staat de stomp van het **West Cross** (1) – het ontbreken van het bovenste deel hebben Cromwells beeldenstormende soldaten op hun geweten. Op het nog resterende deel herkent u onder andere Adam en Eva tegen de westkant, en tegen de oostkant de doop in de Jordaan met erboven de bruiloft in Kana. De zuid- en noordkant zijn bedekt met een vlechtwerk van fijne patronen.

Afgezien van de centrale kruisiging en vier heiligenfiguren bleef het **East Cross** (2), met 4,25 m het grootste van Kells' kruisen, onvoltooid. De lege, vooruitstekende vierkanten, waarin de Bijbelse taferelen hadden moeten worden gebeiteld, gunnen ons een onthullend kijkje in hoe de vroegmiddeleeuwse kunstenaars te werk gingen.

Info

Bus: www.overthetoptours.com, twee keer per dag Newgrange shuttlebus vanuit Dublin, tel. 018 00 42 42 52 (gratis).

Kells ▶ F 5

In dit kalme provinciestadje met een kleine zesduizend inwoners en veel oude huizen stichtte de heilige Columbkille rond 550 een klooster. Zijn beroemdste schat is het *Book of Kells*, dat, zo wil de legende, in het huis van de heilige Columbkille in de kou en bij slecht licht zou zijn voltooid. Dit vroege oratorium in **St. Columcille's House** heeft een lage, in drieën gedeelde en moeizaam met een ladder te bereiken kamer onder het kenmerkende spitse dak – dit was het slaapvertrek van de monniken dat tegelijkertijd het zware stenen dak steunde. Sla na het door de hoofdingang verlaten van de begraafplaats met de hoogkruisen (zie Op ontdekkingsreis blz. 268) linksaf Church Lane in; helaas is het pand momenteel alleen aan de buitenkant te bezichtigen.

Overnachten

Familiehotel – **Headfort Arms Hotel:** Headfort Pl., tel. 046 927 42 22, www.headfortarms.ie, 2 pk incl. ontbijt vanaf € 62. De comfortabele, maar niet luxueuze kamers zijn modern of klassiek ingericht. Restaurant, bar.

Info

Tourist Information: Headfort Rd., tel. 046 924 88 56.
Bus: ieder halfuur bus naar Dublin vanaf de Tourist Information.

Loughcrew Cairns ▶ F 5

Corstown, 3 km ten oosten van Oldcastle, toegang gratis

Vergeleken met het overgeorganiseerde Newgrange is deze uit ongeveer dertig graven bestaande megalietbegraafplaats uit de periode rond 3000 v. Chr. een soort Assepoester. Een wandeling van 2 km voert de bezoeker naar Cairn T, het grootste graf met tal van geometrische krastekeningen, dat op de heuvel Carnbane East ligt. Op **Slieve na Cailllighe**, de 'Heksenberg', is het prachtig verlaten en mystiek. Uw blik schijnt hier over zeventien(!) graafschappen te zweven.

Loughcrew Gardens

http://loughcrew.com, half mrt.-okt. ma.-vr. 9.30-17.30, za./zo. 11-17.30 uur, € 6

In deze oude tuinen komen plantenliefhebbers, in het avonturencentrum sportievelingen en kinderen aan hun trekken. En u kunt hier de sleutel krijgen van Cairn T. Als ook de tuinen gesloten zijn, kunt u deze bij Loughcrew House opvragen, tel. 049 854 13 56, 10-16 uur.

Het zuiden van Meath

Tara ▶ G 5

Navan, terrein te allen tijde toegankelijk; bezoekerscentrum half mei-half sept. dag. 10-18 uur, € 4

De religieuze betekenis van Tara, de legendarische residentie van de hoge koningen van Ierland, stamt al uit prehistorische tijden – dat bewijst de sensationele vondst in 2002 van een tempel uit de steentijd van ongeveer 2500 v. Chr. In het 'licht van de geschiedenis' trad Tara echter pas in de 3e eeuw met de al even legendarische koning Cormac Mac Airt. Vanaf de 11e eeuw werd het als residentie opgegeven en raakte het in verval.

Favoriet

O'Connell's Pub – alsof de tijd heeft stilgestaan ▶ G 5

Een pub op het Ierse platteland, vlak naast de toren van een 14e-eeuwse kerk. Al sinds vier generaties eigendom van dezelfde familie en sinds 1800 praktisch niet meer veranderd: geen tv, geen tierelantijnen. Haardvuur, witgekalkte muren, met hout betimmerde wanden, volop *couleur locale*, een *snug* (zie blz. 57) – het is allemaal zo authentiek dat alleen al de wit-zwarte façade, die al jaren figureert in een kerstcommercial van Guinness, een mens zin bezorgt in een pint van dit donkere vocht (Skryne, ma.-do. 10.30-23.30, vr./za. 10.30-0.30, zo. 12.30-23 uur).

Zo komt het dat er van Ierlands vroegere koninklijke pracht enkel nog – wel sfeervolle – aarden wallen resteren.

Een schandaal in de ogen van velen is de autosnelweg M3, die dit voor Ierland zo belangrijke archeologische landschap onherstelbare heeft beschadigd – de in 2013 overleden Nobelprijswinnaar Seamus Heaney sprak van een 'meedogenloze ontheiliging'.

In het hart van een heuvelvesting (Royal Enclosure) liggen twee ringforten, Royal Seat en Cormac's House. In het laatste bevindt zich de koningssteen Lia Fáil, die zou hebben gebruld als de echte koning erop ging zitten. De naam van het uit de bronstijd stammende ganggraf Mound of the Hostages hangt misschien samen met het gebruik dat de onderkoningen, ten teken van hun onderwerping, aan de hoge koning gijzelaars ter beschikking stelden. De van een 200 m lange en 30 m brede verhoging voorziene feestzaal kunt u met wat fantasie vullen met barden en hovelingen. Noordwestelijk van de heuvelvesting liggen nog drie ringforten, onder andere Ráth Gráinne, dat op de tragische liefdesgeschiedenis van Cormacs dochter Gráinne en Diarmuid zinspeelt. De schone wilde niet de lelijke held Finn, maar de knappe Diarmuid, en aangezien ze niet alleen eigenzinnig was maar ook nog kon toveren, sprak ze een *géis*, een ban, uit over Diarmuid: 'Ik dwing je in oeroude ketenen. Ik kies. Ik roep je onder de liefdesband.'

Uitgaan

Dat zo'n pub nog bestaat – **O'Connell's Pub:** zie Favoriet blz. 272.

Info

Bus: meerdere keren per dag. Iedere bus van Dublin naar Navan stopt bij het Tara Cross aan de N3, waar het weggetje naar Tara aftakt. Wel vooraf melden bij de chauffeur. Dan 20 min. te voet.

Trim ▶ F 5

Trim Castle

nov.-half feb. za., zo. 9-16/16.30, half feb.-half mrt., okt. dag. 9.30-16.30, half mrt.-sept. dag. 10-17 uur, €4

In dit ingetogen maar snel groeiende plattelandsstadje (Dublin is niet ver) staat Ierlands best behouden burcht uit de Normandische tijd: Trim Castle werd in 1172 gebouwd in opdracht van Hugh de Lacy. Begin 13e eeuw, toen de Normandische heerschappij over Ierland een feit was, werden de provisorische mottekastelen – kunstmatig aangelegde aarden heuvels met daarop een houten constructie – vervangen door stenen bouwwerken. Zo ook in Trim, waar de houten burcht plaatsmaakte voor een ommuurde rechthoekige toren met bijna 4 m dikke muren. Deze massieve donjon uit 1220 herbergt nu het bezoekerscentrum. Mel Gibson draaide in Trim Castle delen van de film *Braveheart*. Op die gebeurtenis teert Trim nog steeds.

Stadsmuur en kerk

Aan de overkant van de rivier ziet u **Sheep's Gate,** het laatste restant van de stadsmuur, en de Yellow Steeple, een deel van een 14e-eeuwse augustijnenabdij, dat Jonathan Swift kocht van zijn geliefde Esther Johnson en met winst doorverkocht.

Een kleine 2 km stroomafwaarts verheffen zich in de weemoedige oeverweiden van de Boyne de indrukwekkende ruïnes van **Newtown Trim,** de vroegere residentie van de bisschop van Meath. Zelfs als (in de late middeleeuwen al verkleinde) ruïne is St. Peter and Paul's indrukwekkend. De in 1206 voltooide kerk was in die tijd een van de grootste van Ierland. In het nu dakloze gebouw staat het 16e-eeuwse grafmonument van Sir Luke Dillon en zijn echtgenote. Waarom ze in de lokale overlevering als jaloers worden bestempeld, is allang in vergetelheid geraakt. Wie echter van een wrat af wil, hoeft deze enkel maar even te betten met wat water uit de gleuf tussen de twee graffiguren.

Overnachten

Oude treinstation – **The Station House Hotel:** Main St., Kilmessan (circa 10 km ten oosten van Trim), tel. 046 902 52 39, www.stationhousehotel.ie, 2 pk incl. ontbijt vanaf € 130, hoofdgerecht € 18. Het charmante witte huis met blauwe luiken heeft weliswaar een beetje oudbollige neobarokke kamers, maar springt in het oog door zijn goede restaurant en groene ligging, omringd door mooie tuinen.

Actief

Voor vissers – **Crannmor House:** Dunderry Rd. (1,5 km ten noordoosten van Trim), tel. 046 943 16 35, www.crannmor.com, 2 pk incl. ontbijt € 74-80. Marc O'Regan is gediplomeerd visinstructeur en brengt zijn gasten al veertig jaar naar de beste forellenstekken; verhuur van uitrusting.

Golf – **Killeen Castle:** Dunsany, tel. 01 689 30 00, www.killeencastle.com, green fees online vanaf € 35. 18-holes kampioenschapsbaan, ontworpen door golflegende Jack Nicklaus.

Info

Tourist Information: Castle St., tel. 046 943 72 27, www.meath.ie, ma.-za. 9.30-17.30, zo. 13-17 uur.

Bus: ieder uur naar Dublin van Haggard St. voor de krantenkiosk.

Aan de River Shannon

Carrick-on-Shannon ▶ D 4

Het mooie hoofdstadje van Leitrim, Ierlands dunstbevolkte graafschap, floreert als centrum van het watertoerisme op de Shannon.

Overnachten

Ecologisch management – **Bush Hotel:** Main St., tel. 071 967 10 00, www.bushhotel.com, 2 pk vanaf € 89. Sinds de 18e eeuw in het teken van gastvrijheid, uiteraard gemoderniseerd, met restaurant en gezellige bar.

Landhuis van 175 jaar oud – **Highfield House:** Castle St., tel. 046 943 63 86, www.highfieldguesthouse.com, 2 pk incl. ontbijt € 88. Acher de imposante façade liggen kleurige, een tikje ouderwets ingerichte kamers. Vanuit de *master bedroom* op de eerste verdieping mooie uitzichten op de Boyne en de historische gebouwen van Trim.

Camping – **Battlebridge Caravan & Camping Park:** Leitrim, tel. 071 965 08 24, www.battlebridgecaravanandcamping.ie, standplaats vanaf € 20. Aan de oever van de Shannon, hele jaar open, met speeltuin, ook houten chalets.

Eten en drinken

Eigentijds – **The Oarsman:** Bridge St., tel. 071 962 17 33, di.-za. 12-21, vr./za. tot 21.30 uur, lunch € 17, diner € 45. In de levendige bar op de benedenverdieping gaat het er informeel aan toe, het diner wordt op de met leren fauteuils ingerichte galerij geserveerd.

Buon appetito! – **Vittos:** Market Yard, tel. 071 962 70 00, di.-vr. 17.30-21, za. 13-22, zo. 13-21 uur, pizza € 10. Pizza's, pasta's, salades.

Actief

Huisbootverhuur – **Carrick Craft:** The Marina, St. Georges Terrace, tel. 071 962 02 36, www.carrickcraft.ie. Huisboten in diverse afmetingen; vaarroutesuggesties.

Uitgaan

Cottage met rieten dak – **Anderson's Pub:** Elphin Rd., ma.-do. 10.30-23.30, vr./za. 10.30-0.30, zo. 12.30-23 uur. Heel veel oudierse sfeer, op vr. een bekend trefpunt voor folkmuzikanten.

Info

Tourist Information: The Old Barrel Store, tel. 071 962 01 70, www.leitrim tourism.com, Pasen-okt. ma.-za. 9.30-17.30 uur.
Trein/bus: Croghan Rd., meerdere keren per dag treinen, tel. 071 962 00 36, en bussen, tel. 071 916 00 66, naar Dublin en Sligo.

Boyle ▶ D 4

Rond King's House bevindt zich een complex dat bestaat uit de Tourist Information, kunstnijverheidswinkels en een leuke, bij de inwoners erg populaire tearoom – probeer vooral de panini.

King's House

Bezoekerscentrum: Main St., www.kinghouse.ie, apr.-sept. di.-za. 11-17 uur (laatste toegang), € 5

In dit 18e-eeuwse georgiaanse herenhuis (later kazerne) worden kwalitatief hoogstaande kunstexposities georganiseerd. Op de eerste verdieping geeft het bezoekerscentrum een erg op beleving – moord, dapperheid, romance – gerichte introductie tot de lokale geschiedenis.

Abdij

Half mrt.-half sept. dag. 10-18 uur, € 4

De ruïnes van de abdij van Boyle, gebouwd in de kenmerkende romaans-gotische overgangsstijl van de cisterciënzers, behoren tot de best bewaarde in Ierland. De blokachtige westelijke toren en de hoge bogengalerijen liggen op een uitgestrekt ommuurd terrein en zijn voorbeeldig gerestaureerd. In het poorthuis uit de 16e/17e eeuw is een expositie gewijd aan de geschiedenis van de abdij en de stichtersfamilie, de MacDermotts.

Overnachten

Georgiaans landhuis – **Lough Key House:** langs de N 4 bij Forest Park, tel. 071 966 21 61, http://loughkeyhouse.com, 2 pk incl. ontbijt vanaf € 98. Parketvloeren, antiek, hemelbedden – en midden in het groen.

Actief

Megamultivrijetijdscentrum – **Lough Key Forest and Activity Park:** 3 km ten oosten van Boyle, www.loughkey.ie, nov.-feb. vr.-zo. 10-17, mrt., sept./okt. wo.-zo. 10-18, apr.-juni dag. 10-18, juli/aug. dag. 10-19 uur, € 7,50. Aan het idyllische, door bos omgeven Lough Key kunt u (zonder te klauteren) over een 'zweefpad' opklimmen tot boomtophoogte en in de onderaardse gangen van het afgebrande landhuis ervaren, hoezeer de upper class haar dienstboden ooit met minachting behandelde. Indoorspeeltuin, café en bezoekerscentrum; buiten zijn wandel- en fietspaden door het bos, jachthaven en camping.

Athlone ▶ E 5

De een kleine 20.000 inwoners tellende hoofdstad van Westmeath ligt in het geografische hart van het eiland, een feit waarvan de Engelse gouverneur John de Gray al het strategisch belang inzag. Hij bouwde in 1210 bij de Áth Mor, de 'Grote Voorde', aan de westoever van de Shannon een burcht, die tot 1922 in Britse handen bleef. Het oudste onderdeel van het later sterk gewijzigde, duister-massieve complex is de bergfried in het midden.

De **oude binnenstad** rond de burcht met kleurige oude huizen, pubs, antiekwinkels, restaurants en rivierkades is de mooiste kant van Athlone.

Athlone Castle

Castle St/St. Peter's Sq., juni-aug. ma.-za. 10-18, zo. 12-18, mrt.-mei, sept./okt. di.-za. 11-17, zo. 12-17, nov.-feb. wo.-za. 11-17, zo. 12-17 uur, € 8

Het moderne bezoekerscentrum werd fraai in de machtige burchtmuren geïntegreerd en vertelt over de geschiedenis van de stad en de burcht.

Corlea Trackway Centre ▶ E 5

Renagh, 30 km ten noorden van Athlone, mei-sept. dag. 10-18 uur, www.heritageireland.com, toegang gratis

Midden in het vlakke, zwarte, door de Bord na Móna afgegraven veenlandschap geeft dit kleine bezoekerscentrum uitleg over de Keltische ijzertijd, toen, in 148 v.Chr., door de *moor* een weg van eiken planken werd aangelegd – die geen enkel praktisch doel diende. Was het een demonstratie van macht, een offer aan de goden, een weg naar de Andere Wereld? Was het ingecalculeerd dat de weg onder zijn eigen gewicht na tien jaar in het veen wegzonk? De achttien naar boven gehaalde en zorgzaam geconserveerde meters zijn in ieder geval een archeologische sensatie. Rondom is het heerlijk wandelen door een intact veenlandschap met picknickplaatsen en kunst.

Overnachten en eten

Luxe met uitzicht op Lough Ree – **Winport Lodge:** Kiltoom (▶ E 5), Glasson, tel. 090 643 90 10, www.wineport.ie, 2 pk incl. ontbijt vanaf € 150. Groot complex in lodgestijl met veel hout en een kleurig-moderne inrichting, goed restaurant en wellness.

Ecotoerisme in boetiek-B&B – **Eco Guesthouse:** Coosan Cottage, Coosan Point Rd., tel. 090 647 34 68, www.ecoguesthouse.com, 2 pk incl. ontbijt € 80. In het groen gelegen, met windturbine en regenwatertank.

Beste keuken in de Midlands – **The Fatted Calf:** Church St., tel. 090 643 33 71, do.-za. 12.30-15, di.-za. 17.30-21 uur, hoofdgerecht circa € 25. Modern-Ierse gerechten, met open keuken en coole sfeer in felblauw en rood.

Winkelen

Moerashoutkunst – **Celtic Roots Studio:** The Old Schoolhouse, Ballynahown (▶ E 6), www.celtic-roots.com, ma.-vr. 10-18, za. 11-18 uur. Kunstnijverheid, mode, keramiek, kaarsen.

Actief

Bootverhuur – **Waveline Cruisers:** Quigley's Marina, Killinure Point,

Glassan (▶ E 5), tel. 090 648 57 11, www.waveline.ie. Huisboten voor twee tot zes personen vanaf € 750 per week.
Als de Vikingen – **Viking Tours:** The Strand (de oever tegenover de burcht), tel. 086 262 11 36, www.vikingtoursireland.ie, 's zomers € 16. Op een nagebouwd Vikingschip naar Clonmacnoise of Lough Ree.

Uitgaan

Oudste pub ter wereld? – **Sean's Bar:** 13 Main St., achter de burcht, ma.-do. 10.30-23.30, vr./za. 10.30-0.30, zo. 12.30-23 uur. Zaagsel op de vloer, laag houten plafond, turf in de open haard, vistrofeeën, iedere avond livemuziek – je gelooft graag dat deze pub volgens het Guinness Book of Records de oudste van Ierland en misschien wel van de wereld is.

Info en evenementen

Tourist Information: Athlone Castle, Church St., tel. 090 649 46 30, openingstijden zie burcht, www.athlone.ie.
Trein/bus: station, tel. 090 647 33 00, busstation, tel. 090 648 44 06, Southern Station Rd. Meerdere treinen en bussen per dag naar Dublin en Galway.
Ballinasloe International Horse Fair: eerste week van okt., paardenmarkt in het stadje 15 km ten zuidwesten van Athlone, www.ballinasloeoctoberfair.com.

Clonmacnoise* ▶ E 6

Shannonbridge, Athlone, nov.-half mrt. dag. 10-17.30, half mrt.-mei, sept.-okt. 10-18, juni-aug. 9-18.30 uur, € 7

De in 548/549 door de heilige Ciaran gestichte monnikennederzetting groeide in korte tijd uit tot een centrum van vroeg-Ierse geleerdheid. De legende verhaalt hoe een vos het psalmboek van de heilige zou hebben gedragen en een hert zijn gewei ter beschikking zou hebben gesteld als lessenaar. Tussen de 9e en de 13e eeuw werd het rijke klooster diverse keren geplunderd: de heidense Vikingkoning Turgesius, die het christendom in Ierland wilde uitroeien, liet in 845 zelfs zijn vrouw Ota op het hoofdaltaar van de kathedraal als orakel optreden.

De aarden wal met de verbrokkelde resten van het **Noormannenkasteel** voor de ingang van het kloostercomplex kan worden beklommen, aan de aanlegsteiger liggen cruiseboten voor anker, luidkeels laten vogelkolonies in het riet langs de oever zich horen.

Het **bezoekerscentrum** is een geslaagde groepering van prehistorisch aandoende ronde bouwwerken met binnen een expositie. Een gereconstrueerde kapel laat zien hoe bont die vroeger beschilderd werden. Bezienswaardig is ook de verzameling vroegchristelijke grafstenen – en natuurlijk de drie originele hoogkruisen. Het mooiste, het **Cross of the Scriptures,** wordt ook Flann's Cross genoemd vanwege de bijna onleesbaar geworden inscriptie, waarmee een zekere Colman dit kruis wijdde aan de hoge koning Flann Sinna (877-915). In de vroege 10e eeuw uit een enkel blok zandsteen gehouwen, bezit het door de realistische afbeeldingen en de vergevorderde techniek van het hoogreliëf een unieke artistieke kwaliteit. Tegen de westelijke zijde ziet u de kruisiging, tegen de oostelijke het laatste oordeel. Het tafereel boven de inscriptie toont vermoedelijk koning Diarmuid, die de heilige Ciaran assisteert bij de bouw van zijn kerk. Tegen de smalle noordelijke zijde bevindt zich in het midden een interessante afbeelding van de ▷ blz. 280

Favoriet

Geschiedenis beleven in Strokestown House ▶ D 4

Een groot autobedrijf is eigenaar van dit prachtige georgiaanse landhuis. Het wordt niet meer bewoond, misschien hebben daarom de versleten gordijnen en doorgezeten sofa's in combinatie met alle adellijke pracht zo'n sterke emotionele werking op de bezoeker. Of is het de geschiedenis? De heer van Strokestown, Denis Mahon, verdreef ten tijde van de Grote Hongersnood pachters met een betalingsachterstand en transporteerde ze op hongerschepen naar Amerika. In de slaapkamers van lord en lady liggen kleding en pruikenkrabbers (vanwege de luizen) klaar voor gebruik, en de fenomenale speelgoedverzameling zou ook vandaag nog kinderen gelukkig maken (Strokestown, www.strokestownpark.ie, dag. nov.-half mrt. 10.30-16, half mrt.-okt. 10.30-17.30 uur, € 13,50).

MILLER'S
MILLER'S Antiques
Colette
REDOUTE

fluit spelende sibille van Eritrea, die met haar voeten op twee fabeldieren rust. Naast haar hoofd likt een kat zich tussen de poten – symbool van de geile wereld.

De monumenten en de **kloosterruine** liggen weemoedig in het grasland aan de rivieroever, weids zweeft de blik over de Shannon. Naast de ronde O'Rourketoren uit de 10e eeuw staat nog een kleinere ronde toren bij de Temple Finghin, die, ongebruikelijk, tegen het koor van het kerkje is aangebouwd. Tal van kerkjes, gebouwd tussen de 11e en de 13e en meestal met een eenvoudig rechthoekig grondplan, liggen verstrooid in de geleidelijk naar de Shannon aflopende oeverhelling.

Het statigste gebouw, de kathedraal, stamt waarschijnlijk uit de 9e eeuw. Tal van latere toevoegingen en wijzigingen, zoals het 15e-eeuwse noordportaal met heiligenfiguren, hebben haar oorspronkelijke uiterlijk erg veranderd. Roderick O'Connor, de laatste Ierse hoge koning, zou volgens de legende in 1198 in de sacristie zijn begraven. Ongeveer 200 m buiten de begraafplaats verheft zich de in 1167 voltooide Nun's Church met rijke romaanse decoraties. Hier werd in 1170 Devorgilla, de 'Ierse Helena van Troje', begraven nadat ze zich in het klooster had teruggetrokken: haar 'Paris', Dermot Mac Murrough, had haar ontvoerd en in het daaropvolgende conflict met haar echtgenoot Tighernan O'Rourke de Engelsen te hulp geroepen.

Overnachten

Burgerlijk keurig – **Harbour Masters House:** Shannon Harbour (18 km ten zuiden van Clonmacnoise), tel. 087 922 08 53, www.theharbourmastershouse.ie, 2 pk incl. ontbijt € 70, mrt.-dec. Georgiaans havenmeestershuis aan kanaal, eenvoudige kamers.

Actief

Wellness uit het veen – **Clara House Holistic Spa,** Clara (20 km ten westen van Shannonbridge), tel. 057 933 19 47, www.clarahousespa.ie. Onder andere behandelingen met veenmodder.

Uitgaan

Historische pub – **J. J. Hough:** Banagher (10 km ten zuiden van Shannonbridge), Lower Main St., dag. 10.30-1 uur. Pub uit de 18e eeuw, de façade bedekt met klimop, de wanden met foto's, spullen van de vlooienmarkt enzovoort, beroemd om de traditionele muzieksessies.

Clonfert ▶ D 6

Rond 560 stichtte de heilige Brandaan op deze plek een klooster, dat echter voor de drakenschepen van de Vikingen wat al te gemakkelijk te bereiken was en daarom diverse malen werd geplunderd. Het romaanse portaal van de 12e-eeuwse kathedraal is een meesterwerk van steenhouwerskunst. In de geveldriehoek boven het zuilenportaal, met weelderige planten- en geometrische motieven, fantasiedieren en monstertjes, kijken vijftien verschillende, maar niet geportretteerde hoofden de bezoeker aan – een griezelige herinnering aan het beruchte Keltische koppensnellen.

Birr ▶ E 6

Het 4500 inwoners tellende Birr werd in de 17e eeuw gesticht door Sir Lawrence Parson. Het was zijn wens dat het een 'schone' plaats zou worden: wie straten vervuilde kon rekenen op een boete en bier uitschenkende vrouwen werden gedurende drie marktdagen aan de schandpaal genageld. Tegenwoordig gebeurt dat niet meer, maar *tidy* is het nette stadje met zijn vele georgiaanse straten nog steeds.

Birr Castle

www.birrcastle.com, nov.-half mrt. dag. 10-16, half mrt.-okt. 9-18 uur, € 9; café-restaurant; het kasteel boekt u het beste van te voren, mei-aug. ma.-za. 9.30, 10.30, 11.30, 12.30 uur, € 18. Tijdens een rondleiding zijn de prachtige neogotische representatiezalen van het nog bewoonde kasteel te bezichtigen. Lukt het niet om een afspraak te maken, dan is in elk geval een bezoek aan de uitgestrekte landschapstuin de moeite waard

De buxushagen zouden volgens het Guinness Book of Records de hoogste ter wereld zijn. Het mooiste zicht op het kasteel hebt u vanuit de weelderig bloeiende terrassentuin. In de tuin staat de telescoop uit 1845 van de derde graaf van Rosse, waarmee men voor het eerst de spiraalvorm van het melkwegstelsel kon waarnemen. Rond de gerestaureerde telescoop en Europa's oudste hangbrug (1810) ontstond het Science Centre, dat is gewijd aan Ierse uitvindingen uit de 19e eeuw.

Overnachten en eten

Landhuisstijl – **County Arms Hotel:** aan de rand van Birr, tel. 057 912 07 91, www.countyarmshotel.com, 2 pk, gezinskamer met stapelbedden of tuinsuite vanaf € 99. Klein georgiaans herenhuis, beschaafd ingericht, met spa.
Georgiaans – **The Stables:** 60 Oxmantown Mall, tel. 057 912 02 63, http://thestablesbirr.com, 2 pk vanaf € 79. Historisch stadspand met kleine, lichte kamers in neo-rococostijl. Met cadeauwinkel en tearoom.
Old World Bar and Restaurant – **The Thatch:** Military Rd., Crinkill (2 km ten zuidoosten van Birr), tel. 057 912 06 82, *bar lunch*, diner € 40. Rietgedekt cottage, al tweehonderd jaar en vijf generaties door dezelfde familie uitgebaat, stenen muren, knetterend haardvuur; beroemd is de zondagse lunch vanaf 12.30 uur, exquise restaurant.

Actief

Wandelen – **Slieve Bloom Environment Park:** www.slievebloom.ie. Dit 10.000 ha metende natuurreservaat tussen Birr en Portlaoise biedt bewegwijzerde paden door diepe dalen en venen en door de tot 526 m hoge bergen, die geleidelijk uit de vlakte oprijzen. Het gemarkeerde langeafstandspad Slieve Bloom Way voert 77 km door de bergen.
Avonturensport – **Birr Outdoor Education Centre:** Roscrea Rd., tel. 057 912 00 29, www.birroec.ie. Kanoën, klimmen, abseilen enzovoort.

Uitgaan

Landelijk – **Melba's Nite Club:** Dooly's Hotel, Emmet Sq., vr.-zo. vanaf 23 uur.
Hoogwaardig cultureel centrum – **Birr Theatre and Arts Centre:** Oxmantown Hall, tel. 057 912 29 11, www.birrtheatre.com. Theater, muziek, film, exposities, café in gerestaureerde victoriaanse hal.

Info

Tourist Information: Wilmer Rd., tel. 057 912 39 36, www.midirelandtourism.ie, mei-sept. ma.-vr. 9.30-18 uur.
Bus: meerdere bussen per dag van Emmet Sq. naar Dublin, Limerick en Athlone.

Turf en kunst aan Lough Boora – in Ierlands veenachtige midden

In het vroegere turfwinningsgebied bij Lough Boora hebben landschapskunstenaars door het veen geïnspireerde kunstwerken in het landschap geplaatst, die u tijdens een wandeling kunt ontdekken.

Kaart: ▶ E 6
Duur: wandeling bij Lough Boora minimaal 1 uur
Route: 14 km in oostelijke richting over de B357, volg eerst de borden 'Lough Boora', en dan 'Sculpture in the Parklands', altijd toegankelijk. Bezoekerscentrum (dag. 9.30-16 uur), café april-okt. dag. 9.30-18 uur).
Internet: www.loughboora.com (ook kaarten met wandelroutes).

De veenmossen hebben er twaalfduizend jaar over gedaan om op de waterondoorlatende kalkstenen bodem uit te groeien tot een meer dan 8 m dikke laag turf. Bord na Móna, het semi-overheidsbedrijf dat verantwoordelijk is voor de winning van turf, wist echter binnen enkele jaren een van Ierlands hoogvenen geheel te ontginnen. De industriële turfwinning in Ierland zal weliswaar uiterlijk in 2030 worden stopgezet, maar de vraag is, hoeveel veen er dan nog over zal zijn.

Met zware inspanning steken de Ieren die in een turfgebied wonen de als een zwam met water volgezogen zoden met de *sléan*, een speciale turfspade, los. Heel de zomer worden ze verlegd en gestapeld om te drogen – *footing* heet dat in het Iers. Veel Ierse huishoudens stoken nog steeds op turf, een vorm van zelfvoorziening die duizenden jaren oud is en die niets te maken heeft met de industriële turfwinning. In de herenhuizen daarentegen knettert uitsluitend hout, verschil moet er zijn, ook in de schoorsteen.

Afgegraven – Cutaway Bog

Langs de wegen in de Ierse Midlands strekken zich reusachtige kale, braakliggende stukken grond uit. Wat ermee moet gebeuren, is een van de grote vraagstukken voor de Ierse milieupolitiek. Hier aan Lough Boora werd 'gerenatureerd': er zijn vismeren ontstaan en er werd een 50 km lang netwerk van paden aangelegd waarlangs vogels kunnen worden geobserveerd en moerasorchideeën en zonnedauw kunnen worden bewonderd. Via de *Mesolithic Walk* bereikt u door een aangeplant naaldbos zelfs een opgraving uit de middensteentijd ten oosten van het paviljoen. En u kunt hier van kunst genieten.

Kunst in het veen

Binnen- en buitenlandse kunstenaars schiepen naar aanleiding van een in 2002 gehouden symposium werken die zijn geïnspireerd door het veenlandschap en het gebruik dat de mens ervan maakte. In het al genoemde paviljoen van het bezoekerscentrum in het park vindt u informatie over de kunstenaars en over de historische en ecologische betekenis van Lough Boora. Aan het begin van de rondgang staat Michael Bulfins **Sky Train**, een door Bord na Móna afgedankte turftrein op een hellende dijk. **Sky + Earth** noemde Martina Galvin, gefascineerd door de grootte van het hemelgewelf en de beweging daarin, haar zeven in de turfbodem verzonken spiegels. In het uit moerashout opgetrokken paviljoen van de Deen Jorn Ronneau, **Lough Boora Triangle**, kunt u mediteren (zie de foto op blz. 282). Julian Wild gebruikte voor de sculptuur **System No. 30**, die als een ijzeren reptiel uit een kanaal lijkt op te duiken, stukken metaal uit de nabijgelegen werkplaatsen van Bord na Móna.

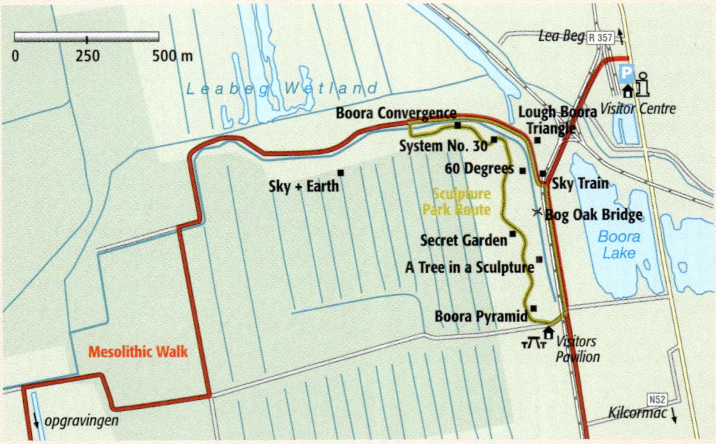

Toeristische woordenlijst

Algemeen

goedemorgen	good morning
goedemiddag	good afternoon
goedenavond	good evening
tot ziens	good bye
pardon	excuse me/sorry
hallo	hello
alstublieft	please
graag gedaan	you're welcome
dank u	thank you
ja/nee	yes/no
Wat zegt u?	Pardon?
Wanneer?	When?
Hoe?	How?

Onderweg

halte	stop
bus	bus/coach
auto	car
afrit	exit
benzinestation	petrol station
benzine	petrol
rechts	right
links	left
rechtdoor	straight ahead/ straight on
informatie	information
telefoon	telephone
mobiele telefoon	mobile
postkantoor	post office
station	railway station
vliegveld	airport
stadsplattegrond	city map
alle richtingen	all directions
eenrichtingverkeer	one-way street
ingang	entrance
open	open
gesloten	closed
kerk	church
strand	beach
brug	bridge
plein	place/square
tweebaansweg	dual carriageway
snelweg	motorway
enkelbaansweg	single track road

Tijd

3 uur ('s ochtends)	3 a.m.
15 uur ('s middags)	3 p.m.
uur	hour
dag/week	day/week
maand	month
jaar	year
vandaag	today
gisteren	yesterday
morgen	tomorrow
's morgens	in the morning
's middags	at noon
's avonds	in the evening
vroeg	early
laat	late
maandag	Monday
dinsdag	Tuesday
woensdag	Wednesday
donderdag	Thursday
vrijdag	Friday
zaterdag	Saturday
zondag	Sunday
feestdag	public holiday
winter	winter
voorjaar	spring
zomer	summer
najaar	autumn

Noodgevallen

Help!	Help!
politie	police
dokter	doctor
tandarts	dentist
apotheek	pharmacy
ziekenhuis	hospital
ongeluk	accident
pijn	pain
autopech	breakdown
ziekenwagen	ambulance
noodgeval	emergency

Overnachten

hotel	hotel
pension	guesthouse
eenpersoonskamer	single room
tweepersoonskamer	double room

met twee bedden	with twin beds
met/zonder badkamer	with/without bath
met toilet	ensuite
toilet	toilet
douche	shower
met ontbijt	with breakfast
halfpension	half board
bagage	luggage
rekening	bill

Winkelen

winkel	shop
markt	market
geld	money
geldautomaat	cash machine
bakkerij	bakery
slagerij	butchery
levensmiddelen	food
drogist	chemist's
duur	expensive
goedkoop	cheap
grootte	size
betalen	to pay

Tellen

1	one
2	two
3	three
4	four
5	five
6	six
7	seven
8	eight
9	nine
10	ten
11	eleven
12	twelve
13	thirteen
14	fourteen
15	fifteen
16	sixteen
17	seventeen
18	eighteen
19	nineteen
20	twenty
21	twenty-one
30	thirty
40	fourty
50	fifty
60	sixty
70	seventy
80	eighty
90	ninety
100	one hundred
150	one hundred and fifty
1000	one thousand

Belangrijke zinnen

Algemeen

Spreekt u Nederlands?	Do you speak Dutch?
Ik begrijp u niet.	I do not understand.
Ik spreek geen Engels.	I do not speak English.
Ik heet ...	My name is ...
Hoe heet jij / heet u?	What's your name?
Hoe maak(t) je/u het?	How are you?
Dank je/u, uitstekend	Thanks, fine.
Hoe laat is het?	What's the time?
Tot straks (later).	See you soon (later).

Onderweg

Hoe kom ik bij ...?	How do I get to ...?
Pardon, waar is ...?	Sorry, where is ...?
Kunt u mij alstublieft ... laten zien?	Could you please show me ...?

Noodgevallen

Kunt u mij alstublieft helpen?	Could you please help me?
Ik heb een dokter nodig.	I need a doctor.
Het doet hier pijn.	It hurts here.

Overnachten

Hebt u een kamer vrij?	Do you have any vacancies?
Hoeveel kost de kamer per nacht?	How much is the room per night?
Ik heb een kamer gereserveerd.	I have booked a room.

Winkelen

Wat kost ...?	How much is......?
Ik heb ... nodig.	I need ...
Wanneer gaat ... open/... dicht?	When does ... open/ ... close?

Culinaire woordenlijst

Bereiding

(deep) fried	gefrituurd (meestal gepaneerd)
hot	scherp/heet
rare/medium rare	rood/medium
roast(ed)	in de pan gebraden
smoked	gerookt
steamed	gestoomd
stuffed	gevuld
well done	doorbakken

Ontbijt

bacon	rookspek
black pudding	gebakken bloedworst
boiled egg	hardgekookt ei
brown bread	donker volkoren-sodabrood
cereals	ontbijtgranen
cooked breakfast	Engels ontbijt
fried egg	spiegelei
jam	jam/confiture
kipper	warme gerookte haring
marmelade	sinaasappeljam
prunes	ingelegde gedroogde pruimen
scrambled egg	roerei
white pudding	gebakken worst van varkensvlees en -vet, brood en havermout

Vis, schaal- en schelpdieren

bass	baars
clam chowder	dikke vissoep
cod	kabeljauw
crab	krab
crab claws	krabbenscharen
haddock	schelvis
hake	heek
halibut	heilbot
lobster	kreeft
monkfish	zeeduivel
mussel	mossel
oyster	oester
plaice	schol
prawn	reuzen(steur)garnalen
salmon	zalm
scallop	sint-jakobsschelp
shellfish	schaaldieren
shrimp	garnalen
sole	zeetong
swordfish	zwaardvis
trout	forel
tuna	tonijn
turbot	tarbot

Vlees en gevogelte

bangers and mash	worstjes met aardappelpuree
beef	rundvlees
chicken	kip
duck	eend
goose	gans
ham	ham
Irish Stew	eenpansgerecht met aardappelen en ui
lamb (rack of, chops)	lamsvlees (lamsrack, lamskoteletten)
liver	lever
pork chop	varkenskarbonade
rabbit	konijn
sausage	worst
spare ribs	geroosterde varkensribbetjes
turkey	kalkoen
veal	kalfsvlees
venison	ree of hert

Groente en bijgerechten

beans	bonen
cabbage	kool
carrot	wortel
cauliflower	bloemkool
colcannon	aardappels en kool in melk en boter
cucumber	komkommer
eggplant	aubergine
french fries	patat
garlic	knoflook
lentil	linzen
lettuce	sla
mushroom	champignon

onion	ui
pepper	aprika
pickle	augurk
rocket	rucola
squash/pumpkin	pompoen
sweet corn	mais
turnips	witte rapen

Fruit

apple	appel
apricot	abrikoos
blackberry	braam
cherry	kers
fig	vijg
grape	druif
lemon	citroen
melon	(honing)meloen
orange	sinaasappel
peach	perzik
pear	peer
pineapple	ananas
plum	pruim
raspberry	framboos
rhubarb	rabarber
strawberry	aardbei

Kaas

Cashel Blue	blauwschimmelkaas
cheddar	oude kaas
goat's cheese	geitenkaas

Desserts en gebak

muffin	licht gezoet cakeje
pancake	pannenkoek
pastries	taart, gebak
whipped cream	slagroom

Dranken

beer (on tap/draught)	bier (van het vat)
coffee	koffie
(decaffeinated/decaf)	(caffeïnevrij)
Irish coffee	koffie met whiskey en slagroom
juice	vruchtensap
(red) lemonade	(rode) limonade
milk	melk
mineral water	mineraalwater
(sparkling)	(met koolzuur)
(still)	(zonder koolzuur)
red/white wine	rode/witte wijn
tea	thee

In het restaurant

Ik wil graag een tafel reserveren.	I would like to book a table.
Wacht a.u.b. tot u een tafel wordt toegewezen	Please wait to be seated.
Onbeperkt eten voor een vaste prijs	all you can eat
De menukaart, alstublieft.	The menu, please.
wijnkaart	wine list
Ik wil graag bestellen.	I would like to order.
De rekening a.u.b.	The bill, please.
ontbijt	breakfast
lunch	lunch
diner	dinner
voorgerecht	appetizer/starter
soep	soup
hoofdgerecht	main course
dessert	dessert
bijgerechten	side dishes
dagschotel	meal of the day
mes	knife
vork	fork
lepel	spoon
glas	glass
fles	bottle
zout/peper	salt/pepper
suiker/zoetstof	sugar/sweetener
ober /serveerster	waiter/waitress
fooi	tip
Waar zijn de toiletten?	Where are the toilets please?

Notities

Notities